应用型本科国际经济与贸易专业精品系列规划教材

U0711029

国际商法

International Business Law

主　　编　　秦立崴

副主编　　秦成德　　王　群　　侯光文

参　　编　　刘　颖　李　文　杨嫩晓

北京理工大学出版社
BEIJING INSTITUTE OF TECHNOLOGY PRESS

内 容 简 介

近年来，全球经济增速放缓、有效需求不足，从而导致各国的外贸需求下降，全球贸易量出现萎缩。但是我国经济依然稳步发展，我国企业全球化程度不断提高，国际商事交易不论在其交易对象还是交易方式上都有了很大发展，规范国际交易行为的国际商法已经成为当代世界的热点问题。如何建立一个安全、公平的国际商务法律环境，保证国际贸易的顺利进行，已经成为关乎今后各国经济发展的重要问题。本书根据高等院校国际贸易/国际商务专业系列教材研讨会"国际商法"课程教学大纲编写要点的精神，制定了"国际商法"课程新的教材写作大纲。在北京理工大学出版社的国际贸易/国际商务专业系列教材编委会的组织下，完成了《国际商法》的编写工作。编者力图为国际贸易/国际商务专业学生提供一本课程体系合理、学科理论深入、教学内容充实、支撑材料新颖、涉及范围宽广、叙述简明扼要、条理清晰、案例丰富，适合国际贸易和国际商务专业本科国际商法教学需要的教材。

本书不但适合国际商务、国际贸易、国际经济、法学等专业本科生或研究生使用，也可供从事国际贸易法律实务或国际商法科学研究的人员如警察、律师、法官、检察官等一切对此有兴趣的人阅读。

图书在版编目（CIP）数据

国际商法/秦立崴主编 . —北京：北京理工大学出版社，2016.11（2024.12 重印）
ISBN 978 – 7 – 5682 – 3381 – 1

Ⅰ. ①国…　Ⅱ. ①秦…　Ⅲ. ①国际商法 – 高等学校 – 教材　Ⅳ. ①D996.1

中国版本图书馆 CIP 数据核字（2016）第 275664 号

出版发行 / 北京理工大学出版社有限责任公司
社　　址 / 北京市海淀区中关村南大街 5 号
邮　　编 / 100081
电　　话 / （010）68914775（总编室）
　　　　　（010）82562903（教材售后服务热线）
　　　　　（010）68948351（其他图书服务热线）
网　　址 / http：//www.bitpress.com.cn
经　　销 / 全国各地新华书店
印　　刷 / 廊坊市印艺阁数字科技有限公司
开　　本 / 787 毫米 × 1092 毫米　1/16
印　　张 / 23.5　　　　　　　　　　　　　　　　　责任编辑 / 施胜娟
字　　数 / 577 千字　　　　　　　　　　　　　　　文案编辑 / 施胜娟
版　　次 / 2016 年 11 月第 1 版　2024 年 12 月第 3 次印刷　责任校对 / 周瑞红
定　　价 / 49.80 元　　　　　　　　　　　　　　　责任印制 / 李志强

前　言

　　随着经济的飞速发展和全球化程度的不断提高，很多新型的交易方式，如国际技术转让、国际投资、国际合作生产、国际融资、国际工程承包、国际租赁等蓬勃发展。可见，当今的国际商事交易早已突破了传统的国际货物买卖的范畴，而是深入技术贸易、服务贸易、投资和金融等众多经济领域，正因如此，当今的国际商法也早已突破传统范畴，而发展成一个涉及面极广、包含内容极为丰富的法律规范体系。如何建立一个安全、可靠、公平的国际商务法律环境，保证国际贸易的顺利进行，已经成为关乎今后各国经济发展的重要问题。

　　要想发展本国经济，就必须融入世界经济一体化的潮流。与其他国家进行贸易与投资，是一个国家经济良性发展所必需的。而在与其他国家进行商事交易时，必然要碰到一系列的法律问题。近年来，国际市场法制环境虽有所改善，但现有的法律仍不能完全适应国际商务急剧发展的需要。因此，急需加速国际商务立法，以解决国际贸易发展所带来的新问题。因此，认真研究、掌握好国际商事交往中的相关法律和惯例，并将其熟练地运用到对外经济贸易的实践，才能使自己在复杂的国际商事交往中，立于不败之地。

　　根据教育部文件的精神，在"十三五"开端之年，我们确定了"国际商法"课程新的教材写作大纲。在这种情况下，我们受北京理工大学出版社的委托，着手《国际商法》的编写工作，力图为国际经济与贸易和国际商务专业学生提供一本理论深入、内容充实、材料新颖、范围宽广、叙述简洁、条理清晰、案例丰富、适合教学的国际商法方面的教材。我们对国际商法的体系进行了重新构筑，形成了符合国际商法教学要求的理论体系。本书是编者在教学层次上采纳了众多教学理论和实践的经验及总结。

　　本书将"国际商法"课程分为 15 章，其中第 1 章是国际商法导论，第 2 章是国际商事代理法，第 3 章是国际商事合同法，第 4 章是国际货物买卖法，第 5 章是国际货物运输与保险法，第 6 章是国际服务贸易法，第 7 章是国际技术贸易法，第 8 章是国际电子商务法；第 9 章是国际支付结算法，第 10 章是国际产品责任法，第 11 章是国际投资法，第 12 章是国际税法，第 13 章是国际金融法，第 14 章是国际商事管制法，第 15 章集中阐述了国际民事诉讼和商事仲裁问题，并在每一章的前后都添加了案例。上述内容足以涵盖国际商法的各个方面，形成了完整的体系。

本书的撰写工作由国内外多所院校的国际商法教师完成，参与的院校教师是西南财经大学法学院秦立崴副教授、西安邮电大学秦成德教授、杨嫩晓教授、王群、侯光文等老师，华中师范大学李文老师等。本书写作的分工（按各章先后为序）是：第1、3、8、9、15章由秦立崴编写；第2、5、6、7、10、14章由秦成德编写；第4章由王群编写；第11章由侯光文编写；第12章由李文编写；第13章由杨嫩晓编写；全书由秦立崴统稿。

国际商法是一个日新月异的领域，许多问题尚在发展和探讨之中，观点的不同、体系的差异，在所难免，本书不当之处，恳请专家及读者批评指正。

在本书的编写过程中，受到中国法学会和中国信息经济学会的热情关怀，得到教育部全国高校电子商务专业教指委的支持和指导，得到了北京理工大学出版社的大力支持，并得到中国电子商务协会移动商务专家咨询委员会的鼓励。在本书写作过程中，不但依靠了全体编写人员的共同努力，同时也参考了许多中外有关研究者的文献和著作，在此一并致谢！

编　者

目 录

第 1 章

国际商法导论

学习目标

1. 熟悉国际商法的概念、特点和渊源。
2. 掌握国际商法的内容与地位。
3. 了解国际商法的历史演变。
4. 熟悉世界各种法律体系及其特征。
5. 掌握国际商法统一化进展。

导入案例

农产品非关税贸易壁垒

在农产品和食品出口中，我国是一些发达国家名目繁多的卫生和检疫措施的直接受害者。如我国出口日本的大米，日方规定的检验项目多达 56 个。其中有 90% 以上是卫生和检疫措施项目（一般仅检验 9 个项目）；又如我国向日本出口的家禽，其卫生标准要求竟高出国际卫生标准 500 倍；出口至德国的蜂蜜曾经因为不能满足进口方的特殊卫生要求使输往德国的 3 万多吨蜂蜜不得不停止出运而一度退出欧洲市场；出口至欧盟的冻兔肉也因卫生标准不符合进口方过于苛刻的规定而被迫退出市场；出口至美国的陶瓷产品（稻草包装）因与美国植物检疫措施有违而被勒令销毁；甚至因我国一家生产厂某一规格的蘑菇罐头有不符合检疫标准的嫌疑，而使我国几百家生产厂出口至美国的所有蘑菇罐头全部遭卡关，连已在美市场上销售的也全部被撤下来，其损失是巨大的。诸如此类，在过去的对外贸易中，我国有不少农产品和食品因不符合发达国家过于苛刻的卫生、检疫措施而遭拒收或卡关甚至退关或销毁，造成贸易障碍和重大经济损失的事件屡有发生。因此，在当今的农产品、食品贸易中，发达国家采取过于苛刻的卫生、检疫措施，是他们构筑非关税贸易壁垒的一个重要方面。乌拉圭回合农产品贸易谈判的矛盾和焦点，虽都集中反映在欧盟和美国等发达国家之间的利益冲突，"决议"的达成尽管也反映了他们的妥协，但真正受害的却是发展中国家。如欧盟为其统一大市场所采取的282项贸易措施中，除食品卫生措施外，关于动植物检疫的就有81项（其中动物检疫63项、植物检疫18项）。而且，这些新形成的欧洲统一的检疫标准均高于各成员国家原来的水平，这就给发展中国家设置了更高更多的贸易障碍，其受害情况是显而易见的。

讨论：应该如何抵制农产品非关税贸易壁垒？

1.1 国际商法的内涵

1.1.1 国际商法的概念

经济全球化是全球化进程中最主要也是最具活力的部分。自20世纪80年代以来，经济全球化的加快发展使得全球范围内的国际商事交易活动空前活跃。商业活动本身固有的扩张性、同一性与世界性以及国际商事关系的发展要求减少或消除各国法律的歧义，避免法律冲突，以便于交易的进行。因为，法律规则的不统一，不仅将增加国际商事往来的不确定性，使商人在交易中缺乏预见性和安全感，而且会造成交易成本大为增加和效率显著降低。从事国际商事的商人们迫切地希望能像从事国内商业一样，在世界范围内有一套统一的规则，从而摆脱因适用不同国家的民商法而给国际商业带来的障碍。国际商业社会的需要对规制国际商事领域内的法律提出了迫切和特殊的要求。在这样的大背景下，作为在世界范围内调整国际商事关系的国际商法产生并在实践中得到了较大的发展。

"国际商法"又被称为"新商人法"（New Lex Mercatoria）或"现代商人法"（Modern Lex Mercatoria），指的是在国际商业社会领域内，调整平等的国际商事主体在从事各种国际商业活动中所形成的国际商事关系的统一实体规范的总称。

目前，对于国际商业领域内的规范的归属问题仍然存在着争议，对于国际商法是否能成为一个独立的法学部门，各国学者和专家持有不同的观点或看法，但是本书赞成左海聪教授在此问题上提出的"国际法四部门"说，即广义国际经济法学可以再进一步分为国际经济法学和国际商法学两个部门，在国际法的部门划分上则分为：国际公法、国际私法、国际经济法以及国际商法四个部门。

由此，国际商法是一个完全独立的国际法部门，其以跨国私人商事交易关系为调整对象，直接规定国际商事主体在国际商事关系中的权利义务，是一种采取直接调整方法直接适用于国际商事关系的实体法。而调整国家间经济管制关系的法律则归为国际经济法。采用"国际法四部门"说的理由不仅在于这种划分方法能够较好地解决传统划分方法导致的法律部门重叠的问题，还能够解决由于国际商事交易活动迅猛发展而出现的新规范的归属问题，最重要的是"国际法四部门"说将以跨国私人商事交易关系为调整对象的国际商法学从广义国际经济法学中独立了出来，最能够适应国际商业社会的特质以及国际商业社会的迫切需要。

此外，在"国际商法"一词的英文上，目前存在着多种提法，如"International Commercial Law"、"International Business Law"、"International Trade Law"等，目前在国内和国外学界这些不同的提法均被用来指代"国际商法"一词。本书认为，从国际商法本身发展的角度而言，这种多种提法并存的现状必须予以纠正与统一。因为在英文中，"commercial"、"business"、"trade"这几个单词的含义是存在着一定的区别和侧重点的：

如"commercial"侧重于与商业有关的各种商务；"business"侧重于商事职业和责任；而"trade"侧重于指一国宏观层面的贸易。从国际商法作用的对象——国际商业社会这样一个具有相对独立性的社会领域出发，"International Mercantile Law"一词相对准确一些，因为在英文中"mercantile"一词才侧重于指的是"商人的"或"贸易的"之意。

而鉴于国际商法具有的一个长期发展的历史过程，本书认为，国际商法一词应该统一采用"New Lex Mercatoria"或"Modern Lex Mercatoria"来指代，以彰显其历史发展及其渊源，因为这里的"Lex Mercatoria"一词源自于拉丁语"jus mercatorum"，即"商人的法律"之义，指的是由商人们自己创造的用以调整商人们之间商事关系的习惯和惯例的总称。它作为一个比较确定的法律概念或术语，早在1290年英国的一本名为"Fleta"的惯例集中就已经出现，在国际商法发展的初期——中世纪商人法时期就被用来指代调整商人们之间商事关系的规则，并得到了社会各界的普遍认同。

国际商法是指调整国际商事主体在国际商事交易中形成的国际商事法律关系的国际法律规范与国内法律规范的总和。它的调整对象是国际商事主体在国际商事交易中形成的国际商事法律关系。国际商法是一个独立的法律部门，具有自身的特点。国际商法表现出以下发展趋势：大陆法系和普通法系各自吸收对方的优点，开始了相互渗透的过程；随着世界经济一体化的不断加强，国际商法统一化的趋势日渐明显。

1.1.2　国际商法的主体和调整对象

国际商法，是指调整国际商事主体在国际商事交易中形成的国际商事法律关系的法律规范的总称。

国际商事主体是指在国际商事关系中依法可以享有国际商事权利和承担国际商事义务的当事人。具体包括：

（1）自然人。各国法律和国际条约一般都承认具有权利能力和行为能力的自然人可以以自己的名义参与国际商事交易，从而成为国际商事主体。如我国宪法和外商投资企业法都明确规定，允许外国的个人在中国投资，同中国的企业或其他经济组织进行各种形式的经济合作。

（2）具有法人资格的公司、企业（特别是跨国公司）以及其他非法人商事组织（如合伙企业）显然是重要的国际商事主体。

（3）国际组织特别是第二次世界大战后涌现的全球性或区域性国际经济组织也是国际商事关系中的重要主体。世界银行、国际货币基金组织、世界贸易组织等全球性经济组织以及欧洲联盟、亚太经合组织、北美自由贸易协定等区域性经济组织不仅参与制定或促成制定有关调整国际商事关系的行为规范，有时还直接与其他国际商事主体签订国际商事合同，参与国际商事交易。

（4）国家。国家是国际商事法律规范的参与制定者，又是本国涉外商事法律的制定者。此外，国家也会在一定情况下参与国际商事交易（如政府间贷款或在国际债券市场上发行政府债券等），因而国家是一种特殊的国际商事主体。由此可见，今天的国际商事主体已不再仅仅局限于传统的自然人、公司、企业，而是包括了更多的主体。

传统的国际商事交易是以有形商品（货物）的买卖为核心内容的，但在当代社会，随着经济的飞速发展和全球化程度的不断提高，国际商事交易不论在其交易对象还是交易方式上都有了很大发展。从交易对象来看，除了国际货物买卖有了巨大的发展外，技术、资金、劳务的国际流动也日趋频繁，在国际经济交往中的重要性也日趋提高。从交易方式来看，除了买卖这一传统方式外，还出现了很多新型的交易方式，如国际技术转让、国际投资、国际合作生产、国际融资、国际工程承包、国际租赁等。由此可见，当今的国际商事交易早已突破了传统的国际货物买卖的范畴，而是深入到技术贸易、服务贸易、投资和金融等众多经济领域，正因如此，当今的国际商法也发展成一个涉及面极广、包含内容极为丰富的法律规范体系。国际贸易法（包括货物贸易、技术贸易、服务贸易）、国际商事合同法、国际商事组织法、国际代理法、国际产品责任法、国际票据法、海商法、国际投资法、国际金融法等都可纳入国际商法的范畴。

国际商法调整的对象是国际商事主体在国际商事交易中形成的国际商事法律关系。

商事关系是当商人在从事商事交易时，在当事人之间形成的一种物质利益关系；而商事法律关系则是商法主体在商事交易过程中或对商事交易进行管制时形成的社会关系。商事关系只是在商人之间形成的一种关系，而商事法律关系除了商人之间在商事交易中形成的关系外，还包括国家作为管制商事交易的主体，与被管制者，即商人之间形成的关系。从性质上看，商事关系中当事人的法律地位是平等的，而在商事法律关系中，部分主体，即商人与国家之间的法律地位是不平等的，国家是管理者，商人是被管理者。

1.1.3 国际商法的特征

国际商法作为一个独立的法律部门，与其他部门法，如国际经济法、国际贸易法等相比，具有自身的特点。

（1）从法律渊源看，国际商法既包括国际法，又包括国内法。在民商法分立的国家，如法国、德国、日本等，都分别颁布了商法典，以调整国内的商行为。但由于国际立法的特殊性，作为一个部门法，国际商法没有如国内商法那样，有一部成文的商法典，而是由单个的法律文件组成的综合体。而组成这一综合体的法律文件，既有国际法，如1980年的联合国《国际货物买卖合同公约》、1985年的《多边投资担保机构公约》；也有国内法，这主要是一国的涉外法部分，如我国的合同法、外商投资企业法、外贸法等。在组成国际商法的这两部分中，国内法占有重要地位。目前，国际商法中的许多方面是由国内法调整的。如对国际商事行为的管制，也几乎完全由国内法进行规范。

（2）从法律属性看，国际商法既包括公法，又包括私法。在大陆法系国家，理论上往往将法律分为公法与私法两大部分。前者调整非平等主体之间的社会关系即国家与私人之间的关系，以确认公权并使其服从于法律规制为根本任务；后者调整平等主体之间的社会关系即私人之间的关系，以确认私权并保证其得以实现。国际商法主要是规范商事主体及其行为，因而主要属于私法领域。但是，商事主体依照意思自治、契约自由等原则实施商事行为时，由于不当动机，其行为往往损害正常的竞争秩序，况且，商事主体在商事活动中的自我调节机制是有局限性的，需要国家以社会的名义进行整体调节。因此，自19世纪末20世纪初起，政府开始采取积极干预的方式，对商事主体的商事行为进行规范，从而使国际商法中包含有越来越多的公法因素。而且由于联合国、世界贸易组织等国际机构制定的各项决议、公约，以及各国之间日益增多的多边、双边条约，对各国当事人交易的影响日益增加，因而在公法与私法之间的界线现在已变得模糊。

（3）组织法与行为法的结合。从总体上看，国际商法由实体法与程序法两大部分组成，其中，实体法由组织法与行为法两大部分组成。商事组织是商事交易的基础，而商事交易是商事组织设立的目的。因此，商事组织和商事交易两方面不可避免地成为国际商法规范的对象，使国际商法既有组织法的一面，又具有行为法的一面。前者如一国的公司法、外商投资企业法等，后者如合同法、反倾销法、反补贴法等，都是规范商事主体行为的标准；组织法与行为法的结合，是国际商法的又一特点。组织法与行为法是具有不同性质的法律规范。组织法主要实行严格主义，其规定原则上属于强行法规范。而行为法则主要实行自由主义，其规定大多属于任意性规范。如交易的对象、交易的形式、交易的时间、交易的价格等，一般都由当事人自由决定。但这种区别并不是绝对的，在现代立法中，组织法中有任意性规范，行为法中也强制性规范。

1.1.4　国际商法的渊源

国际商法的渊源，是指国际商法的法律规范借以表现的形式，主要是三个方面：国际商事条约；国际商事惯例；各国商法中有关涉外商事的国内法。

（一）国际商事条约

国际商事条约是指两个或两个以上的国家或国际组织为确定相互之间的权利、义务而达成的协议，包括多边商事公约、双边商事条约和区域性的商事条约。

作为国际商事主体的国家和国际组织缔结的调整国际商事活动的条约或公约是国际商法的重要渊源。目前，这方面的国际条约数量不少，总体上可分两大类：一类是调整国际商事活动的实体规范，各国缔结的有关国际商事条约，是国际商法的重要渊源，它可划分为两类：一是属于统一实体法规范的国际商事公约，如 1924 年的《统一提单的若干法律规则的国际公约》、1930 年的《关于统一汇票和本票的日内瓦公约》、1978 年的《联合国海上货物运输公约》、1980 年《联合国国际货物销售合同公约》、1978 年《联合国海上货物运输公约》（汉堡规则）、1980 年《联合国国际货物多式联运公约》等，当这类公约被各国批准接受时，就可以消除各缔约国之间在这些领域内的法律冲突，统一商事交易规则；此类实体法规范在国际商事条约中占了大多数。还有一类国际商事条约是属于程序法规范，属于冲突法规则的国际公约，如 1973 年的《产品责任法律适用公约》、1980 年欧共体制定的《关于合同之债的法律适用公约》、1985 年的《国际货物销售合同法律适用公约》，1905 年《国际民事诉讼程序公约》，1958 年《关于承认与执行外国仲裁裁决公约》、1976 年《联合国国际贸易法委员会仲裁规则》等。当这类公约被各国批准接受时，各缔约国在这些领域内的冲突规范就将得到统一，使商事交易主体能准确预测解决其商事纠纷所适用的法律，增强了商事交易的确定性。

与一般国内立法相比，国际商事条约具有很强的法律效力，这主要表现在以下两个方面：①国际商事条约的效力高于国内法。国际商事条约是国家间的协议，遵守国际商事条约是条约缔约国的国际义务，各缔约国不能借口其国内法有不同规定而拒绝履行条约义务，当国内法与该国参加的国际条约相抵触时，应以条约为准，但一国声明保留的除外。这一国际法的基本原则被概括为"条约必须遵守"或"条约优先适用"；②国际商事条约是国家间的协议，所以其约束的对象是国家。但有些国际商事条约，也直接约束有关商事交易主体，即有关自然人、法人及其他经济实体。如联合国《国际货物买卖合同公约》，几乎所有条款都是以自然人或商事组织为规范对象的。

（二）国际商事惯例

国际商事惯例是在国际商事交往中，经由长期的、反复的国际实践而逐渐形成的，并受到各国普遍承认和遵守的商事原则和规则。构成对国际商事交易有约束力的惯例必须同时具备三个条件：①该规则具有确定的内容，即具体包含了确定参加国际商事交易的当事人权利义务的规则；②它已成为各国长期商事交易中反复使用的习惯；③它是各国普遍承认具有约束力的通例。

从本质上讲，国际商事惯例并不是法律，因此它并不具备法律的普遍约束力。但是，如果有关当事人在合同中约定采用某种国际商事惯例，则该惯例对合同当事人的商事交易具有确定的约束力。因此，如果商事交易的当事人欲使某一国际商事惯例适用于其商事交易，就必须在合同中作出明确约定；否则，有关惯例并不自动适用于当事人之间的商事交易行为。

从历史上看，国际商法最初萌芽于国际商事惯例，这些惯例与国内法无关，并独立于任何国内法，实际上代表了商业实践中逐步形成的造法过程。20世纪以来，一些国际组织坚持不懈地致力于国际商事惯例的编纂以及修订工作，使这些惯例在越来越大的范围得到运用和推广。其中，较有影响的有：1932年的《华沙—牛津规则》；1978年的《托收统一规则》；1993年的《跟单信用证统一惯例》；1994年的《国际商事合同通则》；2000年的《国际贸易术语解释通则》。这些国际商事惯例已获得世界上绝大多数国家和地区的承认、采纳或尊重。

国际商事惯例是统一的国际商法的另一个重要渊源，如国际商会编纂的《国际贸易解释通则》、《跟单信用证统一惯例》、《托收统一规则》；国际海事委员会编纂的《约克—安特卫普规则》（共同海损理算规则）等。尽管这些商事惯例严格说来并不是法律，不具有法律的普遍拘束力，但各国一般都允许双方当事人在国际商事活动中有选择使用国际商事惯例的自由。一旦当事人在合同中采用了某项惯例，该惯例对双方当事人就具有拘束力。

（三）各国商法的涉外部分

国际商法的渊源，除前述两大部分外，还包括国内法渊源，即一国商法中调整涉外商事行为的法律法规。目前，国际商事条约和国际商事惯例的内容和体系尚不完善，许多领域的立法仍属空白，还远远不能包括国际商事各个领域中的一切问题，现有的规则尚不足以处理所有的国际商事交易行为，这就需要适用国内法予以补充。因此，一国商法中的涉外部分，仍是国际商法的重要渊源。有鉴于此，我们在学习和研究国际商法的过程中，除必须了解有关的国际商事条约和国际商事惯例外，还应当了解有代表性的一些国家的商法的有关规定，特别是一些发达国家比较成熟的国内法律。

尽管目前国际上有大量的国际商事条约和国际商事惯例，但这些条约和惯例并不能包括国际商事交易所有领域中的一切问题，而且对某一问题，即使现有条约或惯例中已有规定，该条约或惯例也未必会被所有国家和地区一致参加或承认。因此，在不少场合下，国际商事纠纷还得借助法律冲突规则的指引，适用有关国家的商法来处理。因此，各国国内商事法仍然是国际商法的重要补充。这种国内商事法，在大陆法系和英美法系国家有不同的表现形式。

1.1.5　国际商法的内容与地位

一、国际商法的内容

国际商法所包括的内容是非常广泛的，但受教材篇幅和课程授课课时的限制，面面俱到是不可能的，所以本教材只介绍了国际商事交易中重要的法律制度。

作为一个独立法律部门，国际商法有自己特有的体系结构。对于国际商法体系应包括哪些内容，国内学者并无一致的看法。要深入研究、正确阐述国际商法的体系首先应理解国际商法体系的含义，其次要找到决定国际商法体系的依据。

理解和确定国际商法的体系，应当从形式和内容入手。在形式上，应考虑以下三方面：一是国际商法就目前而言涉及哪些国际商事关系领域，如国际货物买卖、国际货物运输、产品责任等；二是在这些领域内国际商事法律规范做了哪些方面的规定，这些规定是以国际法渊源还是以国内法渊源表现出来，以及这些渊源间的关系机制；三是国际商法体系中各部分内容的结构，即不同领域法律规范之间的相互关系，以及这些内容编排的依据。

总之，从形式上讲，国际商法体系的确定既要考虑国际商法所调整、涉及的商事关系领域，又要考虑国际商法渊源本身的结构和特点，还要确定体系各组成部分内容之间的关系。在内容上，国际商法体系的确定取决于跨国界的商事关系的发展。国际商事关系发展到今天，所涉及的已经不再是简单的产品交换等内容。根据联合国国际贸易法委员会在起草《国际商事仲裁示范法》时，就"商事"一词所作的注释，具有商事性质的关系包括但不限于下列交易：任何提供或交换商品或劳务的交易；销售协议；商事代表或代理；保付代理；租赁；咨询；设计；许可；投资；融资；银行业；保险；开采协议或特许权；合营企业或其他形式的工业或商业合作；客货的航空、海洋、铁路或公路运输。

从形式和内容两方面的结合和国际商法目前的发展阶段看，我们可以大致确定国际商法体系的主要组成部分。国际商法应包括：商事主体法（包括商事组织、商事代理、商业登记等）；商事行为法（包括国际货物买卖法、国际货物运输法、国际货物运输保险法、海商法、国际技术贸易法、产品责任法、票据与国际结算法、国际资金融通法）；国际商事争议解决规则（包括国际民事诉讼、国际商事仲裁）。每一组成部分在表现形式上都是由国际法渊源和国内法渊源有机结合组成的。

二、国际商法与相邻学科的关系

国际商法属于国际法的范畴，它与相邻学科，包括国际经济法、国际贸易法和国际私法，既有联系，又有区别。这些学科都属于国际法，因而在调整的对象、法律关系的主体、法律渊源等方面，具有一些共性；但相互之间又各具特点。

（一）国际经济法

国际经济法是调整国际经济交往和经济关系的各种法律规范的总称。其调整的对象，是包括国际贸易、国际投资、国际金融；国际税收、国际经济组织等法律关系在内的国际经济关系。因此，国际经济法的调整对象要广于国际商法，国际商法所调整的对象只是国际经济法调整对象中的一部分，因此应该说，国际商法是国际经济法的一部分。

（二）国际商法与国际贸易法

国际贸易法是调整跨越国界的贸易关系以及与贸易有关的各种关系的法律规范的总称。其主体包括所有参加国际贸易关系的国家政府、国际组织、法人和自然人；其调整的范围，以贸易关系为主，包括国际货物买卖、国际货物运输与保险、国际结算与支付、国际技术贸易、各国关于贸易管制的法律法规等；其法律渊源也包括调整贸易关系及与贸易有关的各种关系的国际法规范与国内法规范。

在国际商法与相邻各学科的关系中，它与国际贸易法的关系较为密切。国际贸易，包括国际货物贸易、国际技术贸易和国际服务贸易，都是国际商事交易中的一部分。因此，国际商法调整的范围较国际贸易法调整的范围要广，它不仅限于贸易法调整的范围，还包括其他一些国际商事交易，如国际投资，所以，国际商法应包含国际贸易法。

（三）国际商法与国际私法

关于国际私法，学术界有三种不同的主张：第一种主张认为，国际私法主要是调整涉外民事法律关系的冲突规范的总和，该种观点广泛流行于欧美资本主义各国和日本等国家和地区；第二种主张认为，国际私法不仅包括调整涉外民事法律关系的冲突规范，还包括国际统一实体规范，该派观点出自苏联和东欧国家的一些学者；第三种主张认为，国际私法不仅包括冲突规范、统一实体规范，还包括国内法中专门调整涉外民事法律关系的实体规范，其观点主要出自德国、捷克和保加利亚的某些学者。

1.1.6 国际商法的历史

商法是随着商品经济的产生和发展而产生和发展起来的，国际商法是国际贸易逐步发展和扩大的产物，到目前为止，其产生与发展主要经历了三个阶段。

（一）形成阶段

从历史上看，早在古代罗马法中就出现了调整商事关系的法律，但当时还没有专门的商事法。一般认为，欧洲中世纪的"商人法"（Law Merchant），是近代商法的起源。这种"商人法"最初出现在意大利，后来随世界贸易中心转移至大西洋沿岸而波及法国、西班牙、荷兰、德国及英国。其内容主要包括合同、两合公司、海上运输与保险、汇票、破产程序等，其典型特征是国际性（它不局限于在一国使用）和自治性（它是商人间的习惯约束规则，它的解释和运用不是由一般法院的专职法官来进行，而是由商人自己组成的法庭来执法）。

在中世纪，随着不同地区商人之间商事交往的发展，逐渐成了一系列支配他们之间贸易关系的商业惯例和习惯性做法。在这种社会现实之下，国际商法应运而生。

这种商人习惯法最早于11世纪出现在意大利，因当时的地中海是世界各国贸易的中心。商人们有自己的解决争议的法院，这些法院的程序是非正规的，申诉可在无法院令状的情况下审理，诉讼程序可不定期，具有现代调解或仲裁的性质，运用在商事交往中形成的习惯规则来调整商事交易和解决商事争议。随着航海贸易的发展和世界贸易中心向大西洋沿岸的转移，商人习惯法逐步扩及西班牙、法国、德国、荷兰及英国。其内容包括商事合同、海上运输与保险、汇票等。

这一阶段的商人习惯法有着明显的特点：

（1）它具有国际性和统一性，普遍适用于各国从事商业交易的商人。

（2）它具有自治性和简易性，商人习惯法的运用和解释都不是由法院的专职法官来执掌，而是由商人自己组织的法院来完成，且诉讼程序简单。有人形象地比喻说，商人法院公平审理案件的速度，就像把商人脚上的灰尘去掉。

（3）强调契约自由、财产的自由转让和公平合理。

（二）发展阶段

随着欧洲国家中央集权的形成与加强，自 17 世纪后，商人习惯法被纳入各国的国内法制度，逐步成为国内法的一部分，而使国际商法失去了原有的国际性和统一性。

17 世纪以后，随着欧洲中央集权国家的强大，欧洲各国便以立法的形式调整各种商事关系，从而使商法成为本国的国内法而失去其原有的国际性特征。商人习惯法的国内化首先发生在法国。19 世纪以后，随着欧洲资产阶级革命的成功，社会关系发生了根本的变革。为保护资本主义商品经济关系，推动商事活动，欧洲大陆国家相继开始了大规模的法典制定活动。

1673 年、1681 年，法国先后颁布了《陆上商事条例》（1673 年）和《海商条例》（1681 年）；并于 1807 年颁布了《商法典》；德国当时的成文商事法有：《普鲁士海商法》（1727 年）、《普鲁士票据法》（1751 年）、《普鲁士保险法》（1776 年）等，1897 年德国通过了《商法典》；此外，其他欧陆国家也制定了商事法，从 19 世纪起，英国先后制定了一些有关商事活动的单行法规，如 1882 年的《票据法》、1890 年的《合伙法》、1893 年的《货物买卖法》等。日本则在 1899 年制定了独立的商法典。应当指出的是，法、德、日等国虽采取民商分立原则，但是，对商事活动而言，民法典和商法典是一般法与特别法的关系，商法典中没有规定的事项仍须适用民法典所确定的一般原则。此外，随着商事活动的发展，大陆法国家也制定了不少单行的商事法规，作为对商法典的补充。

在英美法国家，商法的历史发展有其不同于大陆法的特色。英美法国家在传统上采取判例法制度，19 世纪以后，才开始制定一些单行的商事法规，以补判例之缺。因此这些国家的商法体系是以商学判例加单行商事法规为其特色的，在英美法国家，没有大陆法意义上的商法典。

（三）国际化和统一化阶段

进入 20 世纪，特别是在第二次世界大战结束后，世界经济得到了充分的发展，各国相互间的经济联系日益密切，互相依赖的程度越来越高，经济生活的国际化、一体化程度也越来越高；另一方面，各国在长期的经济贸易交往中，也逐步形成了一些普遍接受、遵守的贸易惯例和习惯做法，而且许多国家都认为，为了促进国际商事交易的发展，主张制定一套统一的、普遍适用的国际商事法律规范和统一编纂有关国际商事惯例。在此条件下，国际商法进入了国际化、统一化的崭新阶段。

总的来说，20 世纪以前，商法基本上局限于国内法，由此产生的法律分歧和冲突阻碍了国际商事活动的进一步发展，因此，自 19 世纪末 20 世纪初开始，一些政府间或民间的国际组织便致力于商法的国际化和统一，而且取得了很大的成果。一些重要的国际商事公约和国际商事惯例相继问世，商法的国际化和统一趋势在加强，国际商法在发展。

国际商法的国际化、统一化是从两个方面实现的。一方面，在联合国和有关国际组织的努力下，制定全球适用的公约条约，如1947年的《关税与贸易总协定》，1964年的《国际货物买卖统一法公约》、《国际货物买卖合同成立统一法公约》，1980年的联合国《国际货物买卖合同公约》等；另一方面，是对国际商事交易中现有的商事交易惯例进行整理、编纂，以便统一适用，这方面最成功的例子是国际商会在1935年编纂的《国际贸易术语解释通则》，还有1930年国际商会制定的《商业跟单信用证统一惯例》，1932年由国际法协会制定的《华沙—牛津规则》，等等。

从上述国际商法的演化历史，我们可以清楚地看到其已有的变化发展过程；但毫无疑问，这一过程不会是其发展的终点，它现在已表现出一些新的发展趋势。大陆法系和普通法系的相互渗透。进入20世纪后，在涉及调整经济方面的法律已表现出强烈的融合、渗透的趋势，或者说相互影响的现象。

1.2　世界各种法律体系及其特征

所谓法系，是指比较法学家按照法的历史传统和形式上的某些特征，对世界各国法律体系所作的分类。就西方国家而言，其法律体系主要可分为大陆法系和英美法系。这两大法系各具其特点，在不少方面存在分歧。这种分歧不可避免地会影响到其国内商事法，因为一国国内商事法是一国法律体系的有机组成部分，它不可能脱离一国的法律体系而孤立地存在。目前来说，各国国内商事法仍是国际商法的重要补充，不少国家商事纠纷还得援引有关国家的国内商事法来处理，既然这种国内商事法又不可避免地反映该国法律体系上的特征，因此，我们在学习和研究国际商法时，有必要了解西方两大主要法系即大陆法系和英美法的基本特征，这将有助于我们更好地理解有关国家的国内商事法。人们通常将西方国家的法律制度分为两大体系，即以法国法、德国法为代表的大陆法系（Continental Law System），以英国法、美国法为代表的普通法系（Common Law System），也称英美法系。由于历史、文化和宗教等方面的差异，两大法系有着各自显著的特点。

1.2.1　大陆法系

（一）大陆法系的特征

大陆法系（Continental law）形成于西欧，以法国和德国为代表。除了这两个国家之外，许多欧洲大陆的国家，如瑞士、意大利、比利时、卢森堡、荷兰、西班牙、葡萄牙等国，均属大陆法系。此外，整个拉丁美洲、非洲的一部分近东的一些国家亦属于大陆法系，日本也引入了大陆法。值得一提的是，在属于英美法系的国家中，某些国家的个别地区，如美国的路易斯安纳州和加拿大的魁北克省，也属于大陆法的范围。

大陆法国家是成文法国家，法律是大陆法的主要渊源。大陆法国家的法律包括宪法、法典、法典以外的法律和条例等。判例在大陆法国家原则上不作为法的正式渊源。一个判决只对被判处的案件有效，对日后法院判决同类案件并无约束力，这是大陆法和英美法在法的渊源上的一个主要区别。但是，我们也应看到，进入 20 世纪以后，尽管大陆法国家是成文法国家，判例的作用也是不能忽视的。

大陆法系最大的特点是法律的成文化，强调成文法的作用。在大陆法系，法律主要是指成文法，即由立法机构制定、公布实施的法。成文法的效力高于其他法律渊源的效力，有成文法规定的，首先应适用成文法的有关规定，只有在成文法对有关问题没有作出规定时，才能适用其他法律渊源。大陆法系立法的第二大特点是，把全部法律分为公法和私法两大部分。这种分类法来源于罗马法，"公法是与罗马国家状况有关的法律，私法是与个人利益有关的法律"。随着现代法律的发展，大陆法系国家再把公法细分为宪法、行政法、刑法、诉讼法和国际公法等，把私法细分为民法、商法、婚姻法、家庭法等。第三大特点是，大陆法系各国都注重法典的编纂，虽然在体例上不尽相同。在这些国家，都有诸如刑法典、民法典、商法典或民商法典。法国在资产阶级革命胜利后，即先后颁布了《民法典》、《民事诉讼法典》、《商法典》、《刑法典》和《刑事诉讼法典》等五部法典。

大陆法在结构上强调系统化、条理化、法典化和逻辑性。它所采取的方法是运用几个大的法律范畴把各种法律规则分门别类归纳在一起。这种结构上的特点，在法学和立法上都有所反映。

（二）大陆法系的法律渊源

（1）法律。法律是大陆法的主要渊源，它具体包括宪法、法典、法律和条例，等等。这些法律制定的机关不同，其效力等级也有差异，其中，宪法具有最高的权威和效力，其他法律不得与宪法相冲突或抵触。

（2）习惯。习惯作为法律渊源，已得到大陆法系各国的普遍承认，但习惯必须是具有法律意义的，并不得与成文相抵触。习惯至今仍发挥一定的作用，某些法律往往需要借助于习惯才能为人们所理解，立法者在法律中所使用的某些概念也需要参照习惯才能搞清楚其含义。

（3）判例。由于大陆法系国家强调成文法的作用，所以原则上不承认判例具有与法律同等的效力和可作为一个独立的法律渊源。一个判决只对当事人和本案有效，而不能约束日后法院对同类案件的审理和判决。但是，进入 20 世纪后，大陆法系国家开始重视判例的作用，一些国家开始作出一些例外规定，以使法官受某种判例的约束。如联邦德国规定，联邦宪法法院的判决在"联邦公报"上发表后即具有约束力，并承认由"经常的判例"所形成的规则即属于习惯法规则，法官应予以实施。在瑞士、西班牙等国也有相关的规定。

（4）学理。一般而言，学理不是法的渊源。但在大陆法的发展过程中，学理曾起过重要的作用，对法律体系的形成有重大的影响，如 12—17 世纪罗马法复兴时期先后产生的"注释学派"、"后注释学派"及"自然法学派"，其理论对大陆法系的形成有不可忽视的作用。学理对法律的形成的影响，主要表现在三个方面：为立法者提供法学理论、词汇和概念；解释法律，分析和评论判例；通过法学家的论著和培训法律人才，影响法律的实施进程。

1.2.2　普通法系

普通法系（common law），又称为英美法系（Anglo - American law），它形成于英国，习惯上以 1066 年诺曼底人征服英格兰作为其开端，以后扩展到美国及其他过去曾受到英国殖民统治的国家和地区，主要包括加拿大、澳大利亚、新西兰、爱尔兰、马来西亚、新加坡、巴基斯坦，我国香港地区也属于英美法的范围。这一法系以英国和美国为代表（故称英美法系），在法的结构和法的渊源上都具有不同于大陆法的特征，现分别介绍如下：

（一）普通法系的特点

普通法系国家法律的共同特点主要是：

（1）在法律渊源上，都以判例作为法律的主要渊源。英国的判例法是由高等法院（上诉法院、高级法院、上议院）的法官以判决的形式发展起来的法律规则，这些法律规则对高级法院自己和下级法院以后审理同类案件具有约束力。美国法则受其联邦体制的影响，有联邦法和州法的区别。在州法方面，州的下级法院受其州上级法院判例的约束；在联邦法方面，须受联邦法院特别是美国最高法院判例的约束；联邦法院在审理涉及联邦法的案件时，受上级联邦法院判例的约束，而在审理涉及州法的案件时，则要受相应的州法院的判例的约束；但联邦和州的最高法院则不受其自己以前判例所确立的法律原则的约束，他们可以推翻先前判例所确立的法律原则，代之以新的判例及新的法律原则。

如前所述，判例法曾是英美法的主要渊源，但在 19 世纪末 20 世纪初以来，成文法在英美法国家的比重和作用不断上升，成文法也成了英美法的重要渊源。例如，英国关于商事方面的成文法有：1882 年的《票据法》、1890 年的《合伙法》、1893 年的《货物买卖法》、1906 年的《海上保险法》、1907 年的《有限合伙法》、1914 年的《破产法》、1948 年的《公司法》、1973 年的《公平贸易法》、1979 年的《货物买卖法》等。美国的情况与英国有所不同。一方面，早在独立战争期间，由于殖民地人民对英国的敌对情绪，美国曾一度出现了禁止适用英国判例法而引入大陆成文法典的活动，这使美国历来比英国更重视成文法；另一方面，由于美国是联邦制国家，国会和州议会均有立法权，这使美国既有联邦成文法又有州成文法。其中，美国联邦宪法在整个美国法中占有十分重要的地位。在商法领域，特别值得一提的成文法是《美国统一商法典》，该法典于 1952 年公布，其后曾多次修改。目前在美国50 个州中，除了保持大陆法传统的路易斯安纳州之外，其他各州均已通过本州的立法程序采用了《美国统一商法典》，使它成为本州的法律。另一个值得一提的成文法是美国的反托拉斯法，它实际上不是单一的法律，而是包括了《谢尔曼法》（1890 年）、《克莱顿法》（1914 年）、《联邦贸易委员会法》（1914 年）等好几部法律，它对于规范公司，尤其是大公司的行为有重要影响。

（2）在法律结构上，英国法和美国法都将法律分为普通法和衡平法。普通法来源于习惯法，它最初是在英国封建社会初期盎格鲁·撒克逊习惯法的基础上逐步形成的，积累了13 世纪以前各地法院的判决和 13 世纪以后皇家法院的判决。普通法是不成文法，以法官判决为基础，体现在判例汇编之中。衡平法是为补充和匡正不完善的普通法而形成的。发展到14 世纪，普通法已不能适应现实的需要，其救济手段单一，仅限于损害赔偿和返还财产；普通法法院的法官因拘泥于以往的判例而缺乏灵活性，导致裁判不公正国际商事；而且诉讼程序充满形式主义。国王便授权枢密院大法官建立衡平法法院（Court of Chancery），并依照所谓"良知"和"公平正义"的原则来审理案件，"衡平（Equity）"一词意即"公平"、"正义"。这样，大法官通过其审判活动所形成的法律规则，便成为与普通法平行的一种新的法律体系——衡平法。普通法与衡平法虽然同属判例法，但两者在救济方法、诉讼程序、法院的组织系统、法律术语等方面均有较大的差异。普通法与衡平法各自保持独立平行的地位，但当衡平法与普通法发生冲突时，以衡平法优先。

（二）普通法系的渊源

普通法系的法律渊源主要有两大方面：一是判例法；一是成文法。

判例法是普通法系的主要渊源。在英国，确立了"先例约束力原则（Rule of Precedent）"，其内容是：①上议院的判决是具有约束力的先例，对全国各级审判机关（不包括上议院本身）有约束力；②上诉法院的判决可构成对下级法院有约束力的先例，而且对上诉法院本身也有约束力；③高级法院每一个庭的判决对一切低级法院有约束力。

在美国，"先例约束力原则"同样适用，但具体表现有不同于英国的特点：①在州法方面，州的下级法院须受上级法院判例的约束，特别是受州最高法院判例的约束；②在联邦法方面，须受联邦法院判例的约束，特别是受美国最高法院判例的约束；③联邦法院在审理涉及联邦法的案件时，须受其上级联邦法院判例的约束，而在审理涉及州法的案件时，则须受相应的州法院的判例的约束，但以该判例不违反联邦法为原则；④联邦和州的最高法院不受它们以前确立的先例的约束，它们可以推翻过去的先例，并确立新的法律原则。

成文法是普通法系的另一重要渊源，随着社会的不断发展，成文法的地位与作用也越来越重要，而且在商法领域这一趋势表现得非常明显。按照英国的传统理论，判例法是基础，成文法只是对判例法的补充或修正，即使是议会制定的成文法，也必须经过法院判决加以解释和适用，才能发挥作用，但这一理论在进入 20 世纪以来已经有了很大的改变。而在美国，法律制度的发展，是成文法与判例法相互作用的结果。立法机关可以通过成文法改变判例法中某些已经过时的法律规则，使法律适应社会、经济、政治发展的要求；另一方面，成文法又必须经过法院判例的解释和适用才能起作用。

（三）两大法系的发展趋势

大陆法和英美法在法的结构和法的渊源上均具有不同的特征，但从发展的趋势来看，两者差别正在逐渐缩小。正如前文所指出的那样，在大陆法系国家，判例的作用日益受到重视，而在英美法系国家，成文法更是已成为法的重要渊源，这无疑表明了两大法系有彼此靠近的趋势。其实这种趋势不仅体现在形式上，也体现在法的具体内容上。尽管大陆法系和英美法系代表了两个不同的法系，但它们并不是毫不相干、互不影响的关系。相反，随着国际贸易和国际投资的发展，随着现代市场经济日益呈现出全球化、一体化的要求，两大法系在很多方面的分歧正在逐步缩小。当然，我们也应该看到，两大法系由于历史和传统的不同所形成的巨大分歧，尽管目前在缩小，但短期内并不会完全消除。两大法系并未统一，并未汇合成单一的西方法系。在法的渊源上，英美法系成文法的作用虽在提高，但目前判例法仍是法的重要渊源；大陆法系国家判例虽日益受到重视，但其作用显然无法与成文法相提并论。在法的具体内容上，两大法系亦有诸多分歧。因此，至少在未来较长时间内，西方法系仍可分为大陆法系和英美法系。

1.2.3　中国涉外法律制度概述

1. 中国涉外商事法律制度的形成和发展

涉外商事法律制度，是一国用以调整涉外商事交易中所发生的各种涉外商事关系的法律规范的总称。中华人民共和国成立以后，我国的涉外商事法律制度的建立经历了一个曲折而复杂的历史过程。随着对外开放政策的实施和外向型经济的发展，我国涉外商事交易活动空前活跃，调整涉外商事交易的各种法律、法规应运而生。1979 年，我国颁布了新中国成立后第一部利用外资的法律——《中华人民共和国中外合资经营企业法》，之后，又相继颁布了一系列有关进出口贸易、技术引进、金融保险、经济仲裁等方面的法律、法规。此外，我国还积极参加双边和多边国际条约，其中包括《联合国国际货物销售合同公约》、《解决国家与他国国民投资争端公约》、《保护工业产权巴黎公约》、《承认及执行外国仲裁裁决公约》等一批重要的国际条约，这使我国涉外商事法律制度与国际商事法律制度的衔接日益紧密，对推动我国涉外商事交易的发展有重要作用。我国加入 WTO 后，要求我们进一步完善我国的涉外商事法律制度，为涉外商事交易的发展提供更好的法律环境。

2. 中国涉外商事法律制度的基本原则

涉外商事法律制度的基本原则，是我国涉外商事立法、司法应当遵守的基本准则，也是我国自然人、法人及其他实体参与涉外商事交易所应当遵守的基本准则。它具体包括：

（1）尊重国家主权、维护国家利益。尊重国家主权，维护国家利益，是我国一切对外交往活动必须遵循的基本原则，这一原则当然也适用于涉外商事活动。维护国家利益，要求当事人在从事涉外商事交易时，应当维护本国的经济利益，而不能以损害国家利益、民族利益为代价来满足自己的私利。

（2）坚持平等互利。坚持平等互利要求国与国之间应在法律地位平等的基础上，进行互惠互利的经济往来与合作；坚持平等互利也要求自然人、法人及其他实体在从事涉外商事交易时，要体现彼此权利义务的对待，要在充分尊重彼此意愿和切实保障各方合法利益的基础上开展业务活动。

（3）信守国际条约。国际社会缔结的各种双边、多边商事条约和公约是调整缔约国之间商事关系的基本法律规范，是缔约国的有关法人和自然人从事涉外商事活动必须遵循的基本原则。我国涉外商事法律坚持信守国际条约的原则，凡我国缔结或参加的国际条约同我国法律有不同规定的，适用国际条约的规定，但我国已声明保留的条款除外。

（4）尊重国际惯例。国际惯例是国际商事交往实践中衍生出来的、被普遍接受的规范，其在国际商事关系中的作用已被各国普遍承认。但我国的某些涉外商事立法与国际惯例尚有差距，从而成为引起中外当事人商事纠纷的一个重要原因。尊重国际惯例要求我们进一步完善我国的涉外商事立法，使之尽可能地与国际惯例接轨，尊重国际惯例也要求我们在处理我国涉外商事立法没有明确规定的问题时，应按国际惯例来处理，以减少执法中的摩擦和冲突。

3. 中国涉外商法的渊源

完整地来看，中国涉外商法的渊源，既包括国际渊源，又包括国内渊源。

（1）国际渊源。

我国缔结或参加的国际商事条约是我国涉外商法的重要渊源。如前所述，我国已参加了《联合国国际货物销售合同公约》、《解决国家与他国国民投资争端公约》、《保护工业产权巴黎公约》、《承认及执行外国仲裁裁决公约》等一批重要的多边国际商事条约。此外，我国还与世界许多国家和地区签订了贸易协定、保护投资协定、避免双重征税协定等双边国际商事协定。这些多边或双边的国际商事条约、协定是我国当事人在参与涉外商事活动时所必须遵循的行为规范（我国已声明保留的条款除外），是我国涉外商法的一个不可忽视的渊源。

（2）国内渊源。

因受经济发展水平等多种因素的制约，我国目前还无法做到对涉外商事活动和国内商事活动完全同等对待，我国制定的有关涉外商事方面的法律、法规就成为我国涉外商法的主要渊源，其内容主要涉及下列几个方面：

1）有关对外贸易方面。主要有《对外贸易法》、《进口货物许可证制度暂行条例》、《进出口商品检验法》等。值得注意的是，自 1999 年 10 月 1 日起，我国原先的一部有关进出口贸易的重要法律——《涉外经济合同法》被废止，取而代之的是一部新的、统一的《合同法》，但《合同法》仍有一些关于涉外合同的特别条款。

2）有关利用外资方面。主要有《中外合资经营企业法》及其《实施条例》、《中外合作经营企业法》、《外资企业法》及其《实施条例》、《国务院关于鼓励外商投资的规定》等。

3）有关知识产权保护方面。主要有《商标法》、《专利法》、《著作权法》、《计算机软件保护条例》、《技术引进合同管理条例》等。

4）有关涉外税收方面。主要有《外商投资企业和外国企业所得税法》、《进出口关税条例》、《外商投资企业出口退税问题的通知》等。

5）有关海商方面。主要有《海商法》、《海上交通安全法》等。

6）有关金融方面。主要有《中国人民银行法》、《商业银行法》、《外资金融机构管理条例》、《外汇管理条例》、《境内机构对外担保管理办法》等。

7）有关商事仲裁方面。主要有《仲裁法》、《民事诉讼法》、《中国国际经济贸易仲裁委员会仲裁规则》、《中国海事件裁委员会仲裁规则》等。

1.3 经济全球化与国际商法统一化

1.3.1 经济全球化

经济全球化概念的提出起源于经合组织前首席经济学家 S·奥斯特雷，主要是指生产要素在全球范围内的广泛流动，实现资源最佳配置的过程。国际货币基金组织对全球化下的定义是："跨国公司与服务贸易以及国际资本流动规模和形式的增加，以及技术广泛迅速传播使世界各国经济的相互依赖性增强。"法国学者雅克·阿达认为经济全球化就是资本主义经济体系对世界的支配和控制。

经济全球化是指世界经济活动超越国界，通过对外贸易、资本流动、技术转移、提供服务、相互依存、相互联系而形成的全球范围的有机经济整体。经济全球化是当代世界经济的重要特征之一，也是世界经济发展的重要趋势。

经济全球化的过程早已开始，20 世纪 80 年代以后，特别是进入 90 年代，世界经济全球化的进程大大加快了。经济全球化，有利于资源和生产要素在全球的合理配置，有利于资本和产品在全球性流动，有利于科技在全球性的扩张，有利于促进不发达地区经济的发展，是人类发展进步的表现，是世界经济发展的必然结果。

经济全球化的内涵十分广泛，技术全球化、贸易全球化、生产全球化和金融全球化等都可以列入经济全球化的范畴。人们从不同的视角看待经济全球化给出的定义其侧重点就不同，给出一个各方都能接受的经济全球化的定义术语殊为不易。一般意义上，资本、商品、服务、劳动以及信息超越市场和国界进行扩散的形象就被认为是经济全球化。

在20世纪90年代，经济全球化形成新高潮具有其必然性：第一，冷战结束，计划经济退出历史舞台，市场经济一统天下，为经济全球化创造了根本前提。第二，冷战结束，美国等发达国家为进一步控制和垄断世界市场，进一步鼓吹自由主义经济思想，推行经济、贸易自由化政策，为经济全球化扫清了各种障碍。第三，WTO的建立推动了全球统一市场及机制的形成，为经济全球化提供了制度保证。第四，作为经济全球化主体的跨国公司大发展，加速了经济全球化的历史进程。第五，最重要的是，90年代以信息技术革命为中心的高新技术迅猛发展，不仅冲破了国界，而且缩小了各国和各地区的距离，使世界经济越来越融为整体。

经济全球化已显示出强大的生命力，并对世界各国经济、政治、军事、社会、文化等所有方面，甚至包括思维方式等，都造成了巨大的冲击力。这是一场深刻的革命。任何一个国家既无法反对，也无法回避，唯一的办法是如何去适应它，积极参与经济全球化，在历史大潮中接受检验。发展中国家只有根据自己的实际情况，实行正确得当的政策，采取有力地措施，扬长避短，迎接挑战，才能变不利为有利，变负面影响为正面影响，在参与经济全球化中求得本国利益最大化，从而实现现代化。

1.3.2 国际商法的发展趋势

从上述国际商法的演化历史，我们可以清楚地看到其已有的变化发展过程；但毫无疑问，这一过程不会是其发展的终点，它现在已表现出一些新的发展趋势。

1. 大陆法系和普通法系的相互渗透

进入20世纪后，随着各国社会、经济、文化交流的日益加强，特别是随着世界经济一体化趋势的加强，原本界限分明的世界两大法系，在涉及调整经济方面的法律已表现出强烈的融合、渗透的趋势，或者说相互影响的现象。这集中表现在两大方面：

第一，形式方面。依传统，大陆法系尊崇成文法，判例的效力是得不到承认的。但现在，典型的大陆法系国家法国、德国都已在一定条件下承认判例的效力，通过最高法院的判决确立新的法律原则，法官在判案中通过对条文的解释而创造法律原则。德国明确宣布，联邦宪法法院的判决对下级法院有强制性约束力。而以英美为代表的普通法系国家，即判例法国家，也开始注重制定法，大量颁布成文法，成文法的作用越来越大。有影响的如英国1893年制定的《货物买卖法》（Sales of Goods Act）、1906年的《海上保险法》，美国1953年的《统一商法典》（Uniform Code of Commerce）等。特别是在英国加入欧共体后，欧共体制定的法律直接适用于英国，使英国的制定法数量大大增加。

第二，内容方面。除了在立法形式方面相互影响之外，在立法内容上，两大法系也表现出相互渗透的现象。大陆法系商事法与英美法系商事法相互渗透的典型是公司法领域。德国1937年的德国股份法率先突破了大陆法系公司法固守的"法定资本制"，吸收了英美法系公司法"授权资本制"的做法；同时还引进英美法系的董事会制度，扩大董事会权限。英美法系国家公司法也吸收大陆法系的做法，突出事例是英美法系国家仿效德国、法国的作法，废除"越权原则"。

2. 国际化、统一化的趋势

当今，世界经济一体化的趋势日益加强，各国经济相互间的影响也日益明显，这在当前的东南亚危机对世界各国经济所带来的冲击就可以清楚地看到。而各国法律制度的差异，却严重阻碍了各国相互间的经济交往，这就是国际商事立法国际化、统一化的原动力。不过，就目前的实际情况而言，国际化、统一化突出体现在国际贸易法这一领域，这是因为国际贸易既是历史最悠久的行为，也是当今影响力最大的行为。这一领域的统一化趋势，具有以下几方面的特点：

（1）国际贸易法在不断地趋向于自治、独立，尽可能运用综合性的而非民族性的法律概念。

（2）国际贸易法尽可能兼收并蓄，采用合成的方法，即把不同来源中的各种合理因素联结成为一个有机的整体。

（3）国际贸易法从有关国家法律制度中吸收合理成分，反过来又影响一些国家的国内立法，对各国立法能动地发挥导向趋同化、统一化的积极作用。

3. 公法对国际商法这一传统的私法领域的渗透

在 19 世纪以前，各国对商事交易实行放任主义，对商事主体间的商事交易行为不加任何干涉，因此国际商法主要是作为私法出现的，但在 19 世纪末 20 世纪初，进入垄断资本主义时期后，各资本主义国家纷纷加强对商事交易的干涉与管制，一些具有强制效力的公法纷纷出台，如美国、英国、法国、德国、日本等国有关法律中均有关于商业组织形式与登记的强制性规定，许多国家均颁布了旨在确保商事交易行为所涉产品质量的产品责任法。这些法律作为一国对商事交易进行管制的法律，都具有强行性，不允许当事人通过合同规避、修改。《国际商事合同通则》在第 1.4 条也明确规定，"通则的任何规定都不得限制根据国际私法原则而应适用的强制性规则的适用，无论这些规则是国家的、国际的还是超国家的"。

1.3.3 国际商法的统一化

1. 经济全球化是当代社会的基本特征之一，经济全球化的后果之一是各国商法的统一化与协调化进程加快

法律的统一化、协调化是指各国通过采纳或适用统一的示范法典或法规，或在不影响各国实体法规则的情况下，通过冲突法规则对各国法律进行协调，以消除法律冲突，使各国法律达到一种一致有序的整体的过程。正如经济全球化的势不可挡一样，法律的统一化、协调化运动是当今国际社会法律发展的一大趋势和特点，具有历史的必然性，其成因是多方面的，而经济全球化是其根本原因。随着经济全球化进程的不断加速和深化，各国之间的联系和交往日益频繁，跨国民商事关系以前所未有的数量发生，国际经济竞争日益激烈，各国为了吸引国际资金、技术和人员流向本国，就不得不改善其国内法律环境，这样就需要各国法律之间互相交流、互相借鉴，这就有利于各国法律消除差异，趋向统一；而就整个国际社会来看，要谋求共同发展，保证国际社会正常的经济贸易活动的安全，进一步推动国家经济贸

易交往的扩张和深化，就需要制定更多的国际条约来规范国际商事关系，努力建立起反映国际经济新秩序的国际法律环境。法律的统一化、协调化正是在各国竞相改善国内、国际法律环境的活动中出现的。

世界范围内法律的统一化、协调化首先表现在民商法领域。经济全球化意味着不同国家商人的交易的增多，为了降低交易风险，保障预期利益，就需要为商人之间的跨国交易设立规则，进而推动世界范围内商法规则的统一。因为"协调化的法律规则能降低交易成本，并因此促进国际贸易和商业的发展"。

在过去几十年里，国际商法的统一化进程已取得快速发展。其主要表现为：一是商人通过自己的机构如国际商会等创设或统一了大量的商法规则；二是各国通过国内立法制定出与多数国家相一致的法律规范，从而使商事法律规范趋向统一；三是国际社会通过制定大量的调整有关国际商事关系的国际公约，推动了国际商法的统一化进程。

2. 消除法律的多样性是非洲国际商法统一化、协调化的直接原因

法律的多样性在非洲显得尤为突出，以至于有学者称"非洲几乎是全人类独一无二的世界法律万花筒"。非洲法律的多样性体现在三个方面：一是单个国家内部法律的多样性。在一个非洲国家内部不同地区实施的习惯法是不同的。在殖民时代，一些外国法被强加于非洲本土法之中，且二者继续存在。独立后，许多非洲国家采用联邦政体，使一国内部不同地区具有依据本地情况进行立法的权力，而不同地区的立法并不必然是统一的；二是非洲国家之间法律的多样性。长期的殖民统治给非洲各国的法律造成深刻影响，独立后非洲国家基本上都沿用了前殖民国家的法律制度。伊斯兰教在非洲广大地区的传播使伊斯兰法对一些非洲国家的法律也产生了巨大的影响。此外，今天一些非洲国家的不同地区在历史上曾被不同的国家占有，造成现在一些非洲国家的不同地区实施着不同类型的法律。我们可以从法律的角度把当代非洲国家分为普通法系国家、大陆法系国家及混合法系国家。归入普通法系的国家主要是英语非洲国家，如尼日利亚、加纳等。归入大陆法系主要是法国和比利时的前殖民地。混合法系的国家有喀麦隆——普通法和大陆法在该国不同地区同时实施，以及南部非洲大部分国家，在这些国家内既有普通法又有罗马——荷兰法。这些不同法系的非洲国家之间的法律必然存在着巨大的不同；三是非洲国家和其他大陆国家之间法律的多样性。尽管非洲国家的大部分法律制度都源于欧洲，但不能就此认为非洲国家的法律规则就与它们所采用的欧洲国家的法律规则是一样的。即使法律制度同属一个法系的不同国家在处理同样事情所适用的规则上也通常存在着巨大的差异。导致此种差异的原因有：各国法律发展或改革的步伐不同，不同国家的社会文化因素对法律的影响不同。另外一个原因是，现在许多国家都乐于从其他国家移植一些法律规则和概念，这些国家并总是和移植国同属一个法系。非洲国家接受欧洲法，欧洲国家法律的进一步发展并总是在接受国中得到反映，另一方面，非洲国家本身也经历了内部的法律发展，这包括新的本土法的制定、对立法作出的新的解释以及对其他国家法律的移植等。非洲国家为扭转在经济全球化大潮中正在被边缘化的局面艰难探索，逐步形成了联合自强、共谋复兴的重要共识。为迎接全球化的挑战，非洲国家投入了大量的时间和精力致力于经济的一体化，首先主要是在地区间进行合作，然后逐渐关注整个大陆的合作。实际上许多非洲国家早已意识到法律多样性对经济一体化发展的负面影响，因此，它们都有求法律统一的决心，并已采取实际措施进行商业领域法律的统一与协调。

3. 国际商法学的研究促进国际商法统一化

当前，国际商法已经开始迈进一个崭新的时代——新商人法时期（当代）。这主要体现在两个紧密联系的方面：

第一，国际商法发展迅速，蔚为大观。

国际商法在 20 世纪获得了巨大的发展：以国际海事委员会、国际法协会、国际商会、国际统一私法协会、国际法研究院为代表的众多国际商法立法机构相继设立；制定出包括 INCOTERMS、UCP、CISG、PICC 等影响深远的众多的国际公约、示范法和国际惯例；同时，国际商事仲裁备受欢迎，业已成为解决国际商事纠纷的主要途径；各国法院在审理国际商事案件时也越来越多地适用着国际商法。

第二，国际商法学的研究活动日益勃兴。

随着国际商法在实践中取得巨大发展，国际商法学的研究活动也日益蓬勃起来。首先，自从斯密托夫教授最早对国际商法开始系统研究后，在 20 世纪 60 年代，西方国家就基本确立了国际商法学的独立法学部门地位。其次，国际商法学的内容不断更新，体系不断完善。目前，国际商法学已经广泛涉及国际商事代理法、国际商事合同通则、国际货物买卖法、国际货物运输法、国际货物运输保险法、国际支付法、国际借贷法、国际融资租赁法、国际投资合同法、国际担保法、国际知识产权保护法、国际知识产权交易法、国际民事诉讼法及国际商事仲裁法等领域，并随着新的国际商事交易方式的不断出现以及迅速发展变化着的国际商业社会的需要而不断扩宽和加深。我们正在开始重新发现商法的国际性，国际法—国内法—国际法这个发展圈子已经完成。各地商法的发展总趋势是摆脱国内法的限制，朝着国际贸易法这个普遍性和国际性的概念发展。

当前，经济全球化在世界范围内正在深度和宽度上不断发展，这为国际商事领域内规则的统一创造了更加有利的条件，在这样的背景下，国际商法在 21 世纪必将得到更大的发展。

本章案例

中国电子支付服务措施世贸案（DS413）

2010 年 9 月 15 日，美国就中国有关电子支付服务措施向中国提出世贸组织争端解决机制下磋商，经双方磋商，未能解决争端。

美国认为这些措施违反了中国在《服务贸易总协定》下的市场准入和国民待遇义务。2011 年 2 月 11 日，美国要求成立专家小组，3 月 25 日组成专家小组。

在专家小组程序进行过程中，中国于 7 月 5 日对美国要求成立专家小组的请求的合法性提出质疑，认为该请求与《关于解决争端规则与程序的谅解》第 6.2 条的规定不符。

9 月 7 日，专家小组初步裁定美国的请求不违反世贸组织有关争端解决的规则，美国无须进一步解释申诉内容，专家小组因此将继续根据程序审理该案。该初步裁决已于 9 月 30 日散发各成员，并将纳入此后的专家组报告。

虽然中国对美国的质疑未能获得专家小组的支持，但这次质疑的核心问题和专家小组的解释可以加深我们对《服务贸易总协定》某些条款的理解，并对中国今后申诉别国的服务贸易措施提供了指导。

本案围绕中国对美国的申诉方法提出的质疑展开，其实案件的实质是因为服务贸易与货物贸易不同，《服务贸易总协定》与 GATT 不同。GATT 的国民待遇义务除特别例外情形外对所有货物普遍适用，而《服务贸易总协定》的国民待遇义务不是对所有服务普遍适用，必须根据成员国的承诺表来决定其是否适用和适用程度。

可以看到，在本案中中国也正是基于这种根本性的认识而对美国的申诉提出了质疑，可以说中国提出质疑的大前提考虑是正确的。

从专家小组的裁定中，可以看到，中国失利的原因在于对申诉内容的要求程度过高，中国认为申诉需要说明被诉措施与中国承诺表中的什么具体服务部门相关，还需要说明被诉措施违反了具体服务部门中何种贸易模式下的市场准入和国民待遇承诺。

从本案结果来看，中国在今后有关服务贸易措施的申诉中也可以采取类似美国在此案中较为宽松的方式，在申诉阶段无须花费过多不必要的时间和精力，而是在之后的专家小组程序中充分举证证明自己的主张。（材料来源：范江虹，国际商报，2011 年 11 月 25 日）

本章小结

国际商法是指调整国际商事主体在国际商事交易中形成的国际商事法律关系的国际法律规范与国内法律规范的总和。它的调整对象是国际商事主体在国际商事交易中形成的国际商事法律关系。国际商法是一个独立的法律部门，具有自身的特点：从法律渊源看，国际商法既包括国际法，又包括国内法；从法律属性看，既包括公法，又包括私法；既包括组织法，又包括行为法。国际商法的形成与发展经历了三个阶段：中世纪前萌芽与形成阶段，17 至 19 世纪末的发展阶段，20 世纪的国际化、统一化阶段。国际商法的历史表现出以下发展趋势：大陆法系和普遍法系各自吸收对方的优点，开始了相互渗透的过程；随着世界经济一体化的不断加强，国际商法国际化、统一化的趋势日趋明显。国际商法的渊源，是指国际商法的法律规范借以表现的形式，它包括的范围非常广泛，主要由国际商事条约、国际商事惯例和各国商法中的涉外部分组成。国际商法作为一门独立的学科，它与国际经济法、国际贸易法和国际私法等相邻学科，既有联系，又有区别。国际商法与国际私法区别较为明显，而与国际经济法、国际贸易法有着紧密的联系，其调整范围小于国际经济法而大于国际贸易法。

本章习题

1. 国际商法具有什么特点？
2. 国际商法的渊源有哪些？
3. 大陆法与普通法各有什么特点？
4. 国际商法经历了哪些发展阶段？
5. 国际商法与相邻部门法有何关系？

第 2 章

国际商事代理法

学习目标

1. 熟悉代理的概念与代理权的产生。
2. 掌握无权代理与代理关系的终止。
3. 熟悉本人与代理人之间的关系。
4. 熟悉本人及代理人同第三人的关系。
5. 掌握承担特别责任的代理人。
6. 掌握对本人承担特别责任的代理人。
7. 了解对第三人承担特别责任的代理人。
8. 掌握我国的外贸代理制。

导入案例

国际货运代理单据纠纷案

我国某出口公司先后与伦敦 B 公司和瑞士 S 公司签订两个出售农产品合同,共计 3 500 吨,价值 8.275 万英镑。装运期为当年 12 月至次年 1 月。但由于原定的装货船舶出现故障,只能改装另一艘外轮,致使货物到 2 月 11 日才装船完毕。在我公司的请求下,外轮代理公司将提单的日期改为 1 月 31 日,货物到达鹿特丹后,买方对装货日期提出异议,要求我方公司提供 1 月份装船证明。我公司坚持提单是正常的,无须提供证明。结果买方聘请律师上货船查阅船长的船行日志,证明提单日期是伪造的,立即凭律师拍摄的证据,向当地法院控告并由法院发出通知扣留该船,经过 4 个月的协商,最后,我方赔款 2.09 万英镑;买方方肯撤回上诉而结案。

[**案例分析**]

倒签提单是一种违法行为,一旦被识破,产生的后果是严重的。但是在国际贸易中,倒签提单的情况还是相当普遍的。尤其是当延期时间不长的情况下,还是有许多出口商会铤而走险。当倒签的日子较长的情况出现，就容易引起买方怀疑，最终可以通过查阅船长的航行日志或者班轮时刻表等途径被识破。

代理制度是调整被代理人、代理人和第三人之间代理关系的一项重要法律制度。20 世纪以来，由于现代社会商品经济的高度发达和科学技术的进步，这一制度得到了很大的发展，并且出现了一些新的情况和特点。一方面，代理关系突破地域，渗透到了世界经济贸易领域的每一个角落，代理制度在国际民商事交往领域发挥着越来越重要的作用；另一方面，代理，尤其是委托代理日趋专业化，如信用担保代理、对第三人承担特别责任的代理等纷纷出现。反映在立法方面，各国关于代理的法律规定日臻完备，有的立法还出现了专门化的趋势。

2.1 代理法概述

2.1.1 代理的概念

所谓代理（Agency）是指代理人（Agent）按照本人（Principal）的授权（Authorization）代表本人同第三人订立合同或从事其他法律行为，由此而产生的权利与义务直接对本人发生效力。代理制度是现代民商法上的一项重要制度，但是各国的代理制度各不相同，不仅两大法系的代理制度存在巨大的鸿沟，就算是在同一法系，各个国家的代理制度也是千差万别。

（一）大陆法法系关于代理的概念

大陆法法系代理法的立法理论基础是区别论（the theory of separation）。所谓区别论，是指把委任合同（mandate）与代理权限（authority）严格区别开来。其中委任合同即作为内部关系的被代理人与代理人之间的合同，代理权限即作为外部关系的代理人与第三人缔约的权力。区别论的核心是，尽管被代理人在委任合同中对代理人的权限予以限制，但是该限制原则上并不产生对第三人的拘束力。

根据代理人以被代理人的名义，还是以自己的名义与第三人订立合同，大陆法系将代理分为直接代理和间接代理。如果代理人以代表的身份，以被代理人的名义与第三人签约，则为直接代理。直接代理人通常称为商业代理人。如果代理人以自己的名义与第三人签约，但实际上是为了被代理人的利益，则为间接代理。间接代理人又称行纪人。

在直接代理的情况下，代理人对第三人不承担个人责任，此项责任由被代理人承担。但在间接代理的情况下，由于代理人是以自己的名义同第三人签订合同的，尽管该合同的签订完全是为了被代理人的利益，代理人对此也应承担个人责任，而被代理人并不承担责任，除非代理人将合同项下的权利和义务转让给被代理人。

大陆法系国家为了解决抽象的理论与法律和商事实践相结合的问题，在民法典中详细列举商业实践中发展起来的各种不同的代理形式，并尽可能准确地界定每类代理形式中代理权限的范围。每类代理形式的特点取决于被代理人与代理人之间的内部关系。相比较之下，英美法上将等同论作为代理的一般理论基础，有着强大的包容性，避免了与各种复杂的代理形式相协调的困难。

（二）普通法法系关于代理的概念

与大陆法法系不同，普通法法系不区分代理与委任合同，其立法基础是被代理人与代理人的等同论（the theory of identity）。所谓等同论，是指代理人的行为等同于被代理人的行为，即"通过他人实施的行为视同自己亲自实施的行为"（qui facit per alterum facit per se）。因为作为我的代理人（alter ego），他已经得到了相应授权，并在代理权限范围内实施法律行为。

普通法法系的观点与大陆法法系的区别论泾渭分明。据施米托夫考证，等同论与拉邦德理论问世之前出台的大陆法法系民法典的主流观点"代理是委任的法律效果"是相同的，两者都源于教会法。然而，由于大陆法法系接受了拉邦德的理论，使等同论的发展受到很大阻碍；这一理论便在没有明显阻碍的英美法系为人们所接受，并发展起来，避免了对不同代理形式进行烦琐的肢解和分割。因此，代理的一般概念可以作为实践中出现的各类代理关系的理论基础，甚至成为合伙法的理论基础。

（三）《国际货物销售代理公约》和《代理法律适用公约》关于代理的概念

1. 《国际货物销售代理公约》关于代理的概念

《国际货物销售代理公约》（Convention on Agency in the International Sale of Goods）简称《代理公约》，由国际统一私法协会于 1981 年起草，并于 1983 年 2 月 17 日在日内瓦外交会议上正式通过。

《国际货物销售代理公约》是在大陆法和普通法兼容并蓄的基础上进行的整合，系统而详尽地概括了各种代理模式，逾越了代理法在两大法系的鸿沟，达成了代理法律关系有限度的统一，它是迄今为止在统一代理法方面最成功、最完备的国际公约。

《国际货物销售代理公约》共 5 章 35 条，包括总则、适用范围、代理权的设定、代理行为的法律效力与代理权的终止等几个方面的内容。《代理公约》第 1 条第 1 款规定："当事人——代理人，有权或声称有权代表另一人——本人与第三人订立国际货物销售合同时，以及有关履行该合同所从事的任何行为，适用本公约。"同时，第 2 条规定："本公约仅适用于本人与第三人在不同国家设有营业所，而且代理人在某一缔约国内设有营业所，或者国际私法的规则规定要适用某一缔约国的法律；第三人订立合同时不知道，也不可能知道代理人是以代理人身份订约时，才适用本公约；决定适用本公约时，不应考虑当事人的国籍，也不考虑当事人或销售合同的民事或商事性质。"

2. 《代理法律适用公约》关于代理的概念

《代理法律适用公约》（Convention on the Law Applicable to Agency），1978 年 3 月 14 日第 13 届海牙国际私法会议通过，1992 年 5 月 1 日生效。

《代理法律适用公约》是将统一冲突法的范围从家庭法扩展至商事法，它调和了大陆法系和普通法系对代理法律适用的不同规定和分歧，在相当广泛的范围里为国际代理提供了一套便捷明确的、具有实际操作性的法律选择规则，公约不仅根据当事人意思自治原则和最密切联系原则来确定代理关系的准据法，而且采取了复数连接点的方法来决定法律适用，这对于促进各国代理法律适用的统一，简化代理程序，排除代理分歧，寻求代理的共同点有着一定的现实意义。

该公约共 5 章 28 条。第一条规定："本公约决定适用于在以下场合下产生的具有国际性质关系的法律：一个人即代理人有权代表另一个人亦即本人的利益，与第三者进行交易或打算进行交易。公约应扩大适用于代理人负责替以他人名义接收和传送意思表示，或者与相对人进行谈判等场合。不管代理人以其自己或以本人的名义进行活动，也不管其行为是定期的或是临时的，本公约均应适用。"

（四）《国际商事合同通则》关于代理的概念

为了消除各国代理制度分歧给国际贸易带来的不便，从 20 世纪中叶开始，国际社会一直致力于建立统一的国际代理制度，令人遗憾的是，这些努力都没有取得成功。2004 年出台的《国际商事合同通则》（修订版）（UNIDROIT PRINCIPLES OF INTERNATIONAL COM-MERCIAL CONTRACTS, PICC, 以下简称《通则》）在其 1994 年版本上增加了代理权一章，这是国际统一私法协会统一国际代理制度的最新努力。

《国际商事合同通则》代理制度规定在其第 2 章第 2 节，共有 10 个条文。第 2.2.1 条规定："本节适用于通过签订合同影响本人与第三人之间法律关系的代理人的权限或适用于与合同有关的影响本人与第三人之间法律关系的代理人的权限，不论该代理人是以自己的名义或是以本人的名义行为的。"

2.1.2　代理权的产生

关于代理权产生的原因，大陆法法系从区别论出发，认为代理人的代理权来源于委托人的单独授权行为，而普通法法系则认为代理权来源于委托人与代理人的双方合意，体现了等同论的思想。现分别介绍如下。

（一）大陆法法系

大陆法法系根据代理权产生的依据不同，将代理分为委托代理与法定代理两大类。

1. 委托代理

委托代理是基于被代理人的委托授权而形成的代理。如《德国民法典》规定，"代理权的授予应向代理人或向代理人对其为代理行为的第三人的意思表示为之"。被代理人的授权意思表示具有如下特征：①该种意思表示必须是一种有相对人的意思表示，这种相对人既可以是被授权人，即代理人，也可以是代理关系中的第三人。②授予委托权的意思表示原则上无形式上的要求。这种意思表示既可以明示做出，也可通过一定的行为默示做出。即使代理人代理进行的是法律规定有特别形式要求的法律行为，也不必强调授权的形式。但在一些特殊情况下，大陆法系国家要求授权的意思表示必须用特定形式。在国际商事活动中，由于代理的事项比较复杂，且标的较大，所以采用书面授权委托书形式较为稳妥。

2. 法定代理

法定代理是由法律规定而产生的代理。法定代理产生的情形有：①基于亲权关系而由法律规定产生的代理关系，如父母对未成年子女进行监护的代理权。②基于法院指定而确定的代理权，如法院指定的法人的清算人。③依法律规定，可由私人选任而取得的代理权，如遗产的管理人。④依公司法规定，公司董事取得的法人的代理人资格。

（二）普通法法系

根据普通法法系，代理权可以基于明示授权、默示授权、必要授权及追认而产生。

（1）明示授权。

明示授权是指由本人以明示的方式指定某人为他的代理人。明示的形式可以是口头形式，也可以是书面形式。即使代理人与第三人需要以书面形式订立合同，但本人仍然可以口头的形式进行授权。除非本人要求代理人采用签字蜡封的方式代替其同第三人订立合同，例如委托代理人购置不动产，需采用签字蜡封的形式授予代理权。这种形式的授权文书称为"授权书"。

（2）默示授权。

所谓默示授权是指一人以他的言辞或行动使另一人有权以他的名义签订合同，并且要受该合同的约束。根据英美等国的判例法规则，代理人在明示代理权外，还享有一定程度的默示代理权。这主要包括三种情况：第一，由默示而存在的代理权。这是指从当事人在某一特定场合的行为或从当事人之间的某种关系中，可以推定当事人之间存在真实有效的代理关系。其中比较典型的是配偶间的默示代理和合伙人之间的默示代理。根据英美等国合伙法的规定，合伙人之间实行相互代理原则：任何一个合伙人依经营方式订立的合同对其他合伙人均具有默示代理的效力。第二，附带授权。由于被代理人的明示委托并不一定能详尽地说明代理人在实际行动中所应具有的一切权利，因此受托从事某种特殊任务的代理人，可以享有合理地附属于其履行明示代理权所必不可少的默示行为的权利。例如，受雇参加诉讼的律师或法律顾问享有和解的默示代理权。第三，习惯授权。在代理人被授权为被代理人在某一特殊市场进行活动的情况下，他享有按该市场的相关习惯进行活动的默示代理权，无论被代理人是否知晓该习惯，被代理人均受其约束。

（3）必要授权。

必要授权，亦称客观必要的代理权，是指在特定紧急情况下，某人依法律推定取得一种代理别人进行活动的权利，他所实施的处分行为的结果及于被代理人。换言之，某人虽没有得到别人关于采取某种行为的明示授权，但由于客观情况的需要，得视为具有此种授权。例如，财产受托人，在保管财产的建筑物被毁，所代为监管的财产暴露在恶劣天气之下有被损毁或者被盗窃的可能，而又无法与委托人联系以及设法保护这些财产时，可以作为代理人对该财产做出紧急处理。

根据英美法的判例，行使这种代理权必须具备以下三个条件：第一，行使这种代理权是实际上和商业上所必需的，也就是出现紧急情况，并且这种紧急情况下只有授予代理权才可以使得本人的利益得到有效的保护。第二，在发生该紧急情况时，代理人无法同本人取得联系以得到本人的指示。第三，代理人所采取的措施必须是善意的，并且必须考虑到所有有关各方当事人的利益。

（4）追认。

如果代理人在没有代理权或者超越代理权的情况下以本人名义所为的行为，对本人是没有拘束力的。但是如果此无权代理行为得到了本人明示或者默示的追认，即与事先得到授权一样能够溯及既往的创立代理人与被代理人之间的代理关系，本人受其约束。即此所谓的"追认等同于事先授权"。

追认必须具备以下几个条件：第一，代理人必须声明他是以代理人的身份进行的法律行为。第二，代理人在实施法律行为时，被代理人须业已存在并具有相应的行为能力。第三，在追认无权代理行为时，被代理人必须具备亲自实施该行为的行为能力。第四，被代理人在追认时对代理的内容必须知情。

关于追认适用的客体范围，英美法有一项基本原则是：任何能通过代理人实施的行为，无论合法与否，都可以由被代理人追认，但由于缺乏相应授权之外的原因而自始无效的除外。

（三）《国际货物销售代理合同公约》

《国际货物销售代理合同公约》第9条规定："本人对代理人的授权可以是明示的，也可以是默示的。"同时第10条规定："授权无须要用书面形式，也无需有书面证明，亦不需受其他任何形式要求的限制。"对于这些规定，公约允许加入国声明保留。

（四）《国际商事合同通则》

《国际商事合同通则》第2.2.2条第1款规定："本人对代理人的授权可以是明示的或者默示的。"《国际商事合同通则》没有对代理权的授予形式作任何限制，代理权的授予可以是明示，也可以是默示。明示的授权方式包括书面形式（如委托书、电传、信件等）和口头陈述。默示的授权需要根据具体情况或本人的具体行为来确定，比如甲任命乙为公寓楼的经理，即可以认为甲默示授乙就各个公寓房间签订短期租赁合同。

2.1.3 无权代理

无权代理是指行为人欠缺代理权所实施的代理行为。无权代理的具体表现形式主要有以下四种情形：不具备默示授权条件的代理；授权行为无效的代理；超越代理权授权范围的代理；代理权消灭后的代理。根据本人对无权代理行为所承担的责任为标准，可以将无权代理分为狭义无权代理和表见代理。

（一）狭义无权代理

狭义无权代理，是指行为人完全没有代理权而以他人名义实施的民事行为。这里行为人既没有权，也没有令人相信其有代理权的事实和理由，完全是无根据的以他人名义为民事行为。

1. 大陆法的有关规定

大陆法系认为，狭义无权代理行为在未经本人追认之前，其效力处于不确定状态。在这种情况下，大陆法有两种处理方法：①由善意第三人向本人发出催告，要求本人在一定时间内答复是否予以追认，即第三人享有催告权；②允许善意第三人在本人追认之前，撤回其对无权代理人所为的意思表示，即第三人享有撤回权。但若第三人在订立合同时明知其为无权代理人，则不得撤回。

关于无权代理人的责任，总的来说，在既未得到本人追认，又未经第三人撤回的情况下，行为人必须就其无权代理行为对善意第三人承担责任。这里关键要看第三人是否知道该代理人无代理权。如果该第三人不知道该代理人没有代理权，该无权代理人就要对第三人承担责任；反之，则不承担。但是在无权代理人责任内容上，各国法律有不同的规定。根据《法国民法典》和《瑞士民法典》的规定，无权代理人应对善意第三人承担损害赔偿责任。但《德国民法典》第179条规定："无权代理人以他人的名义订立合同时，如本人拒绝追认，无权代理人应按照第三人的选择承担旅行合同或赔偿损失的义务。"

2. 普通法的规定

普通法法系没有独立的无权代理的规定，而将大陆法法系的无权代理称为违反有代理权的默示担保。根据普通法的解释，当代理人同第三人订立合同时，代理人对第三人有一项默示的担保，即保证他是订立合同的合法代理权的。因此，如果某人冒充是别人的代理人，但实际上并没有得到本人的授权，或者是超出了他的授权范围行事，则与其订立合同的第三人就可以以其违反有代理权的默示担保对他提起诉讼，该冒充的代理人或越权的代理人就须对第三人承担责任。对于这种情况，需注意以下几点：①这种诉讼只能由第三人提起，不能由本人提起；②无权代理人对其行为不论在主观上是出于故意还是由于不知情，都必须对第三人负责；③如果由于本人对代理人的授权不明，而代理人出于善意且以合法方式执行了本人的指令，则代理人对此不承担责任，即使代理人对本人的指示作了错误的解释；④如果第三人知道代理人欠缺代理权，或者在合同中代理人的责任已经排除，则代理人不承担责任；⑤代理人对违反代理权的担保所承担的损害赔偿金额，一般按第三人的实际损失计算。

（二）表见代理

1. 表见代理的概念

表见代理是指行为人虽无代理权，但因其本人的行为造成善意第三人在客观上有充分理由相信行为人具有代理权而与其为民事行为，该民事行为的后果直接由本人承担的法律制度。

表见代理本质上属于无权代理，本应由无权代理人对本人承担，而不应对本人发生效力，这是各国制度中无权代理普遍的原则。但由于本人的行为造成善意第三人的信赖，如果完全否定无权代理对本人的效力，有可能会严重损害第三人的利益，不利于社会的交易安全，所以各国民法确立了表见代理制度，以对善意第三人给予特别保护。

2. 表见代理的成立条件

表见代理的成立应具备两个条件：①在客观上必须存在使善意第三人相信行为人有代理权的事实根据。如果本人曾向第三人表示授权行为人为其代理人，或其在将代理权撤回时未告知第三人，那么该第三人就有理由相信该行为人是有代理权的。②相对第三人在与行为人从事交易时，主观上必须是善意且过失。也就是说，第三人根本不知道也无法知道与其交易的无权代理人的行为是无权代理行为。不仅相对第三人明知无权代理人无代理权而与之为法律行为不受法律保护，即使相对第三人非故意但因过失应当知道而不知，与无权代理人实施民事行为，亦不能获得法律保护，不能使本人承担因此而产生的责任。

3. 表见代理的效力

表见代理对本人的效力表现为本人须对无权代理人的有关行为承担法律后果，而不能以代理人是无权代理为由对抗善意第三人。在本人向第三人承担责任后，本人可以向无权代理人行使追偿权，以弥补自己的损失。如果本人也有一定的过失行为，如授权不明、明知他人以自己的名义为代理行为而不作否认等，则应根据双方过失的大小来确定彼此应承担的责任。

2.1.4　代理关系的终止

（一）代理关系的终止原因

代理关系终止的原因有两类：一类是根据当事人的行为；另一类是根据法律规定。

1. 根据当事人的行为终止代理关系

（1）代理目的的实现。

（2）代理期限届满。

（3）本人和代理人协议终止代理关系。

（4）代理人或本人单方终止代理关系。

在此对第（4）点进行详细的阐述。对于普通代理而言，代理建立的基础是本人和代理人之间的授权关系，从本质上讲，也属于合同关系的一种。一般来说，合同成立并有效后当事人就必须遵守和履行，不得单方面终止。但是对于代理赖以产生的委托与合同关系，任何一方当事人均可以单方面解除合同。虽然允许其单方面终止合同，但并不影响其违约责任的承担。因为委托合同是建立在委托人与受托人完全互信的基础上，一旦合同的任何一方主观上认为互信已经被动摇，那合同就不再存在得到实际履行的可能，因为委托合同的双方当事人的权利与义务与当事人特定的人身相联系，不具有可替代性。因此，各国法律原则上均允许本人或代理人单方面终止代理关系。

但是有些国家要求，本人在终止代理关系时，须事先给代理人以合理时间的通知，如果本人在代理关系存续期间不适当地撤销代理关系，本人须赔偿代理人的损失，其中包括代理人的佣金损失或其他报酬。比如有些大陆法系国家为了保护商业代理人的利益，在法律上规定本人在终止代理合同时，必须在相当长的时间之前通知代理人。

有些国家对本人单方面撤回代理权有一定的限制。根据英美的判例，如果代理权的授予是与代理人的利益结合在一起的（此处的利益不包括佣金收益），本人就不能单方面撤回代理权，例如，美国某公司授权中国某公司为其在中国境内的独家销售代理，代理合同规定了代理人必须购买的起点数，以及代理价格、销售价格，代理人可以通过销售该代理产品，获得销售价格与代理价格之间的差价，在该种情况下，代理人就不可以单方面提前终止代理合同。

2. 根据法律规定终止代理关系

（1）本人死亡、破产或丧失行为能力。但是根据某些大陆法国家民商法的规定，上述情况仅适用于民法上的代理权，至于商法上的代理权，则应适用商法的特别规定，不因本人的死亡或丧失行为能力而消灭。

（2）代理人死亡、破产或丧失行为能力。

（3）履行不可能或事后违法。在代理关系确立之后，因为法律的改变或者特定法律事实的发生，比如标的物灭失、损毁，致使代理目的无法实现，代理关系即告终止。

（二）代理关系终止的法律后果

代理关系的终止会产生两个方面的法律后果：一是对委托人与代理人之间产生的法律后果；二是对第三人产生的法律后果。

1. 对委托人与代理人之间产生的法律后果

代理关系终止后，代理人就没有代理权了，如该代理人仍继续从事代理活动，即属于无权代理，委托人与代理人之间的关系应按无权代理的法律规定办理。如果第三人有合理理由仍然认为具有代理权，则按表见代理的规定办理。

有些大陆法系国家为了保护商业代理人的利益，在商法上特别规定，在终止代理合同时，代理人对于他在代理期间为委托人建立的商业信誉，有权要求委托人予以补偿。如《德国商法典》第八十九条规定，委托人应给代理人以补偿。代理人对上述商誉赔偿的请求，必须在代理合同终止后三个月内提出，这些规定属于强制性的规定，当事人不得事先在合同中放弃此项请求权。目前，除德国外，法国、瑞士、意大利等国的法律也有类似的规定，但美国和英国则没有。

2. 对第三人的法律后果

委托人撤回代理权或终止代理合同后，对第三人是否有效，主要取决于第三人是否知情。根据各国的法律，当终止代理关系时，必须通知第三人才能对第三人发生效力。如果委托人在终止代理合同时，没有通知第三人，后者由于不知道这种情况而与代理人订立了合同，则该合同对委托人仍有拘束力，委托人对此仍须负责。但委托人有权要求代理人赔偿其损失。如《日本民法典》规定，对代理的限制或撤销，不得用以对抗第三人；《瑞士债务法典》第三十四条规定，撤销代理权之全部或一部分时，须通知第三人，不能用以对抗第三人。

2.2　本人与代理人之间的关系

2.2.1　代理人的义务

（一）勤勉、谨慎义务

根据各国法律的规定，在合同的权利与义务的框架下，代理人须在代理权限范围内圆满履行代理合同所约定的义务，这是对代理人最基本的要求。代理人应当谨慎小心地履行其代理职责，运用自己的知识与技能完成代理义务。如果没有尽职，或者处分代理事务有过失，导致本人遭受损失，代理人应当承担赔偿责任。

（二）亲自履行义务

代理人与被代理人之间的委托关系是基于高度信任而建立的，因此，代理人在一般情况下应亲自履行合同所约定的义务，原则上不得将代理权转授他人。除非法律另有规定，或者合同另有约定，否则，代理人擅自委托复代理人的行为构成了对被代理人所负义务的违反。

（三）诚信、忠实义务

代理人在履行代理事务时，应以最大的努力和忠诚为委托人谋利益。美国《代理法重述》将忠实义务界定为"除非特别规定，代理人在和其代理行为有关的场合，都负有仅仅为被代理人的利益而实施法律行为反对义务"。

忠实义务具体包括：①代理人的信息披露义务。代理人以被代理人的名义与第三人签订合同，以及代理人与被代理人签订合同时，必须全面向被代理人披露有关情况；否则，不得进行代理交易，或者被代理人对交易的结果有权拒绝，并对代理人在交易中取得的利益享有请求权。②代理人不得利用被代理人的地位或被代理人的财产谋取自己的利益。③代理人不得收受商业贿赂。④代理人不得从事双方代理行为，除非代理人已经向双方被代理人全面披露了各种重要事实，并且征得了他们的同意。⑤代理人的保密义务。代理人不得泄露在其所代理的业务中获得的保密情报和文件资料，既包括被代理人的隐私，也包括被代理人的商业秘密，如财务状况、招标、投标机密等。⑥代理人负有竞业禁止的义务。所谓竞业禁止，是指代理人被禁止从事与被代理人从事的营业活动相同或相似的营业活动。违反了该义务就相当于代理人将自己的利益与他对被代理人所负的义务对立起来，被代理人的利益难免会受到侵害。因此，应明确确立代理人的竞业禁止义务。

（四）管理义务

代理人对日常事务的管理义务包括：①财产区分义务。即代理人应保护被代理人的财产的独立性，将自己的财产与被代理人的财产区分开来，分别保管。②如实记账，随时提交，及时汇报的义务。③如数移交所收款项的义务，即代理人有义务根据被代理人的请求，将其代表被代理人而占有和取得的财产移交给被代理人。该财产包括代理人代表被代理人取得财产和代理人违法收受的商业贿赂，等等。

2.2.2　本人的义务

（一）给付佣金和报酬的义务

被代理人应按照合同的约定向代理人支付佣金或报酬，这是被代理人的首要义务。只要代理人认真履行了被代理人的委托事项，被代理人就负有报酬给付义务，而不论被代理人是否从代理的行为中获利。但是，被代理人由于代理人的过错而未从代理行为中获利的，不在此限。

（二）费用偿还的义务

被代理人应对代理人在代理权限范围内实施代理行为时垫付的所有费用和遭受的全部损失或承担的损害赔偿责任进行补偿。它主要包括：①代理人为了被代理人的利益而向第三人支付的费用；②代理人代表被代理人对物进行占有与控制而因此所负的债务；③代理人因实施授权行为而构成侵权或违法所承担的损害赔偿之债；等等。

（三）允许代理人核查核对账目的义务

代理人有权核查核对账目，这是大陆法系国家法律中的强行性规定，不允许当事人在合同中约定排除。

2.3　本人及代理人同第三人的关系

代理关系是一种三角关系，其中既有代理人同第三人的关系，也有本人同第三人的关系。因此，从第三人的角度看，最重要的问题是弄清楚他究竟是同代理人还是同本人订立了合同，即弄清楚与其订立合同的另一方当事人究竟是代理人还是本人。这个问题在外贸业务中是经常发生的。对于此问题，大陆法和普通法有不同的规定。

2.3.1　大陆法

在确定第三人究竟是同代理人还是本人订立合同的问题时，大陆法所采取的标准是看代理人是以代表的身份同第三人订立合同，还是以他自己的身份同第三人订立合同。

当代理人是以代表身份同第三人订立合同时，这个合同就是第三人同本人之间的合同，合同的权利与义务直接归属于本人，有本人直接对第三人负责。在这种情况下，代理人在同第三人订立合同时，可以指出本人的姓名，也可以不指出本人的姓名，而仅声明他是受他人的委托进行交易，但无论如何代理人必须表示作为代理人身份订约的意思，或订约时的环境情况可以表明这一点，否则就将认为是代理人自己同第三人订立合同，代理人就应当对该合同负责。

如果代理人是以他个人的身份同第三人订立合同，则无论代理人事先是否得到本人的授权，这个合同都将认为是代理人与第三人之间的合同，代理人必须对合同负责。这就是所谓的间接代理，也称为行纪。瑞士、德国、日本等国的法律规定，行纪人的业务仅以从事动产或有价证券为限，但法国则没有这种限制，行纪人可以订立各种合同。

2.3.2 普通法

对于第三人究竟是同代理人还是同本人订立合同的问题，普通法采取所谓的义务标准，即对第三人来说，究竟是谁应当对该合同义务负责。普通法在处理这个问题时，区分三种不同的情况，现分述如下：

（一）代理人在订约时已指出本人的姓名

如果代理人在同第三人订约时已经表明他是代表指明的本人的，在这种情况下，该合同就是本人与第三人之间的合同，本人应对此合同负责，代理人不承担个人责任。代理人在订立合同后，即退居合同之外（drop out），他既不能从合同中取得权利，也不对该合同承担义务。

（二）代理人在订约时表示有代理关系存在，但没有指出本人的姓名

如果代理人在同第三人订立合同时表明他是代理人，但没有指出他代理的本人的姓名，在此情况下，该合同仍被认为是本人与第三人之间的合同，应由本人对合同负责，代理人对该合同不承担个人责任。按照英国的判例，此时代理人在订约时必须以清楚的方式表明他是代理人，如写明买方代理人或卖方代理人，至于所代理的买方或卖方的名称则可不在合同中载明。

（三）代理人在订约时根本不披露有代理关系的存在

如果代理人在订约时根本不披露有代理关系的存在，在此情况下，第三人究竟是同本人还是同代理人订立了合同，他们当中谁应对该合同负责，这是一个比较复杂的问题。毫无疑问，在这种情况下，代理人对合同是应当负责的，因为他在同第三人订约时根本没有披露有代理关系的存在，这样他实际上就是将自己置于本人的地位同第三人订立合同，所以他应当对合同承担法律上的责任。问题在于，在此情况下本人是否承担责任要区分如下两种情况：

①未被披露的本人有权介入合同并直接对第三人行使请求权或在必要时对第三人起诉，如果他行使了介入权，他就使自己对第三人承担个人的义务。②第三人在发现了本人之后，享有选择权。他可以要求本人或代理人承担合同义务，也可以向本人或代理人起诉。但第三人一旦选定了要求本人或代理人承担义务后，他就不能改变主意对他们当中的另一人起诉。

按照英国的法律，未被披露的本人在行使介入权时有两项限制：第一，如果未被披露的

本人行使介入权时会与合同的明示或默示的条款相抵触，他就不能介入合同；第二，如果第三人是基于信赖代理人的才能或清偿能力而与其订立合同，则未被披露的本人也就不能介入该合同。

2.4 承担特别责任的代理人

根据各国代理制度的一般原则，代理人在授权范围内与第三人订立合同后，即退居合同之外，他对第三人不负个人责任；如果第三人不履行合同，代理人对本人也不承担责任。但在国际贸易实践中，由于本人和第三人通常分处两国，他们对彼此的资信状况的掌握完全依赖于代理人的信用以及业务能力。因此，在国际贸易中产生了特殊的代理制度，在该代理制度下，代理人被赋予了特殊的责任，或者对本人承担特别责任，或者对第三人承担特别责任。现分述如下：

2.4.1 对本人承担特别责任的代理人

在国际贸易实践中，对本人承担特别责任的代理人主要为出口保理人。这种出口保理人向出口商提供一套包括对买方资信调查、全额的风险担保、催付货款、进行财务管理及融通资金等综合性的代理服务。

为完全收取货款而选择此种代理的出口商，在与外国进口商订立买卖合同前，必须先与保理人联系，将准备与之订约的进口商名称和地址告知代理人，在得到保理人认可并订立保理协议后，方可在协议规定的限度内与进口商订立正式的买卖合同。买卖合同签订后，出口商应按合同规定提交货物，并向代理人提交发票、汇票及提单等有关凭证，再由保理人通过其在进口地的分支机构或者代理人向进口商收取货款。如果进口商不按时付款或者拒付，保理人应负责追偿和索赔，并负责按保理协议规定的时间向出口商支付赔款。但是，作为本人的出口商因自己违反买卖合同而遭受进口商的拒付或延迟支付，保理人对出口商是不负责的。

对于这种代理，大陆法系国家，如《德国商法典》、《瑞士债务法典》以及《意大利民法典》都有专门的规定，且既可以适用直接代理，也可以适用间接代理。普通法系国家虽然没有这方面的成文法，但判例法已形成了一套完整的规则。早期的英国法院判例认为，出口保理人的责任是第一位的责任，就是说卖方（即本人）在要求买方（即第三人）付款之前，就可以对代理人起诉要求代理人付款。但19世纪以后的判例修改了这一规则，认为出口代理人的责任是第二位的责任，即只有当买方无力支付货款或因类似的原因致使本人不能收回货款时，出口保理人才有赔偿本人的义务。随着国际贸易的发展，许多国家已设立了由政府经营的出口信贷保险机构，专门办理承担国外买主无清偿能力的保险业务，出口保理人的作用已逐步由这种机构所取代。

2.4.2 对第三人承担特别责任的代理人

对第三人承担特别责任的代理人主要有保付代理人、保兑银行、运输代理人以及保险代理人。

（一）保付代理人

保付代理人的业务是代表国外的买方（本人），向本国的卖方（第三人）订货，并在国外买方的订单上加上保付代理人自己的保证，由他担保国外的买方履行合同。在这种情况下，国外买方、保付代理人和本国卖方三者之间存在着两方面的法律关系：一方面是保付代理人与国外委托他购货的买方之间的代理关系，另一方面是保付代理人与本国市场上的卖方的关系。保付代理人的特殊性表现在：无论是他自己作为买方替国外顾客购货，还是以代理人的身份为国外买方订货且加上自己的保证，他都必须对本国的卖方（第三人）承担支付货款的责任。如果国外的买方不履行合同或拒付货款，保付代理人负责向本国的卖方支付货款。如果在合同履行前，国外的买方（本人）无正当理由取消订单，保付商行仍须对本国卖方（第三人）支付货款。但在这种情况下，其在付清货款后，有权要求国外买方偿还他所付的货款，在适当情况下，还可要求赔偿损失。采用这种方法对于减少国际商事交往中供货人在出口货物中的潜在风险有着重要的作用。

（二）保兑银行

保兑银行是应开证行的请求，对开证行开出的不可撤销信用证加以保兑的银行。在国际贸易中，当事人经常采用开立信用证的方式支付货款，但其中的一些卖方当事人对国外的某些开立的信用证的中小银行不放心，于是便通过买方，要求该开证行对其开立的信用证取得其他银行的保兑。该信用证一经保兑，出口商便获得了开证行和保兑行议付、付款的双重保证，从而加强了自己的收汇安全。

根据《跟单信用证统一惯例》的规定，当开证行授权另一银行对其开出一份不可撤销的信用证加以保兑，而后者根据开证行的授权予以保兑，此项保兑构成保兑银行的一项担保，即他对该信用证的受益人承担按信用证规定的条件付款或承兑信用证项下的汇票并于到期时付款的义务。在该法律关系中，开证银行是委托人（本人），保兑银行是代理人，卖方是受益人（第三人）。保兑银行作为代理行在不可撤销的信用证上加上了自己的保证。即受益人不必向开证行要求付款，等开证行拒付后再找保兑行，而是可以首先向保兑行要求付款或议付。保兑行议付后，即使开证行无力拒付或者破产，它也不能向受益的第三人追索。

（三）运输代理人

国际货物运输代理人是根据客户的委托，为客户的利益而办理货运业务，并从承运人处收取佣金或向货主收取代理费的中介，而货运代理人自己不是承运人。随着国际贸易的发展，特别是集装箱在国际贸易中的广泛使用，货运代理逐步突破了传统观念。根据一些国家运输行业的惯例，运输代理人对于由他为客户（被代理人）安排的海上或航空运输费用，须向轮船公司或航空公司（第三人）承担个人责任。如果客户未装运货物致使轮船空仓航行，代理人须支付空船费。但是，在这种情况下，代理人可以要求客户给予赔偿，且当客户拖欠代理人的佣金、手续费或其他报酬时，代理人对其所占有的客户的货物享有留置权。

（四）保险代理人

在国际贸易中，进口人或出口人在投保货物运输保险时，一般不能直接同保险人订立保险合同，而必须委托保险代理人代为办理，这是保险行业的惯例。根据有些国家如英国海上保险法的规定，凡海上保险合同有代理人代被保险人（被代理人）签订时，代理人须对保险人（第三人）就保险费直接负责；保险人则对被保险人就保险金额直接负责。根据这一规定，如果被保险人不交纳保险费，代理人须直接负责对保险人交纳保险费。如果保险标的物因承保范围内的风险发生损失，则由保险人直接赔付被保险人。但保险业有一个特点，在保险行业中，代理人的佣金是由保险人（第三人）支付的，而在其他业务中，代理人的佣金或者报酬通常都是由他们的委托人（被代理人）给付的。

2.5 我国的代理法与外贸代理制

2.5.1 我国的代理法律制度

我国现行的代理立法主要散见于《中华人民共和国民法通则》、《中华人民共和国合同法》等民事法律中。此外，还包括有关代理制度的行政规章（如《关于外贸代理制的暂行规定》），以及最高人民法院的司法解释（《最高人民法院关于贯彻执行民法通则的若干意见》）等。

（一）《中华人民共和国民法通则》关于代理的规定

《中华人民共和国民法通则》（以下简称《民法通则》）第四章设专节对代理作了规定。其基本内容包括如下几个方面。

1. 代理的概念及其法律特征

《民法通则》第六十三条规定："公民、法人可以通过代理人实施民事法律行为。代理人在代理权限内，以被代理人的名义实施民事法律行为。被代理人对代理人的代理行为，承担民事责任。依照法律规定或者按照双方当事人约定，应当由本人实施的民事法律行为，不得代理。"该条继受大陆法系的传统，未规定间接代理，仅对直接代理作出了规定。由此表明，我国民法上的代理具有如下法律特征：

（1）代理人必须以被代理人的名义实施民事法律行为；

（2）代理人必须在代理权限范围内以独立意思实施民事法律行为；

（3）代理行为必须是具有法律意义的行为；

（4）代理行为所产生的法律后果直接由被代理人承担。

2. 代理权的产生

《民法通则》第六十四条规定："代理包括委托代理、法定代理和指定代理。委托代理人按照被代理人的委托行使代理权，法定代理人依照法律的规定行使代理权，指定代理人按照人民法院或者指定单位的指定行使代理权。"由此可见，将代理分为三类：委托代理、法定代理与指定代理。委托代理与法定代理与大陆法系的概念基本类似。指定代理，指基于法院或有关机关的指定行为而发生的代理关系。指定代理是在没有委托代理人和法定代理人的情况下，为无民事行为能力人或限制民事行为能力人设立的代理。有权指定代理人的是：①人民法院；②未成年人父母的所在单位或精神病人的所在单位；③未成年人或精神病人住所地的居民委员会或村民委员会。

3. 无权代理及其处理

《民法通则》第六十五条规定："民事法律行为的委托代理，可以用书面形式，也可以用口头形式。法律规定用书面形式的，应当用书面形式。书面委托代理的授权委托书应当载明代理人的姓名或者名称、代理事项、权限和期间，并由委托人签名或者盖章。"第六十六条规定："没有代理权、超越代理权或者代理权终止后的行为，只有经过被代理人的追认，被代理人才承担民事责任。未经追认的行为，由行为人承担民事责任。本人知道他人以本人名义实施民事行为而不作否认表示的，视为同意。代理人不履行职责而给被代理人造成损害的，应当承担民事责任。"

4. 被代理人、代理人、第三人之间的法律关系

《民法通则》第六十五条规定："委托书授权不明的，被代理人应当向第三人承担民事责任，代理人负连带责任。"第六十六条规定："代理人不履行职责而给被代理人造成损害的，应当承担民事责任。代理人和第三人串通，损害被代理人的利益的，由代理人和第三人负连带责任。第三人知道行为人没有代理权、超越代理权或者代理权已终止还与行为人实施民事行为给他人造成损害的，由第三人和行为人负连带责任。"第六十七条规定："代理人知道被委托代理的事项违法仍然进行代理活动的，或者被代理人知道代理人的代理行为违法不表示反对的，由被代理人和代理人负连带责任。"第六十八条规定："委托代理人为被代理人的利益需要转托他人代理的，应当事先取得被代理人的同意。事先没有取得被代理人同意的，应当在事后及时告诉被代理人，如果被代理人不同意，由代理人对自己所转托的人的行为负民事责任，但在紧急情况下，为了保护被代理人的利益而转托他人代理的除外。"

5. 代理关系的终止

《民法通则》第六十九条规定："有下列情形之一的，委托代理终止：（一）代理期间届满或者代理事务完成；（二）被代理人取消委托或者代理人辞去委托；（三）代理人死亡；（四）代理人丧失民事行为能力；（五）作为被代理人或者代理人的法人终止。"第七十条规定："有下列情形之一的，法定代理或者指定代理终止：（一）被代理人取得或者恢复民事行为能力；（二）被代理人或者代理人死亡。（三）代理人丧失民事行为能力；（四）指定代理的人民法院或者指定单位取消指定；（五）由其他原因引起的被代理人和代理人之间的监护关系消灭。"同时第七十条规定："有下列情形之一的，法定代理或者指定代理终止：（一）被代理人取得或者恢复民事行为能力；（二）被代理人或者代理人死亡。（三）代理人丧失民事行为能力；（四）指定代理的人民法院或者指定单位取消指定；（五）由其他原因引起的被代理人和代理人之间的监护关系消灭。"

（二）《中华人民共和国合同法》关于代理的规定

《中华人民共和国合同法》（以下简称《合同法》）明确承认了"间接代理"，并对双方当事人的权利与义务关系进行了较为具体的规定。

1. 在第三章"合同的效力"中对代理人代理被代理人订立合同的法律问题作了规定

《合同法》第四十七条规定："限制民事行为能力人订立的合同，经法定代理人追认后，该合同有效，但纯获利益的合同或者与其年龄、智力、精神健康状况相适应而订立的合同，不必经法定代理人追认。相对人可以催告法定代理人在一个月内予以追认。法定代理人未作表示的，视为拒绝追认。合同被追认之前，善意相对人有撤销的权利。撤销应当以通知的方式作出。"第四十八条规定："行为人没有代理权、超越代理权或者代理权终止后以被代理人名义订立的合同，未经被代理人追认，对被代理人不发生效力，由行为人承担责任。相对人可以催告被代理人在一个月内予以追认。被代理人未作表示的，视为拒绝追认。在合同被

追认之前，善意相对人有撤销的权利。撤销应当以通知的方式作出。"第四十九条规定："行为人没有代理权、超越代理权或者代理权终止后以被代理人名义订立合同，相对人有理由相信行为人有代理权的，该代理行为有效。"

2. 在第二十一章"委托合同"中导入了普通法系中的隐名代理和被代理人身份不公开代理

《合同法》关于委托合同没有特别规定受托人以谁的名义处理事务。可以看作依据此法产生的代理，既可以是代理人以被代理人的名义，也可以是代理人以自己的名义处理委托事务，这实际上突破了《民法通则》关于代理只能是直接代理的限制。但是《合同法》并没有照搬大陆法中有关间接代理的规定，而是融入了普通法中不少行之有效的经验。《合同法》中关于代理的规定，有利于明确各方当事人的权利与义务，对于推动我国外贸代理制的完善亦有重要的作用。

《合同法》第四百零二条规定："受托人以自己的名义，在委托人的授权范围内与第三人订立的合同，第三人在订立合同时知道受托人与委托人之间的代理关系的，该合同直接约束委托人和第三人，但有确切证据证明该合同只约束受托人和第三人的除外。"此条移植了《国际货物销售代理合同公约》第十二条的规定。而该《公约》的规定借鉴的是普通法法系的代理理论和制度，普通法法系采用的是"责任标准"，即如果代理人与本人间的基础合同表明本人须对代理人对第三人之行为负责，本人与第三人都直接受代理行为的约束。《合同法》第四百零二条的规定其实包括两种合同方式：一是隐名代理；二是行纪行为，即当事人之间有特殊约定或其他证据证明只约束代理人和第三条的合同是行纪行为。

《合同法》第四百零三条规定："受托人以自己的名义与第三人订立合同时，第三人不知道受托人与委托人之间的代理关系的，受托人因第三人的原因对委托人不履行义务，受托人应当向委托人披露第三人，委托人因此可以行使受托人对第三人的权利，但第三人与受托人订立合同时，如果知道该委托人就不会订立合同的除外。受托人因委托人的原因对第三人不履行义务，受托人应当向第三人披露委托人，第三人因此可以选择受托人或者委托人作为相对人主张其权利，但第三人不得变更选定的相对人。委托人行使受托人对第三人的权利的，第三人可以向委托人主张其对受托人的抗辩。第三人选定委托人作为其相对人的，委托人可以向第三人主张其对受托人的抗辩以及受托人对第三人的抗辩。"此条几乎是移植了《国际货物销售合同代理公约》第13条的内容，是对普通法法系未公开身份的代理和大陆法系行纪规则的折中。该条首先承认了销售合同仅约束第三人与代理人的一般规则，这相当于大陆法系的行纪规则；同时该条又考虑到了普通法法系的未公开本人身份的代理，规定了在代理人因为诸种原因不能履行合同时，委托人可行使介入权，第三人可以行使选择权。

2.5.2 我国的外贸代理制

（一）外贸代理制概述

1. 外贸代理制的概念

所谓外贸代理，是指由我国的外贸公司充当国内客户和供货部门的代理人，代其签订进出口合同，收取一定的佣金或手续费的做法。外贸代理制是指具有进出口经营权的受委托人接受委托人的委托，代理委托人办理涉及外贸合同的订立及履行事宜，并收取一定的收取费，其后果由委托人承担的制度。外贸代理制作为社会分工的产物，对开拓国际市场具有重大的作用，经过多年的发展和完善，已经成为现代国际贸易中一种重要的贸易方式。

长期以来，我国外贸公司在出口方面一直是采取收购制，即由外贸公司用自有资金向国内供货部门收购出口商品，然后由外贸公司以自己的名义自营出口，自负盈亏。推行外贸代理制的主要目的之一就是要改变过去的传统做法，即改为由外贸公司接受国内供货部门的委托，代其对外签订出口合同，代办出口手续，收取约定的佣金，至于出口的盈亏，则由国内供货部门自负。

2. 我国外贸代理同传统民事代理的区别

外贸代理制中的代理并非《民法通则》规定的传统意义上的代理，与《民法通则》所规定的传统代理相比较，其不同点可以概括为以下几个方面：

（1）名义不同。在外贸代理中，外贸企业是以自己的名义对外签约的。而《民法通则》规定的代理，代理人应以被代理人的名义对外签约。这就使外贸代理与传统代理有了根本的区别。名义在法律上体现了主体，名义不同意味着主体的不同，即权利义务承担者的不同。

（2）名义合同责任与实际履行合同责任之间的关系不同。在外贸代理中，外贸企业以自己的名义与外商订立合同，但不一定承担实际履行合同责任，有时在外贸合同中指明或以其他合同载明委托人承担实际履行合同责任，从而使名义与实际责任相分离，是一种"责可旁贷"的代理形式。在传统代理中，被代理人只对代理人在代理权限内以被代理人名义实施的民事法律行为负责。如果代理人不是以被代理人的名义或超越代理权实施民事法律行为，除非得到被代理人的追认，一律应由代理人自己承担民事责任。

（3）代理行为完成后代理人的地位不同。在外贸代理中，作为代理人的外贸企业完成其代理行为后，由于名义关系，不可能退出或完全退出代理关系。在传统代理中，代理人根据委托人授权实施民事法律行为，一旦代理行为完成，代理人就退出代理关系，余下的是委托人与第三人之间因代理行为而产生的法律关系。

（二）我国现行外贸代理制的法律依据

我国现行外贸代理制已施行多年，其主要依据是 1994 年 5 月 12 日公布、2004 年 4 月 6 日修订的《中华人民共和国对外贸易法》、《关于对外贸易代理制的暂行规定》、《中华人民共和国合同法》以及《中华人民共和国民法通则》等。

《关于对外贸易代理制的暂行规定》，是 20 世纪 90 年代我国外贸代理制中受托人根据委托协议以委托人名义与外商签订进出口合同的主要依据。该规定共有 5 章 26 条，除一般规定外，主要内容是对委托人、受托人的权利与义务以及争议解决的原则性规定。

委托人和受托人之间应根据平等互利的原则签订委托协议。协议采取书面形式，并包括委托进出口商品的名称、范围、内容、价格幅度、支付方式、货币种类以及其他需要明确的条件；委托方对受托方的授权范围；双方的权利与义务以及应承担的费用；不超过合同金额3%的委托手续费以及其他经济利益的分享规定；争议的解决等内容。

可见，外贸代理制能够促使外贸企业与生产企业相结合，使生产企业直接参与国际市场竞争，有利于促进工贸结合、技贸结合，改善经营管理，提高经济效益，是有它的好处的。但是，经过改革开放，无论外贸企业还是生产企业，在组织结构、生产经营范围以及活动功能等方面都发生较大变化，加上国内金融税收等政策的调整，使外贸代理制的一些规则和做法越来越不适应新形势的要求，其自身的一些缺陷日益凸显。

（三）我国现行外贸代理制存在的缺陷

我国设置外贸代理制的初衷，主要在于贯彻改革开放的政策，肃清"收购制"的弊端，使生产型企业能够面向国际市场，享受进出口带来的利益。在《合同法》颁布之后，虽对外贸代理制起到了一定的促进作用，但就我国外贸代理制的现实情况来看，外贸代理制仍存在许多缺陷。

（1）概念上的缺陷。我国《民法通则》只认可直接代理，而《关于对外贸易代理制的暂行规定》是规定的是广义代理，即包括间接代理，实际上突破了大陆法系传统的代理理论，借鉴了英美法系的代理分类方式。

（2）内容上的混乱。如根据《关于对外贸易代理制的暂行规定》中的代理概念，委托企业、外贸代理公司和第三人之间的权利义务以两个合同来调整，形如行纪，而非代理；同时，在代理人没有代理权与第三人之间订立合同的效力问题，《关于对外贸易代理制的暂行规定》认为应该是无效，其实代理人对外的交易合同不存在违约问题，只是违反了与国内企业之间的订立的委托合同。

（3）效力上的缺陷。《民法通则》是基本法，《关于对外贸易代理制的暂行规定》则是部门规章，在实践中两者的代理内涵矛盾，在法院司法活动中，效力如何认定是个问题。法院对于规章只需参照，所以，会出现司法实践中法院不理会《暂行规定》，而做出外贸代理合同的效力只约束代理人和第三人的判决。这样不符合外贸代理制的特殊性，不利于对代理人利益的保护。

（4）风险和利益的失衡。在外贸代理活动中，外贸公司以自己的名义签订进出口合同，在合同履行发生纠纷时，要对外索赔、理赔和诉讼。如果一方不履行合同，代理公司必须先向对方承担违约责任，这显然不公平，即所谓的"对内收取3%的代理费，对外承担100%的责任"。对于委托方也不合理，作为进出口合同的最终履约人却不能介入合同中对外商主张权利、索赔，参与诉讼和仲裁，无法保障自己的利益。

以上是造成外贸代理制推行以来成效不大的主要原因。核心的问题是没有成熟的代理理论和制度，而外贸代理制的定性和规定过于模糊、摇摆不定也是重要原因。

（四）完善我国外贸代理制的几点建议

1. 妥善处理法律移植过程中出现的问题

我国在对外贸代理制度进行制度创新的过程中，移植了在大陆法系和普通法法系比较成熟的制度，本希望借以推动外贸代理制的发展。但是，由于我国既有的具有浓厚大陆法色彩的制度结构还无法与移植的普通法有关代理制度很好地融合，致使其作用受到了极大制约。因此，重新整合我国的代理制度是非常必要的。从目前来看，将隐名代理与不公开本人的代理从《合同法》中脱离出来，并在未来的《民法典》与直接代理一并规定于总则篇的代理制度中，从而在内容上由直接代理、隐名代理、不公开本人代理构成我国的代理法律制度，在形式上也不失为解决问题的一条途径。

2. 由国务院主持制定外贸代理条例

外贸代理制作为一项制度，仅依靠未来的《民法典》中对代理制度的重新整合，恐怕只能在最基础层面给外贸代理制提供支持，欲使其在更大范围上发挥作用，还需要更加细致的规定。而目前仍然有效的《关于对外贸易代理制的暂行规定》由于其作为部委规章的效力层次太低，在司法实践中甚至不能作为断案的依据直接援用，而只能起参考作用，由国务院主持制定一部全面规范外贸代理制度的行政规章是很有必要的。

3. 积极考虑加入《国际货物销售代理公约》

《国际货物销售代理公约》是于 1983 年 2 月在有 49 个国家参加的日内瓦外交会议上获得通过的关于国际商事代理制度的实体法统一规范。该《公约》吸收了两大法系代理理论和实践的合理因素，整合了大陆法系和普通法法系关于本人或代理人和第三人之间的关系的不同规定和分歧，是对两大法系的代理制度的扬弃。同时该《公约》揭示了国际代理法律制度的某些趋势，绝大部分内容比较公平合理，且与我国法律制度的基本原则并无矛盾之处。对于这样一部具有进步和现实意义的公约，我国应考虑积极加入，从而使我国法律与国际社会的普遍实践相协调。

本章案例

从一则合同纠纷看代理

2005 年 6 月 28 日，华轻公司（被告）与大进株式会社（原告）签订了一份售货合同。合同约定：由大进株式会社购买华轻公司的 A 级细辛根 10 000 公斤①，单价 5 美元/公斤，总金额 50 000 美元。该合同卖方一栏中写有"大连华轻国际贸易有限公司"字样，但只有负责人陈健的签字，并未加盖华轻公司的印章。合同签订后，大进株式会社于 7 月 2 日申请开列了以华轻公司为受益人、金额为 50 000 美元的即期信用证。7 月 10 日，华轻公司向大进株式会社出具了发票，金额为 40 000 美元。7 月 9 日，大进株式会社根据陈健于 7 月 5 日向其发送的传真的要求，向陈健支付了现金 15 000 美元，陈健向大进株式会社出具了收条。7 月 19 日，华轻公司向大进株式会社发货 8 000 公斤。8 月 7 日，大进株式会社向华轻公司出具了退货提单及退货发票，载明的退货理由均为"无商业价值"。同日，华轻公司致函大进株式会社：同意退货，并由我方承担退货海运费。退货后，华轻公司再未向大进株式会社发货，亦未将货款退回。大进株式会社认为华轻公司在接受退货后未再发新货，应承担责任，请求法院判令华轻公司立即偿还原告货款 55 000 美元及利息 27 382.60 元人民币，并承担本案的诉讼费用。华轻公司则辩称：华轻公司不应作为被告。

法院认为，原告要求被告偿还货款的请求，证据充分，理由成立，法院予以支持；被告的"华轻不应作为被告"的抗辩意见，法院不予采纳。法院依照《中华人民共和国民法通则》第六十六条第一款、第一百一十一条，《中华人民共和国合同法》第七条、第六十条第一款、第一百零七条之规定，判决：被告大连华轻国际贸易有限公司于本判决生效后 10 日内返还原告韩国大进贸易株式会社货款 55 000 美元及利息（自 2002 年 10 月 23 日至本判决生效后 10 日内，按中国人民银行规定的金融机构计收逾期贷款利率计息）。若逾期给付，按

---

①　1 公斤 = 1 千克。

中国人民银行规定的金融机构计收逾期贷款利率加倍支付迟延履行期间的债务利息。

法律分析

原、被告签订的售货合同符合法律规定，是有效的合同，双方均应严格遵守并自觉履行。在双方按合同规定履约后，原告提出退货，被告表示同意，这是双方的真实意思表示，符合法律规定，是有效的民事法律行为。原告在退货时没有言明退货理由，被告对原告的退货要求也没有异议，无条件地接受了原告的退货请求，说明双方对退货一事已经协商一致。所以，究竟是什么原因致使原告提出退货，与本案的处理没有关系。在原告提出退货、被告同意退货、原告已实际把货退回后，原、被告对合同的履行已经恢复到原告交付了货款、被告没有供货的状态，即被告尚未完全履行合同义务。根据《中华人民共和国合同法》的规定，"出卖人应当按照约定的质量要求交付标的物"，"买受人应当按照约定的数额支付价款"，在被告没有供货的情况下，原告要求被告继续供货，或者要求被告退还货款，都是合乎情理的。

原告没有提供证据证明陈健是被告的工作人员，只是陈健用被告的格式合同纸与其签订合同、用印有被告笺头的纸张出具信函的行为，被告实际履行了陈健签订的合同的行为，使其认为并相信陈健的行为是职务行为，而法律并没有规定相对人认为行为人的行为是职务行为就应认定为职务行为，故原告的这一主张不能成立。但是，陈健签订合同的行为与被告履行合同的行为是有联系的。陈健虽然没有代理权，但其以被告的名义与原告签订了售货合同，被告履行了该合同，说明被告知道并认可了陈健以其名义签订合同的行为，与《中华人民共和国民法通则》第六十六条第一款"没有代理权、超越代理权或者代理权终止后的行为，只有经过被代理人的追认，被代理人才承担民事责任"之规定相符，陈健与被告之间形成了代理关系，陈健的代理行为因被告的追认而有效，被告应该对该代理行为的法律后果承担责任。

被告援引《国际货物销售代理公约》第十二条"代理人于其权限范围内代理本人实施行为，而且第三人知道或理应知道代理人是以代理身份实施行为时，代理人的行为直接约束本人与第三人"的规定，作为其主张适用《中华人民共和国合同法》第四百零二条的依据，被告援引这一规定的前提是其与陈健之间存在出口代理关系，被告认为其与陈健之间存在代理关系的依据是其向法庭提交的证据即代理出口协议书，但如法院前文所述，该代理出口协议书因与本案无关联性而未被法院采信，故被告以《国际货物销售代理公约》第十二条的规定作为其主张适用《中华人民共和国合同法》第四百零二条的依据的事实基础是不存在的。同时，被告将《中华人民共和国合同法》第四百零二条的规定作为其抗辩依据亦是不准确的。纵如被告所言，陈健是委托人，被告是受托人，原告是第三人，情况与《中华人民共和国合同法》第四百零二条的规定亦是不符的。按照被告的理解，应该是被告（受托人）以自己的名义在陈健（委托人）授权的范围内与原告（第三人）签订了合同，若事实如此，被告的理解无疑是正确的。但恰恰相反，本案中能够确认的事实是陈健以自己和被告的名义与原告签订了合同。被告认为陈健是委托人，被告是受托人，按照《中华人民共和国合同法》第四百零二条的规定，与第三人签订合同的应该是受托人，本案中即为被告，但被告认为与第三人签订合同的是陈健，即被告定义的委托人，这种理解与该规定是完全相反的。综上所述，被告的这一抗辩理由亦不能成立。

本章小结

在现代市场经济社会，作为私法自治原则拓展的代理制度为解决纷繁复杂的民商事活动提供了"金钥匙"。代理制度扩大了人们从事商事活动的范围，降低了交易成本，提高了交易的效率，为从事国内外经济交往提供了极大的便利，尤其是在国际贸易中，许多业务都是通过各类代理人完成的。因此代理制度成为不可或缺的市场经济法律制度。

代理是代理人在代理权限内，为了被代理人的利益而与第三人发生法律行为，其效果归于被代理人的一种法律制度。代理法律制度是规定代理制度的法律规范的总称。为了克服各国代理法律制度的不同规定给国际经济交往带来的障碍与不便，法律界与商业界致力于推进各国代理法的统一，并取得了一定的成果，起草和制定了一系列重要的国际代理法律文件。

我国现行的代理立法主要散见于《中华人民共和国民法通则》、《中华人民共和国合同法》等民事法律中。随着经济全球化的影响，外贸代理作为国际贸易中的一种常见的经营方式，在我国得到了广泛的应用。但是我国外贸代理制，自设立以来在法律上一直无法有效地予以规范。因此本章提出了完善我国外贸代理制的建议。

本章习题

1. 代理的概念及其特征是什么？
2. 简述大陆法法系和普通法法系在代理制度上的差异。
3. 简述无权代理的法律后果。
4. 代理人对被代理人负有哪些义务？
5. 当代理人没有披露被代理人的存在，而以自己的名义订立合同时，大陆法法系与普通法法系对此规定有何不同？
6. 如何完善我国的外贸代理制？

国际商事合同法

1. 掌握《国际商事合同通则》的适用范围、基本原则和主要规则。
2. 熟悉合同前当事人的各种责任以及使用标准条款的法律问题。
3. 了解《国际商事合同通则》对合同效力的规定。
4. 掌握对合同内容和合同履行的规定。
5. 熟悉艰难情形的概念、构成要件和法律效力。
6. 掌握不履行的概念和对不履行的各种救济手段。

国际商事合同纠纷案

美国 A 公司于 2000 年 9 月 15 日致电中国 C 公司，称愿意提供某型钢材 3 000 公吨，220 美元/公吨 FOB 旧金山，交货期为 2000 年 12 月。9 月 17 日 C 公司复电：同意 A 公司的建议，但交货期为 11 月。A 公司于 9 月 20 日复电：若交货期改为 11 月，则每公吨提价 10 美元。9 月 25 日 C 公司回电：不同意提价。9 月 27 日 A 公司来电：同意不提价，但交货期为 11 月 15 日至 11 月 30 日期间。但时至 12 月底，C 公司也未收到 A 公司的装船通知，时货价已涨到 240 美元/公吨。

问：（1）A 公司与 C 公司之间的合同关系是否存在？

（2）C 公司若向法院起诉，其诉讼请求应是什么？

3.1 《国际商事合同通则》概述

3.1.1 《通则》的制定

由于世界各国的合同法制度存在着内容上的差异，这就给国际商事交往带来了许多障碍和不便。有鉴于此，一些国际组织便专门致力于各国合同法的统一工作，希望借此制定出能为各个不同国家所认可的统一合同法规则，促进国际商事活动的顺利进行。在这方面，成立于 1926 年的国际统一私法协会起步较早，成绩也较为显著。该协会至今已经完成 70 多项研究和立法工作，内容涉及货物买卖、货物运输、信贷、旅游等领域。由该协会制定的公约有 7 个，包括 1964 年的《国际货物买卖合同成立统一法公约》和《国际货物买卖统一法公约》等，协会参与制定的现行公约有 10 个，包括 1980 年的联合国《国际货物买卖合同公约》等。其中，联合国《国际货物买卖合同公约》是国际统一法运动的重要成果，受到了国际社会的高度评价，世界上一些主要国家，如美国、意大利、澳大利亚以及我国等都加入了该公约。但联合国《国际货物买卖合同公约》仅局限于国际货物销售领域，对合同法中的一些基本问题，如合同的效力、合同的解释等未作规定，因而在适用的广泛性方面便受到很大的限制。1980 年，协会成立了一个特别工作组负责起草统一规则的草案，这个工作组由代表世界主要法系的合同法和国际贸易法专家组成，我国政府也派代表参加了该工作组。经过 14 年坚持不懈的努力，历经反复多次的讨论和修订，1994 年 5 月，工作组终于完成了《国际商事合同通则》（以下简称《通则》）的制定工作，并在国际统一私法理事会第 73 届会议上获得通过。《通则》的正文分 7 章，共 119 条，分为总则、合同的成立、合同的有效性、合同的解释、合同的内容、合同的履行和不履行等 7 章。它在世界各国合同法和联合国《国际货物买卖合同公约》的基础上，进一步全面地确立了国际商事合同的各项法律原则，并总结和吸收了国际商事活动中广泛适用的惯例和最新立法成果。在今后的国际商事活动中，《通则》将会产生越来越广泛的国际影响。

3.1.2 《通则》的基本原则

《通则》的第一章中确立了国际商事合同的三个基本法律原则：

（一）缔约自由原则

缔约自由是国际贸易的一项基本原则，也是现代国际经济秩序的基石。根据缔约自由原则，当事人有权自由订立合同，也有权自由确定合同的内容。

但现代商业社会的缔约自由不可能是一种绝对的自由，因此《通则》也规定了一些限制性条款，这主要包括两个方面：其一是国内的强制性立法，根据《通则》第 1.4 条的规定，各国的强制性立法，当事人不得以协议形式予以排除；其二是某些重要的合同事项，如诚实信用和公平交易原则、合同的效力等，《通则》规定当事人对这些内容不得予以减损。

（二）合同必须信守原则

合同必须信守，是指合法、有效的合同一经订立，对当事人就具有约束力。根据这一原则，除非有合法的理由，任何一方当事人均不得单方修改或终止合同。这里的"合法理由"主要指当事人的协商一致，或者法律规定的特殊事由，如欺诈、胁迫、错误等。因此，《通则》第 1.3 条规定："当事人仅能根据合同条款或通过协议或根据通则的规定修改或终止合同。"此外，合同的约束力一般是对合同当事人而言的，但在某些情况下合同也可能对第三人发生影响。例如，托运人与承运人之间的运输合同，如果承运人违反其合同义务，收货人就有权提起诉讼。对于合同第三人的效力问题，《通则》不予以规定，留国内法处理。

（三）诚实信用和公平交易原则

《通则》第 1.7 条第（1）款规定："每一方当事人在国际贸易交易中应依据诚实信用和

公平交易的原则行事。"《通则》所规定的这一原则是一项强制性规定，不允许当事人加以排除或限制。"诚实信用和公平交易原则"在《通则》中的很多条款得到了直接和间接的适用，它实际包含两个方面的内容：一是诚实信用，主要指当事人在订立和履行合同时应互相信赖、互相配合，应正当地行使权利、善意地行事，不应进行欺诈、胁迫和乘人之危；二是公平合理，主要指当事人的权利义务应大致相等，一方当事人不应利用自己的优势强迫对方接受不公平条款，也不得在合同履行时造成另一方的不合理支出，等等。

需要特别指出的是，《通则》所规定的"诚实信用和公平交易原则"是指"国际贸易中的诚实信用和公平交易"，也就是说，必须按照国际贸易的特殊情况，而不是按照国内贸易的情况或者各国国内法的标准来解释这一原则。

3.2 合同的订立

合同的订立程序一般可分为要约和承诺两个阶段。要约人发出要约，受要约人对要约表示承诺，就达成了一项合同。这是国际社会所普遍接受的法律机制。《通则》也采用了这种传统做法。不同的是，根据《通则》第2.1条的规定，即使没有明确的要约和承诺阶段，甚至不能确定合同订立的时间，但只要有足够证据证明当事人已存在合意，也应确认合同的成立。此外，《通则》还对合同订立过程中的一些具体问题作了规定。

3.2.1 要约

（一）要约的概念和构成

《通则》第2.2条规定："一项订立合同的建议，如果十分确定，并表明要约人在得到承诺时受其约束的意旨，即构成要约。"根据这一规定，要约的构成要件主要有两个：

（1）内容十分确定。要约的内容十分确定主要是指要约应包含有未来协议的各项主要条款。但与联合国《国际货物买卖合同公约》不同，《通则》并未规定内容十分确定的具体标准。相反，它更强调当事人是否存在合意，以及不完整的要约内容能否通过其他方式加以补充。如果当事人确实存在合意，或者要约的内容可以通过《通则》的解释规则、默示条款或当事人已建立的习惯做法或惯例加以补充，无论要约的内容如何简单，都应当视为有效的要约。

（2）表示受约束的意旨。这主要是指要约人本人应愿意受要约的约束。当然，除了本身使用"要约"字眼等情况外，要约人的这种意思表示很少明确地表述出来，这就要求根据具体的情况去推断。实际上，由于国际和国内立法的普遍规定，向公众发出的广告或商品目录等，应视为要约邀请而不是要约，这已是众所周知的事实。因此，除了某些特殊情况外，向公众发出的建议很容易就可以看出发出建议的人并没有受其约束的意思表示。

（二）要约的生效、撤回和撤销

《通则》第2.3条第（1）款规定："要约于送达受要约人时生效。"

要约在未送达受要约人之前，并未发生法律效力，因此要约人随时可以撤回要约，只要撤回通知在要约送达受要约人之前或与要约同时送达受要约人。

但如果要约已送达受要约人，即已发生法律效力，要约人是否能够撤销要约？对这个问题各国的立法规定不同，而《通则》则完全采用了联合国《国际货物买卖合同公约》的做法，它规定："（1）在合同订立之前，要约得予撤销，如果撤销通知在受要约人发出承诺之前送达受要约人。（2）但是，在下列情况下，要约不得撤销：（a）要约写明承诺的期限，或以其他方式表明要约是不可撤销的；（b）受要约人有理由信赖该项要约是不可撤销的，而且受要约人已依赖该要约行事。"

（三）要约的终止

根据《通则》的规定，一项要约在下列情况下失去法律效力：

（1）要约人撤回或撤销要约；

（2）受要约人在规定时间内未作承诺；

（3）要约被受要约人拒绝。

其中，对要约的拒绝包括明示拒绝和默示拒绝。前者是指受要约人明确答复不同意要约的条件，这在实践中反而是罕见的；后者主要是指受要约人作出了答复，似乎有承诺的意思，但却对要约做了某些添加、限制和修改。不论是明示拒绝，还是默示拒绝，要约于被拒绝时即告终止，不论要约是否是不可撤销的，也不论要约的期限是否届满。

3.2.2　承诺

（一）承诺的概念和要件

《通则》第 2.6 条第（1）款规定："受要约人做出声明或以其他行为表示同意一项要约，即构成承诺。"根据《通则》的规定，一项承诺的构成要件主要有：

（1）对要约内容的同意。受要约人应同意要约的内容，这种同意应以一定的方式表示出来。通常的表示方式是声明，但如果根据要约本身，或者依当事人之间建立的习惯做法或惯例，受要约人可以通过做出某种行为来表示同意，则承诺可以采用做出行为的方式，但缄默或不行为本身不构成承诺。此外，与联合国《国际货物买卖合同公约》一样，《通则》并不要求受要约人的同意是无条件的同意，如果受要约人的答复载有对要约的添加、限制或修改，只要这些添加、限制或修改没有实质性地改变要约的条件，那么，除要约人毫不迟延地表示拒绝这些不符外，此答复仍构成承诺，而且合同的条款以要约的条款以及答复中的变更为准。

（2）在规定的有效期内进行。所谓规定的有效期，应分别不同情况加以对待：①如果要约规定了承诺的时间，则有效期是指要约规定的时间；②如果要约未规定时间，则是指一段合理的时间内；③如果要约是口头的，则承诺应立即做出。

（二）承诺的生效和撤回

承诺生效的时间，一般即是合同生效的时间。对这一重要的法律问题，英美法系与大陆法系的规定却存在着较大的分歧，前者采用"投邮生效原则"，即承诺于发出时生效；后者采用"到达生效原则"，即承诺于送达要约人时生效。《通则》与联合国《国际货物买卖合同公约》一样，采用到达生效原则，但如果当事人可用行为作为承诺，则承诺于做出该行为时生效。根据《通则》第 2.10 条的规定，承诺在生效之前，受要约人可以随时撤回承诺，但撤回通知应在承诺生效之前或同时送达要约人。

（三）逾期承诺

逾期承诺是超出规定的有效期的承诺。在传统的法律原则中，逾期承诺是无效的，但这种硬性规定在某些情况下会违背当事人的愿望，造成交易的不便。有鉴于此，《通则》与联合国《国际货物买卖合同公约》一样，对逾期承诺作了灵活的处理。《通则》第 2.9 条规定："（1）逾期承诺仍应具有承诺的效力，如果要约人毫不延迟地告知受要约人该承诺具有效力或就该承诺的效力发出通知；（2）如果裁有逾期承诺的信件或其他书面文件表明它是在如果传递正常即能及时被送达要约人的情况下发出的，则该逾期的承诺仍具有承诺的效力，除非要约人毫不延迟地通知受要约人此要约已经失效。"

3.2.3 合同的订立

除了上述要约和承诺的基本规定外，《通则》在吸收各国立法的成果，包括最新成果的基础上，对合同订立过程的一些特殊问题作了较为详细的规定。主要包括：

（一）书面确认

《通则》第 2.12 条规定，在合同订立后一段合理时间内，当事人一方发出意在确认合同的书面文件，如果载有添加或不同的条款，除非这些添加或不同条款实质性地变更了合同，或者接受方毫不延迟地拒绝了这些条款，则这些条款应构成合同的一个组成部分。在这里，"书面文件"应作广义的理解，包括在某些国家，习惯上可以用来规定合同条件的票据或其他类似单据。但无论如何，确认文件应在合理的时间内发出。

（二）附条件成立的协议

《通则》第 2.13 条规定，在谈判过程中，凡一方当事人坚持合同的订立以对特定事项或以特定形式达成的协议为条件，则在对这些特定事项或形式达成协议之前，合同不能订立。

（三）特意待定的合同条款

特意待定的合同条款，是指当事人在订立合同时，有意将一项或多项条款留待进一步谈判商定或由第三人确定。根据《通则》的规定，这种事实并不妨碍合同的成立。问题是，如果当事人在以后的谈判中未就有关条款达成协议，或者第三人未能确定条款，合同是否继续成立？《通则》规定，在这种情况下，如果当事人确有订立合同的意图，而且存在一种合理的替代方法来确定该条款，则合同仍然成立。

（四）恶意谈判

恶意谈判包括恶意进行谈判和恶意终止谈判。恶意进行谈判的最典型情况是，一方当事人在无意与对方达成协议的情况下，开始或继续谈判。除了这种典型情况外，恶意进行谈判还包括一方当事人因故意或者疏忽，通过歪曲或隐瞒真实情况使对方当事人对合同的性质或条款产生误解。恶意终止谈判则主要是指一方当事人无正当理由而随意和突然地中断谈判。

恶意谈判虽然发生于合同订立之前，但它违背了"诚实信用和公平交易原则"，因而构成了一种缔约过失。根据《通则》的规定，恶意谈判一方应对因此给另一方当事人所造成的损失承担责任。但这里的损失是有限制的，因为恶意谈判所损害的是一种"信赖利益"或"负利益"。

（五）保密的义务

保密的义务，是指在谈判过程中，一方当事人以保密性质提供的信息，无论此后是否达成合同，另一方当事人有义务不予泄露，也不得为自己的目的不适当地使用这些信息。根据

《通则》的注释，保密性信息最典型的情况是当事人在提供这些信息时就明确声明属于秘密，在这种情况下，另一方当事人接受这种信息就默示同意将其视为秘密。除此之外，如果根据信息的特殊性质或当事人的职业特点，某些信息应视为保密性信息，则接受方也不得泄露或不当使用。接受方如果将保密性信息向任何第三人透露或者用于自己的目的，就违反了"诚实信用和公平交易原则"，也可能侵犯了提供方的权益。在这种情况下，提供方有权要求接受方赔偿损失，也可以在信息尚未泄露或部分泄露时根据有关法律的规定采取保护措施。

（六）标准条款

标准条款即是通常所称的"格式合同"。鉴于格式合同在国际商事交往中频繁使用，而且容易产生一些特殊的纠纷，《通则》对格式合同的有关问题作了具体的规定：

（1）标准条款的定义。《通则》第2.19条第（2）款规定："标准条款是指一方为通常和重复使用的目的而预先准备的条款，并在实际使用时未与对方谈判。"从这一规定可以看出，标准条款具有下列几个特征：第一，标准条款是由一方当事人事先预的，而不是在双方反复协商的基础上制定出来的；第二，标准条款是为了通常和重复使用的目的而制定的，而不是专门针对某一宗业务或某些特定的当事人而制定的；第三，标准条款在使用时未与对方谈判，这类条款对方要么全部接受，要么不接受，不允许讨价还价。

（2）意外条款。标准条款中的意外条款是指对方当事人不能合理预见其效力的条款。在这里，"不能合理预见"应根据具体的贸易环境而确定，同时应考虑该条款的内容、语言和表达方式。《通则》规定意外条款的目的主要是防止使用标准条款一方的当事人利用其优势地位，将不良的意图强加给对方当事人。因此，《通则》规定，意外条款无效，除非对方明确地表示接受。

（3）标准条款与非标准条款的冲突。根据《通则》的规定，标准条款属于一般条款，非标准条款属于特别条款，依据特别条款优于一般条款的原则，当标准条款与非标准条款发生冲突时，应以非标准条款为准。

（4）格式合同之争。格式合同之争是指交易双方各自使用和交换自己的标准条款，但双方的标准条款内容互有差异，这样便会产生合同是否成立，以及合同如果成立，应以谁的标准条款为准的问题。《通则》第2.2条款规定："在双方当事人均使用各自的标准条款的情况下，如果双方对除标准条款之外的条款达成一致，则合同应根据已达成一致的条款以及在实质内容上相同的标准条款订立，除非一方当事人已事先明确表示或事后毫不延迟地通知另一方当事人其不受此种合同的约束。"

3.3　合同的效力

合同的效力是指合法订立的合同对当事人产生的约束力。根据各国合同法的规定，有效的合同应具备几个方面的基本条件，如主体合格、意思表示真实、形式和内容合法等。除了上述基本要求外，一些国家的合同法还有其他特殊要求，如英美法系国家要求存在对价，法国的合同法要求存在约因等。《通则》基本上吸收了各国的立法精神，同时又充分考虑了现代国际商事交往的需要，对合同效力的问题作了具体规定，主要内容有：

3.3.1 除外事项

由于各国合同法对合同效力的某些问题规定迥然不同，《通则》作为一种适用于国际商事交往的国际规则，无意也不可能消除这些差异，因而《通则》第3.1条款排除了一些导致合同无效的原因，将这方面的内容留待国内法去解决。《通则》第3.1条规定："通则不涉及由以下原因而导致的合同无效：（a）无行为能力；（b）无授权；（c）不道德或非法。"

此外，根据《通则》第3.2条和第3.3条的规定，在确定合同效力时，并不需要考虑诸如对价、约因、自始不能等因素。同时，《通则》第3.3条规定，当事人在合同订立时"不可能履行所承担之义务"或"无权处置与该合同相关联之财产"的事实本身不影响合同的效力。《通则》的这一条款主要是针对某些国家合同法的规定，在这些国家中，如果当事人自始不能履行合同或对合同标的没有合法所有权，有关的合同应视为无效。《通则》摒弃了对价、约因、自始不能的因素对合同效力的影响，使国际商事交往变得更为简单、方便，这也反映了现代合同法的发展趋势。

3.3.2 错误

根据《通则》第3.4条规定，错误是指在合同订立时对已存在的事实或法律所做的不正确的假设。在这里，错误包括法律错误，因为国际商事交往会涉及不同国家复杂的法律体系，对外国法律的不熟悉可能导致错误的发生。与各国国内法一样，《通则》也认为并非所有的错误都可以导致合同无效，只有在特殊情况下，发生错误的一方方可主张合同无效。根据《通则》规定，一方当事人因错误宣告合同无效，必须符合下列条件：

（1）严重错误。这是《通则》规定的基本条件。与订立合同相关的错误必须是很严重的，当事人一方才可以宣告合同无效。至于如何衡量错误的严重性，应参照主客观两方面的标准进行衡量，也即在合同订立时"一个通情达理的人处在与错误方相同的情况下"，如果已经知道了事实真相时可能做出的行为。若然在这种情况下，他根本不可能订立合同，或合同将会按实质上不同的条款订立，则可以认为错误是严重的。

（2）非错误方的条件。除了上述基本条件外，非错误方必须符合下列四种条件之一，错误方才能宣告合同无效：①非错误方犯了相同的错误；②错误是由非错误方造成的；③非错误方知道或理应知道错误，但却有悖于公平交易的合理商业标准，使错误方一直处于错误状态之中；④在宣告合同无效时，非错误方尚未依其对合同的信赖行事。

（3）错误方的条件。《通则》第3.5条第（2）款规定，错误方在下述两种情况下不得宣告无效：①错误是由于错误方的重大疏忽而造成的；②错误与某事实相关联，而对于该事实，发生错误的风险已被设想到，或者考虑到相关情况，该错误的风险应当由错误方承担。

（4）对不履行的救济。《通则》第3.7条规定："一方当事人无权因错误宣告合同无效，如果该方当事人所依赖的情况表明对不履行可以或本来可以提供救济。"这里所指的情况主要是，在有关的合同中，同时存在错误和非错误方不履行合同义务的情况，那么错误方应依据错误宣告合同无效呢？还是根据合同的规定追究非错误方不履行合同的责任（这两种做法是互相冲突的）？根据《通则》上述的规定，只要对不履行存在着救济措施，错误方就不得宣告合同无效。换句话说，对不履行的救济具有优先性。

3.3.3　欺诈、胁迫及重大失衡

《通则》第 3.8 条至第 3.10 条对欺诈、胁迫及重大失衡作了相应的规定。

（1）欺诈。根据《通则》第 3.8 条规定，欺诈包括虚构事实和隐瞒事实。前者是指当事人作出欺诈性的陈述，包括欺诈性的语言和做法；后者是指依据公平交易的合理商业标准应予披露的情况欺诈性地未能披露。仅在广告或谈判中言过其实不能构成欺诈。如果合同的订立是基于一方当事人的欺诈行为，则对方可以宣告合同无效。

（2）胁迫。根据《通则》第 3.9 条规定，如果在合同订立时一方当事人遭受到对方的不正当胁迫，且该胁迫是急迫的和严重的，则受胁迫一方可宣告合同无效。在这里，"不正当"既指当事人受到的胁迫行为或不行为本身是非法的（如人身攻击），也指以合法手段达到非法的目的（如为迫使对方按拟定条款订立合同而威胁提起诉讼）。而"急迫的和严重的"是指胁迫必须具有急迫性和严重性，以至于受胁迫方除了按对方提出的条款签订合同外，再无其他合理选择。胁迫的急迫性和严重性应根据具体情况客观地加以衡量。

（3）重大失衡。根据《通则》第 3.10 条的规定，重大失衡是指在合同订立时，合同或其个别条款不合理地对一方当事人过分有利。在这里，重大失衡应具备三个条件：①当事人取得过分的利益的时间必须是"在订立合同时"，如果在合同订立后因情况变化一方当事人获得过分的利益，则应适用《通则》的其他规定；②一方当事人获得利益必须是"过分"的，即双方当事人的义务出现不平衡，而且这种不平衡是如此严重，以致破坏了正常人所具有的道德标准；③一方当事人获得的过分利益还必须是不正当的，所谓"不正当"应根据具体的情况进行衡量，但应特别考虑其中两个因素：第一，当事人的谈判地位，如果一方当事人不公平地利用了另一方当事人的依赖、经济困境或紧急需要，或是不公平地利用了另一方当事人的缺乏远见、无知、无经验或缺乏谈判技巧，则因此而获得的利益是不正当的；第二，合同的性质和目的，如果一方当事人获得的利益对于某类合同而言是要求过高的或者是难以接受的，则这种利益是不正当的。除了上述两个主要因素外，其他因素也应予考虑，例如在商业或贸易中一般的道德标准等。对于重大失衡的合同或条款，处于不利一方的当事人有权宣告合同无效，法院也可以予以修改，以使其符合公平交易的合理商业标准。

3.4　合同的内容

合同的内容是合同中关于双方当事人权利和义务的规定。当事人的权利和义务，通常在合同中都有详细的规定，但也有一部分内容需要在法律上予以确定，如默示义务、空缺条款的补充，等等。因此，《通则》第五章对合同的内容作了一些原则性的规定，主要包括：

3.4.1　明示义务与默示义务

将合同的义务划分为明示义务和默示义务，这是许多国家的合同法所采用的做法。《通则》第 5.1 条重申了这种被广泛接受的原则，它规定："各方当事人的合同义务可以是明示的，也可以是默示的。"在这里，主要是默示义务的问题。《通则》与一些国家的国内法不

同，它并没有具体规定哪些义务属于默示义务，而只是提供了几个在确定默示义务时所应考虑的依据（第5.2条）。这些依据包括：①合同的性质与目的；②各方当事人之间确立的习惯做法和惯例；③诚实信用和公平交易原则的合理性。

3.4.2　当事人之间的合作义务

在国际商事交往中，合同通常被认为是各方当事人利益冲突的交汇点，然而，在某种程度上，合同更应该视为各方当事人合作的共同项目。因此，在合同履行过程中，各方当事人应互相配合、互相合作。这一基本原则，在联合国《国际货物买卖合同公约》中曾得到较大程度的体现，而《通则》的部分规定也清楚地贯穿了这一原则。但更进一步的是，《通则》将当事人之间的相互合作提升为一种明确的义务。其第5.3条规定："每一方当事人应与另一方当事人合作，如果一方当事人在履行其义务时，有理由期待另一方当事人的合作。"根据这一规定，只要在合理的范围内，即只要不打乱合同履行过程中的义务分配，一方当事人对另一方当事人履行合同的行为都应给予相应合作，否则将被视为是一种违约行为。在这里，所谓"合作"，其最基本的要求是不得妨碍对方当事人履行合同，但有时也要求应对对方当事人履行合同的行为予以更积极和更主动的配合。

3.4.3　获取特定结果的义务与尽最大努力的义务

《通则》在吸取一些国家合同法的基础上，对"获取特定结果的义务"和"尽最大努力的义务"进行了规范。

所谓"获得特定结果的义务"，是指根据合同的约定，当事人一方应保证某种特定结果的出现。而所谓"尽最大努力的义务"，是指根据合同的约定，当事人一方应尽最大努力、采取合理的措施促使某一结果的出现，但不保证获得特定的结果。当然，有时这两类义务可以在同一个合同中出现，如某家修理公司修理一部损坏的机器，可被认为既在一般修理工作的质量方面应尽最大努力，又应获取特定的结果，即要替换某些零部件以使机器能正常运转。

在上述两种义务中存在的主要问题有两个：第一，在某些合同中，当事人一方应承担的义务，究竟是"获取特定的结果"，还是"尽最大的努力"并不十分清楚，因而会产生应如何确定的问题；第二，如果当事人一方应承担的义务是"尽最大努力"，那么应如何判断该方当事人是否尽了最大的努力？

第一个问题在法律上有重要意义，因为"获取特定结果的义务"显然比"尽最大努力的义务"要求更加严格，更加高。对这一问题，《通则》第5.5条规定，当确定在多大程度上一方当事人的义务涉及履行一项活动中应尽最大的努力，或者涉及应获得某一特定结果时，除其他因素外，应考虑以下情况：①合同中明确规定义务的方式，如承包商在合同承诺"将于12月31日前完成工程"，这属于"获取特定结果的义务"，但若承包商只是承诺"在12月31日前争取完工"，则属于"尽最大努力的义务"；②合同的价格及合同的其他条款，合同的价格越高，越可能是"获取特定结果的义务"，此外，价款支付的条件、违约金针对的情况，都可能为确定当事人应承担何种义务提供线索；③获得预期结果时通常所涉及的风险程度，风险越高，越可能是"尽最大努力的义务"；④另一方当事人影响义务履行的能力，一方当事人履行合同的义务受另一方当事人的影响越大，越可能是"尽最大努力的义务。"

对第二个问题，即如果当事人一方的义务是"尽最大努力的义务"，应如何判断该当事人是否尽了最大努力？《通则》第 5.4 条第（2）款规定应以"一个与其具有同等资格的、通情达理的人在相同情况下应尽的义务"为标准来加以判断。

3.4.4　履行质量的确定

《通则》第 5.6 条规定，"如果合同中既未规定而且也无法根据合同确定质量，则一方当事人有义务使其履行的质量达到合理的标准，并且不得低于此情况下的平均水准。"

根据这一规定，在合同未约定质量标准时，当事人一方履行合同的质量应同时符合两个方面的标准：其一，是平均质量标准。这是关于质量方面的最低要求，供应商不需提供超过平均质量的货物或服务，但也不应提供劣质的货物或服务。其二，是合理标准。即当事人履行合同的质量应令人可以接受。《通则》规定这一标准的目的，主要是防止一方当事人只按照市场平均质量履行义务，但这种平均质量却又令人难以满意。

3.4.5　合同价格的确定

合同的价格通常由当事人在合同中约定，但也有少数合同未规定价格或确定价格的方法，这就需要在法律上予以补充。《通则》吸取了联合国《国际货物买卖合同公约》的基本规则，但它更进一步考虑了一些具体的情况，并作了更加周详和灵活的规定：

（1）基本规则。《通则》第 5.7 条第（1）款规定，如果合同未规定价格或如何确定价格的方法，在没有相反表示的情况下，应视为当事人各方引用了在订立合同时可比较的相关贸易中的通常价格。这种价格一般也称为"市场通行价格"。但有时相关贸易可能不存在这种"市场通行价格"，在这种情况下，根据《通则》的规定，则应以一个合理的价格为准。

（2）由一方当事人定价。某些合同明确规定价格将由当事人甲一方确定，这在某些行业，如服务业中较为常见。如果合同作出这样的规定，则应由合同指定的当事人定价。但为了避免该当事人滥用此种权利，《通则》第 5.7 条第（2）款规定："如果合同的价格应由一方当事人确定，而且此定价又明显地不合理，则不管合同中是否有任何条款的相反规定，均应以一个合理的价格予以代替"。

（3）由第三方定价。某些合同规定价格应由第三方，如某位专家确定，但有时该第三方可能不能胜任该项委托，例如他根本不是这方面的专家，或者该第三方拒绝对合同进行定价，在这种情况下，《通则》规定，应用一个合理的价格来代替。

（4）参考外部因素定价。某些合同规定价格应依据外部因素来确定，如参照一个已公布的指数或行情表，但有时这些参照的因素可能不存在或已不可获得。在这种情况下，《通则》第 5.7 条第（4）款规定，应取最近似的因素作为代替。

3.4.6　合同期限的确定

这里的"合同期限"是指合同的有效期，即合同关系终止的时间。一般情况下，当事人会在合同中规定合同的期限。有时按合同的性质和目的也可推断合同的期限，但也有某些情况下会出现合同期限未确定或无法确定的情形。对此，根据"合同不得永远约束当事人"的原则，《通则》第5.8条规定，任何一方当事人只要事先在一段合理时间内发出通知，就可以终止该合同。

3.5　合同的履行

合同的履行是指合同当事人实现合同内容的行为。《通则》第六章对合同的履行作了全面的规定，它将合同的履行分为正常情况下的"一般履行"，以及特殊情况下的"艰难情形"两个部分。其中，"艰难情形"是以前的国际公约或惯例所未涉及的法律原则，《通则》就此作了专门性的规定，是一种具有建树和深远意义的创举。

3.5.1　普通履行（Performance in General）

《通则》中"普通履行"或"一般履行"的规定主要涉及三个方面的内容：一是关于履行的时间、地点和方式；二是关于价款的支付；三是关于公共许可。

（一）履行时间、地点和方式

1. 履行时间

《通则》第6.1.1条规定，一方当事人必须在下列时间履行其合同义务：（1）如果合同规定了时间，或依合同可确定时间，则为此时间；（2）如果合同规定了一段时间，或依合同可确定一段时间，则为此段期间内的任何时间，除非情况表明履行时间应由另一方当事人选择；（3）在任何其他情况下，则在订立合同后的一段合理时间之内。此外，《通则》第6.1.2条还规定，如果履行时间属于上述第（2）和第（3）项所规定的情况，而合同的义务在该段时间内既可以一次履行，又可以分期履行，除非情况不允许，否则当事人必须一次履行其全部的合同义务。

2. 履行地点

合同的履行地通常由合同条款加以明确规定，有时按合同的性质也可以确定履行地，如建筑合同的履行地应当为建筑地点，货物运输合同应按约定路线履行等。但也有一些合同既未规定履行地，按其性质也无法确定履行地，在这种情况下，《通则》第6.6.6条第（1）款规定，当事人应按下述地点履行其义务：①金钱债务在债权人的营业地；②任何其他义务在当事人自己的营业地。由于在适用这一规定时当事人的营业地具有重要意义，因此，《通则》第6.1.6条第（2）款规定，如果当事人在订立合同改变其营业地，则他应承担因营业地改变而给履行带来的额外费用。而且根据诚实信用原则及当事人之间的合作义务，当事人改变营业地，应在适当时间内通知对方当事人。

3. 履行方式

在履行方式方面，《通则》规定了下列几个方面的内容：

（1）部分履行。部分履行是指在履行期限届满时，债务人只履行其部分义务。不论是属于上述哪种情况，部分履行都违反了合同的约定，属于违约行为，因此《通则》第6.1.3条第（1）款确立了一个基本规则，即"当履行到期时，债权人有拒绝任何部分履行的请求，无论该请求是否附有对未履行部分的担保"。然而有时债权人可能愿意接受部分履行，又或者部分履行不会对债权人的合法利益造成损害，对于这两种情况，根据《通则》的注释，针对前者，债权人可以接受部分履行；针对后者，只要债务人能证明不存在对债权人合法利益的损害，债权人应当接受部分履行。而且，如果接受部分履行给债权人带来了额外的费用，则在任何情况下，这些费用均应由债务人承担。

（2）提前履行。与"部分履行"相似，《通则》第 6.1.5 条规定，债权人可拒绝接受提前履行。然而，如果债权人愿意接受提前履行，或者提前履行不会对债权人的合法利益造成损害，则债权人可以或应当接受提前履行，但因提前履行给债权人带来的额外费用应由债务人承担，并且不得损害任何其他救济方法。对此，《通则》第 6.1.5 条第（2）款规定，如果债权人履行合同义务的时间与债务人履行合同义务无关，则接受提前履行不影响自己履行义务的时间。根据《通则》的注释，在这种情况下，债权人是否也应提前履行主要取决于债权人的不同选择：第一，债权人可以以提前履行会影响自己的履行时间为由，拒绝接受提前履行；第二，债权人可以在接受提前履行时保留采取任何救济方法的权利，包括保留选择自己的履行时间的权利；第三，如果提前履行对于债权人来说是可接受的，则债权人可以同时决定是否也提前履行其义务。

（3）履行顺序。履行顺序是指在双务合同中哪一方当事人应先行履行合同。根据《通则》第 6.1.4 条的规定，如果当事人在合同中对履行顺序未作明确规定，则原则上只要有可能，双方当事人应同时履行合同。只有一些特殊性质的合同，即仅有一当事人需要一段时间去履行合同，则该方当事人应先行履行。当然，《通则》上述两个方面都不是硬性规定，只要情况另有需要，都应按实际情况处理。

（二）价款的支付

国际商事交往中的付款涉及票据、银行手续、外汇等众多的问题，因而比国内付款要复杂得多。国际立法中对此问题很少论及，《通则》则尝试作出更为全面的规定。但《通则》无意提供很详细的条款，因为那样将与该领域内技术飞速发展的情况不相适应。因此《通则》中有关付款的规定，目的在于建立一些有益的基本原则。其主要内容包括：

（1）付款形式。对付款形式，《通则》确立了一个基本原则，即"付款可以采用在付款地正常商业做法中所使用的任何形式做出"。根据这一规定，只要是付款地通用的付款形式，债务人均可以使用，如现金、支票、银行汇票、汇票、信用卡或者任何其他形式，例如新开发的电子支付方式等。另一方面，这一基本原则也意味着，如果债务人使用的付款形式不是付款地通用的方式，债权人可以拒绝接受。但在上述付款形式中，债务人如果使用票据，如支票、支付命令或付款承诺，则应受另一个条件的约束，即只有在这些票据能被承兑的情况下债权人才接受。

（2）转账付款。当合同当事人使用转账付款时，通常会碰到两个主要的问题：第一是债务人应向债权人的哪个账户付款；第二是债务人在什么时候才算完成付款的义务。关于付款账户的问题，《通则》规定，如果债权人指定了特定账户，则债务人应将款项转账至该账户；但若债权人未指定账户，则债务人可以将款项转账至债权人已告知的任何账户，而不论该账户是否在债权人的营业地。至于债务人完成付款义务的时间，《通则》则采用了一个实用的做法，它规定："在转账付款的情况下，债务人的义务在款项有效转至债权人的金融机构时解除。"

（3）付款货币。国际商事合同的付款通常会碰到计账货币和付款货币的问题。所谓计账货币，即合同中用以表示金钱债务的货币，原则上债务人可以用付款地货币进行支付，除非：①该种货币不能自由兑换；②当事人各方约定只能用记账货币进行支付。但在后两种情况下，债务人有时可能无法以记账货币支付，例如因外汇管制，付款地禁用记账货币，或者因债务人无法获得足够的该种货币等。在这种情况下，《通则》规定，债权人有选择用付款地货币支付的权利。而且债权人的选择不排除他对债务人不能以记账货币支付而构成的违约采取救济措施。如果债务人以不同于记账货币的付款地货币进行支付，便会产生两种货币如何折算，即汇率的问题。所谓"适用的"汇率，应根据实际情况加以判断，根据操作性质的不同，汇率有可能也不同。

（4）履行的费用。当事人履行合同义务通常会产生各种费用，如货物的运费、资金转帐的银行手续费、许可证的申请费，等等。有时，当事人在合同中会约定这些费用应如何分摊，或者当事人一方已提前将这些费用打入合同标的的价格中。但也有一些当事人并没有这样做，这就需要从法律上予以确定。对此，《通则》采用"费用自理"的原则，规定每一方当事人应各自承担其履行义务时所发生的费用。

（5）指定清偿。指定清偿是指债务人对债权人同时负有多项付款义务，如果债务人在付款时其付款数额不足以清偿所有的债务，则应由当事人或法律指定该笔付款是清偿哪一项债务的。对于指定清偿的问题。《通则》作了几个方面的规定：第一，对同一债权人负有多项付款义务的债务人，在付款时可指明该款项所偿还的债务。但是，该款项应首先偿付各种费用，其次为应付利息，其次为本金；第二，债务人若未作指定，债权人可在支付后的合理时间内向债务人声明该款项所偿还的债务，但该笔债务必须是到期的，且无争议的；第三，如果债务人或债权人均未指定，则应按下列顺序偿还债务：①到期之债务，或者首先到期之债务；②债权人享有最少担保之债务；③对债务人属于负担最重的债务；④最先发生之债务。若上述顺序不能适用，则按比例偿还各项债务。第四，《通则》第6.1.13条还特别规定，上述三个方面的规定经适当修正后，可用于非金钱债务的指定清偿。

（三）公共许可

《通则》所规定的公共许可（Public Permission）是一种广义上的公共许可，即包括所有具有公共性质的许可要求，如健康、安全，或某些特殊的贸易政策。但这种特许或许可是由政府机构批准，还是由政府委托的非政府机构批准，与"公共许可"的含义无关。国际商事合同经常会碰到公共许可的问题，大多数的国家基于本国的需要，一般均会要求某类合同或当事人的某些行为必须取得相应的许可，否则合同的效力将受到影响，当事人履行合同的行为也将受到禁止。而且，国际商事合同由于涉及两个以上国家，往往还会产生应遵守哪些国家的公共许可要求的问题。对此，各国的法律和国际条约规定互不相同，而《通则》也无意对此作出统一的规定，它只是要求当事人应当遵守合同准据法所规定的要求。《通则》仅仅对申请公共许可的一些具体问题作出规范，主要包括：

（1）承担申请义务的当事人。根据《通则》第6.1.14条的规定，如果一国法律要求合同或当事人履行合同的行为应取得公共许可，则在该法律或有关情况无相反要求的情况下，应按下列规定确定承担申请义务的当事人：①如果只有一方当事人的营业地在该国，则该方当事人应采取必要的措施以获得许可；②在任何其他情况下，即当事人双方在该国均无营业地或均有营业地，则履行行为须经许可的当事人应采取必要措施以获得许可。也就是说，承担申请义务的当事人应尽最大努力，采取各种必要措施以获得许可，但对最终的结果，当事人不承担责任。

（2）申请许可的程序。《通则》第 6.1.15 条第（1）款规定，承担申请义务的当事人应毫不延迟地行事，并承担因此产生的一切费用。根据这一规定，承担申请义务的当事人在合同订立后应立即提出申请，并根据情况继续采取必要的行动。同时，根据前述"履行费用自理"的原则，承担申请义务的当事人应负担申请过程所产生的一切费用。此外，《通则》第 6.1.15 条第（2）款还规定了承担申请义务的当事人负有通知对方当事人的义务，即他"应在任何适当的时候毫不延迟地向另一方当事人发出许可已获批准或遭到拒绝的通知。"承担申请义务的当事人如未履行通知义务，即构成违约。

（3）申请的结果及其效力。当事人申请公共许可的结果，不外乎得到批准，或遭到拒绝。但有时，当事人的申请可能在一段相当长的时间内既未得到批准，也未遭到拒绝。《通则》主要对后两种结果的效力作了规范。首先，《通则》第 6.1.16 条规定，在承担申请义务的当事人已采取了所有必要的措施的前提下，如果在约定的期间之内，或若无此种约定，在合同订立之后的合理时间内，许可既未获得批准又未遭拒绝，则任何一方当事人均有权终止该合同。但是，当许可仅影响合同的某些条款时，考虑到各种情况，如果维持合同的其余部分是合理的，则当事人不得终止有关的合同。其次，根据《通则》第 6.1.17 条的规定，当当事人的许可申请遭到拒绝时，应首先考虑许可的拒绝是涉及合同的效力，还是涉及当事人履行合同的行为。如果许可拒绝影响到整个合同的效力，则合同无效；但如果拒绝仅影响合同的某些条款的效力，则只有这些条款无效，合同的其余部分仍然有效，只要根据实际情况这样做是合理的。另一方面，如果许可拒绝导致合同的全部或部分履行不可能时，则应按不履行合同处理。

3.5.2　特殊履行——艰难情形

艰难情形是合同履行过程中的特殊问题。虽然《通则》关于艰难情形的规定在不同国家的国内法中有所体现，如"合同落空"、"意外事件"、"合同基础消失"等，但《通则》的规定仍具有不可忽视的创造性和重大价值。首先，《通则》是第一个对此问题作出明确规定的国际文件，对统一和规范国际商事合同实践具有重要意义；其次，《通则》选用"艰难情形"一词，完全符合现代国际贸易的习惯，目前有许多国际合同都包含有艰难情形的条款；最后，《通则》对艰难情形的构成要件及效果作了具体和明确的规定，具有高度的科学性和较强的操作性。《通则》关于艰难情形的内容主要有：

（一）艰难情形及其要件

《通则》第 6.2.2 条规定："所谓艰难情形，是指由于一方当事人履约成本增加，或由于一方当事人所获履约的价值减少，而发生了根本改变合同双方均衡的事件，并且（a）该事件的发生或处于不利地位的当事人知道事件的发生是在合同订立之后；（b）处于不利地位的当事人在订立合同时不能合理地预见事件的发生；（c）事件不能为处于不利地位的当事人所控制；（d）事件的风险不由处于不利地位的当事人承担。"

根据上述规定，艰难情形的构成应符合下列条件：

（1）合同双方的义务根本失衡。这是艰难情形最基本的构成要件。根据《通则》规定，导致根本失衡的原因主要有两个：一是一方当事人履行合同义务的成本大幅度增加，这通常是针对履行非金钱债务而言的；另一个原因是一方当事人因履行合同所得到的利益大幅度降低，这既针对金钱债务，也针对非金钱债务，如出现大幅的通货膨胀或汇率波动，又或者出口货物遭受政府禁运等。在这里，若履行费用或价值的改变达到或超过50%，很可能构成"根本性"的改变。

（2）在订立合同时不能合理预见。构成艰难情形的事项，必须是当事人在订立合同时不能合理预见的。如果当事人在订立合同时已经知道这些事件或者可以合理地预见这些事件，则该当事人在当时就能够考虑到这些事件及这些事件可能带来的影响，因而他就不能在日后对这些事件声称艰难情形。

（3）不能控制。如果引致变化的事件是处于不利一方当事人所能控制的，他就应努力克服这些事件以保证合同的履行，因而，只有当有关事件是该当事人的能力范围内无法控制的，才可能构成艰难情形。

（4）事件的风险不由处于不利地位的当事人承担。如果根据合同的性质或约定，有关事件引起的风险本来就应由一方当事人承担，则该当事人不能对有关事件主张艰难情形。

从上述艰难情形的构成要件可看出，艰难情形与不可抗力有相类似的地方，但总的来说，艰难情形不像不可抗力的要求那样严格，特别是它不要求有关事件所引起的后果是"不可避免或不可克服的"，艰难情形只要求有关事件引致一方当事人履约成本的大幅增加或履约价值的大幅降低，这就意味着在多数情况下，当事人是可以克服这些困难的，只不过这样做在经济上会带来很大的负担而已。正因为如此，艰难情形就为那些履行合同的负担变得过分沉重，但又尚未达到不可抗力条件的当事人提供了一种维护自己经济利益的机会。这是艰难情形条款的价值的集中体现，也是它受到国际商事实践欢迎的主要原因。

（二）艰难情形的效力

艰难情形在性质上属于合同履行的特殊问题，因此《通则》在规定艰难情形的效力时有一个明显的倾向，即在充分考虑到艰难情形对当事人的不利影响的情况下，应尽量促使合同能继续履行，而不是将合同予以解除。《通则》关于艰难情形效力的规定主要有：

（1）处于不利地位的当事人有权要求重新谈判。

（2）停止履约的一般禁止。为了防止当事人滥用救济手段，《通则》第6.2.3条第（2）款规定："重新谈判的要求本身不能使处于不利地位的当事人有权停止履约。"也就是说，只在相当特殊的情况下，当事人才可以停止履行合同。

（3）诉诸法庭。根据《通则》第6.2.3条第（3）款规定，如果双方当事人未能在合理时间内对合同的修改达成协议，则任何一方当事人均可以诉诸法庭（根据《通则》的规定，法庭包括法院和仲裁庭）。

（4）法庭可采取的措施。《通则》第6.2.3条第（4）款规定："如果法院认定有艰难事件，只要合理，法庭可以：（a）在确定的日期并按确定的条件终止合同，或者（b）为恢复合同的均衡而修改合同。"在这里，《通则》要求法庭终止合同应有确定的日期和条件，这主要是因为艰难情形是发生在履行过程中的情况，在这时，当事人已履行了一部分义务，因此，法庭应对这些已履行的部分作出明确的处理。

3.6　不履行与救济方法

《通则》第七章的编排和内容均有独特之处。第七章总分为四节，第一节为"总则"，规定了不履行的基本概念，尤其突出了"可免责的不履行"这一创新概念，同时规定了一些特殊的救济方法和免责事项；第二节确立了"要求履行"制度；第三节为"终止合同"制度；第四节为"损害赔偿"制度。下面分述之。

3.6.1　不履行的概念及特殊救济方法

（一）不履行的概念

《通则》用"不履行"来代替通常所用的"违约"。《通则》第 7.1.1 条款规定："不履行系指一方当事人未能履行其在合同项下的任何义务，包括瑕疵履行或延迟履行。"根据这一规定，除了完全不履行外，不履行还包括所有形式的瑕疵履行或延迟履行。例如，买卖合同的卖方不交货、部分交货、交货不符合合同或延迟交货，均属于不履行。

《通则》规定可免责的不履行，其意义主要在于：如果一方当事人有可免责的不履行，则另一方当事人无权采取《通则》第二节规定的"要求履行"，以及第四节规定的"损害赔偿"的救济措施，但有权采取第三节规定的"终止合同"的救济措施。

（二）不履行的免责

《通则》规定了在几种情况下，一方当事人的不履行可以免除责任。主要有：

（1）另一方当事人的干预。根据《通则》第 7.1.2 条的规定，如果一方当事人的不履行是由于另一方当事人的作为或不作为引起的，或者是另一方当事人应承担风险的事件引起的，则另一方当事人无权追究该当事人不履行的责任。

（2）拒绝履行。《通则》关于拒绝履行的规定包括两方面内容，与大陆法系国家的"同时履行抗辩权"和"后履行抗辩权"完全一致。

（3）免责条款。合同中的免责条款是免除不履行方责任的另一种主要根据。免责条款在国际商事实践中已相当普遍，但也越来越多地引起合同各方的争议。为此，《通则》第 7.1.6 条专门规定了免责条款的定义和对免责条款的审查。

首先，根据《通则》的规定，免责条款主要有两种：①直接限制或排除一方当事人不履行合同义务的责任的条款；②允许一方当事人提供与另一方当事人的合理期望有实质差异的履行的条款。为了防止当事人滥用免责条款，《通则》对免责条款并不是毫无保留地适用，而是规定："考虑到合同的目的，如援引该条款显失公平，则不得援引该条款。"也就是说，在这种情况下，当事人仍应承担违约责任。

（4）不可抗力。《通则》关于不可抗力的规定与各国国内法的规定基本一致，尽管有些国内法使用不同的名称，如英法系中的"合同落空"或"履行不能"。《通则》规定的主要内容包括：

1）若一方当事人不履行合同义务是由于不可抗力所引致的，则该不履行方应予免责。构成不可抗力应具备四个要件：第一，该障碍非不履行方所能控制；第二，在合同订立时不履行方无法合理预见；第三，不履行方不能合理地避免；第四，不履行方不能克服该障碍或该障碍所造成的影响。

2）若上述障碍只是暂时的，免责只在一个合理的期间内具有效力。

3）主张不可抗力而免责的一方当事人，必须将有关障碍及对其履约能力的影响通知另一方当事人。否则，因此而导致的损害应由该方当事人负赔偿责任。

4）不可抗力的各项规定并不妨碍一方当事人行使终止合同、拒绝履行或对到期应付款项要求支付利息的权利。

（三）特殊救济方法

《通则》第七章第一节首先规定两种特殊救济方法：一种是针对瑕疵履行，由不履行方进行"补救"的方法；另一种是适用于延迟履行的"额外履行期限"。这两种方法均吸收了联合国《国际货物买卖合同公约》的有关规定。

（1）不履行方的补救。《通则》第7.1.4条第（1）款规定："不履行一方当事人可自己承担费用对其不履行进行补救。"但不履行方的补救必须符合下列特定的条件：第一，不履行方应毫不延迟地向另一方当事人发出补救的通知，补救的通知应说明准备补救的方式和补救的时间。根据《通则》的注释，有效地补救通知是补救发生效力的前提条件；第二，不履行方的补救必须是适宜的。不履行方可采用的补救措施有很多种，包括修理、更换等等。但不履行方采用的补救措施必须适合于当时的具体情况。第三，补救不损害另一方当事人的合法利益。如果不履行方的补救措施可能对另一方当事人的人身或财产造成损害，则另一方当事人有权拒绝补救；第四，补救应立即进行。不履行方不应使另一方当事人陷入一个持久的等待期，因为这样做，显然违背诚实信用的基本原则。

根据《通则》的规定，只要符合上述四个条件，不履行方便有权对其不履行进行补救。

当然，由于补救是针对不履行而进行的，因此《通则》第7.1.4条第（4）和第（5）款规定，另一方当事人在补救期间有权拒绝履行，而且，尽管进行了补救，另一方当事人仍保留对延迟补救以及因补救行为本身造成的损害或者未成功补救的损害要求赔偿的权利。

（2）额外履行期限。《通则》第7.1.5条第（1）款规定："在出现不履行的情况下，受损害方当事人可通知另一方当事人，允许其有一段额外时间履行义务。"给予额外履行期限所产生的法律效果，主要包括：①在额外履行期限内，受损害方当事人可拒绝履行其对应的义务，并且可要求损害赔偿，但不得采取任何其他救济手段；②如果受损害方当事人收到另一方当事人在此额外期限内将不会履行的通知，或者，在此额外期限届满时另一方当事人仍未完成对其义务的履行，则受损害方可采取《通则》规定的任何救济手段；③对于非根本性的延迟履行，受损害方当事人可在额外期限届满时终止合同，而且受损害方可在其通知中规定，如果对方当事人在此额外期限内仍不履行其义务，合同应自动终止。在这种情况下，额外履行期限成了终止合同的辅助手段。但为了防止当事人滥用这种方法来达到终止合同的目的，《通则》特别规定了两种限制：第一，给予不履行方当事人的额外期限必须是合理的；如果该期限的长度不合理，则应延长至合理的长度。第二，如果未履行的义务只是不履行方当事人合同中的一项轻微义务，则不适用上述规定，受损害方不得终止合同。

3.6.2 要求履行

"要求履行"是《通则》规定的三种主要救济措施之一。《通则》规定的"要求履行"，即是各国国内法中的"实际履行",包括金钱债务和非金钱债务的实际履行。在大陆法系国家中,实际履行是一种主要的救济方法,但在英美法系国家中,只有在特殊的情况下,才允许非金钱债务的强制执行,例如,土地买卖、股票交易、商标或专利使用权许可,以及一些特别名贵的物品交易等。联合国《国际货物买卖合同公约》在制订时为了调和两大法系之间的分歧,采用了一种由法庭自由裁量的"实际履行",即当事人可以向法庭请求实际履行。《通则》比上述公约更进了一步,它在对非金钱债务的实际履行保留一定限制的条件下,将实际履行作为一种强制性的救济措施,即在符合《通则》规定的条件下,法庭必须裁定进行实际履行。对不执行法院裁定的当事人可实行司法惩罚,责令其支付罚金。《通则》的这些规定,无疑大大地提高了"实际履行"救济方在国际商事交往中的法律地位。

3.6.3 终止合同

终止合同是《通则》规定的第二种主要救济手段。《通则》中的"终止合同",与各国法律及国际公约所使用的"解除合同"、"撤销合同"、"宣告合同无效"等术语的含义基本相同。终止合同是一种严厉的救济手段,它不仅使当事人订立合同的目的落空,而且可能会带来不可弥补的费用上的损失。《通则》与各国国内法一样,对终止合同的使用规定了严格的条件。同时,《通则》对终止合同的程序和效力也作了相应的规定。

(一)终止合同的条件

《通则》在第七章第三节之外,已有一些地方涉及终止合同的采用,如对可免责不履行,对方当事人不得要求实际履行或损害赔偿,但可以终止合同;又如,在关于艰难情形的规定中,法庭只要认为合理,便可以在确定的日期并按确定的条件终止合同。在第七章第三节中,《通则》规定了采用终止合同救济手段的更基本的条件,主要包括:

(1)根本不履行。《通则》第7.3.1条规定,如果一方当事人未履行其合同义务构成对合同的根本不履行,另一方当事人可以终止合同。"根本不履行"是《通则》规定的终止合同的最主要条件。至于如何确定当事人的不履行是否属于根本不履行,则应考虑多方面的因素,包括:①不履行是否实质性地剥夺了受损害方当事人根据合同有权期待的利益,如果一方当事人的不履行实质上剥夺了另一方当事人的合理期望,则这种不履行属于"根本不履行",但不履行方当事人并未预见也不能合理预见此结果的除外;②对未履行的义务的严格遵守,是否属于合同中的实质内容,因此,不按约定的时间交货,就可能构成根本不履行;③不履行是有意造成还是疏忽所致,有意造成的不履行更可能是根本不履行,但这也不是绝对的,如果不履行是无足轻重的,尽管是故意所为,终止合同就与诚实信用原则相违背;④不履行是否使受损害方当事人有理由相信,他不能信赖不履行方当事人将来的履行,这种情况在分期履行的合同中尤为明显,如果当事人一方在先期履行中存在瑕疵,而且该瑕疵很明显地要在整个履行过程中重复,即使该瑕疵本身不构成根本不履行,另一方当事人也有权终止合同;⑤若合同终止,不履行方当事人是否会因已作出的履行或准备履行而蒙受不相称的损失,一般而言,不履行方当事人已作出的履行越多,或者准备履行所做的工作越多,越有可能蒙受更大的损失,因此,较早发生的不履行,比较迟发生的不履行,更可能被认为是根本不履行。

(2)额外履行期限届满。在发生延迟履行的情况下,必须按《通则》有关的规定给予不履行方一段额外的履行期限，如果不履行方在该额外期限届满前仍未履行合同，受损害方才可以终止合同。

（3）预期根本不履行。"预期不履行"，即国内法中的预期违约，是指在履行合同日期之前，有充分的事实和理由说明一方当事人将不履行合同。

（二）终止合同的程序

当事人终止合同，必须经过一定的程序。《通则》所采用的做法是，终止合同方当事人应向对方当事人发出通知，即应将终止合同的意思表示传达给对方当事人。所谓"合理时间"，应视具体情况而定。例如，如果受损害方可以很容易获得替代履行，而且该替代履行的价格比原合同更加有利的话，受损害方就必须毫不迟延地发出通知，而当他必须了解是否存在替代履行的机会时，合理的时间将会较长一些。

（三）终止合同的效力

终止合同的效力，即终止合同带来的法律后果。根据《通则》第7.3.5条和第7.3.6条规定，终止合同的效力主要有：

（1）解除双方当事人履行的义务。合同终止后，对合同尚未履行的部分，双方当事人均不需要再履行，也不需要再接受履行。这是终止合同的将来效力，也是终止合同的首要目的。

（2）恢复原状。合同终止后，对合同已经履行的部分，任何一方当事人均可主张返还他所提供的一切，使双方回到如同没有订立合同时所处的经济地位。

（3）不排除损害赔偿的权利。当事人终止合同的事实，并不剥夺该当事人对对方的不履行要求损害赔偿的权利，也就是说，终止合同和损害赔偿是两种可以同时并用的救济手段。

（4）不影响合同中特殊条款的效力。合同终止后，有一些特殊的条款，仍要求当事人在合同终止后继续执行。这是各国国内法和国际条约普遍承认的法律原则。《通则》第7.3.5条第（3）款也有类似规定：①关于解决争议的条款，如法律适用条款、仲裁条款、管辖权条款等；②其他条款，如相互保守商业秘密的条款，以及结算和清理条款等。

3.6.4 损害赔偿

损害赔偿，即不履行方当事人以金钱赔偿受损害方当事人的损失。损害赔偿是国际商事领域中最为常用、应用最为广泛的救济手段。《通则》在汲取各国法律和国际条约有关规定的基础上，对损害赔偿作了较为全面的规范。

（一）损害赔偿的权利

《通则》第7.4.1条确立了损害赔偿的一般权利，即一方当事人不履行，另一方当事人有权要求损害赔偿。其要点包括：

（1）损害赔偿的归责原则。根据《通则》的注释，损害赔偿与《通则》规定的其他救济手段一样，均采用无过错责任原则，即受损害方当事人只要证明存在着不履行，他就可以要求损害赔偿，而没有必要去证明不履行是由不履行方的过错引起的。

（2）损害赔偿的适用范围。在《通则》中，损害赔偿的适用范围相当广泛。根据《通则》的规定，损害赔偿适用于任何不履行，既包括全部不履行、延迟履行或瑕疵履行，也包括合同主要义务的不履行或次要义务的不履行。其次，损害赔偿既适用于合同的履行过程，也适用于合同订立的前期，如当事人因恶意谈判、违反保密义务、错误、欺诈、胁迫或显失公平等，都可能产生损害赔偿的权利。

（3）损害赔偿的例外。根据《通则》规定，如果一方当事人的不履行可根据通则的规定予以免责，如因不可抗力引致的不履行，则受损害方当事人无权要求损害赔偿。而艰难情形在原则上也不产生损害赔偿的权利。

（二）损害赔偿的范围

损害赔偿的范围，即受损害方当事人的哪些损失应予赔偿的问题。对这一问题，《通则》规定了三个主要的原则：

（1）完全赔偿原则。完全赔偿原则是指受损害方当事人因不履行而遭受的损失有权得到完全的赔偿，这些损失既包括已经遭受的损失，也包括预期的利益损失，还包括非金钱性质的损失，诸如肉体或精神上的痛苦。

（2）肯定性原则。肯定性原则是指损害赔偿只赔偿肯定发生的损失，而对于可能发生或赔偿金额不确定的损失，应根据其可能发生的程度来确定赔偿范围，而对赔偿金额，法庭具有自由的裁量权。"肯定发生的损失"最典型的是已经发生的损失，但也包括一些未来的损失，只要这些未来的损失能够合理肯定，就属于赔偿的范围之内。此外，有一些损失，包括肯定发生的损失和机会损失，可能就很难量化，如名誉和精神方面的损失就是如此，在这种情况下，《通则》第7.4.3条第（3）款规定，赔偿金额的确定取决于法庭的自由裁量权。

（3）可预见性原则。即不履行方当事人仅对在合同订立时他能预见到或理应预见到的、可能因其不履行而造成的损失承担责任。

（三）损害赔偿额的计算

《通则》除了确立上述三个原则以确定赔偿范围之外，还对在某些具体情况下应如何计算赔偿金额作出了规定。其主要内容包括：

（1）与终止合同并用时的计算。《通则》汲取联合国《国际货物销售合同公约》的有关条款，对当事人终止合同时如何计算赔偿额作了规定，其中又分为两种情况：

1）存在替代交易。如果受损害方当事人已终止合同，并进行了替代交易，则赔偿额为原合同价格与替代交易价格之间差额以及其他进一步的损失。适用这种计算方法应注意的是：第一，《通则》这里要求必须存在替代交易，因此如果受损害方当事人自己完成了未履行的义务，则不属于替代交易，不适用于上述规定；第二，为避免不履行方当事人被草率的或恶意的行为伤害，这种替代交易必须在一个合理的时间内，并且以一种合理的方式进行；第三，上述两种价格差额的赔偿，只是一种最低限度的赔偿额，如果受损害方当事人还蒙受其他额外损失，如为进行替代交易而支付的费用，则这部分损失仍可以要求赔偿。

2）依时价。如果受损害方当事人已终止合同，但未进行替代交易，而且合同约定的履行存在时价，则赔偿额为原合同价格与合同终止时的时价之间的差额，以及其他进一步的损失。所谓时价，是指合同涉及的商品或服务在合同履行地的通常价格。如果该地无时价，则可合理参照另一地的时价。

（2）混合责任。混合责任是指如果受损害方当事人对损失的发生负有责任，则损害赔偿的金额应扣除受损害方当事人引致的损失部分。当然，这在很大程度上取决于法庭的自由裁量权。

（3）减轻损失。减轻损失是指受损害方当事人应采取合理措施减少损失的扩大，如果受损害方当事人未采取合理措施，则本来可以避免或减轻的损失，不得要求不履行方赔偿。

（4）利息。对于金钱债务的不履行，会涉及计算利息的问题，而对于非金钱债务的不履行，在确定赔偿金额之后，也有该赔偿金额应如何计算利息的问题，《通则》对这两个方面的问题均作了规定：

1）金钱债务的不履行。《通则》第7.4.9条规定，如果一方当事人未支付一笔到期的金钱债务，受损害方当事人有权要求支付自该笔债务到期时起至支付时止的利息，而不管该不付款是否可被免责。

2）非金钱债务的不履行。《通则》第7.4.10条规定，除非另有约定，对非金钱债务的不履行的损害赔偿金，其利息应自不履行之时起计算。《通则》以损害发生之日为计息的起点，是因为这种解决方法最适宜于国际贸易。

（四）损害赔偿金的支付

《通则》对损害赔偿金的支付方式及其使用的货币也作出了规定：

（1）赔偿金的支付方式。《通则》第7.4.11条规定，损害赔偿金应一次付清。然而，当损害的性质适合于分期偿付时，也可分期付清，但分期支付的赔偿金可依据相关的指数予以调整。

（2）赔偿金使用的货币。国际商事合同的损害可能发生在不同的地方，这样就产生了以哪种货币计算赔偿金的问题。《通则》规定，这两种货币均可考虑，即赔偿金既可使用表示金钱债务的货币，也可使用表示损害发生的货币，但应以两者中最为适当的货币为难。根据《通则》的注释，所谓"最适当"；应考虑受损害方当事人为弥补损失而所作的支付使用了何种货币，同时还应考虑受损害方当事人将可得到的利润使用何种货币。

（五）对不履行的约定付款

"对不履行的约定付款"，即通常所说的违约金。对违约金条款的有效性，各国的法律规定不一。大陆法系的国家承认这种条款，而英美法系的国家则明确反对带有惩罚性质的罚金条款。《通则》鉴于国际商事合同的实践经常使用这类条款，同时也为了适用不同法系的要求，除了使用较为中性的"对不履行的约定付款"外，还原则上承认这类条款的有效性，而不管这类条款是属于赔偿性质的，还是属于惩罚性质的。因此，《通则》第7.4.13条第（1）款规定，如果合同中规定了不履行方当事人应支付受损害方当事人一笔约定的金额，则受损害方当事人有权获得该笔金额，而不管其实际损害如何。

本章案例

海上货物运输合同纠纷案

【案情】

原告：某省工业品进出口公司

被告一：海运A公司

被告二：国际咨询服务 B 公司

被告三：货运 C 公司

第三人：天津货运 D 公司

2000 年 5 月 5 日，案外人加拿大 E 公司订购不锈钢联结器，订单总价为 CIF 18 395 美元。2000 年 6 月，原告委托被告二出运货物，件数为 2 个铁箱（内装 52 个纸箱）总体积 2.2 立方米，重量 2 981 公斤，后因原告实际装箱为 3 个铁箱，原告于 6 月 28 日通知被告二已更改托运数量，被告二回函称，货物已集港，再更改已来不及，因此将到库的其中 2 个铁箱绑在一起，标为 1 箱，提单上仍载明为 2 个铁箱，并称已与代理交代清楚，不影响提货。

被告二因未能拼成整箱货物，遂将该货物委托第三人承运，但被告二仍以被告一代理人的身份向原告签发了枫河轮 HF21HL008 提单，提单载明 2 个铁箱（52 个纸箱）重量 2 981 公斤，体积 2.2 立方米。第三人接收该批货物后，向被告二签发提单，载明托运人为被告二，收货人为按被告二签发的提单指示。数量、重量、体积均与被告二所签提单相同。第三人作为拼箱承运人将货物拼成整箱（集装箱）后，委托被告三承运，被告三将货物运抵目的港温哥华后，由第三人的目的港代理人向收货人交付货物，收货人按提单提取 2 铁箱货物后，发现短少 17 个纸箱货物，遂与原告联系，原告即向被告二与第三人查询，经查询，第三人在目的港温哥华的代理人回复未发现短交的 1 铁箱货物。加拿大 E 公司经与原告磋商，原告同意补发 1 铁箱货物，并向 E 公司支付了合同约定的违约金（全部合同款的 20%）。2000 年 12 月 1 日，第三人在目的港温哥华的代理通知 E 公司丢失的货物已被找到。因 E 公司已经得到原告补发的 17 纸箱货物，所以不打算再购买找回的货物，原告经与 E 公司协商，最后将该批货物降价 40% 卖给 E 公司。E 公司将对承运人的索赔权转让给原告。

原告于 2001 年 2 月 19 日向天津海事法院起诉，请求判令三被告与第三人赔偿原告因货物交付延期而造成的货物降价损失，补发货物运费及原告因违反购销合同向买方支付的违约金等共计人民币 58 423.43 元。

【审判】

天津海事法院经审理认为：

1. 被告既然接收了 3 箱货物而在提单中记载为 2 箱，就应与第三人及其在目的港温哥华的代理交代清楚，以免发生交货短少情况，被告一显然未能尽到上述义务，因此对收货人延迟收到货物负有一定责任。

2. 被告二系被告一的代理，在被告一的授权范围内从事代理行为，根据我国法律关于代理的有关规定，其行为的法律后果应由被告一承担，被告二不应承担责任。

3. 货物在集装箱堆场交付时铅封完好，且将货物交付给最终收货人不是该被告的义务与行为，故被告三对原告的请求不负有责任。

4. 第三人是向本案提单收货人负有交货义务的人，第三人虽然收到 3 箱货物，但在提单上记载为 2 箱，又未将此情况及时通知其在目的港的代理，其目的港代理在收货人发现短货而查询时，亦未能及时找到短交的货物，导致该货物在 6 个月后才得以交付，第三人及其代理人显然未尽到谨慎处理交货事项的义务，故第三人对货物的交付超过合理期限亦负有一定责任。

5. 原告在货物已通关的情况下，变更托运货物的箱子数量，致使被告二不得不在收到 3

箱货物的情况下而签署为 2 箱，以便使单证与报关时相符，这就造成可能会导致漏提货物的隐患，因此原告应将上述情况及时通知收货人，但原告未能及时通知，导致收货人漏提货物，原告对此应负有部分责任。

6. 从原告提赔的损失项目看，买卖合同违约金支付的条件为装船期超到，原告所提赔的损失（买卖合同违约金、补发货物运费、货物降价损失）均系原告损失而非 E 公司所遭受的损失。因此，原告依据权益转让书向承运人请求赔偿上述损失，本院不予支持。

据此，天津海事法院于 2001 年 9 月 18 日判决驳回原告某省工业品进出口公司的诉讼请求。原告对判决没有提出上诉。

讨论：1. 分析本案原告的合同义务是否履行，为何法院驳回其诉讼请求？

2. 依据本案说明海上货物运输合同当事人的责任。

本章小结

《国际商事合同通则》是继联合国《国际货物买卖合同公约》之后，国际合同法统一化运动的重大成果，它在继承联合国《国际货物买卖合同公约》和各国国内法的合理成分的基础上，对国际商事合同领域的各项法律原则进行了全面的规定。《国际商事合同通则》的不少内容，反映了在国际商事领域中广泛适用的惯例和最新立法成果，在某些方面还有创新之处。《国际商事合同通则》使用的中性的术语，它关于恶意谈判、指定清偿、艰难情形、可免责不履行等的规定，都值得我们注意和进一步的研究。

本章习题

1. 试述《国际商事合同通则》的基本原则。
2. 简述要约和承诺的构成要件。
3. 简述《国际商事合同通则》对无效合同规定。
4. 简述国际商事合同当事人的默示义务。
5. 试述指定清偿。
6. 试述艰难情形与不可抗力的异同。
7. 试述不履行及其主要救济措施。

第 4 章

国际货物买卖法

学习目标

1. 熟悉各国有关货物买卖的国内法、国际公约及国际贸易惯例。
2. 掌握国际货物买卖合同的成立条件。
3. 掌握《联合国国际货物销售合同公约》的规定。
4. 熟悉卖方和买方的义务。
5. 掌握货物所有权与风险的移转。
6. 掌握 2010 国际贸易术语中各方的义务。
7. 熟悉违约的救济措施和保全货物。
8. 了解免责情形。

导入案例

国际货物买卖合同纠纷案

中国的甲公司与美国的乙公司订立一份国际货物买卖合同。合同约定：甲公司出售一批衣料给乙公司，履行方式为：甲公司于 7 月份将该批衣料自重庆交铁路发运至大连，后由大连船运至美国纽约，乙公司支付相应对价。但 7 月份，甲公司没有履行。8 月 3 日，乙公司通知甲公司，该批衣料最迟应在 8 月 20 日之前发运。8 月 10 日，甲公司依约将该批衣料交铁路运至大连。但该批衣料在自大连至纽约的运输途中因海难损失 80%。由于双方对货物灭失的风险约定不明遂发生争议。乙公司认为，甲公司未于 7 月份履行合同违约在先，应承担损害赔偿责任。合同因甲公司未按时履行义务已终止，故货物损失的风险理应由甲公司承担。

讨论：1. 乙公司是否有权要求甲公司承担损害赔偿责任，为什么？

2. 乙公司认为本案合同因甲公司违约已经终止的观点是否正确？

3. 本案中，货物损失的风险应由谁承担，为什么？

4.1 国际货物买卖法概述

国际货物买卖是指具有国际性因素的以支付价金的方式换取货物所有权的交易行为。将国际货物买卖关系纳入到法律范畴中进行调整的规范性文件总称为国际货物买卖法。

国际货物买卖法律关系的核心内容是合同双方当事人的权利义务关系。根据合同法"意思自治"的原则，《联合国国际货物销售合同公约》（以下简称《公约》）及各国的买卖法或合同法关于买卖双方当事人的权利义务的规定，都属于非强制性的规定。只有当买卖合同对某些事项没有做出规定时，包括《公约》在内的各项法律才有适用的可能，也才能援引相关的法律规定来确定买卖双方当事人的权利和义务。

4.1.1 各国有关货物买卖的国内法

1. 大陆法

在大陆法系国家，商事买卖应遵循民法典中的一般原则，除了民法典外，商法典专门就商行为、海商、保险、票据或公司等方面的法律，分别做出具体的规定。这些国家采取民法与商法分立的做法，把民法与商法分别编纂为两部法典，以民法为普通法，以商法作为民法的特别法；民法的一般原则可以适用于商事活动，但如属商法另有特别规定的事项，则应适用商法的有关规定。采用这种立法体例的国家除日本外，还有德国、法国等。在采取民商合一的国家，只有民法典而没有单独的商法典，如意大利就只有民法典，瑞士只有债务法典。它们只在民法典或债务法典中设立了有关货物买卖的规定。因此，在民商合一的国家，其货物买卖法的表现形式比较单一。

2. 英美法

英美法系关于货物买卖的法律是由两种形式的法律组成的，一种是判例法，货物买卖的一般法律原则均是由法官的判例确立的；另一种是成文法，具有代表性的是英国的《货物买卖法》和美国的《统一商法典》。英国《货物买卖法》是英国立法机关于1893年在总结英国数百年来货物买卖的判例基础上制定的。现行的是1979年的修订本。1893年英国货物买卖法为英美各国制定各自的买卖法提供了一个样本。1906年《美国统一货物买卖法》就是以1893年英国货物买卖法为蓝本制定的，现在生效的是1988年的修订本。该法典第二篇的题目就是"买卖"，是该法典10篇条文的中心与重点，其结构清晰，内容详尽。

4.1.2 我国有关货物买卖的法律

我国调整国际货物买卖的法律主要包括以下几种：

1. 1986年颁布的《中华人民共和国民法通则》第四章第一节关于民事法律行为的规定，第五章第二节关于债权的规定，以及第六章有关民事责任的规定，都与货物买卖密切相关。其规则不仅适用于国内货物买卖，而且适用于国际货物买卖。

2. 1999年颁布的《中华人民共和国合同法》第126条、第129条有两点特别规定。《合同法》第126条第1款规定"涉外合同的当事人可以选择处理合同争议所适用的法律，但法律另有规定的除外，涉外合同的当事人没有选择的，适用与合同有密切联系的国家法律。"《合同法》第 129 条规定"因国际货物买卖合同和技术进出口合同争议提起诉讼或者申请仲裁的期限为四年，自当事人知道或者应当知道其权利受到侵害之日起计算。因其他合同争议提起诉讼或者申请仲裁的期限，依照有关法律的规定。"除了《中华人民共和国合同法》对于国际货物买卖有特别规定以外，《中华人民共和国合同法》关于货物买卖的一般规定同样适用于国际货物买卖。

3. 中国最高人民法院的有关司法解释。

4.1.3 关于国际货物买卖的国际公约

目前，与国际货物买卖有直接关系的国际公约有三部，分别如下：

1. 《国际货物买卖统一法公约》和《国际货物买卖合同成立统一法公约》

为了解决各国在货物买卖法方面存在的分歧，避免在国际经济交往中引起法律冲突。协调和统一各国关于国际货物买卖的实体法，1930 年罗马国际统一私法同一所（UNIDROIT）决定拟订一项有关国际货物买卖统一法。终于，各国于 1964 年在海牙会议上正式通过了《国际货物买卖统一法公约》和《国际货物买卖合同成立统一法公约》，这两项公约在国际上并没有被广泛接受和采用，没有能够起到统一国际货物买卖法的作用。

2. 《联合国国际货物销售合同公约》

由于 1964 年海牙会议通过的两项公约都未能达到统一国际货物买卖立法的预期目的，联合国国际贸易法委员会决定重新制定一部新的国际货物买卖法公约。为此，该委员会与 1969 年成立了专门工作小组，其任务是修改 1964 年的两部公约，使其更具广泛性。工作小组于 1978 年完成了起草新公约的任务，将新公约定名为《联合国国际货物销售合同公约》。该公约于 1980 年 3 月在奥地利维也纳召开的由 62 个国家代表参加的外交会议上获得通过，并于 1988 年 1 月 1 日生效。截至 2004 年年底，《公约》的缔约国已达 64 个。《公约》在国际性方面超过了 1964 年的两个公约，基本上实现了预期目标。

上述国家在批准加入《公约》时，大都对《公约》的某些规定发表了不同的声明或者提出了不同的保留。中国是在 1986 年成为《公约》缔约国的。中国在核准该《公约》时，也提出了以下两项重要的保留：

（1）关于采用书面形式的保留。

《公约》第 11 条规定："买卖合同无须以书面订立或书面证明。在形式方面也不受任何其他条件的限制。买卖合同可以用包括人证在内的任何方法证明。"但是，中国政府在提交批准书加入该公约时，对《公约》的这一条款提出了保留。这表明中国不承认书面形式以外的其他合同形式。

（2）关于公约适用范围的保留。

公约第 1 条第 1 款规定，本公约适用于营业地在不同国家的当事人之间所订立的货物销售合同：A. 如果这些国家是缔约国，或 B. 如果是国际私法规则导致适用某一缔约国的法律。我国对 B 项予以保留。我国认为该公约的适用范围仅局限于双方的营业所处于不同缔约国的当事人之间所订立的货物买卖合同。

4.1.4 关于国际货物买卖的国际贸易惯例

国际贸易惯例是国际贸易法的渊源之一。在国际货物买卖中，双方当事人可以在他们的买卖合同中规定采用某种国际贸易惯例，用以确定他们之间的权利和义务。目前，有关国际货物买卖的国际贸易惯例主要有以下几种：

1. 《国际贸易术语解释通则》（International Rules for the Interpretation of Trade Terms）

《国际贸易术语解释通则》是国际商会于1936年制定的，后来为使贸易术语适应现代科学技术和国际运输方式发展变化的需要，国际商会又于1953年、1967年、1976年、1980年、1990年和2000年先后6次对其进行了修订和补充。现行的是《2010年国际贸易术语解释通则》。该通则在国际上已经得到了广泛的认可和采用，是国际货物买卖最重要的贸易惯例。

2. 美国《1941年对外贸易定义修订本》

美国1941年修订的《对外贸易定义修订本》（Revised American Foreign Trade Definition，1941）对美国在对外贸易中经常使用的贸易术语作了解释，具体规定了在各种不同的贸易术语中买卖双方在交货方面的权利和义务。它对FOB这一术语的解释，同国际商会制定的《国际贸易术语解释通则》所作的解释有较大区别。美国的这项对外贸易定义，在南北美洲各国有一定的影响。

3. 《华沙—牛津规则》（Warsaw – Oxford Rules）

国际法协会于1928年在华沙制定了《CIF买卖合同统一规则》，其后曾进行了多次修订。最后一次修订是于1932年在牛津进行的。因这一规则首次制定地和最后一次修订地分别是华沙和牛津，故又称《华沙—牛津规则》。该规则共有21条，完全是针对"成本加运费、保险费合同（CIF）"制定的，它对CIF合同中买卖双方所承担的责任、费用与风险作了详尽的规定，曾在国际上有较大的影响，但目前由于国际贸易术语解释通则的普遍采纳已经基本失去影响。

4. 《国际商会合同通则》

《国际商会合同通则》（以下简称《通则》）是国际统一私法协会历经十余年，组织世界各主要法律体系的代表共同研究并于1994年5月制定的，它是一部关于国际商事合同（包括国际货物买卖合同）的重要规则，共有7章119条。《通则》虽然不是一个国际性公约，不具有强制性，完全由合同当事人自愿选择适用，但是，由于它尽可能地兼容了不同法律体系的一些通用的法律原则。同时还吸收了国际商事活动中广为适用的惯例和规则，因而对于指导和规范国际商事活动将具有很大的影响力。

此外，国际商会制定的《跟单信用证统一惯例》和《托收统一规则》也是与国际货物买卖有关的国际贸易惯例。这两项惯例主要涉及国际货物买卖支付中有关当事人的义务，已被世界各国银行广泛接受和采用。

必须指出的是，上述各项国际贸易惯例并不具有普遍约束力，双方当事人可以采用，也可以不予采用，这完全由当事人决定。由于国际上对国际贸易惯例的解释已达到相当高度的统一，并且适用国际贸易惯例不仅可使本国的国际货物买卖不受外国法律的管辖，同时也是解决各国法律分歧的基础，因此，接受国际贸易惯例已成为当前国际上的一致趋势。

4.2　国际货物买卖合同的成立

货物买卖合同是指卖方为了取得货款而将货物的所有权转移于买方的一种双务合同。根据这种规定，卖方的基本义务是交出货物的所有权，买方的基本义务是支付货款。这是货物买卖合同区别于其他种类合同的一个主要特点。国际货物买卖合同与一般货物买卖合同的区别则在于它具有国际因素。根据 1980 年《联合国国际货物买卖合同公约》的规定，国际货物买卖合同是指营业地处于不同国家作为衡量国际合同的标准，至于双方当事人的国籍及其他因素，均不予以考虑。

4.2.1　我国《合同法》的规定

国际货物买卖合同是一种涉外经济合同，根据我国法律，以前是适用《涉外经济合同法》，现在则应当适用现行《合同法》。

1. 国际货物买卖合同成立的基本条件

现行《合同法》规定：当事人就合同条款以书面形式、口头形式和其他形式达成协议并签字，即为合同成立。当事人订立合同，采取要约、承诺方式。这项规定对国际货物买卖合同的成立提出了以下两项基本条件：

（1）实质条件

双方当事人必须就合同条款达成协议，合同才能成立，这是订立合同必须具备的一项实质性条件。所谓达成协议，是指双方当事人意思表示一致，只有双方当事人意思表示一致即达成了协议，合同方能成立。如果双方当事人未能达成协议，便无合同可言。

为了与国际法律一致，现行《合同法》对于要约与承诺这两个法律问题，也作了具体规定。该法第 13 条规定"当事人订立合同，采取要约、承诺方式。"

（2）形式条件

对于合同成立的形式条件，我国现行《合同法》采取了一种比较灵活的规定："当事人订立合同，有书面形式、口头形式和其他形式。"其中的书面形式，只是强调在下列情况下采用："法律、行政法规规定采用书面形式的，应当采用书面形式。当事人约定采用书面形式的，应当采用书面形式。"

2. 在以信件、电报与电传达成协议时，合同成立的时间问题

在外贸业务中，有两种主要条款达成的方式：一种是由双方当事人以对话的形式直接谈判成交；另一种是由双方通过信件、电报或电邮等通信传媒方式达成交易，即所谓函电形式成交。根据我国外贸企业的习惯做法，双方以函电形式达成协议之后，中方还要提出一式两份的销售确认书（confirmation of sale），邮寄对方交换签字后，才作为合同正式成立的依据。这种销售确认书实质是一份简单的书面合同。现行《合同法》第 33 条规定："当事人采用信件、数据电文等形式订立合同的，可以在合同成立之前要求签订确认书。"

对于这种规定，有两个问题需要加以说明：

（1）当事人应于何时提出签订确认书的要求？

现行《合同法》第 33 条规定："签订确认书时合同成立。"其含义为在以函电成交时，任何一方当事人如果要以签订确认书作为合同成立的依据，都必须在发出要约或在承诺通知中提出这一保留条件。在这种情况下，合同应于签订确认书时成立而不是在双方以函电达成协议时成立，双方当事人在签订确认书前，均不受函电成交的约束。

（2）如果任何一方当事人都没有提出签订确认书的要求，合同成立的时候

一般而言，如果任何一方当事人在以函电发出要约或在承诺通知中都没有提出要求签订确认书作为合同成立的依据，在根据合同法的一般原则，合同应于双方以函电达成协议时成立，即当载有承诺内容的信件、电报或电传生效时，合同即告成立。在这种情况下，任何一方当事人均不得以未签订确认书为理由，否定合同的成立。

现行《合同法》对采用数据电文（包括电报、电传、传真、电子数据交换和电子邮件等）订立合同的要约与承诺的到达时间即生效时间作了明确规定。该法第16条规定："采用数据电文形式订立合同，收件人指定特定系统接收数据电文的，该数据电文进入该特定系统的时间，视为到达时间；未指定特定系统的，该数据电文进入收件人的任何系统的首次时间，视为到达时间。"第24条规定："要约以电话、传真等快速通讯方式作出的，承诺期限自要约到达受要约人时开始计算"；要约以电报作出的，承诺期限自电报交发之日开始计算。

（3）受经国家批准的合同何时成立

我国现行《合同法》第38条规定："国家根据需要下达指令性任务或者国家订货任务的，有关法人、其他组织之间应当依照有关法律、行政法规规定的权利和义务订立合同。"这主要是指中外合资经营企业合同、中外合作经营企业合同、中外合资勘探开发自然资源合同、技术转让合同与补充贸易合同等。现行《合同法》第44条规定："依法成立的合同，自成立时生效。法律、行政法规规定应当办理批准、登记等手续生效的，依照其规定。"因此，这些合同成立的时间，应为国家审批机关批准之日，而不是双方当事人在合同上签字的日期。

关于国际货物买卖合同，则无须经国家的批准，只要双方当事人达成协议并签字，合同即告成立。

4.2.2 《联合国国际货物销售合同公约》的规定

1980年《联合国国际货物销售合同公约》第二部分规定了"合同的成立"（formation）。在这一部分中，《联合国国际货物销售公约》对合同成立的两个基本法律问题——要约与承诺作出了相当详尽的规定。

在此必须指出的是，本书第五章关于"要约"（offer）与"承诺"（acceptance）是从订立合同的法律角度而言的，而本章中的"发价"与"接受"，则是从具体的货物买卖或外贸业务的角度而言的。《联合国国际货物销售合同公约》正是从这一角度采用了"发价"与"接受"的意思。

1. 发价

（1）发价的含义

《联合国国际货物销售合同公约》第14条规定，凡是向一个或一个以上特定的（specific）人提出订立合同的建议，如果其内容十分确定，并且表明发价人（offeror）的有其发价（offer）一旦被接受就将受其约束的意思，即构成发价。根据这一规定，发价应当符合下列规定：

①发价应向一个或一个以上特定人发出。

发价人在发价时必须指明收受该发价的公司、企业或个人名称。这项规定的目的是把发价与刊登商业广告行为或向广大公众散发商品目录、价目表等行为区别开来。后者是向广大公众发出的，而不是特定的人。《公约》在其14条第2款规定，凡不是向一个或一个以上特定的人提出的订约建议，仅应视为发价邀请，除非提出建议的人有明确地表示相反的意向。

②发价的内容必须十分确定

大陆法系各国一般规定要约应明确标的、数量和价格等基本条款。英国的《货物买卖法》也有类似的规定。根据《美国统一商法典》规定，在货物买卖中要约最重要的内容是确定货物的数量或提出确定数量的方法，至于价格、交货或付款时间等内容，均可暂不提出，留待日后按所谓合理的标准确定之。

《公约》认为，一项关于订立合同的建议，如果包含了以下三项内容，即为"十分确定"：第一，载明货物的名称；第二，明示或默示地规定数量，或规定如何确定数量的方法；第三，明示或默示地规定货物的价格，或规定如何确定价格的方法。

③发价人须有当其发价被接受时即受约束的意思

发价的目的是为了同对方订立合同。因此，发价一旦被对方接受，合同即告成立，发价人即须受到约束，如果发价人在其发价中附有某种保留条件，表示即使他的"发价"被对方接受时，他也不受任何约束，那么，这就不是一项有效的发价，而只是发价邀请。

（2）发价生效的时间

《公约》第15条第1款规定，发价于其到达受发价人时生效。在这一点上，各国法律是没有分歧的，因为发价是一种意思的表示，受发价人必须在收到发价之后才能决定是否予以接受。

（3）发价的撤回与撤销

发价的撤回（withdrawal）是指发价人在发出发价之后，在其尚未达到受发价人之前，即发价尚未生效之前，将该发价收回，使其不发生效力。方法是使撤回的通知在发价到达受发价人之前或与其同时送达受发价人《公约》第15条第2款规定，一项发价，即使是不可撤销的发价，都可以撤回，只要撤回的通知能够在该发价到达受发价人之前或与其同时送达受发价人。我国《合同法》第十七条基本借鉴了公约的上述规定。

发价的撤销（revocability）是指发价人在其发价依据到达受发价人之后，即在其发价已经生效后，将该项发价取消，从而使其发价的效力归于消灭。在发价的撤销问题上，各国法律特别是英美法和大陆法存在着较大分歧。在大陆法系的法国，认为要约只是单方面意思表示，对当事人不产生效力。英美法的基本原则是，在受要约人作出承诺之前，要约人随时都可以撤销要约。《联合国国际货物销售合同公约》为调和上述世界各国在要约的撤销问题的严重分歧，作出如下规定：《公约》第16条第1款规定，在合同成立之前，发价得予撤销，但撤销通知须于受发价人发出接受通知之前送达受发价人。这里所说的"合同成立以前"是指受发价人发出接受发价的通知以前。《公约》第16条第2款规定，在下列两种情况下，发价一旦生效，即不得撤销：a. 在发价中已载明了接受的期限，或以其他方式表示它是不可撤销的。例如，在发价中规定本价于9月30日前接受有效，或在发价中写明"不可撤销"、"实盘"等字样。b. 受发价人有理由信赖该发价是不可撤销地，并已本着对该项发价的信赖行事。这里的据以行事包括基于对该发价的信赖而着手购买材料或设备，准备生产，或为此而支出了各种费用等，可以看出，《公约》第 16 条第 1 款的规定体现的是英美法的原则；而第 2 款对撤销的限制则反映了大陆法的原则。《通则》和《公约》的规定基本相同。

（4）发价的终止

《公约》第 17 条规定："一项发价，即使是不可撤销的，应于拒绝该发价的通知送达发价人时终止。"结合《公约》及各国法律的规定，发价因如下情况而终止：

①发价因被拒绝而终止；

②发价因被发价人撤销而终止；

③发价因其所规定的接受期限届满而终止。此段期间内如未获承诺，要约于期满失效；

④未规定期限内的发价，则因"合理期限"已过而未获得承诺则终止。

2．接受

（1）定义

《公约》第 18 条规定，受发价人以作出声明（statement）或以其他方式对某一发价表示同意，即为接受（acceptance）。一项接受应当具备以下条件：①接受须由受发价人或其授权代理人作出。任何第三者即使知道发价的内容对之作出同意表示，也不构成承诺。②接受是一项主动行为。受发价人可以采取向发价人发出声明方式——口头与书面均可——表示接受要约，也可以采取某种行为表示接受。但保持缄默，不采取任何行动对发价作出反应，不能认为是对发价的接受，因为发价对受发价人并无约束力，后者并无作出答复的义务。但是倘若当事人间有惯例，则依然可以造成例外。③接受应在发价规定的有效期作出，如发价无规定，则应在合理期间内作出。④接受是对发价内容的无条件同意。

（2）特征

a．接受是受发价人作出的意思表示；

b．接受以声明的形式或根据双方的交易习惯，缄默、不作为也可被认定为接受；

c．接受与要约的条件相一致；

d．接受应在要约规定的有效期限内作出。

（3）接受的生效时间

接受生效的时间也是合同成立的时间，即双方当事人开始承担由合同所产生权利与义务的时间。

对于这个问题，英美法与大陆法也有很大的分歧。英美法采用"投邮生效的原则"，即以信件、电报作出接受时，只要受要约人把信件或电报交给邮局，承诺即可成立。即使表示承诺的信函在传递过程中丢失，合同仍可成立。大陆法国家采用"到达生效原则"即表示承诺的信函到达要约人的支配范围就立即生效。到达支配范围者，意指到达收信人的营业所或惯常居住地点。根据到达生效原则，承诺到达要约人时才生效，合同才与此同时成立。如果表示承诺的信件在邮递过程中延误或丢失，承诺便不能生效，合同也就不能成立。

《公约》和《通则》对承诺的生效时间，主要规定如下：①如果受发价人以声明方式表示接受，则接受生效时间实行到达生效原则；②如果受发价人以实施某一行为表示接受，则接受于受发价人作出该项行为时生效。即以发运货物或支付货款的行为对发价表示接受，则当受发价人作出这种行为时，接受即告生效，而不要求等到货物运到或价款汇到时才生效。

由此可以看出，公约原则上采取到达生效原则。

我国现行《合同法》第二十六条作出了与《公约》和《通则》大致相同的规定，基本采纳了大陆法的观点。

（4）逾期接受的效力

逾期接受（late acceptance）是指接受通知到达发价人的时间已经超过了发价所规定的有效期，或者在发价未规定有效期时已超过了合理时间。依据各国法律，逾期的接受不是有效的接受。《公约》和《通则》原则上同意各国的观点，但考虑到客观实际，《公约》和《通则》又作了两点例外的规定。

①按照《公约》第 21 条第 1 款的规定，因受发价人的原因致使逾期接受，原则上没有效力。但对这种逾期接受，发价人也可以承认其效力。发价人如果愿意承认这种逾期接受的效力，他就必须毫不迟延地用口头或书面形式将此种意思通知受发价人，一旦经发价人承认，该逾期接受即构成有效的接受。对此，我国现行《合同法》第 28 条规定："受要约人超过承诺期限发出承诺的，除要约人及时通知受要约人该承诺有效以外，为新要约。"

②因邮递失误造成的逾期接受，原则上具有效力，《公约》第 20 条第 2 款规定："如果载有逾期接受的信件或其他书面文件表明，它是在传递正常、能及时送达发价人的情况下寄发的，则该逾期接受具有接受的效力。"但是《公约》也允许发价人拒绝这种逾期接受的效力。因此，发价人如果不愿意承认该逾期接受的效力，他必须毫不延迟地用口头或者书面通知受发价人。

关于逾期接受的接受有效期的计算问题，《公约》作出了以下几项规定：

a. 发价人在电报或信件内规定的接受期内，从电报交发时刻或信上载明的发信日期起算，如果信上未载明发信日期，则从信封上所载日期起算；b. 发价人以电话、电传或其他快速通讯方法规定的接受期间，从发价送达受发价人时起算；c. 在计算接受期间时，接受期间内的正式假日或非营业日应计算在内。但是，如果接受通知在接受期间的最后一天未能送到发价人地址，因为那天在发价人营业地是正式假日或非营业日，则接受期间应顺延至下一个营业日。

（5）接受的撤回

根据《联合国国际货物销售合同公约》的规定，接受是可以撤回的，只要撤回的通知于该项接受生效之前或与其同时送达发价人即可。撤回接受是受发价人阻止其接受发生法律效力的一种意思表示。受发价人在发出接受通知之后，如果发现不妥，可以在该接受生效之前，赶紧发出撤回通知，只要撤回通知能早于该生效之前或与其同时送达对方，即可将该接受予以撤回。一旦接受生效，合同宣告成立，受发价人就不得撤销，否则就等于撕毁合同。

4.3　卖方和买方的义务

4.3.1　卖方的义务

货物买卖合同中卖方的义务主要有交付货物、移交一切与货物有关的单据，把货物的所有权转移给买方。《联合国国际货物销售合同公约》第二章的标题即为"卖方的义务"。

1. 交付货物

（1）交货的时间和地点

各国法律对于交货的时间和地点的基本原则是：如果合同有明确规定就按照规定执行，如果合同没有作出明确的规定，就应该按照合同所适用的法律办理。

《联合国国际货物销售合同公约》规定：

a. 关于交货地点。公约第30条首先规定"卖方必须按照合同和本公约的规定交付货物，移交一切与货物有关的单据并转移货物所有权"。公约第31条对交货地点作了明确规定。如果合同没有明确规定具体的交货地点，而该合同又涉及货物的运输，即要求卖方把货物运送给买方，则卖方的交货义务就说把货物交给第一承运人。在其他情况下，卖方的交货义务是在订立买卖合同时的营业地点把货物交给买方处置。

b. 关于交货时间。公约第33条对交货时间作了规定：如果合同中规定了交货的日期，或者从合同中可以确定交货日期，则卖方应在该日期交货；在其他情况下，卖方应在订立合同后的一段合理时间内交货。

c. 公约规定的卖方的附随义务。公约除了要求卖方按照合同的约定或公约规定的时间和地点交付货物，还要求在履行该交货义务时同时履行相关的附随义务。公约第32条规定：如果卖方按照合同或本公约的规定将货物交付给承运人，但货物没有以货物上加标记，或以装运单据或其他方式清楚地注明有关合同，卖方必须向买方发出列明货物的发货通知；如果卖方有义务安排货物的运输，他必须用适合情况的运输工具，把货物运到指定地点；如果卖方没有义务对货物的运输办理保险，他必须向买方提供一切现有的必要资料，使他能够办理这种保险。

2. 提交货物单据

在国际货物买卖中，与货物有关的单据很多，如提单、保险单、商业发票、货物原产地证书、商检证书，有时还可能包括领事发票、重量证书或品质检验证书等。这些单据是买方提取货物，办理报关手续，转售货物、向承运人或保险公司请求赔偿所必不可少的文件，正因为单据如此重要，所以《公约》规定了移交单据的义务。《公约》第34条规定，卖方必须按照合同规定的时间、地点和方式移交这些单据。《公约》还规定，买方有保留按《公约》规定请求赔偿的权利。中国现行《合同法》第135条规定，"出卖人应当履行向买受人交付提取标的物或者交付提取标的物的单证，并转移标的物所有权的义务。"第136条规定："出卖人应当按照约定或交易习惯向买受人交付提取标的物单证以外的有关单证和资料。"

3. 卖方的品质担保义务

卖方的品质担保义务是指卖方对其所交的货物的质量、性能和用途方面应与其担保相符。大陆法称之为对货物的瑕疵担保义务，英美国家称之为品质担保义务，并都作了相应的法律规定。大陆法系将品质担保成为瑕疵担保。英美法系对于货物品质担保责任的规定比大陆法系更加详细。其中有代表性的是英美《货物买卖法》与《美国统一商法典》的有关规定。英国《货物买卖法》第12～15条规定，卖方所出售的货物必须符合默示条件。《美国统一商法典》与英国《货物买卖法》不同，它不采取条件与担保的区别方法，而是将卖方对货物的担保义务分为明示担保与默示担保（implied warranties）。

（《联合国国际货物买卖合同公约》关于卖方对货物品质担保义务的规定主要体现于第

35 条。根据该条规定，合同对货物的质量、规格与包装方式有规定的，卖方所交付货物必须符合合同规定。此外，卖方交付的货物还必须符合下列要求：

①货物适合于同一规格货物通常使用的目的；②货物适合于订立合同时买方曾明示或默示地通知卖方的任何特定的目的，除非情况表明买方并未依赖或没有理由以依赖卖方的技能或判断力；③货物的质量与样品或模型相同；④货物按此类货物的通常方式装箱与包装，或者无此种通常方式，以一种足以保护货物的方式包装。但《公约》同时又规定，若买方在订立合同时知道或没有理由不知道货物与合同不符，则卖方无须按上述第①和第②项规定承担货物与合同不符的责任。

《公约》还对卖方承担上述义务的时间作了明确的规定。《公约》第 36 条规定，卖方应对货物在风险转移于买方时所存在的任何不符合合同的情形承担责任，即使这种不符合合同的情况是在风险转移于买方之后才明显表现出来。如果风险转移于买方之后，货物发生腐烂、变质与生锈等情况以至于与合同要求不符，则卖方不承担责任，但是也有例外的情况，即如果货物与合同要求不相符的情形要在风险转移于买方之后的一段时间才能发现或显露出来，则卖方仍然应当承担责任。

《公约》还规定，在某些情况下，卖方对货物在风险转移于买方之后发生的任何不符合合同要求的情形也应承担责任，即这种不符合合同情形的发生是由于卖方违反了他的某项义务，包括违反关于货物在一定的期限内将继续适合于其通常用途或某种特定用途的保证。

4. 卖方对货物的权利担保

权利担保是指卖方应保证对其所出售的货物享有合法的权利，没有侵犯任何第三人的权利，并且任何第三人都不会就该项货物向买主主张任何权利。在货物买卖中，卖方最重要的义务就是保证他确实享有出售货物的所有权，或者卖方受货主的委托，作为代理人或受托人享有处分货物的权利。具体来说，卖方的权利担保义务主要包括以下三个方面的内容：

①卖方保证对其出售的货物享有合法的权利；②卖方保证在其出售的货物上不存在任何未曾向买方透露的担保物权，如抵押权、留置权等；③卖方应保证他所出售的货物没有侵犯他人的权利，包括商标权、专利权等。按照各国的法律，上述权利担保义务是卖方的一项法定义务，即使在买卖合同中对此没有作出规定，卖方依法仍应承担此项义务。现根据《国际货物销售合同公约》规定，对卖方的这一义务分别说明如下：

《联合国国际货物销售合同公约》对卖方权利担保义务的规定比各国的法律都更为详细和具体，主要表现在以下两点：

①卖方所交付的货物必须是第三方不能提出任何权利或请求的货物。

②卖方所交付的货物不得侵犯任何第三方的工业产权或其他知识产权。

此外，《公约》还规定，卖方在已经知道或理应知道第三方对货物的权利或请求后，应在合理时间内通知买方，否则，买方就会丧失援引上述第 41 条和第 42 条所规定的权利，除非卖方对未及时通知买方能提出合理的理由。

4.3.2 买方的义务

买方的义务主要有两项：一项是支付货款；二是受领货物。现将各国法律和《公约》

的主要规定介绍如下：

1. 支付货款

《联合国国际货物销售合同公约》的有关规定：

①买方必须履行必要的步骤和付款手续

《公约》第 54 条规定："买方支付货款的义务包括根据合同或任何有关法律和规章规定的步骤和手续，以便支付价款。"通常需要买方履行的步骤和付款手续包括向银行申请信用证或银行保函；在实行外汇管制的国家，须向政府部门申请进口许可证及所需外汇等。如果买方没有完成这些步骤和手续，导致无法付款，就构成买方违反付款义务，买方应承担责任。

②确定货物的价格

《公约》第 55 条规定："如果合同已有效的订立，但没有明示或暗示地规定价格或规定如果确定价格，在没有任何相比表示的情况下，双方当事人应视为已默示地引用订立合同时此种货物在有关贸易的类似情况下销售的通常价格。"

③付款的地点

《公约》第 57 条对付款地点进行了规定："如果合同明确约定了买方付款的地点则按照合同的约定办理；如果买方没有义务在任何其他特定地点支付价款，他必须在以下地点向卖方支付价款：A. 卖方的营业地；或者 B. 如凭移交货物或单据支付价款，则为移交货物或单据的地点。卖方必须承担因其营业地在订立合同后发生变动而增加的支付方面的有关费用。

④付款时间

《公约》第 58 条规定："a. 如果买方没有义务在任何其他特定时间内支付价款，他必须于卖方按照合同和本公约规定将货物或控制货物处置权的单据交给买方处置时支付价款。卖方可以以支付价款作为移交货物或单据的条件。b. 如果合同涉及货物的运输，卖方可以在支付价款后，方可把货物或控制货物处置权的单据移交给买方作为发运货物的条件；c. 买方在未有机会检验货物前，无义务支付价款，除非这种机会与双方当事人议定时交货或支付程序相抵触。"

如果合同中当事人议定的交货或支付程序与买方对货物的检验相抵触，在货物到达目的地之后，买方仍有权进行检验，如发现货物与合同不符，买方仍有权要求卖方赔偿损失，或采取《公约》规定的其他补救办法，来维护其正当权益。

2. 受领货物

《法国民法典》规定，关于商品及动产的买卖超过协议期限，买受人未受领其买受货物，不经催告，买卖即发生解除。英国《货物买卖法》第 34 条规定，当卖方提交货物时，买家就有要求他合理的检验货物以便确定货物是否与合同相悖。《美国统一商法典》也有类似的规定。《联合国国际货物销售合同公约》第 60 条规定："卖方收取货物的义务如下：采取一切应采取的行动，以期卖方能交付货物和收取货物。"按照该《公约》规定，买方收取货物的义务包括：a. 买方应采取一切理应采取的行动，以便卖方能交付货物；b. 接收货物。买方有义务在卖方交货人在卖方交货时按合同规定的时间、地点接收货物。如果买方不及时提货，卖方可能要对承运人支付滞期及其他费用，对此买方应承担责任。

4.4　货物所有权与风险的移转

在国际贸易中，所有权是指所有人依法对自己的财产享有占有、使用、收益和处分的权利。货物买卖的实质是买卖货物的所有权，即实现货物所有权由卖方向买方的转移。

4.4.1　国际货物买卖中货物所有权的移转

《法国民法典》原则上以买卖合同的成立决定所有权的转移。按照《法国民法典》第1583 条的规定，当事人就标的物及其价金相互同意时，即使标的物尚未交付，价金尚未交付，买卖即告成立，而标的物的所有权即依法由卖方转移至买方。德国法与法国法不同。德国法认为，所有权的转移是属于物权法的范畴，而买卖合同则属于债法的范畴，买卖合同本身并不起到转移所有权的效力，按照德国法，所有权的转移必须符合下列要求，如为动产须以交付标的物为必要条件。在卖方有义务交付物权凭证的场合，卖方可以通过交付物权凭证（如提单）而把货物所有权转移与买方。如属于不动产，其所有权的转移须以向主管机关登记为条件。

《英国货物买卖法》对货物所有权转移，主要是区别特定物的买卖与非特定物的买卖。无论是在特定物的买卖中，还是在货物已经特定化的非特定物的买卖中，卖方都可以保留对货物的处分权，在这种情况下，在卖方要求的条件得到满足前，货物的所有权仍不移至买方。a. 卖方可以在合同条款中作出保留对货物处分权的规定。b. 卖方可以通过提单抬头的写法表示卖方保留对货物的处分权。c. 卖方可通过对装运单据的处理办法来表示卖方保留对货物的处分权。

《联合国国际货物销售合同公约》除原则性地规定卖方有义务把货物所有权移转于买方，并保证他所交付的货物必须是第三方不能提出任何权利或请求权的货物之外，对所有权转移给买方的时间、地点和条件，以及买卖合同对第三方货物所有权产生的影响等问题，都没有作出具体规定。

《中国人民共和国合同法》规定，标的物的所有权自标的物交付时起转移，但法律另有规定或者当事人另有约定的除外，当事人可以在买卖合同中约定买受人未履行支付价款或者其他义务的，标的物所有权属于出卖人。

4.4.2　货物风险的移转

风险转移是指货物风险何时由卖方转移到买方，风险转移的主要问题上时间问题，即货物的毁损、灭失的风险何时由卖方承担转移到买方承担，它直接关系到买卖双方当事人切身的物质利益，也关系到双方的基本权利和义务。因此确定风险转移的时间对买卖双方当事人具有重大意义。

1. 风险转移的主要理论学识

为划分风险的承担，国际公约及各国法律均对风险由卖方转移于买方承担的时间做出明确的规定。但各国法律的规定并不一致，归纳起来主要有以下三种理论。

（1）合同成立时风险转移原则

合同成立时风险转移原则认为：除非当事人另有约定，特定物的风险在买卖合同成立时转移。这种观点为《罗马法》和《瑞士债务法》所接受。例如《瑞士法》第185条规定，除当事人另有约定外，已特定化货物的风险于合同成立时即转移于买方。因此，在瑞士，买受人只要实现标的物作为所有权客体特定化的条件，虽不享有所有权，但却对未来的所有权承担风险，即使他并未能实现控制该物。

（2）物主承担风险原则

"物主承担风险"的原则来源于罗马法。现今，以英国为代表的一些国家的法律对风险转移都适用"物主承担风险"原则，即谁掌握了货物的所有权，谁就承担货物的风险。英美法认为，由于所有权是最完整的物权，只有所有人才对该物享有占有、使用、收益和处分的权利，才是该物的最终受益人。按照权利义务对等的原则，既然享有权利，就应承担相应的义务。这一原则以所有权为依据，将风险转移同所有权转移联系在一起，以所有权转移的时间来决定风险转移的时间。例如现行《英国货物买卖法》第20条规定，除双方当事人另有约定外，在货物所有权转移于卖方之前，货物的风险由卖方承担，但所有权一经转移给买方，则无论货物是否已经交付，其风险由买方承担。但是，如果由于买卖双方中任何一方的过失，致使交货延迟，在货物的风险应由有过失的一方承担。《法国民法典》第1624条规定，买卖标的物的灭失及毁损的责任应由出卖人或买受人负担的问题，应根据"契约或合意之债的'一般规定编'"所作的规定判断。而该编第1138条规定："自物件交付之日起，即使尚未实际移交，债权人即成为所有人，并承担该物件受损的风险，但如交付人延迟交付，物件受损的风险由交付人来承担。"

（3）交付主义原则

"交付主义"原则与"物主承担风险"原则不同，它将货物的所有权转移与货物风险转移截然分开，以交货的时间决定风险转移的时间，风险随货物的交付而转移，而不管货物的所有权是否已经转移给买方，即交付前的风险由卖方承担，交付后的风险由买方承担。美国、德国、奥地利等大多数国家以及《联合国国际货物销售合同公约》均采用了这一原则。例如《德国民法典》第446条明确规定："自交付买卖标的物之时起，意外灭失或意外毁损的风险责任移转于买受人。"我国《合同法》第142条也规定，标的物毁损、灭失的风险，在标的物交付之前由卖方承担，交付之后由买方承担，但法律另有规定或者当事人另有约定的除外。《公约》第67条特别规定："卖方受权保留控制货物处置权的单据，并不影响风险的转移。"应该说，单据就说货物所有权的凭证和代表，《公约》允许单据的转移和风险的转移相分离，就是把货物所有权的转移和风险的转移相分离，以各自不同的原则确定所有权转移和风险转移的时间，认定两者之间没有必然的联系。由此可见，《公约》的这一规定更加明确了风险转移采用"交付主义"原则。

因此，无论是《公约》、具有国际惯例的《2000年国际贸易术语解释通则》还是我国《合同法》，均采用风险随交货转移的"交付主义"原则。另外，目前大多数国家的国内立法也都采用这一原则。

2. 风险转移的法律后果

正是由于确定货物的风险究竟由买方还是由卖方承担与买卖双方当事人的利益息息相关，因此，无论是《公约》还是各国国内立法以及国际贸易惯例，均对如何确定风险转移的时间及风险转移的法律后果作了明确规定。风险转移之前，货物的风险由卖方承担；风险转移之后，货物的风险由买方承担。

（1）买方承担风险的法律后果

对于特定化货物，若货物的风险已由卖方承担转移到买方承担，那么货物即使遭受毁损、灭失、买方仍有义务按合同规定支付价款，即买方支付价款的义务并不能因此而解除，并且买方亦不能要求卖方重新交付货物或做损害赔偿。

这里强调货物特定化的重要性。《公约》第 67 条规定："在货物以货物加上标记，或以装运单据，或向买方发出通知，或以其他方式清楚地注明有关合同以前，风险不转移。"也就是说，货物在被特定化前，风险不转移。《公约》对货物特定化的规定，实际上是仅对种类所做的规定，没有提到特定物（这里所指的特定物是不可替代的货物，与种类物被特定化而转变成的特定化的货物不是一个概念）的风险转移问题。其理由是：第一，特定物本身就已经是特定化的货物，不存在特定化的问题；第二，国际货物买卖中的货物基本上均为种类物，特定物很少，特定物的风险转移问题不具有普遍性，因而没有涉及。

（2）卖方承担风险的法律后果

如果货物的风险没有转移而仍由卖方承担时，货物因风险发生毁损、灭失，卖方交货的义务并不因此而免除，应照常向买方履行交货的义务，即卖方仍要重新交付与合同等同数量和质量的货物，而且还可能承担不能交货的责任。这种观点是当今法学界关于卖方承担风险的法律后果的较为普遍观点。

4.5　2010 国际贸易术语

4.5.1　《2010 年国际贸易术语解释通则》

2010 年 9 月 27 日，国际商会在巴黎召开国际贸易术语解释通则 2010 全球发布会，正式推出其于近期刚刚完成修订的国际贸易术语 2010。这标志着被经贸界使用了近十年的国际贸易术语即将被新版本所取代。新版本于 2011 年 1 月 1 日正式生效。

4.5.2　国际贸易术语 2010 与国际贸易术语 2000 的关系

虽然国际贸易术语 2010 将于 2011 年 1 月 1 日正式生效，但是国际贸易术语 2010 实施之后并非国际贸易术语 2000 就自动作废。因为国际贸易惯例本身不是法律，对国际贸易当事人不产生必然的强制性约束力。国际贸易惯例在适用的时间效力上并不存在"新法取代旧法"的说法，即 2010 实施之后并非 2000 就自动废止，当事人在订立贸易合同时仍然可以选择适用贸易术语 2000 甚至贸易术语 1990 也能选择适用。

4.5.3　国际贸易术语 2010 主要变化

1. 术语分类的调整：由 2 原来的 EFCD 四组分为适用于两类：适用于各种运输方式和水运
2. 贸易术语的数量由原来的 13 种变为 11 种。《通则 2010》的分类新版本改变了《通则 2000》将 13 个贸易术语分为 EFCD 四组的做法，而将 11 种术语分成了如下截然不同的两类：

第一组：适用于任何运输方式的术语七种：EXW、FCA、CPT、CIP、DAT、DAP、DDP。

EXW （ex works）	工厂交货
FCA （free carrier）	货交承运人
CPT （carriage paid to）	运费付至目的地
CIP （carriage and insurance paid to）	运费/保险费付至目的地
DAT （delivered at terminal）	目的地或目的港的集散站交货
DAP （delivered at place）	目的地交货
DDP （delivered duty paid）	完税后交货

第二组：适用于水上运输方式的术语四种：FAS、FOB、CFR、CIF。

FAS （free alongside ship）	装运港船边交货
FOB （free on board）	装运港船上交货
CFR （cost and freight）	成本加运费
CIF （cost insurance and freight）	成本、保险费加运费

3. 删除 INCOTERMS2000 中四个 D 组贸易术语，即 DDU （Delivered Duty Unpaid）、DAF（Delivered At Frontier）、DES （Delivered Ex Ship）、DEQ （Delivered Ex Quay），只保留了 IN-COTERMS2000D 组中的 DDP （Delivered Duty Paid）。

4. 新增加两种 D 组贸易术语，即 DAT （Delivered At Terminal） 与 DAP （Delivered At Place）。

5. E 组、F 组、C 组的贸易术语基本没有变化。

4.5.4 新增加的两种 D 组贸易术语

1. DAT （delivered at terminal） 目的地或目的港的集散站交货

类似于取代了的 DEQ 术语，指卖方在指定的目的地或目的港的集散站卸货后将货物交给买方处置即完成交货，术语所指目的地包括港口。卖方应承担将货物运至指定的目的地或目的港的集散站的一切风险和费用（除进口费用外）。本术语适用于任何运输方式或多式联运。

2. DAP （delivered at place） 目的地交货

类似于取代了的 DAF、DES 和 DDU 三个术语，指卖方在指定的目的地交货，只需做好卸货准备无须卸货即完成交货。术语所指的到达车辆包括船舶，目的地包括港口。卖方应承担将货物运至指定的目的地的一切风险和费用（除进口费用外）。本术语适用于任何运输方式、多式联运方式及海运。

4.5.5 修改总结

《2010 年国际贸易术语解释通则》（International Rules for the Interpretation of Trade Terms 2010，缩写 Incoterms 2010）是国际商会根据国际货物贸易的发展，对《2000 年国际贸易术语解释通则》的修订，2010 年 9 月 27 日公布，于 2011 年 1 月 1 日实施。

《2010 年国际贸易术语解释通则》删去了《2000 年国际贸易术语解释通则》4 个术语：

DAF（Delivered at Frontier）边境交货、DES（Delivered Ex Ship）目的港船上交货、DEQ（Delivered Ex Quay）目的港码头交货、DDU（Delivered Duty Unpaid）未完税交货，新增了2个术语：DAT（delivered at terminal）在指定目的地或目的港的集散站交货、DAP（delivered at place）在指定目的地交货。即用 DAP 取代了 DAF、DES 和 DDU 三个术语，DAT 取代了 DEQ，且扩展至适用于一切运输方式。

修订后的《2010 年国际贸易术语解释通则》取消了"船舷"的概念，卖方承担货物装上船为止的一切风险，买方承担货物自装运港装上船后的一切风险。在 FAS，FOB，CFR 和 CIF 等术语中加入了货物在运输期间被多次买卖（连环贸易）的责任义务的划分。考虑到对于一些大的区域贸易集团内部贸易的特点，该贸易术语解释通则规定，Incoterms 2010 不仅适用于国际销售合同，也适用于国内销售合同。

4.6　违约的救济措施和保全货物

4.6.1　关于违约的分类

在国际货物买卖中，买卖双方的义务各不相同，违约行为的表现形式也不一样，例如，卖方违约有不交货、延迟交货、所交货物与合同不符、货物上存有第三方权利等情形，买方违约有不支付货款、延迟付款、拒收货物、延迟收取货物等情形。各国法律和公约对这些不同的违约情形进行了归纳分类，以下本书主要介绍《联合国国际货物销售合同公约》及《中华人民共和国合同法》对违约分类的规定

1. 《联合国国际货物销售合同公约》的规定

《公约》将违约行为分为预期违反合同、根本违反合同和非根本违反合同三种。

（1）预期违反合同

预期违反合同是指在合同规定的履行期到来之前，已有充分根据预示合同的一方当事人将不会履行其合同义务。根据《公约》的规定，预期违反合同包括以下两种情况：

（1）在合同规定的履行日期到来之前，一方当事人声明他将不履行其义务。

（2）在合同规定的履行日期到来之前，一方当事人由于下列原因显然将不履行其大部分重要义务的：

①该当事人履行义务的能力或信用严重缺陷。履行义务的能力有严重缺陷，是指该当事人将濒临破产、倒闭或者负债累累，以至将无力支付价款或不能交付货物，还包括因客观原因而不能履行合同的情况，如爆发战争使处于战区的当事人履约能力显然受到影响。信用有严重缺陷是指该当事人最近发生过损害其信誉的事情，例如，对他人多次不交货或不付款。在考察预期违反合同时，要注意该当事人履约能力或信用的程度。《公约》要求必须是"有严重缺陷"。严重缺陷是指该当事人的履约能力或信用出现严重问题，以至不能履行合同大部分重要义务。也就是说，如果该当事人的履约能力或信用只是出现欠债情况，未达到"严重"程度，则不能认定当事人预期违反合同。

②该当事人在准备履行合同或履行合同中的行为表明他将不履行义务。比如，合同订立后，该当事人不做必要的准备，如买方迟迟不开信用证、未为接运货物租用船只等。

（2）根本违反合同

《公约》第25条对根本违反合同作了如下定义："一方当事人违反合同的结果，如使另一方当事人蒙受损害，以至于实际剥夺了他根据合同有权期待得到的东西，即为根本违反合同，除非违反合同的一方并不预知而且一个同等资格、通情达理的人处于相同情况下也没有理由预知会发生这种结果。"根据《公约》这一规定，构成根本违反合同须具备以下三个条件：①必须存在违反合同的事实；②违反合同的行为给对方造成了损害，并且这种损害是严重的，即实际上剥夺了受害方根据合同规定有权期待得到的东西。③违反合同一方已预知或没有理由不可预知会产生这种严重后果。

（3）非根本违反合同

在法律后果上，如果某种违约已经构成根本违反合同，受损害一方就有权宣告解除合同，并有权要求损害赔偿或采取其他补救措施；如果某种违约属于非根本违反合同，则受损害的一方就无权解除合同，而只能要求损害赔偿或采取其他补救措施。

2.《中华人民共和国合同法》的规定

《合同法》第107条对违约责任作了一般性规定："当事人一方不履行合同义务或者履行合同义务不符合约定的，应当承担继续履行、采取补救措施或者赔偿损失等违约责任。"这一规定当然也适用于违反买卖合同的情况，针对买卖合同中的违约行为，《合同法》中有一些专门的规定。

关于买卖交货存在质量缺陷，《合同法》第111条规定："质量不符合约定的，应当按照当事人的约定承担违约责任。对违约责任没有约定或者约定不明确的，受损害方则可根据货物的性质和损失的大小，合理选择要求违约方承担修理、更换、重作、退货、减价等违约责任。"《合同法》第149条规定："因标的物质量不符合质量要求，致使不能实行合同目的的，买受人可以拒绝接受标的物或解除合同。"

关于买方不支付价款，《合同法》第109条规定："当事人一方未支付价款或者报酬的，对方可以要求其支付价款或者报酬。"

4.6.2 《国际货物销售合同公约》有关违约补救的一般性规定

在国际货物买卖中，区分不同的违约类型，是因为对于不同类型的违约，守约方可以采取的救济方式或者说违约方承担违约责任的方式是不同的。根据各国法律、《联合国国际货物销售合同公约》和《国际商事合同通则》的规定，对买卖双方均可采取的补救措施介绍如下：

1. 损害赔偿

损害赔偿是指一方对其因违约或侵权行为给对方造成利益上的损害进行金钱上的补偿救济措施。在国际货物买卖中，损害赔偿涉及很多问题，各国法律、《公约》和《通则》对此都分别作了规定。

《公约》第74条对确定损害赔偿的范围作了如下规定：一方当事人违反合同应负的损害赔偿额，应与另一方当事人因他违反合同而遭受的包括利润在内的损失额相等。也就是说，损害赔偿的范围应该包括现实损失和利润损失（即可得利益损失）两个方面。

《通则》将上述赔偿成为完全赔偿，《通则》本身也赞同这个观点。如《通则》第

7.4.2 条第（1）款规定：“受损害方当事人对由于不履行而遭受的损害有权得到完全赔偿。此损害既包括该方当事人遭受的任何损失，也包括其被剥夺的任何收益，但应考虑到受损害当事人由于避免发生的成本或损害而得到的任何收益。”

完全赔偿原则最大限度的规定了违约方的赔偿范围，但在实践中，有时要求违约方承担全部损失的赔偿是不尽合理的。因此，各国法律和《公约》提出了两个限制标准。

首先损害赔偿应以违约方在订立合同时可以预见到的损失为限。其理由是双方当事人在订立合同时，对合同的效力是预知或应当预知的，正是基于这种认识，双方当事人才作出订立合同、承担合同义务的意思表示的。因此，在合同成立后，违约方对其在订立合同时所预知的违约后果自然要承担责任。反之，如果违约所造成的损失超过了违约一方在订立合同时预知或理应预知的范围，他对此就不应承担责任。

其次损害赔偿应扣除由于受损害方未采取合理措施使有可能减轻而未减轻的损失。根据世界各国法律的规定，当一方当事人违约时，另一方当事人必须及时采取必要的措施减少因违约而造成的损失或防止损失的扩大。否则，他就无权就本可避免的损失向违约方进行索赔。《公约》第 77 条作了规定：“声称另一方违反合同的一方，必须按情况采取合理措施，减轻由于另一方违反合同而引起的损失，包括利润方面的损失。如果他不采取这种措施，违反合同一方可以要求从损害赔偿中扣除原可以减轻的损失数额。”我国的《合同法》第 119 条也作了同样的规定。

2. 中止履行

（1）中止履行的定义。

中止履行合同是指合同成立后，另一方当事人因某种原因显然不履行其大部分义务，一方当事人暂时停止履行其合同义务并立即通知对方的行为。

中止履行合同是针对预期违约而设立的一种补救措施。其意义在于暂时解除自己的合同义务，从而避免在对方预期违约的情况下因履行合同或准备履行合同而给自己带来的不必要的损失。但在另一方面，有些预期违约只是一种凭一方主观判断的违约可能性，未必就一定会发生实际上的违约。因此，如果当事人随意中止履行合同，这对预期违约一方来说是一种比较严重的惩罚。

（2）《联合国国际货物买卖销售合同公约》的有关规定。

《公约》对适用中止履行合同这一救济措施规定了如下条件：“如果订立合同后，另一方当事人由于下列原因显然将不能履行其大部分重要义务，一方当事人可以中止履行合同的义务：①他履行义务的能力或他的信用有严重缺陷；②他在准备履行合同或履行合同中的行为。”

《公约》规定的适用中止履行合同的程序是，中止履行合同义务的一方当事人必须立即通知另一方当事人。特别值得注意的是，如果另一方当事人在接到通知后，对履行合同提供了充分的保证，那么宣告中止履行合同的一方必须继续履行合同义务。

《公约》对适用中止履行合同这一补救措施提出了比较全面的条件：首先，中止履行合同是买卖双方都可行驶的权利。其次，《公约》在肯定中止履行合同是买卖双方都可适用救济办法的同时，仍对卖方的利益给予特别的关注，即卖方享有停运权。根据《公约》的规定，卖方若已发运货物，预期对方将严重违反合同，卖方有权阻止将货物交给买方。即使买方持有提取货物的单据，卖方也可以这样做。但是卖方停运权仅仅对买卖双方适用，而不能对抗第三人。最后，《公约》肯定了中止履行合同的一方当事人在对方提供了担保后立即继续履行的原则。我国《合同法》第 68 条和第 69 条规定，中止履行后，当另一方对履行合同提供了充分的保证时，提出中止履行合同义务的一方应当履行合同。当事人一方没有不能履行合同的确切证据而中止履行合同义务的，应当负违反合同的责任。

3. 延迟履约宽期限

履约宽期限是指一方当事人不按合同规定的时间履行义务，另一方可以规定一段合理的额外时间，让延迟履行义务的一方继续履行其义务，另一方可以规定一段合理的额外时间，让延迟履行义务的一方继续履行其义务。这段合理的额外时间就说履约宽期限。这是针对延迟履约而规定的一种救济措施。

尽管在《公约》对违约救济的一般性规定中没有延迟履行宽期限作为对违约的救济方式，但无可否认的是，如果合同双方并无不履行合同的意思或行为，仅是因为某些原因导致不能按合同规定的时间履行，那么给延迟履行方一段合理的额外时间使合同得以履行，对双方合同目的的实现和利益的维护都是有好处的。因此，根据《公约》第 47 条和第 63 条规定，从事国际货物买卖的当事人可以以这种"合理的额外时间"，也就是所谓的延迟履行宽期限救济自己的权利。"延迟履行宽期限"与其他救济措施一样是由当事人自由选择的，即使守约方不给延履方以履行宽期限，他依旧可以根据延迟履行的违约事实提起其他的权利救济措施。而如果守约方选择了给延迟履行方一段时间以催促其履行合同义务，则根据《公约》的规定在宽限期内不能采取其他的救济方式，必须接受宽期限的约束。但是一旦宽限期届满，则守约方仍然有权视自己利益的损害程度决定是否采取其他的救济方法，并不受宽限期的影响。

4. 解除合同

解除合同是指一方当事人违反合同规定的义务时，另一方当事人依照法律或合同的规定终止合同的效力。解除合同也成合同终止，或撤销合同，而《公约》则使用了"宣告合同无效"一词。依照《公约》的规定，合同解除后，涉及以下几项法律后果：①合同解除后，双方当事人的合同义务终止。②已履行的债务可以恢复原状；③合同解除后，并不免除违反合同一方应负的损害赔偿责任。④合同规定的解决争议的条款，不因合同的解除而失去效力；⑤合同中关于当事人在合同解除后权利和义务的任何其他规定，也不因合同的解除而失去效力。解除合同是一种较为严厉的补救措施，因此各国法律和《公约》对此补救方法提出了一系列的限制条件。

根据英美法系，只有当一方违反条件或一方的违约构成重大违约时，对方才有权解除合同。大陆法系也认为，违约非常严重，对方才可以请求解除合同。但如何认定违约是否严重，大陆法系未规定一个统一的标准。

依照《公约》规定，当事人有权解除合同的情形是：①在对方根本违反合同的情况下可以解除合同；②在对方预期根本违反合同的情况下可以解除合同；③违反合同的一方不在履约宽限期内履行义务或声明他将不在所规定的额外时间内履行义务，另一方可以解除合同；④在一方当事人对分批交货合同有根本违约的情形下可以解除合同。

分批交货合同，是指一个合同项下的货物分成若干批交货。《公约》对在分批交货情况下解除合同规定了三种情形：①在分批交货合同中，如果一方当事人不履行对其中任何一批货物的义务，便已对该批货物构成根本违反合同，则对方可以宣告合同对该批货物无效，即解除合同对这一批货物的效力，但不能解除整个合同。②如果一方当事人不履行对任何一批货物的义务，使另一方当事人有充分理由断定对今后各批货物将会发生根本违反合同，则另一方当事人可以在一段合理时间内宣告合同今后无效，即解除合同对今后各批货物的效力，但在对此之前已经履行义务的各批货物不能行使解除权。③当买方宣告合同对某一批交货无效时，如果合同项下的各批货物是互相依存的，不能将任何其中的一批货物单独用于双方当事人在订立合同时所设想的目的，则买方可以同时宣告合同对已经交付或今后将交付的各批货物均为无效，即可以解除整个合同。

我国《合同法》第 94 条规定：有下列情形之一的，当事人一方可以解除合同：（1）因不可抗力致使不能实现合同目的；（2）在履行期满之前，当事人一方明确表示或者以自己行为表示不履行主要债务；（3）当事人一方延迟履行主要债务，经催告后在合理期限内仍未履行；（4）当事人一方延迟履行或者有其他违约行为致使不能实现合同目的；（5）法律规定的其他情形。

4.6.3　卖方违反合同时买方所特有的补救措施

1. 要求卖方实际履行合同义务

对于实际履行这种救济方式，大陆法和英美法系的态度不同。大陆法系国家特别是德国法认为实际履行是对不履行合同的一种主要救济方法，当债务人不履行合同时，债权人有权要求债务人实际履行其义务。英美法系认为，对违反合同的主要救济方法是损害赔偿，而不是实际履行。只有当金钱赔偿不足以弥补受害一方的损失时，衡平法才考虑判令实际履行。因此，根据英美法的规定，实际履行只是一种在例外情况下才采用的辅助性的救济方法。一般而言，对于一般的货物买卖合同，英美等国的法院原则上不会作出实际履行的判决，而只判决违约一方支付金钱上的损害赔偿，除非买卖的标的物是特定物或特别珍贵稀有，在市场上不容易买到。而且当金钱赔偿不足以弥补受损方的损失时，法院才考虑判令实际履行。

由于两大法系在实际履行问题上分歧较大，难以完全统一，《联合国国际货物销售合同公约》只好让各国法律体系国家的法院按其自身的法律来处理这个问题，故作出了以下规定："当一方当事人要求另一方履行某项义务时，法院没有义务作出判决，要求具体履行此项义务，除非法院依其本身的法律对不属于《公约》范围的类似销售合同也会这样做。这即意味着当买方依《公约》的规定向法院提起实际履行之诉时，法院不一定作出强制卖方交货的判决。法院是否作出强制执行的判决，要看法院所在国家的法律对其他类似的买卖合同如何处理而定。在大陆法系国家，法院可能作出强制执行的判决；在英美法系国家，法院就不可能不做出强制执行的判决。

2. 要求卖方交付替代物

如果卖方交付的货物与合同的规定不符，且这种情形已构成根本违反合同，买方可要求卖方交付替代物。这是因为，要求卖方交付替代物，意味着卖方要承担运费损失、处理与合同不符的货物等，实际上是一种实际履行的要求。

《公约》第 46 条规定，只有在货物与合同不符合而构成根本违反合同时，买方才可以要求交付替代货物，而且有关替代货物的要求，必须与说明货物与合同不符的通知同时提出，或者在该项通知发出后一段合理时间内提出。

3. 要求卖方对货物进行修补

此种情况适用于货物不符合合同的情形并不严重，尚未构成根本违反合同，只需卖方加以修补即可使之符合合同要求的情形。但是，如果根据当时的具体情况，要求卖方对货物不符合合同之处进行修补的做法是不合理的，买方就不能要求卖方对货物不符合之处进行修补。例如，货物的缺陷轻微，只需略加修理即可符合合同的要求，在这种情况下，买方可自行修理或请第三人进行修理，所需费用或开支，可以要求卖方予以负担。

《公约》第46条对修补这种补救办法进行了规定：买方请求修补的要求须与发出的货物不符合的通知同时提出，或者在该通知发出后一段合理时间内提出。

4. 给卖方一段合理的额外时间

这是《公约》针对卖方延迟交货而规定的一种买方可采用的救济方法。这种额外时间的规定意味着买方在这段宽限期内，不能采用其他的救济措施。这种规定的实质是《公约》鼓励交易原则的一种体现。《公约》规定只有在这种合理的宽限期之后，卖方仍然不履行合同，或者在这段时间内，卖方申明不履行合同，买方才享有宣告合同无效的权利。但当延迟履行构成对合同的根本违约的情形下，买方就不需要给卖方这种额外的宽限期，而可以直接宣告合同无效。

5. 要求减价

《公约》规定，如果卖方所交货物与合同规定不符，不论货款是否已付，买方都可以要求减价。按照《公约》第50条规定，减价应按实际交付的货物在交货时的价值与符合合同的货物在当时的价值之间的比例计算。但如果卖方已对货物不符合合同的规定作了补救，或者买方拒绝卖方对此作出补救，则买方无权采用这种救济方法。

6. 撤销合同

根据《公约》规定，当卖方违反合同时，买方在下列情况下可以撤销合同：

（1）卖方不履行其在合同中或《公约》中规定的任何义务，已构成根本违反合同的；

（2）如果发生不交货的情况，卖方在买方规定的合理的额外时间内仍不交货，或卖方声明将不在买方规定的合理的额外时间内交货的。

4.6.4 买方违反合同时卖方的补救措施

买方违反合同主要有以下情况：不付款；延迟付款；不收取货物；延迟收取货物。根据《公约》规定，买方违反合同时，卖方所特有的补救措施主要有三种。

1. 转卖货物

这一补救措施适用于买方拒收货物或不付货款而构成根本违反合同的情况，关于对转卖货物的要求请参阅损害赔偿计算方法部分。

2. 要求支付利息

如果买方没有支付价款或任何其他拖欠金额，卖方有权对这些款项收取利息，但这并不妨碍卖方根据《公约》第74条规定可以取得的损害赔偿。

3. 自行确定货物具体规格的权利

这项权利是指合同对货物的规格没有明确规定而买方又未在规定的时间内订明规格时，

卖方自行决定未买方加工或生产的货物订明规格。

4.6.5　免责

如果债务人不履行合同，是因为出现了不可归责于他的、事先未预料的、事后又无法控制的某种意外事件，则其违约责任应予以免除。因此，各国法律、《联合国国际货物销售合同公约》和《国际商事合同通则》都作出了相应的规定。

1. 各国法律中的免责制度

（1）大陆法。

《法国民法典》以"不可抗力"作为免责事由。根据该法典，以"不可抗力"为由免除责任必须具备以下几个条件：第一，必须发生了未曾预见到的意外事件；第二，履行义务必须成为绝对不可能做到的事情；第三，意外事件的发生必须非由义务人的过错所致。

与"不可抗力"说比较接近的是"不可能性"说。在大陆法中，"不可能性"原则适用于一切义务人的确不能够履行其合同义务的情形。

（2）英美法。

英美法中的"不可能性"在适用标准方面同法国法的"不可抗力"接近，因为它不仅有物质上不可能的要求，而且还有义务人无过错的要求。因此，它比德国法的"不可能性"严格，但在适用范围方面，它则比法国法的"不可抗力"和德国法的"不可能性"都宽广，因为它不仅覆盖着"绝对不可能性，"而且覆盖着"履行合同艰巨而引起的不可行性"。实际上，英美法的"不可能性"理论均反映在英国法的"合同受挫"原则和美国的"商业不可行性"原则中。

英国法院确立的"合同受挫"原则，既包括合同履行绝对不可能的情形，也包括合同履行受挫和合同目的受挫的情形。合同目的受挫则是指合同双方或一方订立合同的目的，无论是明示的，还是默示的，一旦受到意外事件的破坏，合同义务便可不履行，责任也即可免除。即使合同义务仍有可能履行，只要合同目的不复存在，这种履行便失去意义。

"商业上不可行性"是美国法的一个独创。在适用范围上，它不仅包括绝对不可能性，而且还包括"极端和不合理的困难、花费、损害或损失"，如果意外发生的事件使合同的履行在商业上不现实、不可行、即不可能、极为困难、代价极为昂贵或将引起极大的损害或损失，美国法院就可以免除合同义务人的责任。

2. 《公约》确立的免责制度

根据《公约》第 79 条第 1 款规定："当事人对不履行义务，不负责任，如果他能证明此种不履行义务，是由于某种非他所能控制的障碍，而且对于这种障碍，没有理由预期他在订立合同时能考虑到或能避免或克服它或它的后果。"依照此规定，不履行义务的一方免除责任须具备以下条件：①不履行义务是"由于某种障碍"，这种障碍必须同不履行义务之间有着因果关系；②这种障碍必须是不履行义务的一方所不能控制的；③对于这种障碍，没有理由预期他在订立合同时能考虑到；或没有理由预期他此后能够避免这种障碍或者避免其后果；或者没有理由预期他此后能够克服这种障碍或克服其后果。

本章案例

国际电子贸易合同纠纷案

2007年11月，浙江某服饰有限公司（以下简称甲公司）接到美国加州某服饰有限公司（以下简称乙公司）的一封电子邮件，要求订购价值200美元的饰品。甲公司很快回复表示同意，并要求对方先支付50%的货款，其余的50%货款待货到后一周内付清。乙公司表示同意，很快汇来100美元，甲公司按时发货。货到后，乙公司很快汇出余款。后来又做了几笔货款金额为几千美元的生意，乙公司付款也比较及时，双方逐渐建立了互相信任的关系。到了2007年上半年，乙公司订货量加大，由每笔几千美元上升到几万美元。2007年3月，乙公司要求订购价值2.6万美元的货物，并要求货到付款。甲公司认为乙公司信誉较好，其网站做得也很好，还能进入该网站与客户时时聊天，就同意了货到付款的条件。货物是根据乙公司的要求，直接发给了乙公司的客户，到了付款截止日期，乙公司并不支付货款，推诿货还未卖出，后又以资金紧张为借口，拖延付款时间。甲公司认为2.6万美元数目不大，就等了一段时间，还经常进入乙公司的网站与其联系，包括催收货款。结果乙公司不久后关闭了自己的网站，甲公司无法进入该网站与其沟通，电话、传真也无人接听。通过查找，甲公司发现乙公司又新建了网站，继续通过网络从我国多个厂家进口货物，而且经营的货物品种很多，还在不断地欺诈我国其他出口企业。甲公司想通过法律手段追讨货款，但他们苦于没有证据，步履维艰。

资料来源：吕西萍. 当代经济，2008年第6期（下）

讨论：1. 该案例中浙江某服饰有限公司与美国加州某服饰有限公司通过电子邮件签订的合同有效力吗？何时生效？

2. 浙江某服饰有限公司若要起诉美国公司，可向哪些法院提出申请？决定其能否胜诉的关键因素是什么？

本章小结

国际货物买卖法律关系的核心内容是合同双方当事人权利义务关系。为了保证国际货物买卖合同的顺利履行和合同目的的实现，合同中所涉及的买卖双方的权利和义务通常是详尽而具体的，它们与违约救济共同构成了国际货物买卖法的制度框架。其中，卖方的义务主要有交付货物、提供单证、品质担保、权利担保和转移货物所有权，卖方的权利是收取货款；买方的义务主要有支付货款和接收货物，而买方的权利是检验货物并取得与所订合同相符的货物。根据《联合国国际货物销售合同公约》的规定，违约方式主要有实际违约和预期违约、根本违约和非根本违约，对于这些违约形式，《公约》规定了相应的救济方式，并且具体到买卖双方。各国法律及《公约》均对风险转移的时间划分以及风险转移的后果进行了规定。

本章习题

1. 对于国际货物买卖合同的成立形式，联合国《国际货物销售合同公约》以及中国法的规定有哪些差异？

2. 货物买卖过程中货物风险的转移问题，联合国《国际货物销售合同公约》以及中国法是如何规定的？

3. 对于国际货物买卖合同中卖方的义务，大陆法、英美法以及联合国《国际货物销售合同公约》分别是如何规定的？

4. 简要叙述 FOB、CIF 和 CFR 的含义及买卖双方的主要义务。

5. 比较大陆法、英美法及联合国《国际货物销售合同公约》对违约分类的异同。

第 5 章

国际货物运输与保险法

学习目标

1. 熟悉国际海上货物运输班轮和提单。
2. 掌握班轮运输的国际公约，掌握租船运输和租船合同。
3. 熟悉国际铁路货物运输法的国际公约及铁路运单。
4. 掌握航空货物运输法有关国际航空货物运输的国际公约。
5. 掌握《华沙公约》和《海牙议定书》的主要内容，了解国际多式联运的国际公约。
6. 掌握海上货运保险法和海上货运保险合同，熟悉承保的风险与损失。
7. 掌握国际海上货物运输保险条款，掌握基本险、一般附加险和特别附加险。

导入案例

德福公司海运保险索赔案

2005 年，德福有限责任公司从青岛向香港出口罐头一批共 500 箱，按照 CIF HONGKONG 向保险公司投保一切险。

但是因为海运提单上只写明进口商的名称，没有详细注明其地址，货物抵达香港后，船运公司无法通知进口商来货场提货，又未与德福有限责任公司的货运代理联系，自行决定将该批货物运回起运港青岛港。

在运回途中因为轮船渗水，有 229 箱罐头受到海水浸泡。货物运回青岛港后，德福有限责任公司没有将货物卸下，只是在海运提单上补写进口商详细地址后，又运回香港。进口商提货后发现罐头已经生锈，所以只提取了未生锈的 271 箱罐头，其余的罐头又运回青岛港。

德福有限责任公司发现货物有锈蚀后，凭保险单向保险公司提起索赔，要求赔偿 229 箱货物的锈损。

保险公司经过调查，拒绝赔偿。

讨论：1. 保险公司是否可以拒绝赔偿？理由是什么？

2. 本案各方主体各应承担何种责任?

5.1　国际海上货物运输法

随着国际商务活动逐渐频繁，国际货物运输也成为国际商务活动中非常重要的一环。国际货物运输包括国际海上货物运输、国际铁路货物运输、国际航空货物运输及国际多式联运等。由于国际货物运输即涉及合同当事人的利益，又涉及相关国家的利益，还需要过境国家等的支持与合作，因此，国际上指定了若干调整国际货物运输的国际条约。国际货物运输法则是调整国际货物运输关系的法律规范的总称。

5.1.1　国际海上货物运输概述

国际海上货物运输是指使用船舶经海路将货物从一个国家的特定港口运至另一国家的特定港口的运输，它是通过签订和履行国际海上货物运输合同进行的。所谓国际海上货物运输合同，是指承运人收取运费，负责将托运人托运的货物经海路由一个国家的特定港口运至另一个国家的特定港口的合同。

国际海上运输具有运输量大、运输成本低的优点，同时又有运输速度慢、风险较大的缺点。目前国际贸易货物多数是通过海上运输完成的，因此国际海上货物运输法在国际货物运输法中最为发达，也最为重要。依运输方式的不同，国际海上货物运输又可分为班轮运输和租船运输两种主要方式。

5.1.2　班轮运输

（一）班轮运输的概念

班轮运输（Liner Shipping）是由航运公司以固定的航线、固定的船期、固定的运费率、固定的停靠港口将托运人的件杂货运往目的地的运输。班轮运输主要适用于货物数量较少、交接港口较分散的货物运输，可以将不同托运人的小批量货物集中起来进行运输。由于班轮运输的书面内容多以提单的形式表现出来，所以班轮运输又被称为提单运输。

（二）班轮运输的当事人

班轮运输的当事人是承运人和托运人，承运人即承担运输工作的航运公司，托运人即与承运人订立海上货物运输合同的当事人。

此外，海上运输合同还会涉及实际承运人和收货人。当订约承运人将部分的运输或全部的运输交由另一航空公司来完成的情况下，另一航运公司即为实际承运人，尽管实际承运人并不是运输合同的当事人，但也必须对其承运的那一段期间货物的损坏承担责任，也有运费的请求权。同时，随着班轮运输的书面凭证即提单的转让，合同的效力往往会及于合同当事人以外的第三人，即收货人，收货人虽不是运输合同的当事人，但如有货物在运输中受损，收货人也有索赔的权利，在运输合同规定运费到付的条件下，收货人也有支付运费的义务。

5.1.3　提单

（一）提单的概念及法律特征

提单是班轮运输中的重要法律文件。在租船合同中，如果船长在收到货物后给托运人签发了提单，则此提单和其他提单一样，也要受相关国家法律和国际条约管辖。

《汉堡规则》中明确规定，提单是指用以证明海上运输合同和由承运人接管或装载货物，以及承运人保证据以交付货物的单证。从这一定义中可以看出提单具有以下法律特征：

第一，提单是海上运输合同的证明。大多数学者认为它仅是运输合同的证明，理由是运输合同在签发提单前已经订立，在执行运输合同把货物装船后才签发提单。运输合同应包括承运人的揽载、托运人的订舱以及提单上重申的条款等广泛的内容。

第二，提单是承运人出具的接收货物的收据。提单是在承运人收到所交运货物后向托运人签发的，提单的正面记载，例如货物标志、包装、数量或重量及货物表面状况等许多收据性的文字，是承运人已接受货物的证明。

第三，提单是承运人交付货物的凭证。不记名提单和指示提单具有流通性，提单的合法持有人有权凭提单在目的港向承运人或其代理要求提货，也可以在载货船舶到达目的港交货之前将提单背书转让以转移货物所有权，亦可据以向银行办理抵押贷款。

（二）提单的种类

提单可以从不同的角度加以划分，主要有以下几类。

（1）按货物是否装船分为已装船提单和备运提单。已装船提单（On board B/L）是指承运人已将货物全部装上指定船舶后签发的提单，提单上必须注明装运货物船舶的名称，明确表示货物已装船，并写明装运日期（即签发提单的日期）。在目前出口业务中所见到的信用证一般均规定提供已装船提单。备运提单（Received for Shipment B/L）是指承运人收到托运货物等待装运期间签发的提单。由于备运提单表示货物尚未装船，能否按时装运及到货时间都没有保证，因此，买方及银行一般不愿接受备运提单。双方风险的划分是当货物交付承运人后，风险即由卖方转移至买方。

（2）按货物外表状况有无不良批注分为清洁提单和不清洁提单。清洁提单（Clean B/L）是指货物装船时表面状况良好，一般未经加添表示货物或其包装不良的批注，或虽有批注，但不影响结汇的提单。清洁提单是买方收到完好货物的保证，也是提单转让时必备的条件。不清洁提单（Unclean B/L）指承运人在提单上加注货物表面及包装状况有不良或存在缺陷等批注的提单。除非信用证明确规定可以接受不清洁提单，否则银行不接受不清洁提单。

（3）按运输过程中是否需转运分为直达提单、转船提单和联运提单。直达提单（Direct B/L）亦称直航提单，系指货物从装运港装船后中途不经换船而直接驶达目的港卸货所签发的提单。转船提单（Transhipment B/L）是指从装运港装货的轮船不直接驶往目的港，而需在中途港换装另外船舶所签发的提单。联运提单（Through B/L）是指由承运人或其代理人在货物起运地签发的运往最终目的地并收取全程费用的提单。

（4）按船舶经营性质分为班轮提单和租船提单。班轮提单（Liner B/L）是指经营班轮运输的轮船公司或其代理人出具的提单，提单上列有详细的运输条款。租船提单（Charter Party B/L）是指船方根据租船合同签发的提单。提单上注有"一切条件、条款和免责事项按照某年某月某日的租船合同"或批注"根据××租船合同出立"（Subject to charter party）字样。这种提单受租船合同条款的约束。银行或买方在接受这种提单时，通常要求卖方提供租船合同的副本，以了解提单和租船合同的全部情况。

（5）按提单的格式分为全式提单和略式提单。全式提单（Long Form B/L）是指在提单背面列有承运人和托运人的权利、义务等详细条款的提单。这种提单在进出口业务中经常使用。略式提单（Short Form B/L）是指仅载明全式提单正面的必要项目，如船名、货名、标志、件数、重量、装卸港、托运人名称和签单日期等而略去背面条款的提单。略式提单在美国航运界已经普遍采用，但欧洲大陆各国则表示如无印就的背面条款，便无法提供足够的保证，故尚未予以接纳。

（6）按提单抬头的不同分为记名提单、不记名提单和指示提单。记名提单不能通过背书方式转让给第三方，不能流通，故其在国际贸易中很少使用。不记名提单（Blank B/L）亦称空白提单，这种提单的转让，不需任何背书手续，提单的持有者仅凭提单即可要求承运人交货，提单一旦遗失，货物可能会被人提走或引起纠纷。故而这种提单在国际贸易中很少使用。指示提单（Order B/L）指在提单"收货人"一栏不注明限定某具体收货人提货，而是载明"指示"、"凭发货人指示"、"凭××银行指示"等字样。这种提单可经过背书转让，故其在国际贸易中广为使用。指示提单经过背书后才能提取货物或转让。

（7）其他种类的提单

在提单使用过程中，也可能会出现舱面提单、过期提单及因为托运人的特殊要求而签发的预借提单及倒签提单等其他种类的提单。

（三）提单的内容

提单的内容分正面及背面两部分。这个面是提单记载的事项，而背面则是关于双方当事人权利和义务的实质条款。

提单正面内容主要有以下各项：承运人的名称和主营业所；发货人；收货人；被通知人；海运船名及航次号；装货港；卸货港；有关运费事项；货物名称、唛头与件数、数量、重量、尺码；提单份数；签发提单的日期和地点；承运人或其代表人签章。

提单背面主要是签发提单的船公司根据《海牙规则》与《汉堡规则》制定的承托双方的权利、义务的各项条款。其主要内容包括提单名词定义解释；管辖权和适用法律条款；承运人责任条款；承运人免责条款；留置权条款；损坏赔偿条款；特殊货物条款；共同海损和碰撞条款；变更航线条款。此外，提单背面还有关于转运、卸货交货、战争、检疫、冰冻、罢工等内容的条款。

（四）提单使用中的常见问题

提单的流转过程中，在签发提单和提货两个阶段常易产生各类法律问题。

1. 预借提单和倒签提单问题

预借提单（Advanced B/L），指信用证规定的有效期即将到期，而货物未能及时备妥装船或因船期延误影响货物装船，在这种情况下托运人要求承运人先行签发已装船提单，以便结汇。这种在货物装船前或开始装船前已为托运人借走的提单，称为"预借提单"。会给承运人带来风险，因此，承运人应避免签发这种提单。

倒签提单（Antedated B/L），指货物的实际装船日期迟于信用证规定，如仍按实际装船日期签署提单，势必影响结汇，为使签发提单日期与信用证规定日期相符，承运人应托运人的要求，在提单上仍按信用证所规定的装船日期填写。这种提单称为"倒签提单"。倒签提单与预借提单的签发均属不合法行为，在明知的情况下掩盖了货物的实际装船日期，属于欺诈行为，承运人需承担由此产生的风险，并应当向收货人赔偿因迟延交货而引起的损失。

2. 清洁提单与不清洁提单问题

如前所述，银行一般不愿意接受不清洁提单结汇，因此，在实践中，如果货物及包装等存在不良或缺陷时，托运人为防止不清洁提单的产生，会以保函换取提单。这种保函往往可能会侵害不知情的收货人的利益，《汉堡规则》中规定，如保函有欺诈意图，则保函无效，承运人应赔偿第三者的损失且不能享受责任限制，因此在司法实践中参照《汉堡规则》，对保函的规定主要有以下三个方面：善意保函有效；恶意保函无效；有效的保函只在托运人与承运人之间有效，不能对抗第三人。

3. 副本提单加保函提货的问题

作为物权凭证，提单是承运人交付货物的凭证和依据，因此，承运人应在目的港凭正本提单向收货人交货，但在近途运输中，由于货物多先于提单抵达目的港，因此在实际中出现了许多凭副本提单加保函提货的情况，在这种情况下，交付给开证行的提单就失去了质押的意义，所以，承运人的这一赔偿责任可通过保函从提货人处得到补偿。

5.1.4 关于班轮运输的国际公约

目前国际上调整班轮运输的国际公约主要有三个，即《海牙规则》、《维斯比规则》和《汉堡规则》。这三个规则在实际的海运业务中，分别为有关国家及其船公司所采用，我国未参加上述三个公约，但我国海商法在有关班轮运输的法律规定上是以海牙—维斯比体系为基础的，同时还吸收了《汉堡规则》的内容，所以我们对这三个规则都应该有所了解。

（一）《海牙规则》

《海牙规则》（Hague Rules）全称为《统一提单的若干法律规则的国际公约》，是关于提单法律规定的第一部国际公约。该公约由国际法协会所属海洋法委员会草拟并于1924年8月25日在比利时布鲁塞尔签订，1931年6月2日生效，但该公约最早是在海牙起草的，所以也被称为《海牙规则》。

海牙规则首先以国际公约的形式规定了最低限度的义务，限制了承运人的"缔约自由"权利，是海上货物运输领域影响最为广泛的国际公约。

海牙规则适用于在任一缔约国签发的一切提单，包括根据租船合同或在船舶出租情况下签发的提单，但是不适用于租船合同本身。

《海牙规则》中共有16条规定，主要规定了承运人的义务、承运人的免责和责任限制、货物灭失或损坏的通知时间与诉讼时效、托运人的义务等内容。

1. 承运人最低限度的义务

《海牙规则》第3条中明确规定了承运人的两项最低限度的义务，这两项义务是强制性的，在提单中解除或降低承运人的这两项义务的条款均属无效。

第一项是适航义务。第二条是管货的义务。对于因为承运人在以上环节中不当行为造成的损失，承运人应负责赔偿。

2. 承运人的免责

《海牙规则》第四条则对承运人的免责进行了明确规定，即承运人和船舶对于因不适航所引起的灭失或损坏，都不负责，除非造成的原因是由于承运人未克尽职责使船舶适航，并明确列出17项具体的免责情况。

3. 货物灭失或损坏的通知时间与诉讼时效

《海牙规则》第 3 条第 6 款明确规定，收货人在提货时应检查货物，如发现短卸或残损，应立即向承运人提出索赔：如果灭失或损坏不明显，则这种通知应于交付货物之日起的三天内提交，否则将认为是货物状况良好。但如果货物状况在收受时进行联合检验或检查，就无须再提交书面通知。关于诉讼时效，则规定应从货物交付之日或应交付之日起一年内提出诉讼。否则承运人和船舶可免除对灭失或损害所负的一切责任。

4. 承运人赔偿责任限额

《海牙规则》对承运人的赔偿限额进行了明确规定，即承运人或船舶，在任何情况下对货物或与货物有关的灭失或损害，每件或每计费单位超过一百英镑或与其等值的其他货币的部分，都不负责；但托运人于装货前已就该项货物的性质和价值提出声明，并已在提单中注明的，不在此限。

5. 托运人的义务

《海牙规则》第三条第四款规定托运人应对其所提供的资料不正确所造成一切损失负赔偿责任；对于危险品，《海牙规则》第四条第六款规定，如果托运人隐瞒货物的危险性，承运人只要发现可立即将货物抛弃而无须负责，且托运人还应赔偿船东及受害的第三方因此而引起的损失。如果托运人已表明了货物的危险性，则承运人只有在面临危险的情况下，才可抛弃货物而无须负责，此时，托运人也无须对此损失负责。

6. 公约使用范围

《海牙规则》第十条：本公约和各项规定，适用于在任何缔约国所签发的一切提单。第五条：本公约的规定，不适用于租船合同，但如果提单是根据租船合同签发的，则上述提单应符合本公约的规定。即对公约的使用范围进行了明确界定。

（二）《维斯比规则》

由于《海牙规则》签订时船货双方力量不均衡，因此《海牙规则》无论是对承运人义务的规定、还是免责事项、索赔诉讼、责任限制，均体现着承运方的利益，带有明显偏袒承运人利益的倾向。随着国际经贸的发展，海牙规则的部分内容已落后，不适应新的需要，对其修改已成为种必然趋势。从 20 世纪 60 年代开始，国际海事委员会着手修改海牙规则，并于 1968 年 2 月通过了《关于修订统一提单若干法律规定的国际公约的协定书》，或称《海牙—维斯比规则》，并于 1977 年 6 月生效，这就是《维斯比规则》。

《维斯比规则》共十七条，但只有前六条才是实质性的规定，对《海牙规则》的第三、四、九、十条进行了修改。其主要修改内容有：

1. 扩大了规则的适用范围

《海牙规则》的各条规定仅适用于缔约国所签发的提单。《维斯比规则》扩大了其适用范围，其中的第五条第三款规定：①在缔约国签发的提单；②货物在一个缔约国的港口起运；③提单载明或为提单所证明的合同规定，该合同受公约的各项规则或者使其生效的任何一个国家的立法所约束，不论承运人、托运人、收货人或任何其他有关人员的国籍如何。该规定的意思只要提单或为提单所证明的运输合同上有适用《维斯比规则》的规定，该提单或运输合同就要受《维斯比规则》的约束。

2. 明确了提单的证据效力

《海牙规则》第三条第四款规定，提单上载明的货物主要标志、件数或重量和表面状况应作为承运人按其上所载内容收到货物的初步证据。至于提单转让至第三人的证据效力，未作进一步的规定。

《维斯比规则》为了弥补上述的缺陷，在第一条第一款则补充规定："当提单转让至善意的第三人时，与此相反的证据将不能接受。"这表明对于善意行事的提单受让人来说，提单载明的内容具有最终证据效力。

3. 强调了承运人及其受雇人员的责任限制

《维斯比规则》第三条规定："本公约规定的抗辩和责任限制，应适用于就运输合同涉及的有关货物的灭失或损坏对承运人提出的任何诉讼，不论该诉讼是以合同为根据还是以侵权行为为根据。""如果诉讼是对承运人的受雇人员或代理人（该受雇人员或代理人不是独立订约人）提起的，该受雇人员或代理人也有权援引《海牙规则》规定的承运人的各项抗辩和责任限制。""向承运人及其受雇人员或代理人索赔的数额，在任何情况下都不得超过本公约规定的赔偿限额。"这一规定使承运人在合同之诉和侵权之诉中处于相同的地位，都可以适用《海牙规则》中免责和责任限制的规定；承运人的受雇人员或代理人也享有责任限制的权利。显然《维斯比规则》的这一规定有利于保护船东的利益。

4. 提高了承运人对货物损害赔偿的限额

《维斯比规则》第二则规定，每件或每单位的赔偿限额提高到 10 000 金法郎，同时还增加一项以受损货物毛重为标准的计算方法，即每公斤为 30 金法郎，以两者中较高者为准。采用的金法郎仍以金本位为基础，目的在于防止日后法郎纸币的贬值，这一赔偿限额显然是大大提高了。

这一规定不但提高了赔偿限额，而且创造了一项新的双重限额制度，不但维护了货主的利益，而且这种制度也为以后《汉堡规则》和我国《海商法》所接受。

5. 增加了"集装箱条款"

《维斯比规则》增加"集装箱条款"，以适应国际集装箱运输发展的需要。该规则第二条第三款规定："如果货物是用集装箱、托盘或类似的装运器具集装时，则提单中所载明的装在这种装运器具中的包数或件数，应视为本款中所述的包或件数；如果不在提单上注明件数，则以整个集装箱或托盘为一件计算。"该条款的意思是，如果提单上具体载明在集装箱内的货物包数或件数，计算责任限制的单位就按提单上所列的件数为准；否则，则将一个集装箱或一个托盘视为一件货物。

6. 诉讼时效的延长

《海牙规则》规定，货物灭失或损害的诉讼时效为一年，从交付货物或应当交付货物之日起算。《维斯比规则》第一条第二款、第三款则补充规定，诉讼事由发生后，只要双方当事人同意，这一期限可以延长，明确了诉讼时效可经双方当事人协议延长的规定。对于追偿时效则规定，即使在规定的一年期满之后，只要是在受法院法律准许期间之内，便可向第三方提起索赔诉讼。但是准许的时间自提起诉讼的人已经解决索赔案件，或向其本人送达起诉状之日起算，不得少于三个月。

（三）《汉堡规则》

海牙—维斯比规则，是以英国、北欧等海运发达国家的船方利益为代表的国际海事委员在《海牙规则》基础上的一些有益修改，对维护在海牙规则基础上的船货双方利益起了一定的积极作用。但同时，在广大的发展中国家，出于货主的利益而要求彻底修改海牙规则的呼声也日益高涨，并于 1978 年在德国汉堡举行由联合国主持的由 78 国代表参加的海上货物运输大会讨论通过了《联合国海上货物运输公约》（United Nations Convention on the Carriage of Goods by Sea，1978），这一公约于 1992 年 11 月 1 日生效，简称《汉堡规则》。

汉堡规则全文共分七章三十四条条文，除保留了海牙—维斯比规则对海牙规则修改的内容外，对海牙规则进行了根本性的修改，是一个较为完备的国际海上货物运输公约，明显地扩大了承运人的责任。其主要内容包括：

1. 承运人的责任原则

《汉堡规则》确定了推定过失与举证责任相结合的完全过失责任制。《海牙规则》一方面规定承运人必须对自己的过失负责，另一方面又规定了承运人对航行过失及管船过失的免责条款，因此规定承运人的责任基础是不完全过失责任制。《汉堡规则》则规定凡是在承运人掌管货物期间发生货损，除非承运人能证明已为避免事故的发生及其后果采取了一切可能的措施，否则便可推定损失系由承运人的过失所造成，承运人应承担赔偿责任，很明显，汉堡规则较海牙规则扩大了承运人的责任。

2. 承运人的责任期间

《汉堡规则》第四条第一款规定："承运人对货物的责任期间包括在装货港、在运输途中以及在卸货港，货物在承运人掌管的全部期间。"即承运人的责任期间从承运人接管货物时起到交付货物时止。将承运人在责任期间从《海牙规则》的"钩至钩"或"舷至舷"扩展到"港到港"，解决了货物从交货到装船和从卸船到收货人提货这两段没有人负责的空间，明显地延长了承运人的责任期间。

3. 承运人赔偿责任限额

《汉堡规则》第六条第一款规定："承运人对货物灭失或损坏的赔偿，以每件或每装运单位的灭失或损坏相当于 835 特别提款权或毛重每公斤 2.5 特别提款权的金额为限，两者之中以其较高者为准。"

4. 对迟延交付货物的责任

迟延交付货物的责任在《海牙—维斯比规则》中没有规定，《汉堡规则》第五条第二款规定："如果货物未能在明确议定的时间内，或虽无此项议定，但未能在考虑到实际情况对一个勤勉的承运人所能的合理要求时间内，在海上运输合同所规定的卸货港交货，即为迟延交付。"第三款进一步规定，如果货物在第二款规定的交货时间满后连续六十天内仍未能交付，有权对货物灭失提出索赔的人可以认为货物已经灭失。承运人应对因迟延交付货物所造成的损失承担赔偿责任，汉堡规则第六条第一款还规定："承运人对迟延交付的赔偿责任，以相当于迟延交付货物应支付运费的 2.5 倍的数额为限，但不得超过海上货物运输合同规定的应付运费总额。"

5. 承运人和实际承运人的赔偿责任

《汉堡规则》中增加了实际承运人的概念。当承运人将全部或部分货物委托给实际承运人办理时，承运人仍需按公约规定对全部运输负责。如果实际承运人及其雇用人或代理人的疏忽或过失造成的货物损害，承运人和实际承运人均需负责的话，则在其应负责的范围内，承担连带责任。这种连带责任托运人既可向实际承运人索赔，也可向承运人索赔，并不因此妨碍承运人和实际承运人之间的追偿权利。

6. 托运人的责任

《汉堡规则》第十二条规定："托运人对于承运人或实际承运人所遭受的损失或船舶遭受的损坏不负赔偿责任，除非这种损失或损坏是由于托运人、托运人的雇用人或代理人的过失或疏忽所造成的。"这意味着托运人的责任也是过失责任。但需指出的是托运人的责任与承运人的责任不同之处在于承运人的责任中举证由承运人负责，而托运人的责任中，托运人不负举证责任，这是因为货物在承运人掌管之下，所以也同样需要承运人负举证责任。汉堡规则这一规定，被我国海商法所接受。

7. 保函的法律地位

《海牙－维斯比规则》没有关于保函的规定，而汉堡规则第十七条对保函的法律效力做出了明确的规定，托运人为了换取清洁提单，可以向承运人出具承担赔偿责任的保函，该保函在承、托人之间有效，对包括受让人、收货人在内的第三方一概无效。但是，如果承运人有意欺诈，对托运人也属无效，而且承运人也不再享受责任限制的权利。

8. 索赔通知及诉讼时效

《汉堡规则》延长了索赔通知时间，规定收货人可在收到货物后的第一个工作日将货物索赔通知送交承运人或其代理人，当货物灭失或损害不明显时，收货人可在收到货物后的十五天内送交通知。同时还规定，对货物迟延交付造成损失，收货人应在收货后的六十天内提交书面通知。对于诉讼时效，海牙规则规定了货物交付或应交付之日起1年的时间，而汉堡规则规定了2年的诉讼时效。

9. 管辖权和仲裁的规定

《海牙－维斯比规则》仅在提单背面条款上订有由船公司所在地法院管辖的规定，这一规定显然对托运人、收货人极为不利。《汉堡规则》则规定了《海牙—维斯比规则》所没有的管辖权和仲裁条款。对于管辖权，原告可在下列地点选择其一提起诉讼：①被告的主要营业所所在地，无主要营业所时，则为其通常住所所在地；②合同订立地，而合同是通过被告在该地的营业所、分支或代理机构订立；③装货港或卸货港；④海上运输合同规定的其他地点。对于仲裁，提起地点可在：①被告的主要营业所所在地，如无主要营业所，则为通常住所所在地；②合同订立地，而合同是通过被告在该地的营业所、分支或代理机构订立；③装货港或卸货港；④双方可在仲裁协议中规定的仲裁地点。

10. 规则的适用范围

《汉堡规则》适用于两个不同国家之间的所有海上货物运输合同，并且装货港或卸货港或备选卸货港位于其一缔约国之内；或者，提单或作为海上货物运输合同证明的其他单证在某缔约国签发；或者提单或作为海上货物运输合同证明的其他单证规定受《汉堡规则》各项规定或者使其生效的任何国家立法的管辖；同《海牙规则》一样，《汉堡规则》不适用于租船合同，但如提单根据租船合同签发，则适用该规则的规定。

《汉堡规则》作为平衡船货双方利益的一项国际公约，应当说其制定是相对完备的，也是体现了公正合理的主旨。但作为既得利益者的海运大国却不愿采纳此公约，而是继续采用海牙—维斯比规则，以维护其已得利益，因而，几乎还没有海运大国加入此公约。因此，《汉堡规则》的普及化还有很长的路要走，建立公正合理的航运新秩序新规则也有很长的路要走。

5.1.5   租船运输

租船运输是船舶所有人将船舶的全部或部分租给运送货物的物主,当事双方的权利和义务由双方签订的运输合同规定。这种运输方式常用于大宗商品的运送。

不同于班轮运输,在租船运输中的当事人则是出租人与承租人。一般租船运输中当事双方通过签订合同的方式来确定彼此的义务和权利,较少受各国法律和国际条约的约束。

5.1.6   租船合同

租船合同是出租人与承租人之间关于由出租人向承租人出租船舶,而由承租人向出租人支付租金的合同。租船合同都必须以书面形式订立。租船运输交易实务中,租船合同主要包括航次租船合同、定期租船合同和光船租船合同三种类型。

(一)航次租船合同

航次租船合同,又称程租合同,是指航次出租人就约定港口之间的航程提供船舶或部分舱位,承运约定的货物,由承租人支付约定运费的合同。在法律性质上,航次租船合同是一种海上运输合同。

航次租船合同既可以是单航次合同,也可以是连续航次合同。订立航次租船合同,一般是为了运输大宗货物,或是因为班轮航线无法满足货物运输的需要,也可能是承租人为了转租。

在航次租船合同中,运费按所承运的货物数量计算,与航程所用的时间无关,出租人承担了时间风险,为此,出租人在运输过程将尽力速遣,而无须在航次租船合同中规定出租人的速遣义务。但由于在航次租船合同中,货物的装卸作业由承租人负责,为促使承租人尽速完成装卸作业,航次租船合同均订有装卸时间及滞期费条款。承租人如果未在装卸时间内完成装卸,须向出租人支付约定的滞期费,以补偿出租人的损失。

此外,航次租船合同中还有出租人责任条款、绕航条款、承租人责任终止条款、装卸港和装卸泊位、装卸费用和装卸时间条款、法律适用和仲裁条款等内容。

(二)定期租船合同

定期租船合同是指船舶出租人向承租人提供约定的由出租人配备船员的船舶,由承租人在约定的期间内按照约定用途使用,并向出租人支付租金的合同。在法律性质上,定期租船合同是一种船舶租赁合同。

目前国际上最常用的定期租船合同格式主要是《定期租船合同》,合同代号为“Produce Form”,又称“纽约格式”。定期租船合同除具有租船合同的共同内容外,还载有以下各项主要内容:

(1)船舶说明条款。包括船舶名称、船籍、船级、吨位容积、船速等。

(2)租期条款。即租船人使用船舶的期限。

(3)租金支付条款。通常按每月每载重吨若干金额计收,一般规定每半月预收一次。

(4)停租条款。即规定承租人在一定条件下有权停付租金,直到船舶恢复到有效状态为止的条款。

（5）使用范围和航行区域条款。即规定船舶的使用范围和航行区域大小的条款。

（6）转租条款。即规定承租人可以将船舶转租给第三人的条款。

此外，定期租船合同中还有交船和还船条款、船长和船员职责条款、征用条款、船舶灭失条款、留置权条款、不法行为条款、战争条款和仲裁条款等。双方当事人也可通过谈判而另行附加其他内容。

（三）光船租船合同

光船租船合同是指船舶出租人向承租人提供不配备船员的船舶，在约定的期间内由承租人占有、使用和营运，并向出租人支付租金的合同。

在光船租船下，船东只保留船舶的所有权，船舶的占有权和经营权归租船人，具有财产租赁的性质，因此，光船租赁合同是一种船舶租赁合同。

在光船租赁合同中，船东除了提供适航船舶和有关船舶的文件外，不再承担其他责任，不对运输中产生的责任负责。

5.2　国际铁路货物运输法

5.2.1　国际铁路货物运输概述

铁路运输是现代化的运输方式之一，具有运输速度快、载重量大、连续性强、不受气候条件影响和安全、运费较低等优点，对于陆地毗邻国家而言，铁路运输是国际货物运输的理想方式。以我国而言，目前与陆地邻国如俄罗斯、中亚各国、蒙古、朝鲜、越南等十几个国家均有铁路相通。欧亚大陆桥的建成通车，更使铁路运输在我国对外贸易中占有重要地位。

5.2.2　有关国际铁路货物运输的国际公约

（一）国际铁路货物运输协定

该协定于 1934 年在国际铁路货物运输规则的基础上修改而成，1938 年正式生效，后经多次修改，目前通行的是 1975 年修改生效的文本。欧洲多数国家均参加该协定。

（二）国际铁路货物联运协定

该协定简称《国际货协》，于 1951 年 11 月签订，参加国家有苏联、波兰等国家，后又有中国等四国加入。该协定自订立以来先后经过 7 次修改，目前使用的是 1974 年生效的修订本。我国是《国际货协》的成员国，我国国际铁路运输都是按其有关规定进行的。

5.2.3　国际铁路运单

运单是国际铁路货物运输合同的证明

国际铁路运输合同是铁路承运人将发货人的货物从一个国家的某地运至另一个国家的某地，将货物交付给收货人，由发货人或收货人支付运费的合同。

根据《国际货协》的规定，国际铁路货物运输合同的形式是铁路始发站签发的运单。即运单是发货人、收货人和铁路之间运输合同存在的证明，对三方均有法律约束力。

5.2.4　国际铁路运输各方的权利义务关系

国际铁路货物运输合同的当事人是发货人和承运人，但合同同时也会对收货人产生一定的约束力，因此，国际货协对发货人、收货人和承运人的权利义务分别作了规定。

（一）发货人与收货人的权利义务

（1）支付运费的义务，发送国的运费由发货人支付，过境的运费可由发货人支付，也可由收货人支付。到达国的运费由收货人支付。

（2）收货人有收受货物的义务。货物运抵到站后，收货人应有义务按时领取货物，只有当货物因损毁或腐坏发生变化以致部分或全部货物失去原有使用价值，才可拒绝领取。

（3）变更合同的权利。发货人可对运输合同作如下变更：①在发站将货物领回；②变更到站；③变更收货人；④将货物返还发货站。发货人的变更权从收货人领到运单时起，或从货物到达进口国境站时消失。收货人可对运输合同作如下变更：①在到达国范围内变更货物的到站；②变更收货人。

此外，发货人应对其在运单中所填报的和声明事项的正确性负责。由于记载和声明事项不正确、不确切或不完备，以及由于未将应报事项记入运单而发生的一切后果，均由发货人负责。铁路有权检查发货人在运单中所做记载是否正确，但途中检查货物内容仅限于在海关和其他规章有规定的情况下，以及为保证途中行车安全和货物完整时方得进行。

（二）铁路方的义务和责任

（1）从发货站办妥手续并交付货物后，不论途经多少国家，均负责完成货物的全程运送，直至在到站将货物交付给收货人为止。

（2）货物抵达到站后，在收货人付清运费后，必须将货物和运单一起交给收货人。

（3）铁路方在承运期间发生的全部或部分灭失和损坏以及逾期运到而造成的损失负责。其赔偿的最高限额，在任何情况下均不超过货物全部灭失的款额。但铁路承运人在以下情况可以免责，主要包括铁路不能预防或不能消除的情况；货物的自然性质引起的货损；货方的过失；铁路规章许可的敞车运送；承运时无法发现的包装缺点；发货人不正确地托运违禁品；规定标准内的途耗等。

5.3　航空货物运输法

5.3.1　国际航空货物运输概述

航空运输是一种现代化的运输方式，具有安全性高、速度快、费用低以及不受地面条件限制等优点，因而在国际货物贸易中常被采用。尤其是对于某些急需物资、鲜活货物、易腐货物和贵重物品，航空运输是一种很便宜的运输方式。因此空运货物业务发展很快，国际货运中的空运量也越来越大。

（一）国际航空货物运输的种类

国际航空运输的方式主要有班机运输、包机运输和集中托运。班机运输指飞机按固定的时间、固定的航线、固定的始发站、目的站进行定期航行的货物运输。包机运输又分为整包机和部分包机。集中托运指航空代理公司将若干单独发运的货物组成一整批货物，用一份总运单将货物整批发运到目的地的航空运输。

（二）国际航空货物运输合同的概念

国际航空货物运输合同是由航空运输公司或其代理人与托运人签订的关于由航空公司将托运人的货物由一国的航空站运至另一国的航空站而由托运人支付约定运费的运输合同。

（三）国际航空货物运输合同的当事人

国际航空货物运输合同的当事人为承运人和托运人。承运人即从事航空运输业务的航空公司，托运人即为货主。由于航空运输是一项专业性较强的运输业务，因此一般货主会委托国际航空货运代理来办理有关航空货物运输的事宜。

（四）航空运单

航空运单是由承运人出具的证明承运人与托运人已订立了国际航空货物运输合同的运输单证。航空运单须由托运人或其代理和承运人或其代理签署后方能生效。航空运单与海运提单不同，它不是货物的物权凭证，因为航空运输速度快，没有必要通过转让单证来转移货物的所有权。在实际业务中，航空运单一般都印有"不可转让"的字样。

航空运单的作用主要有：①航空运单是运输合同的证明；②航空运单是承运人接收货物的证明；③航空运单是记载收货人应负担费用和代理费用的记载凭证；④航空运单是办理报关手续时的基本单证；⑤当承运人承办保险或托运人要求承运人代办保险时，航空运单即可用来作为保险证书。载有保险条款的航空运单又被称为红色航空运单。

5.3.2　有关国际航空货物运输的国际公约

航空业的跨国特征是与生俱来的，因而航空货物运输的产生、发展必然伴随着调整这种运输方式的统一实体法规范的国际公约的产生、发展。又因为航空业历史较短，得以吸收了包括海运在内的其他各种运输方式有关国际公约、惯例的精神，并根据航空业的自身特征做出了修改。这其中较有影响力的国际航空运输公约主要有以下四个：

（一）《华沙公约》

《华沙公约》的全称为《统一国际航空运输若干规则公约》（Convention for the Unification of Certain Rules Relating to International Carriage by Air）。该公约 1929 年在华沙签订，所以简称为"1929 华沙公约"，并自 1933 年 2 月 13 日起生效。它是调整国际航空货物运输的一项重要国际公约。我国已于 1958 年 6 月 15 日正式加入了该公约。

（二）《海牙议定书》

随着国际航空事业的发展，《华沙公约》的部分内容已不能适应时代的需要，所以 1955 年海牙会议中就责任限制、运输单证、航行过失免责及索赔期限等事项对华沙公约进行了修改，这就是《海牙议定书》。我国已于 1975 年加入《海牙议定书》。

《海牙议定书》主要是简化了《华沙公约》中运输凭证的内容，提高了责任限额并删去了航行过失免责条款。

（三）《瓜达拉哈拉公约》

1961 年在墨西哥瓜达拉哈拉签订了一个国际公约，作为对《华沙公约》的补充，《瓜达拉哈拉公约》将《华沙公约》有关承运人的各种规定的适用扩及非订约承运人，即实际承运人。

（四）蒙特利尔议定书

1975 年在国际民航组织主持下于蒙特利尔召开的国际航空法会议中又通过了四个附加议定书，分别修订了《华沙公约》和《海牙议定书》。但这四个附加议定书均未生效。

以上公约中《华沙公约》是基础，随后的各项议定书都是对《华沙公约》的补充或修改，都没有改变《华沙公约》的基本原则，所以这八份文件又被合称为华沙体系。其中以《华沙公约》和《海牙议定书》的适用最为广泛，已经为世界大多数国家所认可。

5.4　国际多式联运

5.4.1　国际多式联运概述

国际多式联运是指按照多式联运合同，以至少两种不同的运输方式，由多式联运经营人将货物从一国境内接管货物的地点运至另一国境内指定交付货物的地点。为履行单一方式运输合同而进行的该合同所规定的货物接交业务，不应视为国际多式联运。

作为一种现代化的运输方式，国际货物多式联运是随着集装箱运输的发展而产生的，20世纪 60 年代以后，国际海上集装箱运输迅速发展，国际货物多式联运也随之迅速发展。采用国际货物多式联运，托运人只需与多式联运经营人签订多式联运合同，在起运地将货物交给多式联运经营人并取得其签发的多式联运单据后，便可通知收货人（进口商）在目的地提取货物。这种运输组织形式有利于简化货运手续和明确多式联运经营人对全程运输的责任，并有利于加强参加联运的各方间的配合，从而提高运输效率，促进国际贸易的发展。

5.4.2　国际货物多式联运的责任制类型

要确定多式联运经营人的责任，首先要确定多式联运中责任制的类型。所谓责任制（Liability Regime）类型，是指在多式联运当中如何划分或确定各个运输区段承运人责任和多式联运经营人责任及承运人和经营人之间责任关系的制度。目前，有 4 种责任制类型。

1. 网状责任制（Network Liability System）

网状责任制是指由多式联运经营人就全程运输向货主负责，但各区段或各运输方式适用的责任原则和赔偿方法仍根据该区段或运输方式的法律予以确定的一种制度。

根据我国《海商法》，我国多式联运经营人的责任类型属于网状责任制。

2. 统一责任制（Uniform Liability System）

统一责任制是指多式联运经营人对全程运输负责，不论损害发生在哪一区段，均按照同一责任进行赔偿的一种制度。目前世界上对这种责任制的应用并不广泛。

3. 修正性的统一责任制（Modified Uniform Liability System）

修正性的统一责任制是由联合国多式联运公约所确立的以统一责任制为基础，以责任限额为例外的一种责任制度。联合国公约确立的责任制度有利于货主而不利于多式联运经营人。因为联合国多式联运公约尚未生效，所以实践中适用该责任制的情况也较少。

4. 责任分担制

责任分担制是指多式联运经营人和各区段承运人在合同中事先划分运输区段，并按各区段所应适用的法律来确定各区段承运人责任的一种制度。这种责任制实际上是单一运输方式的简单组合，并没有真正发挥多式联运的优越性，故目前很少被采用。

5.4.3 有关国际多式联运的国际公约

（一）《联运单证统一规则》

在全程运输中，多式联运经营人应按照何种责任制度承担责任，常成为争议所在。因此，统一规定多式联运经营人的责任制度，是开展多式联运所必须解决的问题。为此，海运发达国家通过国际航运商会，并于1975年制定了供联运经营人采用的非强制性的《联运单证统一规则》。它规定多式联运采用网状责任制度，即按货损发生区段适用的国际公约或国内立法规定办理。如货物损坏发生在海上，则按海运的国际公约或各国适用的海运法规办理；发生在公路、铁路、内河或航空运输区段，则按各运输方式适用的公约或国内法办理。如果货物损坏的发生区段不能确定，则按《联运单证统一规则》的有关规定处理。其赔偿限额为货物毛重每公斤30法郎或2特别提款权。目前各国联运经营人的多式联运提单大多采用《联运单证统一规则》规定的提单。

（二）《联合国国际货物多式联运公约》

发展中国家为了摆脱海运发达国家对国际多式联运的控制，发展自己的多式联运业务，从1973年开始，经过7年谈判，在联合国贸易和发展会议的主持下，于1980年5月制定了《联合国国际货物多式联运公约》。

公约由序言、8个部分共40条和1个关于海关事项的附则所组成。

按公约规定，公约在30个国家批准或加入后12个月开始生效，所以公约目前尚未生效。

5.5 国际货运保险法

5.5.1 国际货物运输保险概述

保险是一种以合同为依据建立起来的补偿损失的经济制度。被保险人根据合同以缴纳保费的方式将风险转移给保险人；保险人根据合同收取保险费，建立保险基金，履行合同规定的损失补偿或给付保险金的责任。通过保险补偿实现由多数被保险人分摊少数被保险人遭受的损失，达到社会互助共济的目的。

保险同运输一样，已经成为国际贸易的必要组成部分。货物从卖方送到买方手中，要通过运输来完成，在这一过程中如遭遇意外损失，则由保险人进行经济补偿，以保证贸易的正常进行。各种对外贸易价格条件，都需明确保险和运输由谁办理。例如国际上通用的 FOB（离岸价格）条款和 C&F（成本加运费）条款中不包括保险费，保险由买方自理；而 CIF（到岸价格）条款中则包括保险费，由卖方办理。保险之所以成为国际贸易所必需，是因为它将运输过程中不可预料的意外损失，以保险费的形式固定下来，计入货物成本，可以保证企业的经济核算和经营的稳定，避免由于意外损失引起买卖双方和有关利益方面之间的经济纠纷；可以使保险公司从自己经营成果考虑，注意对承保货物的防损工作，有利于减少社会财富损失；进出口贸易的货物在本国保险，还可以增加国家无形贸易的外汇收入。

国际货物运输保险是由保险人同被保险人双方订立保险合同，经被保险人缴付约定的保险费，当货物在国际运输途中遭受保险事故所致的损失，由保险人负责经济补偿的一种保险。这种保险属于财产保险范畴，以流动中的财物作为保险标的，保险关系涉及对外因素，不仅承保对外经济贸易交往中运输的货物，而且包括各种运输中的物资如行李、用品、展览品、援助物资以至钞票、贵金属、文物古董、技术资料等。

国际货物运输的运送主要包括海上运输、陆上运输以及航空运输等多种途径。因此，国际货物运输保险的种类根据保险标的的运输工具种类而相应大致分为三类：海上货物运输保险、陆上货物运输保险以及航空货物运输保险。在国际货物运输保险中，历史最悠久、业务量最大、影响最深远的是海上货物运输保险。其他种类的保险均参照海上货物运输保险的做法。因此在本章中海上货物运输保险将做重点讲述。

5.5.2 海上货运保险法和海上货运保险合同

一、海上货运保险概述

海上货运保险是保险人和被保险人通过协商，对船舶、货物及其他海上标的可能遭遇的风险进行约定，被保险人在交纳约定的保险费后，保险人承诺一旦上述风险在约定的时间内发生并对被保险人造成损失，保险人将按约定给予被保险人经济补偿的商务活动。海上保险属于财产保险的范畴，是对由于海上自然灾害和意外事故给人们造成的财产损失给予经济补偿的一项法律制度。

（一）海上货物运输保险关系人

海上货物运输保险关系人主要包括：投保人、被保险人、保险人、保险代理人。

投保人是向保险人申请，与保险人就保险合同进行洽谈，签订保险合同，并负有交纳保险费义务的人。投保人可以是法人，也可以是自然人，但在大多数海上货运保险合同中，投保人是法人。投保人在投保时必须具有行为能力。没有行为能力的投保人签订的保险合同无效。在多数货运保险合同中，投保人与被保险人应该是同一人，但在海上货物运输保险合同中，投保人和被保险人经常是分离的。

被保险人是受海上货运保险合同保障的人，是在保险标的遭受保险事故后发生损害，因而有权按照保险合同向保险人请求赔偿的人。被保险人若不是投保人则不一定需要具有行为能力。

保险人是保险合同的一方当事人，是按照保险合同规定收取保险费，并负责对保险标的发生保险事故后遭受的损失给予经济补偿的人。在海上保险业务中，保险人一般都是法人。在我国，保险人必须具备的条件有：①符合《保险法》和《公司法》的企业章程；②最低注册资本限额为 2 亿元人民币；③具备任职专业知识和业务工作经验的高级管理人员；④健全的组织机构和管理制度；⑤符合要求的营业场所和与业务有关的其他设施；⑥经国家金融管理部门批准。

保险代理人是根据代理合同或授权书，在指定地区以保险人的名义为保险人经营海上保险业务，并向保险人收取代理手续费的人。按照代理合同或授权书授予的不同权限，保险代理人可分为业务代理人、检验代理人和理赔代理人三类。在保险代理关系中，保险人应对保险代理人的越权代理行为承担民事责任；保险代理人所知道或所应知道的事项，均可推定为保险人所知。

（二）海上货运保险的原则

海上货运保险原则是指在海上货运保险活动中当事人应当遵循的行为准则。海上货运保险活动作为一种独立的经济活动类型，基于自身的特点和适用范围，逐步在长期的发展过程中形成了一系列基本原则。根据国际惯例，这些基本原则可归纳为：损失补偿原则、可保利益原则、近因原则、最大诚信原则和代位求偿原则。

1. 损失补偿原则

损失补偿原则是指被保险人在保险合同约定的保险事故发生之后，保险人对其遭受的实际损失应当进行充分的补偿。其具体内容有：

（1）保险赔偿金额应当公平合理、充分补偿、协商一致。

（2）保险金额是计算赔偿数额的依据，一般不允许超值保险。

（3）防止道德危险的发生。海上货运保险合同是对被保险人的保险保障措施，并非其牟利的手段，所以要防止道德危险的发生。

（4）保险人的赔偿责任依法律和海上货运保险合同予以限制。

2. 可保利益原则

可保利益原则是指只有对保险标的具有可保利益的投保人与保险人所签订的海上货运保险合同才具有法律效力，保险人才依法承担保险责任。其具体内容表现在：

3. 近因原则

近因原则是为了明确事故与损失之间的因果关系，明确认定保险责任而专门设立的一项基本原则。它的含意是指保险人对于承保范围内的保险事故作为直接的、最接近的原因所引起的损失应当承担保险责任，而对于承保范围以外的原因造成的损失，不负赔偿责任。

按照直接作用论来认定海上损失的近因时，应当把握两个条件：一是致损原因与损失后果之间因果关系的客观性；二是海上货运保险合同约定的承保危险范围。如果有两个以上致损原因的，因为其对损失所起的作用一般不会完全一样，则需要判定它们对于损失后果所起作用的大小。若致损的各个原因都属于保险责任范围内的，则无须判断其作用大小，保险人必然要承担赔偿责任。若致损的各个原因，有的属于保险责任之内的，有的是不属于保险责任内的风险，则应当判断其作用的主次之别。对于致损的最直接、作用最大的原因在保险责任之内构成近因的，保险人应当承担保险责任。反之，最直接、作用最大的原因为非保险责任的，保险人少承担甚至不承担保险责任。

4. 最大诚信原则

最大诚信原则是指签订保险合同的各方当事人必须最大限度地按照诚实与信用精神协商签约，海上货运保险合同当事人应当做到：①告知；②申报；③保证。

由于保险人无法直接控制被保险船舶和货物的运动，只有在保险事故发生时才能了解事故发生的始末和保险标的物受损原因和受损状况，因此，为了保护保险人的合法权益，防止海上保险中的不道德行为，各国法律确认了保证这一法律手段作为最大诚信原则的组成部分。我国海商法和海上保险实务对此均加以运用。

5. 代位求偿原则

有时保险标的所遭受的保险事故是由第三人的行为引起的，被保险人当然有权利向肇事者就其侵权行为所致损失进行索赔。由于海事诉讼往往牵涉到许多方面，诉讼过程旷日持久，保险人为便利被保险人，就按照保险合同的约定先行赔付，同时取得被保险人在标的物上的相关权利，代被保险人向第三人进行索赔，这就是在国际海上保险业中普遍盛行的代位求偿原则。

我国《海商法》第 252 条第 1 款规定："保险标的发生保险责任范围内的损失是由第三人造成的，被保险人向第三人要求赔偿的权利，自保险人支付赔偿之日起，相应转移给保险人。"这就确立了我国海上保险业务中的代位求偿原则，符合国际上通行的做法。保险人的代位求偿权是由被保险人处转移而来的，应严格局限于被保险人原有的对第三人的权利，不能由于代位求偿而得到被保险人本没有的权利。

为确保代位求偿原则的顺利执行，我国《海商法》就代位求偿过程中可能出现的几种情况作了规定。

二、海上货运保险合同

（一）海上货运保险合同的概念

海上货运保险合同是指按照约定，由被保险人支付保险费，保险人对于被保险人遭受保险事故造成保险标的的损失所产生的责任负责赔偿的合同。

海上货运保险合同的保险标的是海上财产及其利益、运费和责任等。海上保险合同是属于财产保险合同的一种，只是和一般财产保险合同相比更具有其特殊性，如保险标的的多样性、保险事故的复杂性、保险利益主体的多变性、保险合同适用法律法规的国际性以及海上保险合同的综合性等。

（二）海上货运保险合同的类型

海上货运保险合同可以按不同标准分为若干种类：

（1）以承保方式为标准可分为四类：①逐笔保险合同。它是仅就某一项具体的利益进行保险而订立的合同；②总括保险合同。它是把同种类的不同利益以同一条件一起投保的合同；③浮动保险合同。它是长期办理货物进出口业务的单位，为减少与保险人商洽的麻烦，与保险公司订立一个总的保险合同，承保一定时期内所有运进或运出的货物；④预约保险合同。一般没有总的保险金额限制，所以也称为"开口保险合同"；

（2）以保险标的为标准可分为：船舶保险合同、货物运输保险合同和运费保险合同等。

（3）以承保的期间为标准可分为定期保险合同、航次保险合同等。

（三）海上货运保险合同的内容

根据《中华人民共和国海商法》和《中华人民共和国保险法》的有关规定，海上保险合同至少应当包含以下内容：

（1）保险人名称和住所。

（2）投保人、被保险人名称和住所。

（3）保险标的。

（4）保险价值和保险金额。

（5）保险责任和除外责任。

（6）保险期间。

（7）保险费以及支付办法。

（8）保险金赔偿或给付办法。

（9）违约责任和争议处理。

（10）合同订立的时间。

投保人和保险人可以在上述内容的基础上，就与具体保险标的和保险风险的有关事项做出约定。

（四）海上货运保险合同的标的

海上货运保险合同的保险标的是指保险合同指向的物、服务或其他经济利益与责任。我国《海商法》第218条第一款规定："下列各项可以作为保险标的：船舶；货物；船舶营运收入，包括运费、租金、旅客票款；货物预期利润；船员工资和其他报酬；对第三人的责任；由于发生保险事故可能受到损失的其他财产和产生的责任、费用。"

我国《海商法》第218条对海上保险标的的列举式规定，明确了可以作为海保险标的的财产、权益和法律责任。保险人可以按照本条规定的保险标的的分类进行保单设计，保险业监督管理部门也可以依据本条的规定划分保险公司的业务范围，以便于实施监管。

由于通常船舶和货物的所有人不可能是一个人，所以制订一份包括上述全部保险标的的保险单并无实际意义。在实践中通常针对不同的标的制订不同的保险合同，或综合上述几项组成一份保险合同。如海上货物运输保险合同主要是针对货物，附带考虑货物的预期利润；船舶保险合同则针对船舶、船舶营运收入、第三人责任等。

（五）海上货运保险合同的变更和解除

1. 海上货运保险合同的变更

海上货运保险合同的变更是指保险合同当事人就为适应具体情势的变化而改变保险合同的具体内容所作出的一致协议。这种变更大致包括这样的内容：风险变更（航程变更、中途绕航、船舶变更、延误开航、延误续航等）、标的数量和质量以至保险价值变更、险别变更和保险期限变更等。

保险合同变更必须经过以下程序：

①投保人发出更改请求；②保险人就更改请求进行审核；③保险人通知投保人审核结果；④保险人在保险合同上签发批单或加贴附加条款；⑤投保人支付手续费，并在必要时加付保险费。

2. 海上保险合同的解除

如果在海上保险合同的有效期间，出现了一些特定的情况，需要解除海上保险合同的。海上保险合同的原因可以分为以下几类：

（1）自然解除，即在规定的时间和范围内，保险标的没有遭遇任何保险事故而发生损失；或者保险标的虽然有损失，但造成损失的原因不是保险合同承保的风险。这是绝大多数保险合同解除的原因。

（2）履约，即在规定的时间和范围内，保险标的遭遇到保险事故而发生损失，保险人根据保险合同给予了赔偿。

（3）违约，即因为一方或双方当事人违反约定，使保险合同实际无法履行，造成合同解除。

（4）欺诈。欺诈表现形式为被保险人违反告知义务和被保险人或受益人谎称发生了保险事故或者故意制造保险事故。

（5）重大变更。

（6）双方约定。

（六）保险单证

1. 保险单（Insurance Policy）

保险单在形式上确定了双方当事人之间保险权利义务关系，是保险公司对被保险人保险标的的承保的证明。在被保险货物受损时，是被保险人索赔和保险人理赔的主要依据，是银行结汇的重要单据。

保险单应该载明的事项包括：①被保险人之姓名；②保险的标的物和承保的风险；③保险的航次和期间；④保险金额；⑤保险人名称。

2. 保险凭证的种类

（1）定值保险单。是指载明保险标的约定价值的保险单。通常为货物的 CIF 或 CIP 价加上 10% 的买方预期利润。

（2）航程保险单。是指以一次或多次航程为期限的保险单。

（3）流动保险单。是指保险人与被保险人就总的承保条件，如承保风险、费率、总保险金额、承保期限等事先预以约定，细节留待以后商定的保单。

（4）预约保险单，又称开口保单。与流动保单类似，只是在保单中未规定保险总金额。承保货物一经启运，被保险人通知保险人后，保单自动生效。合同终止取决于被保险人和保险人之间的约定。

（5）重复保险单。是指被保险人在同一保险期间内与数个保险人，就同一保险利益、同一保险事故分别订立数个保险合同。重复保险金额的总额不得超过保险标的价值。

（6）保险凭证（Insurance Certificate），是一种简式保险合同。通常仅载有正式保险单正面的条款，而对保险单背面有关保险人和被保险人权利义务的条款则不予登载。在当事人采用流动保单或预约保单投保时，被保险人得不到正式保单，只能得到保险凭证。

我国进出口贸易使用的保险单据有定值保单，包括保险单和保险凭证（是简化的保险单），预约保单和流动保单。

3. 保险单证的转让

（1）根据海运保险习惯，如果被保险人所有的货物所有权发生转移，承保该货物的保险单及其权益也随之转让，无须经保险公司同意。保险单转让一般采用空白背书方式，由被保险人在保单背面签名，也可以写上受让人名称，这是记名背书。

海商法第 229 条规定："海上货物运输保险合同可以由被保险人背书或者以其他方式转让，合同的权利、义务随之转移。合同转让时尚未支付保险费的，被保险人和合同受让人负连带支付责任。"例如在 CIF 合同中，卖方必须"自费投保，交纳保险费"，然后可以在背书以后交给买方。

5.5.3　承保的风险与损失

保险公司并非对所有海上风险都予以承保，也不是对一切损失都予以赔偿。为了明确责任，各国保险公司将其承保的各种基本险别，及对风险所造成的各种损失的赔偿责任，都加以规定。因此，在办理贸易货物运输保险时，首先要了解保险公司对海上风险和损失所做的规定和解释。

1. 承保的风险

由于海上货运保险属于财产保险的范畴，凡可能遭受海上风险的财产（如船舶、货物），预期大宗收入（如运费、佣金）以及对第三者所应负的责任，均可作为标的物向保险人投保。在各国保险业务中，各保险公司所承保的风险，是指自然灾害的风险、意外事故的风险和外来原因的外来风险等。保险公司负责赔偿由这些风险所带来的损失。

除上述风险外，保险标的物还可能遭遇一些由于政治、社会等人为因素造成的特殊风险，比如战争、武装冲突、政府禁令或敌对行为等所引起的损失。

在海洋运输保险业务中，上述各类风险分别为保险公司所承保的不同险别所包括，进出口商双方可根据交易中的具体需要向保险公司投保不同的风险。

2. 承保的损失

承保的损失是指货物在海上运输过程中，由于海上风险所造成的损坏或灭失，简称海损。根据各国海运保险业务的一般解释，凡与海陆连接的陆运过程中所发生的损坏或灭失，也属海损。海损按照货物损失的程度可以分为全部损失与部分损失；按照货物损失的性质又可分为共同海损和单独海损。在保险业务中，共同海损与单独海损都属于部分损失。

（1）全部损失与部分损失。

全部损失简称"全损"，指运输过程中整批货物或不可分割的一批货物的全部损失，它分为实际全损和推定全损。

部分损失指货物的损失尚未达到全部损失的程度。部分损失按其发生的性质不同，分为共同海损与单独海损两种。

（2）共同海损与单独海损

共同海损是指载货船舶在海运途中遇到危难时，船方为了维护船舶和所有货物的共同安全或使航程得以继续完成，有意和合理地做出的特殊牺牲或支出的特殊费用。由此可见，共同海损包括两种情况：特殊牺牲和牺牲费用。

共同海损的牺牲及费用均是使船舶、货物和运费免于遭受损失而支出的，因此应当由获得安全的财产，即由幸存的船舶，货物和运费按其获救后的价值按比例进行分摊。这种分摊称为共同海损分摊。为了计算共同海损的牺牲和费用的金额，需要进行共同海损理算。目前国际上大都按照1974年《约克·安特卫普规则》来进行这项工作。

船舶在海上航行遇难，其他经过船舶依照惯例有自动给予救助的义务，遇难船负责付给一定的救助报酬，称为救助费用。该项费用亦列入共同海损，由船舶、货物、运费三方面按获救价值的比例分摊。各国海运保险单都按各自承保的标准把所应分摊的比例负责偿付。

单独海损是指保险标的物由所承保的风险所引起的，不属于共同海损的部分损失。单独海损是由意外发生的事故而非人为有意行为所引起的，它只能由遭受损失的一方单独负担此种损失，或者向应对引起该种损失承担责任的人（如承运人）请求赔偿。在国际保险中，保险人对保险标的物遭受单独海损是否予以赔偿，须视客户投保的险别和保险单的条款如何规定而定，不能一概而论。

5.5.4　国际海上货物运输保险条款和险别

海上货运保险条款按照国际保险习惯，可以分为基本险、一般附加险和特别附加险。

一、基本险

基本险别一般包括平安险、水渍险和一切险。这三种险别都是海上货物运输的基本险别，被保险人可以从中选择一种投保。世界上许多国家和地区大都使用英国伦敦保险人协会制定的"协会条款"（Institute Cargo Clauses，ICC）。该条款 1963 年的基本险别分为平安险、水渍险和一切险三种，从 1982 年 1 月 1 日起该条款基本险别改为 ICC（A）、ICC（B）、ICC（C）。我国参照过去伦敦协会条款制定的海洋运输条款，仍相应采用一切险、水渍险和平安险三种险别。

（一）平安险（free from particular average，f. p. a.）

平安险又称"不保单独海损险"，"伦敦协会货条款"用 ICC（C）险代表平安险。其英文原意是指单独海损不负责赔偿，根据国际保险界对单独海损的解释，它是指部分损失。因此，平安险是指海上货物运输中只负责全部损失和特定意外事故的部分损失的一种险别。平安险的原来保障范围只赔偿全部损失。但在长期实践的过程中对平安险的责任范围进行了补充和修订，当前平安险的责任范围已经超出只赔全损的限制。

（二）水渍险（with particular average，w. p. a.）

水渍险又称"单独海损险"，英文原意是指单独海损负责赔偿，这里的"海损"是自然灾害及意外事故，导致货物被水淹没，引起货物的损失。水渍险的责任范围除了包括上述"平安险"的各项责任外，还负责被保险货物由于恶劣气候、雷电、海啸、地震、洪水等自然灾害所造成的部分损失。具体来说还分为是海水浸渍还是雨水浸渍，有的"水渍险"是不赔雨水浸渍的。就算有水浸渍，还要看那水是引起的货物损害的直接原因还是间接原因，如果水是引起的货物损害的直间接原因，保险公司将不予赔偿。

（三）一切险（all risks）

一切险是海洋运输货物保险的主要险别之一，其负责的范围很广泛。它除了承保"平安险"和"水渍险"的各项责任外，不论全损或部分损失，除对某些运输途耗的货物，经保险公司与被保险人双约定在保险单上载明的免赔率外，保险公司都给予赔偿。外来原因通常所致的损失有：偷窃、提货不着、淡水、雨淋、短量、混杂、玷污、渗漏、碰损、破碎、串味、受潮受热、钩损、包装破裂、锈损等。上述外来原因所导致的损失，也可以选择其中一项或数项在平安险或水渍险的基础上加保。英国 1982 年新修订的伦敦协会货物保险条款已将原来的"一切险"改称为（A）险。

在一切险、平安险和水渍险三种基本险别中，明确规定了除外责任。所谓除外责任是指保险公司明确规定不予承保的损失或费用。

二、一般附加险

一般附加险是指不能单独投保，只能附加于基本险投保的保险险种，基本险因失效、解约或满期等原因效力终止或中止时，附加险效力也随之终止或中止。一般附加险包括偷窃提货不着险、淡水雨淋险、短量险、混杂玷污险、渗漏险、碰损破碎险、串味险、受潮受热险、钩损险、包装破裂险、锈损险等11种险别，它们包括在一切险范围内：

（1）偷窃提货不着险（theft piferageand no delivery，简称 t. p. n. d.）：保险有效期内，保险货物被偷走或窃走，以及货物运抵目的地以后，整件未交的损失，由保险公司负责赔偿。

（2）淡水雨淋险（fresh water rain damage，简称 f. w. r. d.）：货物在运输中，由于淡水、雨水以至雪溶所造成的损失，保险公司都应负责赔偿。淡水包括船上淡水舱、水管漏水以及汗等。

（3）短量险（risk of shortage）：负责保险货物数量短少和重量的损失。通常包装货物的短少，保险公司必须要查清外装包是否发生异常现象，如破口、破袋、扯缝等，如属散装货物，往往把装船量和卸重量之间的差额作为计算短量的依据。

（4）混杂玷污险（risk of intermixture &contamination）：保险货物在运输过程中，混进了杂质所造成的损换。例如矿石等混进了泥土、草屑等因而使质量受到影响。此外保险货物因为和其他物质接触而被沾污，例如布匹、纸张、食物、服装等被油类或带色的物质污染因而引起的经济损失。

（5）渗漏险（risk of leakage）：流质、半流质的液体物质如油类物质，在运输地程中因为容器损坏而引起的渗漏损换。如以液体装存的湿肠衣，因为液体渗漏而使肠发生腐烂、变质等损失，均由保险公司负责赔偿。

（6）碰损破碎险（risk of clash & breakage）：碰损主要是对金属、木质等货物来说的，破碎则主要是对易碎性货物来说的。前者是指在运输途中，因为受到震动、颠簸、挤压而造成货物本身的损失；后者是在运输途中由于装卸野蛮、粗鲁、运输工具的颠震造成货物本身的破裂、断碎的损失。

（7）串味险（risk of odor）：例如茶叶、香料、药材等在运输途中受到一起堆储的皮革、樟脑等异味的影响使品质受到损失。

（8）受热受潮险（damage caused by heating & sweating）：例如，船舶在航行途中，由于气温骤变，或者因为船上通风设备失灵等使舱内水汽凝结、发潮、发热引起货物的损失。

（9）钩损险（hook damage）：保险货物在装卸过程中因为使用手钩、吊钩等工具所造成的损失，例如粮食包装袋因吊钩钩坏而造成粮食外漏所造成的损失，保险公司应予赔偿。

（10）包装破裂险（loss for damage by breakage of packing）：因为包装破裂造成物资的短少、沾污等损失。此外，对于因保险货物运输过程中续运安全需要而产生的候补包装、调换包装所支付的费用，保险公司也应负责。

（11）锈损险（risk sourest）：保险公司负责保险货物在运输过程中因为生锈造成的损失。不过这种生锈必须在保险期内发生，如原装时就已生锈，保险公司不负责任。

上述11种附加险不能独立承保，它必须附属于基本险面下。也就是说，只有在投保了基本险别以后，投保人才允许投保附加险。投保"一切险"后上述险别均包括在内。

三、特别附加险

特别附加险是以导致货损的某些政府行为风险作为承保对象的，它不包括在一切险范围。不论被保险人投任何基本险，要想获取保险人对政府行为等政治风险的保险保障，必须与保险人特别约定，经保险人特别同意。否则，保险人对此不承担保险责任。

我国保险公司开办的特别附加险现有六种：

（1）交货不到险。该险承保自被保险货物装上船舶时开始，在 6 个月内不能运到原定目的地交货。不论何种原因造成交货不到，保险人都按全部损失予以赔偿。但是，被保险人应将货物的全部权益转移给保险人，因为造成交货不到的原因并非运输上的，而是某些政治原因（如被另一国在中途港强迫卸货等），所以被保险人在投保该险别时必须获得进口货物所有的一切许可手续，否则投保该险是无效的。同时，由于该附加险与提货不着险和战争险所承保责任范围有重叠之处，故中国人民保险公司在条款中规定，提货不着险和战争险项下所承担的责任，不在交货不到险的保险责任范围之内。

（2）进口关税险。该险承保的是被保险货物受损后，仍得在目的港按完好货物交纳进口关税而造成相应货损部分的关税损失。但是，保险人对此承担赔偿责任的条件是货物遭受的损失必须是保险单承保责任范围内的原因造成的。

（3）舱面货物险。该附加险承保装载于舱面的货物被抛弃或海浪冲击落水所致的损失。一般来讲，保险人确定货物运输保险的责任范围和厘定保险费时，是以舱内装载运输为基础的。但有些货物因体积大或有毒性或有污染性或根据航运习惯必须装载于舱面，为对这类货物的损失提供保险保障，可以加保舱面货物险。

（4）拒收险。当被保险货物出于各种原因，在进口港被进口国政府或有关当局拒绝进口或没收而产生损失时，保险人依拒收险对此承担赔偿责任。但是，投保拒收险的条件是被保险人在投保时必须持有进口所需的一切手续（特许证或许可证或进口限额）。

（5）黄曲霉素险。该附加险承保被保险货物（主要是花生）在进口港或进口地经卫生当局检验证明，其所含黄曲霉素超过进口国限制标准，而被拒绝进口、没收或强制改变用途所造成的损失。按该险条款规定，经保险人要求，被保险人有责任处理被拒绝进口或强制改变用途的货物或者申请仲裁。

（6）出口货物到香港（包括九龙）或是澳门存仓火险责任扩展条款。这是中保财产保险公司所开办的一种特别附加险。它对于被保险货物自内地出口运抵香港（包括九龙）或澳门，卸离运输工具，直接存放于保险单载明的过户银行所指定的仓库期间发生火灾所受的损失，承担赔偿责任。该附加险是一种保障过户银行权益的险种。

5.5.5 其他方式货物运输保险

1. 陆上货物运输保险

陆上货物运输保险是指保险人与投保人之间达成的，以陆上运输过程中的货物作为保险标的，由保险人对于被保险货物因自然灾害或意外事故造成的损失承担赔偿责任的协议。国际陆上货物运输保险合同适用于国际贸易的进出口货物及其他涉外经济活动的物品，在跨越国界的陆路上进行的运输活动。在我国，国际陆上货物运输保险合同习惯上称其为陆上货物运输保险合同，而且，限于使用火车、汽车进行的运输活动，使用其他陆上运输工具的货物运输活动则不予承保。

2. 航空货物运输保险

航空货物运输保险是以航空运输过程中的各类货物为保险标的，当投保了航空货物保险的货物在运输途中因保险责任造成货物损失时，由保险公司提供经济补偿的一种保险业务。

本章案例

佳丽彤公司诉赫尔利公司共同海损纠纷案

我国佳丽彤有限责任公司与某国赫尔利有限责任公司于 2003 年 10 月 20 日签订购买 500 吨棉花的 GFR 合同。佳丽彤有限责任公司开出信用证规定，装船期限为 2004 年 2 月 1 日至 2 月 15 日。

由于赫尔利有限责任公司租来运货的"白马王子号"在开往某外国港口途中遇到飓风，结果装货至 2004 年 2 月 20 日才完成。承运人在取得赫尔利有限责任公司出具的保函的情况下签发了与信用证条款一致的提单。"白马王子号"于 2 月 21 日驶离装运港。

佳丽彤有限责任公司为这批货物投保了水渍险。2004 年 2 月 28 日"白马王子号"途经达达尼尔海峡时起火，造成部分棉花烧毁。船长在命令救火过程中又造成部分棉花湿毁。

由于船在装货港口的延迟，使该船到达目的地时赶上了棉花价格下跌，佳丽彤有限责任公司在出售余下的棉花时价格不得不大幅下降，给佳丽彤有限责任公司造成很大损失。

案例评析：共同海损是指载货船舶在海运途中遇到危难时，船方为了维护船舶和所有货物的共同安全或使航程得以继续完成，有意和合理地作出的特殊牺牲或支出的特殊费用。本案中因为船舶和棉花遭到了共同危险，船长为了维护船舶和所有货物的共同安全，有意又合理地造成了棉花的湿毁，因此途中湿毁的棉花损失属共同海损，应由佳丽彤有限责任公司与船公司分别承担。基于佳丽彤有限责任公司的请求，保险公司也应当对此部分海损负赔偿责任，但船公司仍应当承担属于自己部分的责任，保险公司可代位向船公司追偿。

讨论：承运人可否向托运人赫尔利有限责任公司追偿责任？为什么？

本章小结

国际货物运输是国际商务活动，特别是国际贸易中不可或缺的环节，与之相关的国际条约、国际协定、国际习惯亦是国际商法的重要组成部分。现代工业的发展使国际运输方式多样化：海上运输、铁路运输、航空运输及国际多式联运都很普遍。其中，海上货物运输是最主要的运输方式。

海上货物运输有班轮运输和租船运输两种形式，经过多年的实践已形成比较完善的法律体系。其中，调整班轮运输方式的主要有《海牙规则》、《维斯比规则》和《汉堡规则》，对承运人的义务、赔偿责任和免责事项作了不同规定，并呈现出对货方利益的保护趋势。租船运输合同主要包括航次租船合同、定期租船合同和光船租船合同三种类型。代表着另一种主要的海运方式，适用法律与班轮运输有所不同。

国际铁路货物运输法主要条约有《国际铁路货物运输公约》和《国际铁路货物联合运输协定》。国际航空货物运输法条约体系相对比较完善，形成了以《华沙公约》为基础的华沙体系，其中以《华沙公约》和《海牙议定书》的适用最为广泛。国际货物多式联运随着国际集装箱运输的发展而兴起，除了《联运单证统一规则》外，发展中国家通过联合国制定了《联合国国际货物多式联运公约》，尝试对这一领域内法律体系进行调整和构建，对货方的利益给予了更多的法律保障，但目前这一公约尚未正式生效。

国际货物运输保险是由保险人同被保险人双方订立保险合同，经被保险人缴付约定的保险费，当货物在国际运输途中遭受保险事故所致的损失，由保险人负责经济补偿的一种保险。分为海上货物运输保险、陆上货物运输保险以及航空货物运输保险。

由于海上货运保险属于财产保险的范畴，凡可能遭受海上风险的财产（如船舶、货物），预期大宗收入（如运费、佣金）以及对第三者所应负的责任，均可作为标的物向保险人投保。保险公司所承保的风险主要包括自然灾害的风险、意外事故的风险和外来风险等。

海上货运保险条款按照国际保险习惯，可以分为基本险、一般附加险和特别附加险。基本险别一般包括平安险、水渍险和一切险。这三种险别都是海上货物运输的基本险别，被保险人可以从中选择一种投保。一般附加险是指不能单独投保，只能附加于基本险投保的保险险种，基本险因失效、解约或满期等原因效力终止或中止时，附加险效力也随之终止或中止。特别附加险是以导致货损的某些政府行为风险作为承保对象的，它不包括在一切险范围，不论被保险人投任何基本险，要想获取保险人对政府行为等政治风险的保险保障，必须与保险人特别约定，经保险人特别同意。否则，保险人对此不承担保险责任。

本章习题

1. 海上货物运输的种类有哪些？各自适用何种国际贸易情形？
2. 《汉堡规则》对《海牙规则》的主要修订是什么？
3. 班轮运输合同中，承运人和托运人各有哪些基本义务？
4. 提单有哪些作用？如何理解航次租船合同与提单的关系？
5. 国际货物多式联运经营人的赔偿责任有哪些？
6. 试述海上货运保险承保风险种类与全部损失和部分损失。
7. 试述保险单种类。
8. 试述共同海损与单独海损的联系和区别。

第6章

国际服务贸易法

学习目标

1. 了解国际服务贸易的概念和特点。
2. 熟悉国际服务贸易法的内涵。
3. 掌握《服务贸易总协定》的基本内容。
4. 熟悉多边贸易体制的新机制。
5. 了解 WTO 体制与国际服务贸易的发展。
6. 掌握《服务贸易总协定》的主要内容及意义。
7. 熟悉你所在行业国际服务贸易法律制度。

导入案例

1 美元的个人信用侵权案

2003 年 9 月 24 日，沈某按照银行的催款单，提前一天归还了其在工行国际牡丹卡（Visa 国际组织成员卡）上 14 美分的透支款。但一个月后，工行杭州市羊坝头支行（以下简称工行）给沈某寄送的对账单表明，其是在银行规定的欠款归还日期 9 月 25 日之后的 26 日方才归还其透支款的，并因此认定其恶意透支，扣罚沈某滞纳金 1 美元。沈某事后与工行联系，工行承认系自身记账工作存在错误，并退还了误扣的 1 美元。但沈某认为，工行的这一行为已经给自身造成了错误的不良信用记录。作为补救措施，沈某要求工行向 Visa 国际组织总部及 Visa 组织各中国区域会员银行（广东发展银行等 6 家银行）做出书面的更正、道歉启示。除此之外，沈某还依据《浙江省实施〈消费者权益保护法〉办法》第 52 条规定，要求工行另行支付 1 美元，以作为侵害其信用的赔偿。经审理，一审（2005 年 4 月）、二审（2005 年 7 月）法院均以工行已经更正错误信息，并已退还多收的 1 美元，而沈某未能证明此项错误记录给其造成了实际损害，且其要求工行赔礼道歉的诉讼请求缺少可操作性为由，驳回了沈某的诉讼请求。

6.1　国际服务贸易概述

国际服务贸易（International Service Trade）是指国际服务的输入和输出的一种贸易方式。贸易一方向另一方提供服务并获得收入的过程称为服务出口或服务输出，购买他人服务的一方称为服务进口或服务输入。国际贸易狭义的概念是指传统的为国际货物贸易服务的运输、保险、金融以及旅游等无形贸易。而广义的概念还包括现代发展起来的、除了与货物贸易有关的服务以外的新的贸易活动，如承包劳务、卫星传送和传播等。

6.1.1　国际服务贸易概述

（一）国际服务贸易的概念

虽然服务业作为一个传统的产业部门已经有数千年的发展史，但是"服务贸易"（trade in services）这一概念的提出相对于古老的货物贸易而言，则是一件并不遥远的事情。国际货币基金组织（IMF）在进行各国国际收支统计时一直把服务贸易列入无形贸易（invisible trade）一栏中，这种情况直到1993年才做出了调整，而中国过去一直把服务贸易称作劳务贸易。在1986年9月发起的乌拉圭回合多边贸易谈判之前，服务贸易只是在发达国家的有限范围内展开，还谈不上作为国际贸易的普遍问题引起人们的高度关注。

据文献记载"服务贸易"这个概念，最早出现在1972年9月经济合作与发展组织（OECD）提出的《高级专家对贸易和有关问题报告》中。1974年美国在其《1974年贸易法》第301条款中首次使用了"世界服务贸易"的概念。

目前，由于服务的界定本来就很复杂，此外不同的国家和研究人员从各自的立场出发有不同的视角，因此关于国际服务贸易，各国统计和各种经济贸易文献并无统一的、公认的、确切的定义。下面介绍几种有代表性的定义：

1. 联合国贸发会议的定义

联合国贸易与发展会议是联合国处理有关贸易和发展问题的常设机构。它从过境这一视角来阐述国际服务贸易。将国际服务贸易定义为：货物的加工、装配、维修以及货币、人员、信息等生产要素为非本国居民提供服务并取得收入的活动，是一国与他国进行服务交换的行为。

2.《美加自由贸易协定》的定义

国际服务贸易是指由代表其他缔约方的一个人，在其境内或进入某一缔约方提供所指定的一项服务。这里所说的"指定的一项服务"包括①生产、分配、销售、营销及传递一项所指定的服务及其进行的采购活动；②进入或使用国内的分配系统；③奠定一个商业存在，为分配、营销、传递或促进一项指定的服务；④遵照投资规定，任何为提供指定服务的投资及任何为提供指定服务的相关活动。"一个人"既可以是法人，也可以是自然人。

3. 乌拉圭回合《服务贸易总协定》（GAST）的定义

乌拉圭回合谈判在1994年4月签订了《服务贸易总协定》（GAST），该协定第一条第二款将服务贸易定义为通过以下四种形式提供的服务：

（1）跨境交付（Cross – Border Supply）：从一成员境内向任何其他成员提供服务（这种

服务不构成人员、物质或资金的流动，而是通过电讯、邮电、计算机网络实现的服务，如视听、金融信息等）。这种服务提供方式特别强调买卖双方在地理上的界限，跨越国境和边界的只是服务本身，而不是服务提供者或接受者。

（2）境外消费（Consumption Abroad）：在一成员境内向任何其他成员的服务消费者提供服务（如接待外国游客、提供旅游服务、为国外病人提供医疗服务）。这种服务提供方式的主要特点是消费者到境外去享用服务提供者提供的服务。

（3）商业存在（Commercial Presence）：一成员的服务者在任何其他成员境内通过商业存在提供服务（指允许一国的企业和经济实体到另一国开业、提供服务，包括投资设立合资、合作和独资企业。如外国公司到中国来开办银行、商店、设立会计、律师事务所等）。这种服务提供方式的特点是，服务的提供者和消费者在同一成员的领土内，服务提供者到消费者所在国的领土内采取了设立商业机构或专业机构的方式。商业存在是四种服务提供方式中最为重要的方式。

（4）自然人流动（Presence of Natural Persons）：一成员的服务提供者在任何其他成员境内通过自然人存在提供的服务（如一国的医生、教授、艺术家到另一国从事个体服务）。自然人流动与商业存在的共同点是，服务提供者到消费者所在国的领土内提供服务；不同点是，以自然人流动方式提供服务，服务提供者没有在消费者所在国的领土内设立商业机构或专业机构。

（二）国际服务贸易的分类

国际贸易的分类依据不同的标准有不同的划分，在相关国际规范性法律文件中，有关国际贸易的定义及范围并不统一，所以有较多标准的划分方式。

1. 民间分类

（1）以"移动"为标准。

R·M·期特恩在1987年所著的《国际贸易》一书中，将国际服务贸易按服务是否在提供者与使用者之间移动分为4类：

①分离式服务（separated services）。是指服务提供者与使用者在国与国之间不需要移动而实现的服务。运输服务是分离式服务的典型例子，如民用航空运输服务，一家美国航空公司可以为中国的居民提供服务，但并不需要将这家美国航空公司搬到中国去，也不必要求中国顾客到这家航空公司所在的美国去接受服务。GAST中定义的第一种服务提供方式"跨境交付"类似于这一类服务。

②需要者所在地服务（demander – located services）。它是指服务的提供者转移后产生的服务，一般要求服务的提供者与服务使用者在地理上毗邻、接近。银行、金融、保险服务是这类服务的典型代表。例如，一英国银行要想占有日本的小额银行业务市场份额，它必须在日本开设分支机构，这就要求国与国之间存在着资本和劳动力的移动。GATS中定义的第三种服务提供方式"商业存在"类似这一类服务。

③提供者所在地服务（supplier – located services）。它是指服务的提供者在本国国内为外籍居民和法人提供的服务，一般要求服务消费者跨国界接受服务，国际旅游、留学教育、涉外医疗属于这类服务贸易。例如，外国游客到中国的长城、桂林等游览接受中国旅行服务。此时，服务提供者并不跨越国界向服务消费者出口服务，对服务提供者而言，也不存在生产

要素的移动。GATS 中定义的第二种"境外消费"类似这一类服务。

④自由并非分离的服务（footloose non‑separated services），也叫"流动的服务"。它是指服务的消费者和生产者相互移动所接受和提供的服务，服务的提供者进行对外直接投资，并利用分支机构向第三国的居民或企业提供服务。如设在意大利的一家美国旅游公司在意大利为德国游客提供服务。流动式服务要求服务的消费者和提供者存在不同程度的资本和劳动力等生产要素的移动。GATS 中定义的第三种"商业存在"和第四种"自然人流动"中的部分服务属于这类服务。

这种分类方法其本质涉及资本和劳动力等生产要素在不同国家间的移动问题。由于这种生产要素的跨国界移动往往涉及各国国内立法或地区性法律的限制，并涉及在需求者所在国的开业权问题。因此，研究这类问题用这种分类方法比较合适。但存在难以准确、彻底地将服务贸易进行划分的缺陷，如各国间相互开业提供的旅游服务就很难加以划分。

（2）以生产过程为标准。

这种分类方法根据服务与生产过程之间的内在联系，将服务贸易分为三类：

①生产前服务，主要涉及市场调研和可行性研究等。这类服务在生产过程开始前完成，对生产规模及制造过程均有重要影响。

②生产服务，主要指在产品生产或制造过程中为生产过程的顺利进行提供的服务。如企业内部质量管理、软件开发、人力资源管理、生产过程之间的各种服务等。

③生产后服务，这种服务是联结生产者与消费者之间的服务。如广告、营销服务、包装与运输服务等。通过这种服务，企业与市场进行接触，便于研究产品是否适销，设计是否需要改进，包装是否满足消费者需求等。

这种以"生产"为核心划分的国际服务贸易，其本质涉及应用高新技术提高生产力的问题，并为产品的生产者进行生产前和生产后的服务协调提供重要依据。这使生产者能够对国际市场的变化迅速做出反应，以便改进生产工艺，进行新的设计或引入新的服务，最终生产出为消费者满意的产品或服务。

（3）以要素密集度为标准。

沿袭商品贸易中所密集使用某种生产要素的特点，有的经济学家按照服务贸易中对资本、技术、劳动力投入要求的密集程度，将服务贸易分为：

①资本密集型服务。这类服务包括空运、通信、工程建设服务等。

②技术、知识密集型服务。这类服务包括银行、金融、法律、会计、审计、信息服务等。

③劳动密集型服务。这类服务包括旅游、建筑、维修、消费服务等。

这种分类以生产要素密集程度为核心，涉及产品或服务竞争中生产要素，尤其是当代高科技的发展和应用问题。

（4）以商品为标准。

关贸总协定乌拉圭回合服务贸易谈判期间，1988 年 6 月谈判小组曾经提出依据服务在商品中的属性进行服务贸易分类，据此服务贸易分为：

①商品形式存在的服务，这类服务以商品或实物形式体现。如电影、电视、音响、书籍、计算机及专用数据处理与传输装置等。

②对商品实物具有补充作用的服务，这类服务对商品价值的实现具有补充、辅助功能。如商品储运、财务管理、广告宣传等都属于这类服务。

③对商品实物形态具有替代功能的服务，这类服务伴随有形商品的移动，但又不是一般的商品贸易，不像商品贸易实现了商品所有权的转移，只是向服务消费者提供服务。如技术贸易中常用的特许经营、设备租赁及设备维修等。

④具有商品属性却与其他商品无关联的服务，这类服务具有商品属性，其销售并不需要其他商品补充才能实现。例如通讯、数据处理、旅游、旅馆和饭店服务等。

这种分类将服务与商品联系起来加以分析，事实上，它就是从理论上承认"服务"与"商品"一样，既存在使用价值，也存在价值，与商品同样能为社会生产力的进步作出贡献。服务的特殊性就在于它有不同于商品的"无形性"，但是，这种"无形性"也可以在一定情况下以商品形式体现。

2. 世贸组织的分类

乌拉圭回合服务贸易谈判小组在对以商品为中心的服务贸易分类的基础上，结合服务贸易统计和服务贸易部门开放的要求，并在征求各谈判方的提案和意见的基础上，提出了以部门为中心的服务贸易分类方法，将服务贸易分为12大类。分别如下：

（1）商业性服务，指在商业活动中涉及的服务交换活动，服务贸易谈判小组列出的6类这种服务，其中既包括个人消费的服务，也包括企业和政府消费的服务。分别是专业性（包括咨询）服务、计算机及相关服务、研究与开发服务、不动产服务、设备租赁服务和其他服务。

（2）通讯服务，主要指所有有关信息产品、操作、储存设备和软件功能等服务。主要包括邮政服务、速递服务、电信服务、视听服务和其他电信服务。

（3）建筑服务，主要指工程建筑从设计、选址到施工的整个服务过程。具体包括：选址服务，涉及建筑物的选址；国内工程建筑项目，如桥梁、港口、公路等的地址选择等；建筑物的安装及装配工程；工程项目施工建筑；固定建筑物的维修服务；其他服务。

（4）销售服务，指产品销售过程中的服务交换。主要包括：商业销售、主要指批发业务、零售服务、与销售有关的代理费用及佣金等；特许经营服务；其他销售服务。

（5）教育服务，指各国间在高等教育、中等教育、初等教育、学前教育、继续教育、特殊教育和其他教育中的服务交往。如互派留学生，访问学者等。

（6）环境服务，指污水处理服务、废物处理服务、卫生及相似服务等。

（7）金融服务，主要指银行和保险业及相关的金融服务活动。

（8）健康及社会服务，主要指医疗服务，其他与人类健康相关的服务，社会服务等。

（9）旅游及相关服务，指旅馆、饭店提供的住宿、餐饮服务、膳食服务及相关的服务；旅行社及导游服务。

（10）文化、娱乐及体育服务，指不包括广播、电影、电视在内的一切文化、娱乐、新闻、图书馆、体育服务，如文化交流，文艺演出等。

（11）交通运输服务，主要包括：货物运输服务，如航空运输、海洋运输、铁路运输、管道运输、内河和沿海运输、公路运输服务；也包括航天发射以及运输服务，如卫星发射等；客运服务；船舶服务（包括船员雇用）；附属于交通运输的服务，主要指报关行、货物装卸、仓储、港口服务、起航前查验服务等。

（12）其他服务。

3. IMF 的分类

国际货币基金组织按照国际收支统计将服务贸易分为：

（1）民间服务（或称商业性服务）：指 1977 年国际货币基金组织编制的《国际收支手册》中的货运；其他运输、客运、港口服务等；旅游；其他民间服务和收益。

（2）投资收益：指国与国之间因资本的借贷或投资等所产生的利息、股息、利润的汇出或汇回所产生的收入与支出。

（3）其他政府服务和收益：指不列入上述各项的涉及政府的服务和收益。

（4）不偿还的转移：指因属单方面的（或片面的）、无对等的收支，即意味着资金在国际移动后，并不产生归还或偿还的问题，因而，又称单方面转移。

（三）服务贸易的特征

由于服务本身存在的一些独特的特点，导致国际服务贸易也呈现出与国际货物贸易不同的特点。与货物贸易相比，服务贸易具有以下几个明显的特点：

（1）服务贸易标的物是无形的，具有不可触摸性、不可储存性和不易运输性，这就导致服务出口方式的多样化；

（2）服务的生产与消费往往是同时发生的，通常无法将服务进行再生产和套利活动，所以服务的生产和出口过程一定程度上讲也就是服务的进口和消费过程；

（3）服务贸易更多地依赖于生产要素的国际移动和服务机构的跨国设置，无论服务贸易的形式如何，它都与资本，劳动力和信息等生产要素的跨国移动密切相关；

（4）服务贸易的统计数据和货物贸易一样，在各国国际收支表中得到体现。但是，服务贸易的统计数据却无法像货物贸易那样，在各国海关进出口统计上显示；

（5）对服务贸易的监控往往只能通过国家立法和制定行政法规来达到目的，因此它所涉及的法规形式和强度都远远超过货物贸易。

6.1.2　国际服务贸易法概述

一、国际服务贸易领域的法律架构

长期以来，国际上并没有规范服务贸易的法律规则。在经过多年的讨价还价和相互妥协之后，各成员终于达成了世界范围内规范国际服务贸易的第一套多边原则和规则——《服务贸易总协定》（General Agreement on Trade In Services，GATS）。

国际服务贸易法不同于一般的部门法或国际法律法规，它是调整与国际服务贸易有关的、具有法律约束力的国际条约、双边条约、区域性法律文件及有关涉及国际服务贸易的国内法。国际服务贸易法的产生与国际服务贸易壁垒是密切相关的。《服务贸易总协定》（GATS）作为国际服务贸易法典，就是试图消除国际服务贸易的壁垒，实现服务贸易的自由化而达成的多边法律规范。但在具体运作上，各国之间结合自身实际，出现了在调整国际服务贸易上的多重架构。以我国为例，目前我国有关调整服务贸易领域的法律架构基本上如下图所示：

WTO

↓

GATS 规范、亚太经合组织规范、双边和其他多边协定中服务贸易规范

↓

国内服务贸易法律规范

我国调整服务贸易领域的法律架构

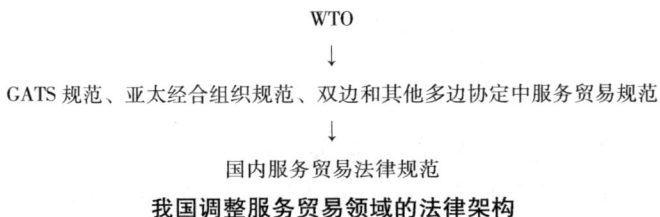

需要说明的是：①国内法与国际法（包括在我国加入 WTO 后，WTO 规则和 GATS 规则）发生冲突时，应优先适用国际法。但是，我国予以保留的条款或者规范除外。②国际服务贸易公约和条约的规范在适用中存在不少例外规定，在这种情况下，对我国的国家或者市场参与者无法律约束力。③目前，在我国参加或者缔结的服务贸易方面的国际公约和国际条约中，对所承担的义务有时采用一种较低的法律表现形式，如规章。这并不意味着该规范的效力相对较低。

二、GATS 对国际服务贸易发展的价值评析

GATS 的达成是乌拉圭回合谈判的一个重要成果。它首次为国际服务贸易提供了一套初步的总体规则和框架，为将服务贸易纳入多边体制的规范开了先河。具体而言，其重要作用体现于以下几个方面：

（一）为国际服务贸易的发展创立了可资遵循的国际标准

GATS 的诞生标志着一部统一的国际服务贸易法典的出现，它为国际服务贸易的发展制定了一项成员共同遵守的多边法律框架。如前所述，尽管国际服务贸易的发展非常迅速，但长期以来国际社会缺乏该领域可资共同遵循的国际准则，缺乏具有针对性的管理和监督的约束机制。经过多年谈判达成的 GATS 吸取了 GATT 文本在以往实施过程中的经验教训，并结合服务贸易的特点，既有总的目标与任务，又有一般的义务与纪律，还有各国具体承诺的安排以及解决争端的机制与纪律。这些条款和安排共同作用，为国际服务贸易的发展提供了一套操作性较强的多边法律规范，标志着当代国际贸易体制的日益完善。

（二）将在更大程度上推进国际服务贸易的全面增长

GATS 建立在各国服务贸易的政策透明度及服务贸易逐步自由化的基础之上，并以促进各成员经济增长和发展中国家的发展为目标。GATS 的签署必将会使存在于服务贸易领域的保护主义得到一定程度的抑制，从而促使贸易自由化趋势得以发展。因此，可以预见，GATS 将使国际服务贸易额有较大幅度的增长。

（三）主要准则沿用了 GATT 的规定，使各成员对服务贸易市场的保护与对立转向开放与合作

尽管乌拉圭回合商定了将服务贸易规则与 GATT 分离开来，实行双轨并进的方式，但谁也无法否认，货物贸易与服务贸易既然均属于国际贸易，二者之间必然有诸多的共性存在。在 GATS 的拟定过程中，人们必然会吸取 GATT 已有的成功经验。例如，GATS 在最惠国待遇、市场准入、国民待遇、互惠和透明度等主要原则性问题上，基本沿用了 GATT 的规定。

（四）为发展中国家所带来的机遇与其所面临的挑战并存

GATS 根据发展中国家的实际情况，在不少主要条款上做了许多保留和例外，并给予发展中国家一些特殊和差别待遇。例如，在逐步自由化方面，发展中国家可以少开放一些领

域、放宽较少类型的交易，逐步扩大市场准入等。同时，各成员应就发展中国家成员更多参与国际服务贸易方面承担一定的义务，并给予发展中国家成员在服务贸易方面制定新法规的权利等。但 GATS 规则在这方面的规定并非完美，还存在很多缺憾。因 GATS 主要是发达国家要求的结果，许多规则尚未明确，需要留待以后的谈判进行解决。同时，GATS 虽然从法律条款到体制安排、从服务贸易的提供方式到服务部门的谈判内容，都力图反映并精心维护发达国家与发展中国家成员的利益平衡。但这种平衡毕竟无法改变 GATS 文本之后各方真实力量的对比。因此，发展中国家必须积极调整服务贸易政策，提高自身在国际服务贸易分工中的地位，并逐步建立健全服务贸易的管理体制与相关法规。

三、对国际服务贸易的限制或禁止

我国《对外贸易法》对国际服务贸易作了若干限制与禁止规定。国家基于下列原因之一，可以限制国际服务贸易：①为了维护国家安全或者社会公共利益；②为保护生态环境；③为建立或者加快建立国内特定的服务行业；④为保障国家外汇收支平衡；⑤法律、行政法规规定的其他限制国家禁止的国际服务贸易。

属于下列情形之一的国际服务贸易，国家予以禁止：①危害国家安全或社会公共利益的；②违反中华人民共和国承担的国际义务的；③法律、行政法规规定禁止的。

四、对国际服务贸易的管理

为促进我国国际服务贸易的逐步发展，国务院对外经贸主管部门和国务院有关部门，依照《对外贸易法》和其他有关法律、法规，对国际服务贸易进行管理。

我国在国际服务贸易方面根据所缔结或参加的国际条约、协定中所作的承诺，给予其他缔约方、参加方市场准入和国民待遇。

6.2 《服务贸易总协定》的基本内容

6.2.1 多边贸易体制的新机制

世界贸易组织采取"多边贸易体制"。在 WTO 事务中，"多边"是相对于区域或其他数量较少的国家集团所进行的活动而言的。大多数国家，包括世界上几乎所有主要贸易国，都是该体制的成员，但仍有一些国家不是，因此使用"多边（multilateral）"一词，而不用"全球（global）"或"世界（world）"等词。多边贸易体制的最大目的是使贸易尽可能自由流动。

《WTO 协议》是涵盖范围广泛的各项活动的法律文本，冗长而复杂。但几个简单而根本的原则贯穿于所有这些文件，构成了多边贸易体制的基础。多边贸易体制的主要原则是：①非歧视的，即一国不应在其贸易伙伴之间造成歧视，一国也不应在本国和外国的产品、服务或人员之间造成歧视；②更自由的，通过谈判使贸易壁垒不断减少；③可预见的，外国公司、投资者和政府应相信贸易壁垒（包括关税、非关税壁垒及其他措施）不会随意增加；④更具竞争性，不鼓励"不公平的"做法，如出口补贴和为获得市场份额而以低于成本的价格倾销产品；⑤更有利于欠发达国家，给予他们更多的调整时间、灵活性和特殊权利。上述原则显然有利于维护各个成员方在国际贸易中的基本利益，各国自然会积极加入这一国际组织。

6.2.2 WTO 体制与国际服务贸易的发展

世界贸易组织（WTO）是多边经济体系中三大国际机构之一，也是世界上唯一处理国与国之间贸易规则的国际组织。WTO 体制有利于国际服务贸易的良性发展，其主要在于多边贸易体制最重要的目的是在不产生不良负面影响的情况下，使贸易尽可能自由地流动。这一方面意味着消除壁垒，另一方面意味着保证个人、公司和政府了解世界上的贸易规则是什么，并使他们相信，政策不会发生突然的变化。由于协议是在各贸易国经过大量讨论和辩论的基础上起草并签署的，因此，WTO 最重要的职能之一是提供贸易谈判的场所。WTO 工作的第三个重要方面是争端解决，贸易关系经常涉及利益冲突，契约和协议经常需要解释，包括那些经过艰苦谈判达成的契约和协议，解决这些分歧的最和谐的办法是通过建立在议定的法律基础上的中立程序。这就是 WTO 协议中争端解决机制的目的所在。

虽然 WTO 在 1995 年 1 月 1 日才建立，但多边贸易体制已有 50 年的历史了，自 1948 年起，关税与贸易总协定（GATT）就已为多边贸易体制制定了规则。根据 GATT，建立了一个非正式的、事实上的国际组织，也被非正式地称作 GATT。多年来，GATT 发动了多轮贸易谈判，最近和最大的一轮是 1986 至 1994 年的乌拉圭回合多边贸易谈判，该回合导致了 WTO 的建立。GATT 主要处理货物贸易，而随后出现的《服务贸易总协定》（GATS）针对服务贸易。

6.2.3 《服务贸易总协定》的主要内容

1995 年 1 月 1 日正式生效的《服务贸易总协定》由以下三部分组成：

（1）适用于所有成员的基本义务的协定．即《服务贸易总协定》条款。

（2）作为《服务贸易总协定》有机组成部分的涉及各服务部门的特定问题的附件，以及关于最惠国待遇豁免的附件。

（3）根据《服务贸易总协定》的规定应附在《服务贸易总协定》之后，并成为其重要组成部分的具体承诺。

除上述 3 个主要部分外，还有 9 项有关决议，包括部长决定和金融服务承诺谅解书，以及四项组织机构的决定和一项关于服务贸易与环境的决定。以上都构成服务贸易总协定的组成部分。

（一）序言部分

《服务贸易总协定》序言说明了缔结该协定的宗旨、目的和总原则。

（1）希望谈判各方在透明度和逐步自由化的条件下，建立一个有关服务贸易的原则和规则的多边框架，以促进贸易各方的经济增长和发展中国家的经济与社会发展。

（2）希望谈判各方在尊重各国政策目标的前提下，本着在互利的基础上提高各参与方利益的目的和确保各方权利和义务的宗旨，通过多轮多边谈判以促进服务贸易自由化的早日实现。

（3）希望能通过增强其国内服务业能力、效率和竞争性来促进发展中国家在国际服务贸易中的更多参与和服务出口的增长。

序言对最不发达国家在经济、发展、贸易和财政需求方面的特殊困难予以充分的考虑。序言在强调国际服务贸易在世界经济中的重要性的基础上，提出了为促进国际服务贸易发展而希望达到的目的。此外，序言用较多的篇幅和文字强调了发展中国家的积极参与和其自身的特殊情况。这是发展中国家在谈判中努力争取的结果。

（二）范围与定义

该部分规定了《服务贸易总协定》的适用的范围和关于服务贸易的定义。

关于协定适用的范围，规定本协定适用于成员影响服务贸易的各种措施。"成员的措施"是指由以下机构采取的措施：包括中央、地区或地方政府和当局和由中央、地区或当局授权行使权力的非政府机构。据此并要求各成员方，为履行本协定下的义务和承诺，应采取合理的措施以确保境内的地区和地方政府及非政府机构遵守协议。同时该部分又对服务的范围加以限制，即"在行使政府权限时提供的服务"除外。所谓"在行使政府权限时提供的服务"指既不是在商业基础上提供，又不与任何一个或多个服务提供者相竞争的任何服务。

关于服务贸易的定义，协定定义为通过跨境提供、境外消费、商业存在和自然人移动四种方式提供的服务。由于经济全球化和商业存在现象普遍性，在所有权和控股权等理解上存在很多不一致。为此，《服务贸易总协定》第二十八条规定，如果一法人的利润中有超过 50% 的利润股权被一成员方的自然人实际拥有，则该法人归成员方的自然人所有。因此，如果商业存在条件下的外国投资者拥有不足 50% 的利润股权，就意味着所开办的实体将被视为国内的实体。

（三）一般义务和纪律

这是《服务贸易总协定》的核心部分之一，包括第二条到第二十五条共 24 条的内容。规定了各成员必须遵守的普遍义务与原则，包括最惠国待遇、透明度、发展中国家的进一步参与、经济一体化、国内法规垄断和服务专营提供者、商业惯例、紧急保障、支付与转移、政府采购等条款。

1. 最惠国待遇

《服务贸易总协定》第二条第一款将最惠国待遇定义为：在该协定的任何措施方面，各成员方应立即和无条件地给予任何其他成员方的服务和服务提供者以不低于给予任何其他国家相同的服务和服务提供者的待遇。该规定与《关税与贸易总协定》第一条最惠国待遇的规定相类似，原则上也是无条件最惠国待遇原则，而对某些国际协议予以例外处理。如《服务贸易总协定》规定本条不适用于有关税收、投资保护和司法或管理协助的国际协议；也暂不适用于《服务贸易总协定》附则中没列入的，而由其他国际协议管辖的具体部门。

2. 透明度

《服务贸易总协定》在第三条中规定"任何成员除非在紧急情况下应立即并最迟在其生效前，公布所有有关或影响本协定执行的相关措施。本协定成员也应公布其签署参加的有关或影响服务贸易的国际协定。"

此条还规定，应至少一年一度地对本国新法规，或现存法规的修改做出说明介绍，规定对其他成员的询问做出迅速的答复；任何成员都可以向他方通知另一方成员所采取的影响

《服务贸易总协定》执行的任何措施；绝密信息可以不加以透露。

"透明度"条款的目的是使得各成员所采取的任何对服务贸易或《服务贸易总协定》的执行措施都应让其他成员尽可能方便地、快速地获知。这一规定对于确保国际服务贸易正常进行，尤其是确保公平竞争具有十分重要的价值。但是由于对"绝密信息"没有严格的定义，同时"紧急情况的例外"的规定也容易被随意解释。因此，现实中这个条款执行起来比较困难。

3. 发展中国家的更多参与

此条款包括三层意思：①有关成员应作出具体承诺以促进发展中国家国内服务能力、效率和竞争力的增强；促进其对技术和信息的获取、增加产品在市场准入方面的自由度。②发达国家应在《服务贸易总协定》生效后的 2 年内建立"联系点"以使发展中国家的服务提供者更容易获取有关服务供给的商业和技术方面的信息。③对不发达国家予以特殊优惠，准许这些国家不必做出具体的开放服务市场方面的承诺，直到其国内服务业具有竞争力。

该条款在《服务贸易总协定》中明确列出对于发展中国家发展服务贸易具有积极的意义。这一原则使得发展中国家增强其服务能力的措施成为合法。

4. 经济一体化

"经济一体化"条款主要内容是：不阻止各成员参加有关服务协议，不阻碍服务贸易自由化的推进；而对发展中国家之间的有关协议采取较为灵活的政策，允许其按发展水平达成某些协议；但是参加有关协议的各方对该协议外的国家不应采取提高壁垒的措施；任何成员决定加入某一协议或对某一协议进行重大修改时，都应迅速通知服务贸易理事会，并向理事会提供其要求的其他这类有关资料，理事会可设立工作组以审查此类协议或扩大和修改，并就其与本条规定的一致性向理事会报告。

该条款的规定的内容类似于关贸总协定第二十四条、要求在服务贸易协定中安排具有实质意义的部门的减让，和在成员方之间实质性地消除歧视。值得注意的是，国际上现有的一些经济一体化协定如《欧洲联盟》、《北美贸易自由协定》、《拉丁美洲一体化联盟》、《非洲经济共同体》、《西非国家经济共同体》都将服务贸易列入其中，这些协定在一定程度上削弱了《服务贸易总协定》的多边性质。

5. 国内法规

该条对成员方有关服务贸易的国内管理的体制、法律、措施及政策作了具体的要求：

（1）合理、客观、公正的实施要求。该条第一款规定，在已作出具体承诺的部门，每个成员应确保所有普遍适用的影响服务贸易的措施，以合理、客观和公正的方式欲以实施。

（2）实施手段的要求。该条第二款进一步要求，每个成员应维持或尽快建立司法、仲裁或行政法庭，在受影响的服务提供者的请求下，对影响服务贸易的行政决定作出迅速审查，并在请求被证明合理时给予适当的补救。但同时强调上述规定不能解释为要求一成员建立与其宪法结构或法律制度的性质不一致的法庭或程序。

（3）对符合条件提供服务申请人及时通知结果的要求。该条第三款规定，在提供一项已作出具体承诺的服务需求得到批准时，成员的主管当局应在一项符合国内法律和规章的完整申请提出后的一段合理时间内，将有关该项申请的决定通知申请人。应申请人的请求，该成员主管当局应毫不迟延地告知有关申请的批准情况。

（4）不构成不必要的贸易壁垒的要求。该条第四款规定，服务贸易理事会应制定任何必要的纪律，旨在确保有关资料要求和程序、技术标准和许可要求的措施不致构成不必要的服务贸易壁垒。

（5）提供程序验证其他成员方专业人员资格的要求。该条第六款规定，在对专业服务已作出具体承诺的部门，各成员应提供充分的程序以验证任何其他成员的专业人员的资格。此条一方面对成员方实施服务贸易总协定提出了国内法律和体制上的安排要求，同时又显示了充分的灵活性，具体表现在对一成员国的宪法、法律和司法制度的尊重。

6. 承认

本条规定的宗旨是有关服务的规定、标准和要求应达成一致和相互认可。本条认为一成员可以与其他成员就某些有关服务提供的准则达成协议以促进国际服务贸易的进行。成员在实施其对服务提供者的批准、许可或证明的标准时，其给予的承认方式不得成为国家间实行歧视的手段，或对服务贸易构成隐蔽的限制。协议的参加方应在协议生效之后的 12 个月之内将其现行的承认措施通知服务贸易理事会，并加以说明。

本条款的主要目的在于促进国际有关服务提供的标准的一致性问题。国际服务提供的标准的趋同化，无疑有利于服务跨国间的流动，促进国际服务贸易的发展。但是由于世界各国经济、政治、文化、科技、法律的背景还相当大程度上存在差异，这种相互间的承认和标准的统一将是一个长期的过程。

7. 垄断和专营服务提供者

该条要求一个垄断的服务提供者在有关市场上提供垄断服务时，其行为不能够损害其他成员的服务提供者按《服务贸易总协定》的第二、十六、十七条所享有的权利；还规定当一个行业的垄断服务商在其垄断权范围之外的行业与其他服务提供者进行直接或间接的竞争时，不能利用其垄断地位进行竞争。而当一成员认为别国的垄断服务提供者损害了本国服务提供者的正当权益时，举证的责任在申诉一方，但不要求其提供有关绝密的信息。

该条主要是针对发展中国家的，由于服务业发展水平低的缘故，发展中国家的一些重要的服务行业都采用国家垄断的形式。这为其他国家的服务提供者在这个国家的竞争带来了巨大的不利，故美国等发达国家竭力主张加入此条款以保律本国服务业在国际上的竞争。

8. 商业措施

本条要求限制某些企业在服务市场上实施影响竞争的做法，包括一些有关服务出口的反竞争性限制做法。

9. 紧急保障措施

本条款与《关税与贸易总协定》第十九条"对某种产品的进口的紧急措施"的原则是一致的，它准许一缔约国"在由于没有预见到的变化或某一具体承诺而使某一服务的进口数量太大以至于对本国内的服务提供者造成了严重损害或威胁时，此一缔约国可以部分地或全部地中止此承诺以弥补这一损害"而任何成员要采取这种"紧急保障措施"应在之前之后立即向全体成员通知这种措施并提供有关数据，且应与有关各方充分磋商；所有这种紧急措施都有应受全体成员的监督，且受影响的其他成员可采取相应的措施。

10. 支付和转移

本条规定，除非出现第十二条的情形，那么《服务贸易总协定》下有关服务贸易的具体承诺的执行不能因受到支付和货币转移方面的限制而遭到阻碍，且规定《服务贸易总协定》的任何条款都有不能影响国际货币基金组织成员国在"基金协议条款"（The Agreement of the Fund）下的权利和义务。规定此条的目的是保证《服务贸易总协定》下的具体承诺能够在支付方面得到执行，而不致被削弱。

11. 确保国际收支平衡的限制措施

该条准许一成员在其成员国际收支和金融地位严重恶化的情况下，就其作为具体承诺的服务贸易采取限制性的措施，或对于这种交易有关的支付和货币转移做出限制，尤其是金融地位比较脆弱的发展中国家为实现其发展目标而维持其外汇储备的要求应予以考虑。本条第五款还规定："当决定采取限制性措施时，成员可对那些有关经济发展的至关重要的服务的供给给予优先考虑"，发展中国家可以利用此款进口一些重要的服务，而又不至于恶化自己的外汇地位。本款对金融地位不稳定的发展中国家尤为重要，本条也对发展中国家保持一定的外汇储备的做法表示认可，发展中国家可以充分利用此条对服务进口量做出一定的限制。

12. 政府采购

本条规定《服务贸易总协定》的第二、十六和十七条不运用于政府采购法规下的采购。但第二款要求在《世界贸易组织协定》生效2年内，应就政府采购问题举行谈判。

13. 普遍例外

本条款规定只要符合一定的条件，即在一些特定的情况下，成员可以采取一些与《服务贸易总协定》不一致的措施。这些条件是：1. 不得在情况相似的国家之间采取武断和不公平的歧视。2. 不得借机为国际服务贸易设置限制"特定的情况"是：①出于维护公共安全、公共卫生、环境、文化、资源等；②为了维护国内法律和制止欺诈行为。采取的措施要及时向成员通知。

本条不定期规定《服务贸易总协定》对各成员的以下方面没有制约作用：①有关国家安全的情报；②有关军事、放射性物质和战争时期所采取的行动；③为遵守联合国宪章而采取的行动。但各成员应尽可能得到通知。本条款与《关税与贸易总协定》的第二十和二十一条类似，基本精神是一致的，宗旨是不干涉各国为了公共安全所采取的措施。

14. 补贴

本条规定在某些情况下，补贴会给服务贸易带来扭曲。谈判还应提出合适的反补贴程序应对发展中国家的补贴问题，以便进行谈判。还规定收到某成员补贴的另一个成员可要求就此同该成员进行磋商解决。

15. 市场准入

本条规定有关在本协定第一条认可的方式提供的市场准入问题，各成员应给予其他成员的服务提供者以不低于其在细目表上给出了不止一种的有关服务提供的准入途径，那么别的成员的服务提供者可以自由选择其所乐意的那一种。该条款要求在承诺市场准入义务的部门中原则上不能采取数量限制的措施阻碍服务贸易发展。

16. 国民待遇

本条规定在不违反本协定的有关规定，而且在其细目表上的条件和要求相一致的条件下，一成员应该在所有影响服务供给的措施给予别国的服务和服务提供者以不低于其所给予的国内服务或服务提供者的待遇，这与《关税与贸易总协定》第三条含义相同。

　　第三部分具体承诺中的市场准入和国民待遇条款是《服务贸易总协定》的最重要条款，是各方争论的焦点。《服务贸易总协定》在结构上的一个重要特征就是将市场进入和国民待遇不是作为普遍义务，而是作为具体承诺与各个部门或部门开放联系在一起。这样可以使分歧较小的部门早日达成协议。而发展中国家在谈判中则应以发展中国家的更多参与这一原则作为先决条件，并且发展中国家可以把互惠不局限在发达国家占优势的部门，可以谋求部门间的妥协来获取在自己较愿意开放的部门中达成有利的协议。同时应在发达国家坚持资本在国际流动自由时坚持劳动力的流动自由，以便于自己劳动力优势的发挥。我们认为，各国在进行部门开放谈判时，应充分考虑各国发展水平的不同和实际情况、各国竞争优势的不同，本着"利益互惠"的原则来达成市场准入方面的具体承诺。而"利益互惠"，这样才符合发展水平不同国家的需要。对于部门开放谈判，发展中国家可以在其自愿的部门进行开放市场的谈判，但不应强迫某些国家开放它们难以开放的市场，不能加重发展中国家在服务贸易和国际收支方面的负担，更不能损害发展中国家的主权。否则违反了《服务贸易总协定》的宗旨与目的。

6.2.4　《服务贸易总协定》的意义

　　《服务贸易总协定》是历史上第一个关于服务贸易的全球性具有法律约束力的多边协议，大大丰富了国际贸易法的内容，是国际法领域的重大发展。它的诞生对促进全球服务领域的投资和就业的增加、提高成员方服务提供者的竞争效率和增进服务消费者的福利、扩大国际贸易额和促进世界经济的发展、推动发展中国家进一步参与国际服务贸易及改善政府对宏观经济的管理等都具有重大作用。

　　（1）《服务贸易总协定》填补了多边国际服务贸易法的空白，与《关税与贸易总协定》一起共同构成了世贸组织完整的法律体系。

　　《关税与贸易总协定》主要是规范国际货物方面的多边法律规范，但是随着国际服务贸易的巨大发展，迫切需要有一个统一的国际服务贸易法律规范。虽然《关税与贸易总协定》中也有一些条文涉及与货物贸易紧密相关的运输、保险等服务贸易，但对于复杂的服务贸易领域，这些零散的规范显然很难发挥作用。《服务贸易总协定》的产生，正是填补了这方面的空白，完善了世界多边贸易法律体系。

　　（2）《服务贸易总协定》所确立的法律原则，体现了旨在实现贸易自由化的基本精神，为其他双边、多边乃至国内的国际服务贸易法的发展树立了典范。

　　《服务贸易总协定》所确立的各项基本原则，如最惠国待遇、国民待遇、透明度和市场准入原则等体现和发展了《关税与贸易总协定》关于贸易自由化的一些基本原则和基本精神。这些基本原则目前已为世界上大多数国家在贸易交往中所接受和遵循。《服务贸易总协定》的第二部分规定的成员方的一般责任和纪律的规范具体反映了上述的基本原则，无疑这些基本原则对于实现服务贸易多边无条件自由化，促进国际服务贸易的发展提供了法律基础和体制上的保障，这为世界其他多边、双边以及国内有关国际服务贸易的立法确立可供参照的标准。

　　（3）《服务贸易总协定》将法律的原则性与灵活性有机地结合起来，将有力地影响和促进各国特别是发展中国家国内有关国际服务贸易法律的调整与完善，从而有利于国际法律的趋同化。

《服务贸易总协定》将普遍的原则与特定的义务分开来规范，这样的立法技术有利于各成员方在遵循服务贸易领域的一般原则的同时，又可根据本国服务贸易的发展现状适时对国内有关服务贸易的法律和政策作出调换，以循序渐进发展本国的国际服务贸易，而不至于本国的服务贸易受到其他具有比较优势的国家服务贸易的严重冲击《服务贸易总协定》较充分的考虑了发展中国家在发展国际服务贸易方面的实际情况，规定了有关服务贸易自由化的谈判建立在部门清单的基础上进行，给予了发展中国家较大的灵活性和选择空间，这对于发展中国家参与国际服务贸易的程度，加强本国服务贸易在国际上的竞争力具有十分重要的作用。这种原则性与灵活性相结合的立法技术为其他国际法律的立法提供了一个具有很强操作性的模式，它将直接影响和促进各国特别是发展中国家国内有关国际服务贸易法律的调整与完善，从而出有利于国际经济贸易法律的趋同化。

6.3 行业国际服务贸易法律制度

6.3.1 国际金融服务贸易

目前，对国际金融服务贸易的规制和监管，概括起来有两个层面：国际层面和国内层面。

（一）规制的两个层次

从迄今为止的情况来看，对金融服务贸易的国际层面的规制主要体现为世贸组织的有关规定，主要是由《服务贸易总协定》、《金融服务附件》（Annex on Financial Services）和各成员方金融承诺表（Schedule of Financial Commitment）构成的架构体系。这一层面的规制是通过对世贸组织各成员方影响金融服务贸易的措施进行调整和约束，以建立多边的金融服务贸易秩序，达到世贸组织在金融领域推行自由贸易和公平贸易的目的。世贸组织规制国际金融服务贸易所采取的方式是对成员方施以上架构体系下的国际义务，由贸易政策审查机制来监督和督促成员方履行义务，由世贸组织的争端解决机制提供必要的实施保障。除国际层面的规制外，对国际金融服务贸易还存在国内层面的规制，体现为各国国内规制国际金融服务贸易的法律、政策。世贸组织在国际层面上所要规制的就是各成员方国内的政策措施，世贸组织通过对成员方的国内规制措施实行反规制来推行贸易自由化，因此，国际层面的规制对国内层面的规制影响甚大。

（二）监管的两个层次

对金融服务贸易的监管也有两个层面——国际层面和国内层面，但具体情形与规制的两个层面有所不同。世贸组织在《金融附件》中对国际金融服务贸易的监管作出了规定，指出："尽管有本协定（GATS）的其他规定，但是不得阻碍一成员为审慎原因而采取的措施，包括为保护投资者、存款人、保单持有人或金融服务提供者对其负有诚信义务的人而采取的措施，或为保证金融体系诚信和稳定而采取的任何措施。如此类措施不符合本协定的规定，则不得用作逃避该成员在本协定项下的承诺或义务的手段。"不过，世贸组织对国际金融服务贸易监管的规定也仅此而已，从中可以看出这一规定主要是世贸组织对成员方进行审慎监管的授权，而不构成规范成员方监管的系统规则。这显然有别于前述规制的情形。由于"审慎例外"是一个非常宽松的授权性规定，并没有太多具体的内容，因此，各国在监管方面有很大的自由度，不受过多的限制。而规制则不同。虽然服务贸易包括金融服务贸易纳入多边贸易体制不久，调整国际金融服务贸易的规则尚有待补充、发展、完善，但是，调整国际金融服务贸易的规则架构已经成形，有关国际金融服务贸易主要方面的规则已经具备，因此，世贸组织对金融服务贸易的规制构成了一个体系。

世贸组织在监管问题上的规定所具有的特点，使其能够从监管的专业性和复杂性中抽身，而专注于贸易问题，同时也为从事国际金融监管的机构致力于制定监管标准和推进监管留出了空间。目前，世界上参与国际金融业规制和监管的机构不少，但作用和侧重点有所不同，大体上可以分为两类：一类是技术型的机构，主要致力于金融服务或特定种类金融服务标准的协调和统一，如巴塞尔委员会和国际证券委员会组织（IOSCO）等；一类是推行金融服务贸易自由化而不涉及或极少涉及的标准协调的机构，如世贸组织。然而，金融离不开监管，国际金融服务贸易的开展也需要监管，甚至需要充分和一致的监管标准，如资本充足率等，以便整合国际金融业竞争的游戏场地，维护国际金融体系和各国金融体系的稳健，避免出现各国为获得国际竞争优势而竞相降低监管标准所导致的规制消融（regulatory meltdown）的现象。因此，对金融服务贸易国际层面的监管，巴塞尔委员会和国际证券委员会组织的规则具有很大的作用。也由于这一原因，对国际金融服务贸易的监管在国际层面上需要注重发挥世贸组织与巴塞尔委员会等机构的不同作用并使之相互协调和配合。

金融附件有关监管的授权性和原则性规定也为各成员方在国内层面的监管提供了广阔的舞台。世贸组织对金融服务贸易自由化的推动首先体现为国际化（internationalization），对国内金融监管体系的建设提出了挑战和更高的要求。例如，对外国金融服务和服务提供者准入的开放，意味着原有监管体系中市场准入监管必须进行变革，并进而引发其他方面的监管变革。又如，伴随着跨国金融服务和跨国金融机构的进入，跨国金融机构的复杂结构使该类机构容易钻监管的空子，使监管难以发挥效力，国际商业信贷银行的破产就是一例明证。由于世贸组织对审慎监管仅有授权性和原则性的规定，相比前述规制的情形，成员方进行监管所受到的拘束和限制更少，自由度更大。

6.3.2　国际电信服务贸易

2000年9月25日出台我国国务院颁布实施的《中华人民共和国电信条例》将电信界定为：利用有线、无线的电磁系统或者光电系统，传送、发射或者接收语音、文字、数据、图像以及其他形式信息的活动。1991年关税与贸易总协定谈判组对服务贸易谈判范围加以界定，其中"电信服务"是指传送与接收电磁信号的服务。

（一）国际电信服务贸易的基本形式

根据1984年关税与贸易总协定乌拉圭回合谈判所达成的《服务贸易总协定》，可以对国际电信服务贸易的形式作出如下划分：

（1）从甲成员领土进入其他成员领土，即跨境消费服务。如外国某电信公司在本国本土通过国际线路向本国居民提供国际电话服务。

（2）在甲成员境内享受任何其他成员提供的服务，即跨境消费服务。如一国居民在家中利用他国电信网络向其居住在第三国的亲友打电话问候。

（3）甲成员的服务提供者进入其他成员境内，通过商业存在形式提供服务。如一国公司在国外设立电信经营机构，参与所在国电信服务市场的竞争。

（4）甲成员服务经营者，在其他成员领土内通过自然人移动。如一国的电信技术专家受聘于外国从事电信服务咨询及安装调试。

（二）国际电信服务贸易法律规范构成

国际电信服务贸易法是指国际电信服务贸易包括基础电信与增值电信的所有法律规范的总称。它既包括电信服务贸易方面的国际立法也包括国内立法。

从现有的国际和区域以及各国相关的规范国际电信服务贸易的法律规定看，这些法律的内容主要涉及市场构成、所有权要求、对电信设施使用的许可、价格安排、成本核算惯例、技术标准、互联惯例；政策透明度要求等方面。完备而透明的电信服务贸易法律规范将为国际电信服务贸易的顺利开展提供一个稳定的可预见的操作环境。目前各国正在加强该领域的立法工作，并谋求制定国际统一的电信法规框架，比如已经实施的《国际电信服务守则》。

另外，WTO 中有 4 个协议直接涉及电信产业领域，还有一个议题正在讨论中，即电子商务。这 4 个协议就是货物贸易中的《信息技术协议》、服务贸易中的《服务贸易总协定》和《基础电信协议》以及贸易有关的知识产权协定。此外，与贸易有关的投资也与信息产业有关。

6.3.3　国际海运服务贸易

海运是国际服务贸易的重要组成部分，是沟通世界贸易的桥梁和纽带。随着世界经济一体化进程的加快及国际大市场的形成和发展，海运服务贸易自由化问题已成为世界各国关注的焦点之一。

根据《服务贸易总协定》对服务贸易的界定（过境供给、境外消费、商业存在和自然人流移动），国际海运服务包括旅客及货物的国际班轮与租船运输服务、提供港口设施服务、各种辅助性服务、在境外设立船运服务机构或代理机构、海员雇佣服务等。习惯上，将海运服务贸易划分为三部分内容：国际海上运输服务、海运辅助服务及港口服务。

国际海运服务贸易法是调整有关海运服务贸易法律关系规范的总称，具体来说，主要是这样几个方面的法律关系，承运人与托运人的法律关系，承运人与货运代理商的法律关系、托运人与货运代理商的法律关系等。这些法律关系既涉及国际的立法，也包括国内的有关海运贸易的立法。较有影响的国际的海运贸易立法有《联合国班轮公会行动准则公约》。

6.3.4　国际专业服务贸易

国际专业服务业对于我国来说，是改革开放后兴起的新兴产业。随着我国经济体制已从高度集中的计划经济转变为市场经济，国家对企业的管理从直接管理转化为主要以各种政策和经济杠杆来引导企业发展的间接管理，这就需要大量为市场提供咨询、协助、服务的专业机构和专业人员，如律师、会计师、审计师、资产评估师等，帮助多种类型的经济主体合法规范地运作。金融市场、生产资料市场、劳务市场、房地产市场、证券市场等新兴市场的出现和发展对专业服务业提出了更高的要求。近年来我国涌现出一大批律师事务所、会计师事务所、审计师事务所等，它们自收自支、自负盈亏，脱离行政编制，具有体制灵活、专业方向明确等特点。它们大胆吸收国外专业服务组织先进的管理、工作规范和经营方式，推动着我国专业服务业与国际接轨。我国向服务贸易谈判组两次递交的初步承诺开价单中都包括了专业服务，现在我国已有限制地对外开放。

6.3.5　国际劳力服务贸易

劳务输入可能涉及长期移民的问题，因此有劳务输入国家会有一系列的法律和政策措施来加以规范或限制，即使一国对外国劳务者开放了劳务市场，政府还可使用一些管理限制措施对外国劳务者进行限制，使他们不能在平等的基础上与国内劳务者竞争。

（1）生活条件和公民权限制。对外国劳务者的居住地、居住条件限制；对外国劳务者及其家属在东道国内迁移的限制；外国劳务者无选举权和被选举权，不能参加劳工委员会与工会，其利益得不到这些组织的保护。

（2）家属权利限制。若外国劳务者的家属随同劳务者劳务者一起入境，也会受到权利的限制。

（3）对外国劳务者的汇款限制，主要是指对货币转移与汇兑限制。

（4）对外国劳务者的福利限制。一国政府也往往限制外国劳务者在本国享受医疗保险与其他社会保障福利（包括养老金、人身保险等）。

本章案例

掌握客户服务系统

宁波金瑞国际贸易有限公司（以下简称宁波金瑞）是一家成立于2000年3月，拥有外贸进出口自营权，产品远销美国、日本、欧洲等地的外贸公司。宁波金瑞在经过近一年的产品选型之后，最终选择了GrapeCity实施的微软客户关系管理系统（Microsoft CRM）。

宁波金瑞业务员每次接受并处理完一次新的信息（例如：邮件）至少要三个步骤：

1）在留档以后，还要把邮件抄送给业务经理；

2）把邮件另存为一份文件，保存到相关文件服务器归档；

3）打印一份纸面格式的报告，递交给公司文档库。

缺点：

工作效率低，监管不及时，无法科学查询，纸张印刷消耗量大，而且人工操作难免有疏漏。对拥有信息的业务员的离职等，经常会出现青黄不接，客户信息闲置或盗用等情况。

管理信息系统实施后：

1）邮件自动归档到客户档案，领导可以随时方便地查看新增或归档的客户账户信息。

2）业务员发出报价单前，领导可以在审核过程中参与对报价的审核，且Microsoft CRM系统有自动提醒审核的功能。

3）按照客户、项目、产品、合同，方便快速地查询和更新相关记录和邮件。

优点：

1）使用CRM系统可以自动对邮件进行分类、归档，方便以后查询和跟踪。在激烈的外贸行业竞争中，提高业内竞争能力和防御能力，降低了国际贸易风险。

2）树立良好的科学管理企业形象：商业机密（例如：客户信息等）的保护意识的增强，将可以为企业维持更多稳定而忠诚的客户，并进行长期稳定的合作，也会开拓并创造更多机会和真正有合作意向的潜在客户沟通，留得住老客户并发展新客户。

3）用 CRM 的整体解决方案，业务员或相关管理人员对于邮件及其他相关账户数据的合理使用和管理，真正实现了统一、实时、监控的目标。使之可以灵活调取历史原始信息（例如：历史报价信息），并根据需要随时为各级管理者提供管理信息进行分析和新的商务谈判。

4）防止了责权不清带来的内部管理混乱。在 CRM 系统的权限管理中可以明确设置多种权限。从而加强了企业监管力度。节约了不必要的人力成本投入。

讨论：如何用 CRM 的整体解决方案加速企业的信息化？

本章小结

国际服务贸易是一国服务提供者向另一国服务消费者提供服务并获取报酬的活动。广义的国际服务贸易不仅包括有形活劳动的输出输入，如工程承包、交通运输等，还包括服务提供者与使用者在没有实体接触情况下的交易活动，如卫星传送、邮电通信等。这些方面已经成为世界各国经济交往中除了货物贸易之外的主要方式，加强和完善国际服务贸易法律规范有利于维护和谐的世界经济秩序，促进各国的经济发展水平。《服务贸易总协定》对于贸易争端的解决提供了较为全面的规范与指引，这有利于交易双方纠纷的解决和及时处理。

本章习题

1. 国际服务贸易的概念及分类。
2. 我国国际服务贸易法的主要架构。
3. 《服务贸易总协定》的主要内容。
4. 《服务贸易总协定》的法律意义。
5. 对于我国而言，国际电信服务贸易法律规范是由哪些具体法律规范性文件构成的？

第 7 章

国际技术贸易法

1. 了解知识产权国际保护和知识产权国际公约。
2. 熟悉国际技术贸易法。
3. 了解国际许可证协议。
4. 掌握国际技术转让合同的共有条款与特有内容。
5. 熟悉国际技术转让合同中的限制性商业条款。
6. 掌握知识产权协议（TRIPs）的普遍义务、基本原则和实施。

汽车排放标准之争

最近，在美国、西欧以及日本等主要国家之间，又展开了设置汽车贸易壁垒的较量，这标志着世界汽车三大市场之间的贸易摩擦又将升级。由于日本轿车在美国和欧洲市场上长期受到欢迎，日本轿车在美欧市场的份额是美欧轿车在日本市场份额的几倍。欧盟试图通过制订和实施新的汽车排放标准来限制日本汽车在欧洲市场的增长，其新的环境保护标准要求，到 2008 年欧洲市场销售的所有轿车的二氧化碳排放量要比 1995 年下降 25%，这无疑是冲着日本和韩国企业而来的。对此，韩国的汽车企业认为"在技术上难以达到"而反对；日本汽车工业协会则表示"与欧洲企业共同努力"，但不明确表示届时保证达标。欧盟准备在各成员国一致通过新的排放标准之前，先拿日本和韩国企业开刀，即首先强制要求日韩企业先达标，否则不能向欧洲市场出口。据分析，由于在欧洲市场上，从日本进口的轿车以高级休闲车和大型轿车为主，其平均的二氧化碳排放水平比欧洲当地生产的车要高出近 10%。若要达标，日本车就要平均减少 31% 以上的二氧化碳排放量。日本政府也不甘示弱，在 1999 年 3 月 19 日，日本政府与欧盟就汽车废气排放标准谈判破裂后，日本立即采取了针锋相对的策略：于 1999 年 4 月 1 日起实施"歧视性"的《节能修正法》新法案。该法案规定，到

2010 年在日本市场上销售的不同质量和用途的汽车，必须达到相应的节能标准，以减少汽车的废气排放。具体规定如下：两人（按 110 kg 计）乘坐时总质量在 1t 以下的汽油轿车，到 2010 年要比 1995 年的相当车型节能 17.7%；同期 1 ~ 1.249t 的轿车，要节能 25.7%；1.250 ~ 1.499t 的轿车要实现 30% 以上的节能；1.500 ~ 1.749t 以上的轿车，到 2010 年要比 1995 年分别实现节能 24% 和 9.7%。由于美国和欧洲生产的轿车在日本市场有近 90% 属于 1.250t 以上的范围，即几乎所有的美欧轿车都要在日本市场上受到更加严格的节能要求；而日本车在国内市场由于主要是轻型和微型车，因此受此修正法案的影响就没有外国企业那样大。美国政府 2000 年 3 月向世贸组织提交了一份意见书，该意见书指出，日本单方面提高汽车节能标准是直接阻碍国外汽车进口的不正当行为。要求世贸组织正式调查。

讨论：日欧汽车废气排放标准之争体现各自的何种利益和目的？

7.1　知识产权国际保护概述

知识产权的国际保护主要通过互惠保护、双边条约保护和多边（国际）公约保护三种途径实现。互惠保护是一种附条件的保护，其含义是指某一外国若承认并保护依本国法确认的知识产权，那么本国亦承认并保护依该外国法确认的知识产权，互惠保护主要为一些知识产权立法滞后或差异的国家采用。双边条约的保护是指双方通过签订双边协定的方式，相互保护对方的知识产权。此种保护方式，在当代仍被广泛采用，如中国和美国就曾签订过三个涉及知识产权保护的双边协定。多边公约包括世界性公约和区域性公约（如欧洲专利公约、非洲专利合作条约等）两种，前者的适用范围没有区域限制，而且内容多系立法性的，规定各缔约国知识产权立法的最低水平，因此对知识产权国际保护影响最大；后者是为适应局部地区的特殊需要而产生，其对于协调区域内各国知识产权保护制度，维持相同的知识产权保护水平作用很大。多边（国际）公约是知识产权国际保护最主要的途径。

7.1.1　知识产权国际公约

知识产权国际公约主要包括以下几类：

其一，为设立促进知识产权国际保护的政府间组织而签订的公约，即 1967 年签订、1970 年生效的《建立世界知识产权组织公约》。根据该公约于 1970 年建立的世界知识产权组织（WIPO），对协调各国知识产权立法，强化知识产权国际保护起到了极大的作用。我国于 1980 年 3 月 3 日递交了加入书，同年 6 月 3 日生效，成为世界知识产权组织的第 90 个成员国。这也是我国加入的第一个知识产权国际公约。

其二，涉及工业产权保护的公约。根据作用不同，这类公约具体又可分为三种：一为实体性公约，对成员国保护工业产权的基本原则和有关立法的最低水平提出要求。这类公约包括 1883 年缔结、1884 年生效的《保护工业产权巴黎公约》（我国 1985 年 3 月加入），1989 年签署但至今尚未生效的《关于集成电路知识产权条约》，1961 年签署、1968 年生效的《国际植物新品种公约》（我国于 1999 年 4 月加入）等；二为程序性公约，其作用是简化就同一客体多国申请工业产权所必经的烦琐的程序并降低有关费用。这类公约包括 1970 年缔结、1978 年生效的《专利合作条约》（我国 1994 年 1 月加入），1891 年缔结、1892 年生效的《商标国际注册马德里协定》（我国 1989 年 10 月加入），1977 年缔结、1980 年生效的《国际承认用于专利程序的微生物保存布达佩斯条约》（我国 1995 年 7 月加入）等；三为管理性公约，其作用是制定各种工业产权客体的国际统一的分类标准，供各国参照使用。这类公约包括 1971 年签订、1975 年生效的《国际专利分类斯特拉斯堡协定》（我国 1997 年加入），1968 年签订、1971 年生效的《建立工业品外观设计国际分类洛迦诺协定》（我国 1998 年加入），1957 年签订、1961 年生效的《为商标注册目的而使用的商品或服务的国际分类尼斯协定》（我国 1994 年加入）等。

其三，涉及著作权及著作邻接权保护的国际公约。由于各国对著作权提供保护普遍适用自动保护原则，因此有关著作权的国际公约多为实体性的。这类公约包括 1886 年签订、1887 年生效的《保护文学艺术作品伯尔尼公约》（我国于 1992 年 10 月 15 日加入），1952 年签署、1955 年生效的《世界版权公约》（我国于 1992 年 10 月 30 日加入），1961 年签署、1964 年生效的《保护表演者、录音制品制作者和广播组织罗马公约》，1971 年签署、1973 年生效的《保护录音制品制作者防止未经授权复制其录音制品日内瓦公约》（我国于 1993 年 4 月 30 日加入），1996 年签署、但至今尚未生效的《世界知识产权组织版权条约》和《世界知识产权组织表演和录音制品条约》等。

其四，因国际贸易产生的知识产权国际保护协定，即 1994 年签署、1995 年 1 月 1 日生效的《与贸易（包括冒牌货贸易）有关的知识产权协定》（TRIPs）。和以上单纯涉及工业产权或版权保护的公约不同，TRIPs 涉及多种知识产权客体的保护，且规定了更高的保护水平。除此之外，TRIPs 还对 WTO 各成员国内立法中知识产权的获得和维持程序、知识产权执法措施、透明度和成员之间知识产权争端的解决做出明确的规定，大大加强了公约的约束力。

在上述诸多知识产权国际公约中，目前影响最大的是《保护工业产权巴黎公约》、《保护文学和艺术作品伯尔尼公约》和《与贸易有关的知识产权协议》。

7.1.2 《保护工业产权巴黎公约》

《保护工业产权巴黎公约》（以下简称《巴黎公约》）于 1883 年 3 月 20 日在法国首都巴黎缔结，1884 年 7 月 7 日正式生效。巴黎公约缔结后，曾先后于 1900 年、1911 年、1925 年、1934 年、1958 年和 1967 年进行了六次修改，目前绝大多数国家都适用 1967 年的斯德哥尔摩会议通过的最后一次修订本。截止到 2003 年 8 月，已有 164 个国家正式加入了巴黎公约。此外，按照《与贸易有关的知识产权协定》的规定，世界贸易组织的成员即使不是巴黎公约的缔约国，也必须遵守巴黎公约 1967 年文本的实质性规定，即公约第 1 条至第 12 条和第 19 条的规定。我国于 1985 年 3 月 15 日正式成为巴黎公约的成员国，根据中国政府的声明，对公约第 28 条（即有关争议提交国际法院解决）予以保留，并且自 1997 年 7 月 1 日，公约也适用于中华人民共和国特别行政区香港。《巴黎公约》不仅是知识产权领域第一个世界性多边公约，而且也是成员国最为广泛、对其他世界性和地区性工业产权公约影响最大的公约。

《巴黎公约》的基本原则概括来讲，主要包括国民待遇原则、优先权原则、临时保护原则和独立性原则。

作为一个实体性公约，巴黎公约除规定工业产权保护的基本原则外，另一个重要的成就是对工业产权保护的某些问题规定了缔约国必须尊重的最低保护标准。这些最低标准在各成员国的效力按照各该国的宪法或宪法制度而有所不同。我国即属于此种类，巴黎联盟其他国家的国民可以直接要求行政机关或司法机关适用公约最低保护标准；而在那些不接受条约规定自己执行性质的国家，就没有由行政机关或司法机关直接适用巴黎公约规定的可能性，但这些国家必须把这些最低保护标准纳入到它们的本国法（公约第 25 条），因此，这些最低保护标准便在国民待遇原则之内。

7.1.3 《保护文学艺术作品伯尔尼公约》

《保护文学艺术作品伯尔尼公约》（以下简称为《伯尔尼公约》）是著作权领域第一个世界性多边国际条约，也是至今影响最大的著作权公约。其于 1886 年 9 月 9 日在瑞士首都伯尔尼正式签订，此后曾进行 8 次修订，形成了 1908 年、1928 年、1948 年、1967 年和 1971 年 5 个文本，其中最近一次修订是在 1979 年 10 月 2 日，但仍被称为 1971 年巴黎文本，该修订文本也是较多成员国采用的文本。《伯尔尼公约》是开放性公约，截止到 2003 年 2 月，已有 150 个正式成员国。此外，根据知识产权协定第 9 条第 1 款的规定，世界贸易组织的成员即使不是《伯尔尼公约》的缔约国，也必须遵守《伯尔尼公约》1971 年巴黎文本的实质性条款，即第 1 条至第 21 条及公约的附录，但非伯尔尼公约缔约国的世界贸易组织成员，不受《伯尔尼公约》第 6 条之 2 的精神权利条款的约束。

我国于 1992 年 10 月 15 日正式加入《伯尔尼公约》，适用公约 1971 年巴黎文本。根据中国政府的声明，自 1997 年 7 月 1 日起，该文本也适用于中华人民共和国特别行政区香港。国民待遇原则、自动保护原则和版权独立性原则是伯尔尼公约的三项基本原则。

7.1.4 《知识产权协定》简介

世贸组织《与贸易有关的知识产权协定》包含了关于知识产权七个领域的规定。它们是：版权、商标、地理标识、工业设计、专利、集成电路的外观设计和未公开消息等。

知识产权协定的目标在于：通过知识产权的保护与权利的行使，促进技术的革新、技术的转让与技术的传播，以有利于社会及经济福利的方式，促进生产者与技术知识使用者间互利互惠，并促进世贸组织成员间权利与义务的平衡。这些目标反映了发达国家与发展中国家知识产权立法的基本目标，也说明了知识产权保护对技术发展及迅速传播的重要意义。因为技术已经从根本上改变了竞争的性质。随着一些发达国家在传统生产领域中竞争力的逐渐削弱，知识产权成为创造新的竞争优势的基础。这种无形的创造活动将成为对 21 世纪最有价值的财产形式，而经济全球化的发展要求对这种创造活动进行充分的保护。

《知识产权协定》的生效，使其成为目前解决国际贸易领域内的知识产权保护问题的国际贸易规范。该协定强调了知识产权保护对国际贸易发展的推动作用，在原有的知识产权国际公约的基础上进一步扩大了知识产权的保护范围，增强了保护力度，同时也考虑了发展中国家的具体情况而给予必要的差别待遇，从而调和了发展中国家与发达国家彼此在知识产权保护问题上的对抗情绪。该协定还使关贸总协定基本原则在日益增多的知识产权贸易以及与知识产权的有形商品的国际贸易中得以实现。因此，该协定实际上是将知识产权保护引入国际贸易规则，建立与原有的知识产权保护体系既有联系，又独立有别的另一新的知识产权保护规则，它将有利于全面解决现际贸易领域内的知识产权保护问题，从而有助于全球性国际贸易的健康发展。

7.2　国际技术贸易法内涵

7.2.1　国际技术贸易法

（一）技术的含义与特征

1. 技术的含义

技术贸易的形象是技术。什么是技术呢？国际工业产权组织认为："技术是指制造一种产品或提供一项服务的系统的知识。"

2. 技术的特征

技术有三个显著特征：

（1）无形性。技术是一种看不见摸不着的知识性的东西；它只能靠理解去把握。有些技术可用语言来表达；而有些技术只存在于"能人"的经验中。

（2）系统性。零星的技术知识不能称之为技术。只有关于产品的生产原理、设计，生产操作，设备安装调试，管理、销售等各个环节的知识、经验和技艺的综合，才能称之为技术。

（3）商品属性。技术是无形的特殊商品。正因为技术不仅有使用价值，而且也有交换价值，所以它才能充当技术贸易的交易标的。

（二）技术转让

技术转让是指拥有技术的一方通过某种方式将其技术出让给另一方使用的行为。物品转让是所有权的转让，与此不同，技术转让一般只是技术使用权的转让。一件物品只能完整地转让给一个对方，原物主也将因转让而丧失对该物的所有权。而一项技术可同时完整地转让给多个对方，且原有技术的持有者并不因转让而失去对该技术的所有权。

技术转让是技术转移的一种特殊形式。技术转移是指技术从一领域传向另一领域或从一地区传向另一地区的过程。技术转让则是其中有特定双方的，以援助、赠与或出售为方式的一类技术转移形式。

技术转让的类型，按其是否跨国界可分为国内技术转让和国际技术转让；按其有偿性可分为商业性技术转让和非商业性技术转让；按其方向可分为横向技术转让即企业之间的技术转让和纵向技术转让即大公司向其子公司或科研机构向企业转让技术。

（三）技术引进

使国外的技术转让到国内，就是技术引进。具体地说，技术引进是指一个国家或企业引入国外的技术知识和经验，以及所必需附带的设备、仪器和器材，用以发展本国经济和推动科技进步的做法。

技术引进是一个特定的概念。

（1）技术引进是一种跨国行为。

（2）技术引进与设备进口有着原则区别。人们常将"技术"广义化，把技术分为软件技术和硬件技术。软件技术就是前面提到的技术知识、经验和技艺，属纯技术；硬件技术是指机器设备之类的物化技术。只从国外购入机器设备而不买入软件技术，一般称之为设备进口。若只从国外购入软件技术或与此同时又附带购进一些设备，这种行为才能称为技术引进。

（3）技术引进的目的是为提高引进国或企业的制造能力、技术水平和管理水平。要达到目的只有引进软件技术，通过自我消化吸收，才能做到。

（四）国际技术贸易

国际技术贸易是指跨越国境的有偿技术转让，技术贸易是否具有国际性与转让和受让双方的国籍无关，完全取决于转让技术是否"跨越国境"。将"跨越国境"作为技术贸易是否具有"国际性"的标准，这是国际上一致的看法。我国1985年5月24日国务院发布施行的《中华人民共和国技术引进合同管理条例》和2001年10月31日通过、2002年1月1日施行的《中华人民共和国技术进出口管理条例》也作了相同规定。

除了将"跨越国境"作为确定技术贸易是否具有国际性的一致标准之外，在"国际性"因素的确定上，以77国集团为代表的发展中国家与西方发达国家还存在着很大的分歧。分歧的焦点是：当事人双方定居于或设立于同一国家，但其中至少一方为外国实体的分公司、子公司、附属公司或在其他方式下直接地或间接地由外国实体所控制，而供方又未在技术受方国家发展所转让的技术，或当它作为转让外国拥有的技术的中间人时，彼此之间的技术贸易是否为国际技术贸易。对此，广大发展中国家持肯定态度，发达国家则以上述情况不符合"跨越国境"的基本标准为由否认其为国际技术贸易。

（五）国际技术贸易法

国际技术贸易法是调整跨国技术有偿转让关系的法律规范的总和。它包括国际公约、国际商业惯例、国内判例、国际组织内部决议以及一国有关技术进出口的法律。

在国际公约方面，从20世纪70年代初开始，在发展中国家的强烈呼吁下，联合国贸发会开始着手进行国际技术转让方面的立法，并于1978年拟定了《联合国国际技术转让行动守则（草案）》交与会的成员讨论。由于发展中国家与发达国家在一些重要问题上分歧严重，草案至今未获正式通过。然而草案制定的本身就意味着国际技术贸易已引起各国普遍的重视，并为各国制定本国的相关法律及进一步进行双边或多边的国际性协作打下了良好的基础。《联合国国际技术转让行动守则（草案）》包括序言和九章的内容。这九章分别是：定义和适用范围；目标和原则；国家对技术转让交易的管制；限制性惯例；当事人各方的责任和义务；对发展中国家的特殊待遇；国际协作；国际性体制机构；适用法律和争端的解决。

在我国，有关技术进出口的法规主要包括：（1）1985年5月24日和1988年1月20日发布并施行的《中华人民共和国技术引进合同管理条例》和《中华人民共和国技术引进合同管理条例施行细则》。但是，该条例和施行细则已于2002年1月1日废止。被2002年10月31日通过，2002年1月1日施行的《中华人民共和国技术进出口管理条例》所取代。（2）1994年5月1日由第十一届全国人民代表大会常务委员会第7次会议通过，1994年7月1日施行的《中华人民共和国对外贸易法》。除上述专门法规之外，我国颁布的《专利法》、《商标法》、《著作权法》、《反不正当竞争法》、《民法通则》、《合同法》、《计算机软件保护条例》等对技术贸易也有相应的规定。

（六）1978 年联合国《国际技术转让行动守则（草案）》（以下简称《守则草案》）

《守则草案》的内容主要包括以下方面：

（1）序言。序言申明了制定行动守则的宗旨为：确立普遍的和公平的标准；促进当事人及其政府间的相互信任；鼓励各种技术转让，尤其是涉及发展中国家的当事人的技术转让，防止强势一方滥用权利，达成技术转让方和受让方共同满意的协定；增进技术信息的国际流动，使得各种技术在各国，尤其在发展中国家得到应用；增进各国，尤其是发展中国家的科学技术增强其参与国际生产和贸易的能力；有利于技术贡献在解决各国，尤其是发展中国家社会和经济问题中的作用；通过对于技术转让涉及的各种因素，如对转让方、制度和金融方面的评价，以防止不必要的一揽子交易。

（2）定义和适用范围。《守则草案》对技术转让的定义如下："技术转让"是指转让一项产品，应用一项工艺或提供一项服务的系统知识，但不包括只涉及货物出售或出租的交易。《守则草案》对该守则的适用范围规定为：技术转让越过国境将其技术转让给技术受让方的交易。

（3）目标和原则。《守则草案》明确规定，行动守则的目标是制定普遍，平等的标准，作为技术转让当事方之间和有关各国政府间关系的基础，既考虑到各方当事人的合法利益，又适当承认发展中国家实现其经济和社会发展目标的特殊需要；鼓励在交易中各方当事人的谈判地位均等、任何一方不滥用其优势地位的条件下，进行技术转让交易，特别是涉及广大发展中国家的技术转让交易，从而达到满意的协定。为达到上述目标，《守则草案》规定了如下几项基本原则：第一，各国有权采取一切促进和管制技术转让的适当措施，其方式应符合其国际义务，考虑到所有有关当事方的合法利益，同时鼓励按照彼此同意的公平合理的条件进行技术转让。第二，尊重各国的主权和政治独立（尤其包括对外政策和国家安全的需要），各国主权平等。第三，各国应在国际技术转让方面加强合作，以促进世界的尤其是发展中国家的经济增长。第四，技术转让为各当事方的责任，必须与不作为当事方的国家政府的责任明确划分，并严格加以区分。第五，技术转让方和技术受让方必须互利互惠，以便维持和促进技术的国际交流。第六，促进和增加以同意的公平合理条件取得技术的机会，特别是发展中国家的这种机会。第七，承认工业产权的保护由国内法授予。第八，技术转让方在技术受让方国家里的经营活动，应尊重该国的主权和法律，适当地考虑到访国所宣布的发展政策和优先次序，努力为技术受让方国家的发展作出实际贡献。

（4）国家对技术转让交易的管制。《守则草案》首先说明各国有权制定和修改有关调整国际技术转让关系的法律、条例、规则以及政策。其次，叙述了在制定和修改国家法律、条例、规则和政策时需要考虑的一般性标准。再次，每个国家在制定有关保护工业产权的法规时，应考虑到本国的经济和社会发展需要，并应保证其国家法律授予的工业产权及其国家法律确认的其他权利得到有效的保护。最后，列举各国的管制技术转让交易方面可能采取的各种具体措施。

（5）关于管制限制性商业条款问题。为了促进行动守则和原则的实现，关于管制限制性商业条款问题，经过谈判各方反复磋商，基本达到一致，初步同意将下列 14 种限制性商业条款列入守则草案加以管制；单方面的回授条款；对技术有效性不允许提出异议；独家经营；对研究和发展的限制；对使用人员方面的限制；限定价格；对改进转让技术的限制；附带条件的安排（搭售行为）；出口限制；包销或代理的限制；共享专利或互授许可协定及其安排；对广告或宣传的限制；工业产权保护期满后的付费和其他义务；技术转让协定期满后的限制。

（6）当事人各方的责任和义务。《守则草案》规定了在技术转让协定的谈判阶段和合同阶段，当事人各方应共同承担的担保、责任和义务。

（7）对发展中国家的特殊待遇。《守则草案》要求给予发展中国家的特殊待遇必须配合它们在经济和社会不同发展阶段中的经济和社会发展目标，特别注意最不发达国家的特殊问题和条件。

（8）国际协作。《守则草案》要求各国承认：各国政府、各政府机构、联合国系统内各组织和机构，包括依本守则建立的国际性机构，彼此间有必要进行适当的国际协作，以促进更多的国际技术交流以，加强各国的技术能力。

（9）国际性体制机构。《守则草案》要求建立一个专门的国际性体制机构，来负责审议守则的法律拘束力，更好地适用和执行守则的各项条款等问题，并规定了国际性体制机构的各项职责。当某一项交易的当事方发生争端时，访国际性体制机构应避免卷入。

（10）法律适用和争端的解决。这一部分的主要内容有：关于适用法律的条款、解决争端的司法、行政及仲裁途径等问题，但长期以来，谈判各方在有关问题上存在严重分歧，一直未能就此达成一致意见。

7.2.2 国际许可证协议

在国际技术贸易的实践中，转让技术所有权的情况很少，这是因为转让技术的所有权对于技术转让方日后利用转让出的技术很不方便，需要征得受让方的许可。在国际技术贸易的实践中，绝大多数都只是转让技术的使用权。这种转让技术使用权的交易就是我们通常听说的国际许可证贸易，而双方当事人为了完成这种交易签订的协议就是所谓的国际许可证协议。

（一）国际许可证协议的概念

国际许可证协议（Intemational License Contract）又叫国际许可合同，是指技术出让方将其技术使用权在一定条件下跨越国境地让渡给技术受让方，而由受让方支付使用费的合同。从法律的角度讲，许可证协议实质是一种"授权"协议，即技术所有人或持有人授予（许可）技术受让方在特定的范围内利用其技术。因此，合同中提供技术的一方通常称为"许可方"（Licensor），接受技术的一方被称为"被许可方"（Licensee）。各国几乎无一例外地对技术引进和输出做出专门的法律规定。其中，美国在这方面的法律最为完善。我国的涉外许可证贸易在1979年以后也有了迅猛的发展，并相应地制定了一系列保护知识产权和规范技术进出口的法律和法规。

（二）国际许可证协议的特征

和普通的国际货物买卖合同相比，国际许可证协议具有如下显著的特征：①转让的客体是无形的技术（更准确地说是知识产权）。②转让方一般提供的是技术使用权，而非所有权。③具有较强的时间性。在国际许可证贸易中，合同的时效，即合同有效期往往是当事人双方谈判的焦点之一，许可方总希望有效期长一点而被许可方则希望尽量短一点。④具有明确的地域性。国际许可证协议的种类很多，但无论哪种许可证协议通常都要明确规定地域性条款，即被许可方在哪些地域范围内享有使用权、制造权和合同产品的销售权。⑤有严格的法律性。其法律性体现在两个方面：其一，国际许可证协议涉及的法律内容非常广泛。其二，世界上多数国家都对国际许可证协议有程序上的要求，即合同的有效成立必须经过国家有关部门的批准或备案等。

（三）国际许可证协议的种类

在国际许可证贸易中，依据许可标的与范围的不同，可将国际许可证协议进行不同的分类。

根据标的不同，国际许可证协议可分为：①专利许可证协议；②商标许可证协议；③著作权许可证协议（包括计算机软件许可证协议）；④专有技术许可证协议；⑤混合许可证协议（亦称一揽子许可证协议）。

根据许可证协议许可适用的地域范围以及使用权范围的大小，可将其分为以下五种：①独占许可证协议（Exclusive License Contract）：指在协议规定的时间和地域范围内，许可方授予被许可方技术的独占使用权，许可方不仅不能将该技术使用权另行转让给第三方，而且许可方自己也不能在该时间和地域范围内使用该项出让的技术。在独占许可证协议中，被许可方所获得的权利最大，相应的，其支付的使用费也就越多。②排他许可证协议（又称独家或全权许可证协议，Sole License Contract）：指在协议规定的时间和地域范围内，被许可方对受让技术拥有排他的使用权，许可方不能将该项技术使用权另行转让给第三方，但许可方自己仍保留在该时间和地域范围内对该项技术的使用权。③普通许可证协议（亦称非独占许可证协议，Simple Or Nonexclusive License Contract）：指在协议规定的时间和地域范围内，被许可方、许可方和第三方都可使用该项技术。通过这种协议被许可方获得的权利最小，相应的，其支付的使用费也就越少。④交叉许可证协议（又称互换许可证协议，Cross License Contract）：指技术许可方和被许可方在协议中规定，将其各自的技术使用权相互交换，供对方使用。这种许可可以独占，也可以排他，可以有偿，也可以无偿。交叉许可证协议常使用于原发明的专利权人和派生发明的专利权人之间。⑤分许可证协议（也称为从属许可证协议，Sub－License Contract）：指被许可方将其从许可方处获得的技术使用权再转让给第三方的合同。订立分许可合同必须经原许可方同意或在原许可合同中有明确的规定。

7.3　国际技术转让合同的内容

国际许可证协议的内容是指许可方和被许可方达成的规范双方权利和义务的合同条款。在许可证贸易中，许可证协议的内容是双方当事人履行合同以及解决合同纠纷的依据。国际许可证协议根据转让标的的不同，其内容也不尽相同。下面先介绍各种许可证协议一致的内容，再分述不同标的许可证协议各自的特殊条款。

7.3.1　不同标的许可证协议的共有条款

通常情况下，国际许可证协议都具备如下几项基本条款：①前言；②定义条款；②合同的范围条款；④价格与支付条款；⑤技术资料的交付条款；⑥技术服务条款；⑦考核和验收条款；⑧改进技术的归属和分享条款；⑨保证和索赔条款；⑩违约救济条款；⑪争议解决与法律适用条款；⑫合同的有效期和生效时间等。实践中，人们习惯将（1）、（2）、（4）项条款称为商务性条款，（3）、（5）～（9）项条款称为技术性条款，（10）～（12）项条款称为法律性条款。

1. 合同的前言

前言是国际许可证协议必不可少的开头语，它包括：合同名称、合同号、签约时间、签约地点、当事人双方的基本情况以及鉴于条款。

鉴于条款（Whereas Clause）是指合同正文开始处用以说明双方交易意图和转让技术合法性的条款。这一条款不仅仅能说明双方的交易意图，其更主要的作用是要当事人双方（主要是许可方）在合同一开始就明确地做出某些法律上的保证，一旦发生纠纷，仲裁机构或法院可以根据这一条款判断责任归属。

2. 定义条款

在国际许可证贸易中，由于当事人双方所在的国家、使用的语言和适用的法律不同，各方对同一词的解释和使用可能完全不一样。因此，为了避免在执行合同的过程中发生分歧，对一些关键性的重要词汇和各国法律以及习惯有不同理解的词汇，需要在合同中首先给出明确的定义。另外，对有些名词术语，在合同中要反复多次使用而全称又很长的词汇，为了简明扼要，有时也在定义条款中规定出简称。

3. 价格与支付条款

合同价格条款亦称使用费条款，是整个许可证协议的核心。在国际许可证贸易的实践中，合同使用费的计算方式主要有以下三种：

第一种俗称为统包价格（Lumpsum Price）、固定价格或一次总算价格。采用统包价格对被许可方来说风险最大，因此实践中使用不多。

第二种称为提成价格（Royalty Price）或滑动价格。是指在合同中规定，在项目建成投产后，按合同产品的产量、净销售额或利润（统称为提成基础）提取一定百分比（提成率）的费用作为使用费。

第三种称为入门费（1nitial Paymem）加提成的价格或固定和提成相结合的价格。指在合同中规定，在合同生效后被许可方立即支付入门费，在项目投产后一定期限内支付提成费。入门费通常占合同总价的10%～20%，提成费占总价的80%～90%。

4. 合同的范围条款

又称为合同的标的或授权条款，主要明确许可使用的对象、提供技术的途径、授权的性质以及被许可方行使使用权、制造权和销售权的时间和地域范围。具体内容包括：技术的名称、规格和型号、生产的规模、产品的种类和质量；主要的经济技术指标、原材料的消耗定额；许可方提供的设计图纸和数据、生产工艺的资料和说明、技术使用的时间和地域范围、授权的性质等；如转让的是某种知识产权，还要列明权利获得的时间、批准的机关、编号、权利保护范围、保护时间和地区；如果被许可方需要许可方提供技术服务时，还要写清楚技术服务的项目和内容。上述内容的细节和具体说明，如果需要还应列入合同的附件。

5. 技术资料的交付

在国际许可证贸易中，技术资料的交付是非常重要的环节，技术资料是顺利完成许可证贸易的媒介和桥梁。技术资料交付条款通常包括以下内容：技术资料的清单与份数；技术资料交付的时间、方式及实际交付日的确定。技术资料交付的时间往往按被许可方的工程进度和计划安排，可一次性交付或分批交付。被许可方收到技术资料后，必须在规定时间内对资料进行清点，并检查，清晰度以及是否齐全。如发现与协议规定不符，应在规定的期限内通知许可方补寄、重寄或更换。

6. 技术服务条款

技术服务通常包括设计和工程服务、管理服务以及技术人员培训服务等。技术服务是实现技术真正转让的重要程序，特别是技术人员的培训是使技术资料运用于实际操作的不可缺少的步骤。

7. 考核和验收条款

考核验收指的是被许可方对按许可方提供的技术资料制造的产品是否符合许可证协议规定的技术性能指标，有权进行考核和验收。其目的是保证被许可方能够掌握转让技术，实现预期的目标。该条款内容包括：考核验收产品的型号、规格、数量；考核验收的内容、标准和方法、次数；考核验收的时间、地点、人员、仪器设备；考核验收结果的评定和处理；有关费用的分担等。

8. 改进技术的归属和分享

许可证协议通常期限都比较长，在协议的有效期内，许可方和被许可方都有可能对转让技术进行改进或发展。很多许可方都认为，被许可方对转让技术的改进或发展是基于自己原有的技术，因此要求在合同中明确规定不允许被许可方改进发展技术或一切的改进发展技术都归许可方所有。但许多国家的法律却规定这种类型的条款属于限制性条款。

9. 保证和索赔条款

国际许可证贸易中的"保证"指的是许可方对其转让技术的合法性、可靠性和有效性所提供的保证，其目的旨在维护被许可方的合法权益。一般包括以下几项内容：保证许可方是转让技术的合法所有人或持有人，并确实有权向被许可方转让。如在合同履行过程中出现第三方指控侵权，应由许可方负责与第三方交涉，并承担由此引起的一切法律和经济责任；保证协议所涉及的知识产权（主要是专利）在协议有效期内是有效和合法的；保证按协议规定的方式和时间交付技术资料，并保证技术资料的完整、清晰、准确、有效，如内容有误或不完整，有义务更换或补齐；保证被许可方正确使用技术资料后能够生产出符合协议规定技术标准和性能的产品；保证提供良好的技术服务。当许可方未能履行上述保证时，即构成违约，应当承担违约责任。被许可方对违约行为有权提出索赔。有些情况下，保证与索赔条款也可规定被许可方应承担的保证责任，如保证机器设备符合合同约定，保证如期付款等。

10. 违约救济条款

这一条款主要规定违约行为的构成以及违约救济方法。常用的违约救济方法有实际履行、损害赔偿、解除合同、支付罚金等。

11. 争议解决与法律适用条款

国际许可证贸易的实践中，争议解决的方式主要有协商、调解、仲裁和司法诉讼四种。采用哪种或哪几种争议解决方式由当事人双方协商确定。所适用的法律可以是许可方所在国家的法律，也可以是被许可方所在国家的法律，还可以是双方协商选择的其他法律。但大多数发展中国家规定应强制适用被许可方所在国法律。

12. 合同有效期和生效时间

国际许可证协议的有效期有两种常用的约定方法：一是不明确限定合同的有效期，只在有效期条款中规定当事人双方的权利和义务结束后合同自动失效，这是一种开口的办法，适用于那些难于规定时间的项目；二是在合同中明确规定一个有效期，有效期满后，合同自动失效。

目前，多数国家都规定国际许可证协议签订后要经政府的有关当局批准后才能生效。我国 1985 年开始施行的《技术引进合同管理条例》也是如此。后来，2002 年 1 月 1 日开始施行的《技术进出口管理条例》在一定程度上放宽了限制。其将进出口技术分为自由进出口、限制进出口和禁止进出口三种。对于自由进出口技术实行登记制度，合同自依法成立时生效，登记不是合同生效的条件。对于限制进出口技术引进合同来说，技术进出口许可证颁发之日方为合同生效之日。

7.3.2 不同标的许可证协议的特有内容

1. 专利许可证协议的特有内容

除上述各种标的许可证协议的共有内容外，专利许可证协议通常还包括维持专利有效性、不得反控和使用专利标记等特有内容。实践中，这些内容一般都作为几个独立的条款出现在合同之中。

维持专利有效性条款是指在合同中规定许可方有义务按照法律规定缴纳专利年费（或专利维持费），以维持专利的有效性。如果因为许可方未缴纳专利年费而导致专利失效，专利许可证协议将因此而解除，被许可方将不再支付专利许可费用。

不得反控条款（No – challenge），又叫做权利不争条款，是指被许可方在获得了许可方的专利技术后，在整个合同有效期内，不得对该专利提出异议或进行无效诉讼。

使用专利标记条款一般要求被许可方在自己生产的专利产品上标明专利标记，其主要作用是警告他人不得仿造，否则构成侵权。在某些国家，专利标记的使用还可以作为专利侵权诉讼中的初步证据使用。

2. 商标许可证协议的特有内容

商标许可证协议的特有内容包括：使用商标的形式、明确许可方的质量监督权以及商标标识的管理等。

使用商标的形式实践中主要有以下四种供当事双方选择：单独使用许可方的商标；单独使用许可方的商标，同时注明生产国家和生产厂家；使用联结商标，即将许可方商标和被许可方商标中有代表性的部分联结起来，组成一个新商标（如"FUDA""索华"），在被许可方所在国另行注册，其所有权属于被许可方；使用双重商标，即将许可方的商标和被许可方的商标并列，如"上海 – SANTANA"等。

质量监督条款是商标许可证协议最具特色的条款。商标许可证贸易使被许可方可以利用许可方有一定知名度的商标推销自己的产品。

商标标识的管理条款一般包括三项具体内容：第一，商标标识的获得。商标标识可以由许可方提供，但多数情况下由被许可方印制。第二，商标标识的使用。一般规定被许可方在首次出售载有许可方商标的产品前，应得到许可方的书面确认。不合格产品不得使用商标标识或不得销售，已经销售的许可方有义务追回；第三，合同终止后对商标标识的处理。通常规定合同终止时库存的尚未使用的商标标识，应当销毁或作价转让给许可方或其指定的第三方。在合同终止日前被许可方已生产的产品，如载有该商标标识，应允许其继续销售，直到售完为止。

3. 著作权许可证协议的特有内容

著作权许可证协议又称为版权许可证协议，其特有的内容主要有以下几项：

许可使用作品方式条款对被许可方以何种方式利用作品进行约定。著作权是一种独立的知识产权，但其本身又包含了多项具体的权利内容，著作权所有人有权将其著作权中的一项或多项权利内容许可给他人使用。许可使用作品的方式主要有复制、表演、播放、展览、发行、改编、摄制成电影或电视、录像、翻译、网络传播，等等。

许可使用性质条款规定许可使用的权利是专有使用权还是非专有使用权。如属专有使用权，在合同有效期和约定的地域范围内，被许可方可以约定的方式独占地使用作品。如属非专有使用权，被许可方还可以将同样的权利再许可给第三方使用。如合同中未规定许可使用性质，通常会认为被许可方取得的是非专有使用权。

计算机软件许可证协议是著作权许可证协议中的一种。计算机软件是指计算机程序以及解释和指导使用程序的文档的总和。它不同于传统的文学艺术作品，故而在许多国家的著作权法中受到特殊保护。我国也于 1991 年 5 月 24 日发布了《计算机软件保护条例》，将其纳入著作权的保护范围。计算机软件的许可证协议与其他著作权许可证协议有所不同。

实践中，计算机软件的许可主要包括使用许可和生产许可两种形式。需当事人对相关必备条款详细规定，以减少或避免争议的发生。

4. 专有技术许可证协议的特有内容

专有技术许可证协议以转让专有技术的使用权为目的。由于专有技术的某些特性，使得专有技术的经济价值往往比专利技术高，因而专有技术使用权的转让日益重要，含有专有技术使用许可的协议在国际许可证贸易中所占比例也越来越大。由于专有技术的特殊性，其许可协议也有许多特有的内容。

专有技术最为典型的特征是其具有客观秘密性，在专有技术许可证协议中，合同范围条款中要详细描述转让技术的具体内容，必要时还有大量的说明书、流程图等作为合同的附件。此外，协议中往往有一专门的技术保证条款，由许可方对技术资料的完整、正确、清晰，技术服务和人员培训，相关设备的性能以及合同工厂的正常运行和合同产品的性能等事项作出保证。其中，对合同工厂的运行和合同产品性能的保证是最为核心的内容，如果缺少此项内容，对被许可方可能十分不利。

保密条款也是专有技术许可证协议不可或缺的内容。专有技术之所以具有经济价值，其根本原因在于其不公开性，因此，专有技术的被许可方承担保守专有技术秘密的责任是签订许可证协议的前提或先决条件，即使合同中没有明确规定也应承担相应责任。但是为引起被许可方对保密责任的重视，大多数专有技术许可证协议中仍专门规定保密条款。

大多数专有技术许可证协议还规定，在协议终止后，被许可方仍有权使用许可方提供的专有技术，而不构成侵权。但要注意的是，目前各国对这一条款的合法性有不同规定。因此，在签订期满继续使用技术条款时要注意不要和有关国家的法律规定相冲突。

7.4　国际技术转让合同中的限制性商业条款

国际许可证协议中的限制性商业条款（Restrictive Clauses）又称为限制性商业行为、限制性商业惯例、限制性贸易做法、违背公平贸易条款等等。在我国，国际许可证协议中的限制性条款是指在国际许可证协议中由技术许可方向被许可方施加的，法律所禁止的，造成不合理限制的合同条款。这些条款或者直接影响市场竞争，或者对国际技术贸易尤其是对发展中国家引进技术及其经济发展造成不利影响。

值得注意的是，在专利、商标、著作权许可证协议中，由于这些法定专有知识产权的行使或多或少地会在合同中表现为一定的垄断或限制，如限制技术使用的地域范围；商标许可证协议中，许可方禁止被许可方在质量不合格产品上使用其商标；专利许可证协议中强制被许可方使用专利标记条款等。这些限制是基于转让标的特殊性质的正当限制，因而不属于限制性商业条款的范畴。

7.4.1　各国关于国际许可证协议中限制性商业条款的分歧

发达国家用以调整和管制国际许可证协议中限制性条款的法律主要是一般性法律，即这些国家的反垄断法。这些条款被禁止与否的标准仍然是看它是否妨碍了竞争，限制了自由贸易，这也就形成了发达国家判断国际许可证协议中限制性商业条款的基本标准，即"竞争"标准。此外，由于技术贸易和货物贸易相比有它自己的特点，单纯适用"竞争"标准来判定限制性条款可能不合实际，因此，在发达国家中又形成了一种"合理规则"作为"竞争"标准的补充，即法律根据"竞争"标准规定一些不合理的限制性条款，但一项具体的合同条款是否确实"不合理"，必须当纠纷发生时由法院或仲裁机构加以确认。这种"竞争"标准与"合理规则"的配套使用，具有不确定性的缺点，对保护合同当事人的权利是不利的。

广大的发展中国家主要是通过制定专门的技术转让法规，设立专门的行政机构对国际许可证协议进行登记批准来控制各种限制性商业条款。

在国际技术贸易的实践中，必须搞清楚不同国家在限制性商业条款问题上的基本观点，根据交易的对象适当地调整协议内容，避开有关国家对限制性商业条款的禁止性规定，否则极有可能会影响协议的效力。

7.4.2　我国对技术转让中限制性商业条款的法律管制

我国1985年5月24日国务院发布施行的《中华人民共和国技术引进合同管理条例》和2001年10月31日通过、2002年1月1日施行的《中华人民共和国技术进出口管理条例》都对限制性商业条款问题作了明确具体的规定。

1985年的《技术引进合同管理条例》明确列举为限制性商业条款的有如下9个条款：①要求受方接受同技术引进无关的附带条件，包括购买不需要的技术、技术服务、原材料、设备或产品；②限制受方自由选择从不同来源购买原材料、零部件或设备；③限制受方发展或改进所引进的技术；④限制受方从其他来源获得类似技术或与之竞争的同类技术；⑤双方交换改进技术的条件不对等；⑥限制受方利用引进技术生产产品的数量、品种或销售价格；⑦不合理的限制受方的销售渠道或出口市场；但属于下列情况之一的除外：供方已签订独占许可合同的国家和地区，供方已签订独家代理合同的国家和地区；⑧禁止受方在合同期满后，继续使用引进技术；⑨要求受方为不使用的或失效的专利支付报酬或承担义务。

2002 年 1 月 1 日的《技术进出口管理条例》规定，在我国的技术进出口合同中不得含有下列限制性条款：①要求受让人接受并非技术进口必不可少的附带条件，包括购买非必需的技术、原材料、产品、设备或者服务；②要求受让人为专利权有效期限届满或者专利权被宣布无效的技术支付使用费或者承担相关义务；③限制受让人改进让与人提供的技术或者限制受让人使用所改进的技术；④限制受让人从其他来源获得与让与人提供的技术类似的技术或者与其竞争的技术；⑤不合理地限制受让人购买原材料、零部件、产品或者设备的渠道或者来源；⑥不合理地限制受让人产品的生产数量、品种或者销售价格；⑦不合理地限制受让人利用进口的技术生产产品的出口渠道。

2002 年的《技术进出口管理条例》明确地取消了两项限制性商业条款的规定。其一是"双方交换改进技术的条件不对等"；其二是"禁止受方在合同期满后，继续使用引进技术"。这两个条款被取消的原因都是因为其本身的不合理性，在这两个问题上都没有必要由国家法律进行限制，而应当尊重当事人的意思自治。

7.5　《与贸易有关的知识产权协定》（TRIPs）

《与贸易有关的知识产权协定》（Agreement On Trade – Related Aspects of Intellectual Property Rights，以下简称为知识产权协定或 TRIPs）是关贸总协定乌拉圭回合谈判的 21 个最后文件之一，于 1994 年 4 月 15 日由各国代表在摩洛哥的马拉喀什签字，并于 1995 年 1 月 1 日起生效。由同时成立的世界贸易组织管理。

《知识产权协定》由序言以及 7 个部分共 73 个条款构成。知识产权协定是一个高标准、严要求的协定，它的生效标志着知识产权国际保护制度进入了统一标准的新阶段，在推动各国知识产权立法和司法活动方面起了重要作用，同时亦协调了发达国家因对本国知识产权在域外受保护现状不满而与发展中国家产生的种种利益冲突。

7.5.1　普遍义务和基本原则

1. 普遍义务

《知识产权协定》第 1 条第 1 款规定："成员均应使本协定的规定生效。"这一规定首先明确了协定的各项实质性规定均为成员知识产权国内立法的最低标准，其根本目的是要将各成员知识产权的保护水平提高到协定的水平上来。TRIPs 强有力的争端预防和解决机制确保了这一目标的实现。

2. 基本原则

国民待遇原则和最惠国待遇原则是 TRIPs 的首要基本原则。

TRIPs 国民待遇原则的基本含义是：各成员在知识产权保护上，对其他成员之国民提供的待遇，不得低于其本国国民。但《伯尔尼公约》第 6 条和《罗马公约》第 16 条第 1 款

（B）项所允许的成员国在特殊场合以互惠原则取代国民待遇原则的规定依然有效。

但是，TRIPs 的最惠国原则也有例外。具体地说例外包括如下四项：①由一般性司法协助及法律实施的国际协定引申出的且并非专为保护知识产权的；②《伯尔尼公约》和《罗马公约》允许的按互惠原则提供的优惠；③TRIPs 未加规定的表演者权、录音制作者权和广播组织权；④建立 WTO 协定生效之前业已生效的保护知识产权国际协定中产生的。

此外，上述国民待遇和最惠国待遇的规定不适用于由世界知识产权组织主持缔结的多边协定中有关获得或维持知识产权的程序。这也就是说，这些多边协定中规定的给予缔约国在程序上的优惠待遇，没有加入这些多边协定的世界贸易组织的成员是不能依据国民待遇或最惠国待遇原则要求享受的。

7.5.2 成员保护知识产权的义务范围

在对成员保护知识产权的义务做出具体规定之前，TRIPs 首先将《保护工业产权巴黎公约》1967 年斯德哥尔摩文本第 1 至第 12 条以及第 19 条、《保护文学艺术作品伯尔尼公约》1971 年巴黎文本第 1 至第 21 条以及公约的附件（第 6 条之 2 关于精神权利的规定除外）、《保护表演者、录音制品制作者和广播组织罗马公约》以及《关于集成电路知识产权条约》第 2 条至第 7 条（第 6 条第 3 款关于强制许可的规定除外）、第 12 条及第 16 条第 3 款全部纳入到《知识产权协定》中，成为世界贸易组织成员必须予以保护的最低标准。对相互寻求邻接权保护的 WTO 成员来说，如果双方均为《罗马公约》成员国，应相互提供罗马公约水平的保护；但如果双方或任何一方不是《罗马公约》的成员国，那么只需相互提供 TRIPS 水平的邻接权保护即可。在上述被纳入的公约内容基础上，TRIPS 又在以下几个方面进一步明确了成员保护知识产权的最低水平。

1. 版权和相关权利

在版权保护方，TRIPS 在以下几个方面对《伯尔尼公约》进行了补充：（1）在保护客体方面，将计算机程序和有独创性的数据汇编明确列为版权保护的对象；（2）在水利内容方面，增加了计算机程序和电影作品的出租权；（3）延长了某些作品的保护期。TRIPs 第 12 条规定："除摄影作品和实用艺术作品外，如果某作品的保护期并非按自然人有生之年计算，则保护期不得少于经许可而出版之年年终起 50 年，若作品在创作后 50 年内没有出版，则保护期应不少于作品创作之年年终起 50 年。"而按照此前的伯尔尼公约，电影作品、不具名作品和假名作品的保护期为该作品合法公之于众之日起 50 年。而合法公之于众除出版外，还包括很多其他方式，如公开表演、公开朗诵或向公众传播，那么，如果有人采用非出版的方式将上述作品公之于众，按照伯尔尼公约保护期已经开始起算，而按照 TRIPs 则保护期还没有开始起算，必须等到将来出版时才起算。

TRIPs 对版权相关权利（著作邻接权）的规定在很大程度上参考了罗马公约的内容。其首先规定：①对将表演录制在唱片之上，表演者有权禁止下列未经其授权的行为：录制其未录制的表演并翻录这些录制品；以无线方式广播和向公众播出其现场表演。②录音制品制作者应有权授权或禁止对其录音制品直接或间接的复制。③广播组织有权禁止未经其授权的下列行为：录制其广播；复制此录音制品；通过无线方式重播其广播；将其电视广播节目向公众传播。④允许成员在《罗马公约》允许的范围内，对上述的表演者、录音制品制作者和广播组织的权利规定条件、限制、例外和保留。这几方面的规定基本上是对《罗马公约》内容的重申。

在上述内容的基础上，TRIPs 又在两个方面提高了对版权相关权利的保护水平：①延长了权利保护期限。规定了对表演者和录制者的保护期限，应从录制或节目表演当年年底算起至少持续 50 年，对广播组织的保护期限，应为广播开始之年年底算起至少持续 20 年。②将《伯尔尼公约》第 18 条关于追溯力的规定比照适用于表演者权及录音制品制作者权。这就是说，对世界贸易组织的成员来说，对 TRIPs 对其生效之前已经进入该国公有领域的表演和录音制品，只要该表演和录音制品在其来源国仍受保护，该国就有保护这些表演和录音制品的义务。

2. 商标

TRIPs 第一次给商标下了一个明确的定义，即任何能够将一企业的商品和服务与其他企业的商品或服务区分开的标记或标记的组合，包括文字、字母、数字、图形要素、色彩的组合以及上述内容的组合。

TRIPs 确认了《巴黎公约》第 6 条之 5 列举的拒绝商标注册的理由。此外，还规定，不应以使用作为提出申请或作为注册的条件，不能以使用商标的商品或服务的性质为理由，拒绝商标注册。

与《巴黎公约》相比，TRIPs 扩大了对驰名审标的特殊保护，具体表现在两方面，一方面，《巴黎公约》第 6 条之 2 关于驰名商标的保护原则可以扩大适用于服务标记，确认某一商标是否驰名，要看相关公众对其的知晓程度，包括在该成员地域内因宣传而使公众知晓的程度；另一方面，将相对保护扩大为绝对保护，即驰名商让特殊保护的规定还应比照适用于与该商标注册的商品或服务不相类似的商品或服务。

商标首次注册以及每次续展，其期限均不得少于 7 年。商标的注册应可无限地续展。

在商标的转让问题上，TRIPs 完全允许商标权人自行决定是否连同商标所属的经营一道转让其商标。

3. 地理标志

地理标志（geographical indication）是指表示一种商品的产地在某一成员领土内，或者在该领土内的某一地区或地方的标志，而某种商品的特定品质、名声或者其特色主要是与其地理来源有关。

在 TRIPs 之前，有关的知识产权公约以及关贸总协定中从未有过"地理标志"的提法，倒是巴黎公约中曾提到"产地标志"，关贸总协定第 9 条提到"原产地标志"（Marks of Origin），作为关贸总协定基本原则的最惠国待遇和国民待遇中，也有对"原产于"（originating in）某国商品不同待遇的规定，并且乌拉圭回合谈判的最终文件中还包括一个"原产地规则协议"（Agreement on Rules of Origin）。显然，产地标志一直是贸易问题注重的焦点之一。那么，产地标志或原产地标志与 TRIPs 中的"地理标志"有何不同呢？概括来讲，二者的区别大致表现在两方面：第一是标志方式上的不同。产地标志是指制造国落款，如"中国制造"或"MADE IN CHINA"。而地理标志的方式却有三种可能，一种是某一成员领土，如"中国丝绸"；另一种是该领土内某一地区，如"中国新疆葡萄干"；第三种是该领土内某一地区内的一个地方，如"中国江西景德镇瓷器"。第二是标志意义的不同。产地标志仅仅是表明商品的来源，在国际贸易中，其是统计贸易顺逆差的关键。而地理标志的主要意义在于将某种商品的特定品质、名声或特色通过地理标志表现出来，这是产地标志没有也无意表达的内容。也正由于地理标志与特定商品的品质、名声或特色有内在本质的联系，因此对地理标志的滥用或者足以使人产生误解的利用不仅可能导致消费者的误认误购，而且还可能产生与有权使用人之间的不正当竞争。

鉴于对酒类商品的地理标志保护具有特别的重要性，TRIPs 特别要求各成员采用法律手段，防止任何人使用一种地理标志来表示并非来源于该标志所指地方的葡萄酒或烈酒。

4. 工业品外观设计

TRIPs 要求各成员对独立创作的、具有新颖性或原创性的工业品外观设计提供保护。各成员可以规定，外观设计的保护不应延及主要由技术或功能考虑所做成的外观设计。各成员应保证对纺织品外观设计获得保护的要求，尤其是关于费用、审查或公布的要求，不应不合理地损害求得这种保护的机会。

受保护的工业品外观设计的所有人应有权阻止第三人未经其许可，为商业目的而制造、复制或进口载有或体现有受保护的外观设计的复制品或实质上是复制品的货物。

成员可自行确定用工业产权法或通过版权法来保护工业品外观设计，但其保护期至少为10 年。

5. 专利

在知识产权协定第二部分的谈判过程中，发达国家和发展中国家分歧最大的就是涉及专利保护的问题，可以说发达国家竭力把知识产权问题纳入乌拉圭回合的谈判议程的主要目的就是希望取得最终知识产权协定第二部分专利一节所规定的内容。

（1）专利保护客体。关于这个问题 TRIPs 首先原则性地规定：除了某些例外或条件，对一切技术领域内具有新颖性和创造性，并能付诸工业应用的任何发明，不论是产品还是方法，均有可能获得专利。而且，专利的保护和专利权的享有，不能因发明地点、技术领域、产品是进口或在本地制造，而有任 s 歧视。

尽管有上述原则性规定，但是在扩大专利保护客体范围和保护力度上发达国家和发展中国家之间仍然存在较大的分歧。作为主要的知识和技术的生产国和出口国；西方主要发达国家竭力想在世界范围内保护其知识产权以回收利润，因此他们主张强化知识产权的国际保护。而发展中国家为了发展本国的经济，自然只能降低对一些有关国计民生的重大技术的保护。体现在药品、食品和农用化学制品上即是如此，因为如果提高投入化肥、药品的成本，专利保护将潜在地不利于一国的粮食安全（基本口粮供应不足），或不利于贫穷人口的健康（他们将对受专利保护的药品支付更多的金钱）。发展中国家与发达国家的这种对立也反映在乌拉圭回合的谈判中，发展中国家要求对医药、化工、食品和动植物品种允许有例外，可以不予以专利保护。

TRIPs 第 70 条第 8 款就是所谓的"邮箱制度"。这一条款规定：对于那些原先专利制度不保护药品和农业化学产品的成员，即使根据协定"过渡性安排"可以延迟承担授予这些产品专利的义务，但也应在 1995 年 1 月 1 日即建立一个"邮箱"，存放这一方面的专利申请，并保证存放中的申请不会丧失新颖性。一旦这些国家的专利法开始保护药品和农用化学产品，存放在邮箱中的专利申请就可以立即进入专利审查阶段。

TRIPs 第 70 条第 9 款称之为"独占销售权制度"。它要求对于已由其一成员批准专利并且已在该成员国内销售的药品和农用化学产品，其他成员均应授予其在本国境内的"独占销售权"，而不管该成员是否根据协定"过渡性安排"尚不承担授予这些产品专利的义务。TRIPs 规定"独占销售权"的期限是获得市场准入后，或是持续到该产品的专利申请被授予或被驳回之日，两期限以较短的为准。

作为专利客体的例外，TRIPs 规定只能包含如下两项：一是为人类或动物的治疗所用的诊断方法、治疗方法和外科手术方法；二是植物和动物（不包括微生物）以及生产植物或动物的主要是生物的方法。但成员应对植物新品种提供法律保护。

（2）专有权的内容。和《巴黎公约》相比，TRIPs 在专利权内容方面增加了专利进口权、提供销售权，并且还要求成员将对方法专利的保护至少延及依该方法而直接获得的产品。

专利进口权指的是进口国的专利权人有权阻止他人未经许可进口与其专利产品相同的产品，不管进口的产品在国外是否享有合法的专利权。并且，如果该商品在国外享有合法专利权，那么国外的专利权人与进口国的专利权人是否为同一个人也在所不问。

TRIPs 的"提供销售权"和我国 2000 年专利法修正案中的"许诺销售权"是同一含义，通常是指在非法销售行为实际进行前所进行的一些特定行为，包括发布广告、展览、公开演示、寄送价目表、拍卖公告、招标公告以及达成销售协议等表明销售专利产品意向的行为。TRIPs 增加了"提供销售权"，以增加专利权人制止侵权行为的机会，以便更好地维护自己的合法权益。

（3）专利的保护期。TRIPs 规定应不少于自提交专利申请之日起的 20 年年终。

6. 集成电路布图设计

对集成电路的布图设计专门立法实施知识产权保护，始于美国 1984 年的《半导体芯片保护法》，此后主要是在美国的推进下开始了国际化的进程，至今已有美国、日本、欧共体等 27 个国家和地区颁布了专门立法，此外还有两个重要的国际公约涉及集成电路布图设计的保护，这即是 1989 年在世界知识产权组织的主持下于华盛顿缔结的《关于集成电路知识产权条约》（简称《集成电路条约》或《华盛顿条约》）和 1991 年关贸总协定乌拉圭回合达成的《与贸易有关的知识产权协定》（TRIPs）。

《集成电路条约》的签字国有 8 个，全是发展中国家（包括中国），西方一些发达自家因对其中关于保护标准的规定不满意，拒绝签字。条约规定有 5 个国家批准即可生效，但迄今只有一个国家批准，因此该条约至今未能生效。尽管集成电路条约本身尚未生效，但是就世界贸易组织的成员而言，该条约由于知识产权协定的规定而已经在成员中实施。

《集成电路条约》规定，每一缔约方有义务保证在其领土内按照条约规定对布图设计（拓扑图）给予知识产权保护。而所谓布图设计，系指集成电路中众多元件（其中至少有一个是有源元件）和其部分或全部集成电路互连的三维配置，或者是指为集成电路的制造而准备的这样的三维配置。布图设计要受到保护必须具有原创性，即该布图设计是其创作者自己的智力劳动成果。由常规的元件和互连组合而成的布图设计，只有在其组合作为一个整体符合上述原创性的条件时，才能受到保护。

对于上述客体用什么法律形式来保护的问题，《集成电路条约》规定，缔约方可以自由通过布图设计的专门法律，或通过关于版权、专利、实用新型、工业品外观设计、不正当竞争的法律，或者通过其他法律或任何上述法律的组合来提供保护。

7. 对未披露的信息的保护

根据 TRIPs，未披露的信息要得到保护必须符合三个条件：第一，信息是秘密的，即信息整体或者其组成部分的确切组合不是通常从事该信息行业界的人所普遍知悉或容易获得的；第二，该信息因为秘密而具有商业上的价值；第三，合法控制信息的人为了保守该信息的秘密性，已经根据情况采取了适当的措施。

合法控制符合上述条件的信息的自然人和法人有权制止他人未经其许可，以违反诚实的商业惯例的方式公开、获得或使用该信息。

——如果成员要求呈送未公开的试验或其他数据，作为批准农业化学产品上市销售的条件，如果这种数据的获得包含了相当大的努力，则有关成员应当加以保护，以防止不正当的商业使用或公开。

8. 许可证协议中对反竞争行为的控制

TRIPs 明确规定，各成员可以立法，规定在有关市场的特定情形下，在授予许可中某些对竞争有不利影响的惯例或条款构成对知识产权的滥用。各成员可以根据其有关法律和条例，采取适当措施，防止或控制这种惯例。

对于什么是反竞争的惯例，各成员之间，尤其是在发展中国家和发达国家之间，一直存在很大的争议，TRIPs 没有对"反竞争的惯例"下明确的定义，而只以举例方式，列举了如下三个，即排他性的反授条款；阻止对知识产权的有效性提出异议的条款；强制性的一揽子授予许可。

7.5.3 知识产权的实施

《巴黎公约》和《伯尔尼公约》涉及知识产权实施的规定很少，而由于各成员的程序和执行制度不同，各公约的实体规定很可能因此而失去作用。基于这种原因，在欧美企业组织代表的要求下，TRIPs 的第三部分专门涉及知识产权的实施，总共有 21 条之多，这在知识产权国际公约中是一个创举。

1. 一般义务

各成员应保证其国内法能提供协定第三部分所规定的执法程序，以便能采取有效行动，制止任何侵犯协定所规定的知识产权的行为。这种执法程序必须包括迅速防止侵权的救济和遏制进一步侵权的救济。此外，知识产权的执法程序应当公平合理，不应当不必要的复杂或花费过高，或者规定不合理的期限或不应当的拖延。

2. 民事和行政程序及救济

各成员应向权利持有人提供关于执行知识产权的民事司法程序，包括及时得到足够详细的书面通知，委托代理人，举证的权利，陈述的机会等。一旦发生侵权，成员的司法机关应有权责令停止侵权，并向权利持有人支付损害赔偿，对侵权的商品进行处理，禁止其进入商业渠道或命令将侵权商品予以销毁。

3. 临时措施

各成员的司法机关应当有权在侵权行为发生之初采取临时措施，以制止侵权行为继续进行或防止有关证据被销毁。

4. 关于边境措施的特殊要求

权利持有人如有适当的证据怀疑假冒商标的商品或盗版商品有可能进口，可以书面向进口国主管行政或司法当局提出，由海关中止放行被怀疑侵权的商品。申请人应提供保证金或相当的担保，其数额应足以保护被告和该主管机关，并防止滥用。申请人对因错误扣押商品而造成的进口方的损失应予以赔偿。

5. 刑事程序

各成员必须规定刑事程序和刑罚，而且应至少适用于商业规模的故意假冒商标或版权盗版。适用的救济包括：监禁、罚金、扣押、没收、销毁侵权产品以及主要用于犯罪的任何材料和工具。

7.5.4 其他

（1）知识产权的取得、维持及相关程序。

各成员可以要求将符合合理手续和遵守合理程序作为获得或维持知识产权的一个条件。但这些程序和手续应与知识产权协定的规定相一致。

如果知识产权的获得需要经过授权或注册，各成员应保证，在符合获得权利的实质性条件的前提下，授权或注册的程序能在合理的期间内批准授权或注册，以免不正当地缩短保护期限。

已经在一个成员正式提出服务标记注册申请的人，为了在其他成员提出申请，在 6 个月的期间内应享有优先权。

（2）争端的防止与解决。

防止争端的一个重要方法是增加透明度。因此，TRIPs 规定，各成员应将其施行的与协定内容有关的法律、条例以及普遍适用的终局司法判决和行政决定，以本国语言公布，或者以本国语言使公众能够得到。成员一方与他方之间的与协定内容有关的协议也应公布。

有关 TRIPs 的争端，除协定另有规定外，均应按照 1994 年关税与贸易总协定第 22 条和第 23 条的规定达成的"关于争端解决规则和程序的谅解"予以解决。其解决方法包括斡旋、协商或调解，成立专家小组、交叉报复等。

本章案例

法国 CGE 公司诉阿根廷水工程合同纠纷案

根据法国与阿根廷 1991 年 7 月签订的投资保护协定第 8 条的规定，如果缔约一方与缔约另一方的投资者之间发生投资争议，投资者可以选择将投资争议提交东道国负责争议解决的司法机构，或依《华盛顿公约》提交 ICSID 仲裁庭。1995 年。阿根廷的土库曼省政府与法国 CGE 公司设在阿根廷的子公司 CAA 签订一份许可协议，允许 CAA 公司负责全省的用水系统与污水处理系统的动作。该许可协议第 16 条第 4 款规定："有关协议条款的解释或适用的争议，土库曼行政法庭拥有唯一的管辖权。"1995 年 7 月，CGE 及其子公司 CAA 与土库曼省政府产生纠纷，CGE 公司以土库曼省政府干预其履行合同为由而宣布合同无效。1996 年 12 月，CGE 公司启动子 ICSID 仲裁程序。要求阿根廷政府赔偿损失 3 亿美元，理由为：阿根廷政府没有现行投资协定义务，即制止土库曼省政府采取错误行动，故应对土库曼省政府官员的行为负责。阿根廷政府认为：争议是有关许可协议中的权利和义务关系问题，应该根据该协议将争议诉诸土库曼行政法庭，因为该许可协议第 16 条第 4 款实际上排除了 ICSID 的管辖权。

本案争议的焦点是 ICSID 是副产品对该案有管辖权。ICSID 仲裁庭将该案定性为包括两种不同的请求权：一是针对土库曼省政府的违反合同之诉；二是针对阿根廷政府的违反条约之诉。仲裁庭认为法国投资者针对阿根廷政府的条约之诉不在土库曼行政法庭的管辖之内，ICSID 因此具有对该案的管辖权。但同时又认为，由于该案中的违反条约之广播与许可协议之间的关系十分密切，在没有解释或适用许可协议中的条款之前，很难将违反条约与违反协议区公开来，而解释或适用协议第 16 条第 4 款的权利应该属于土库曼行政法庭。因此，只有在 CGE 公司向土库曼行政法庭主张权利且在程序和实体上都遭到拒绝时，ICSID 才有管辖权。这一裁决表明，投资者可以通过合同条款选择国内法庭来解决合同争议而排除 ICSID 仲裁庭的管辖权，但如果 CGE 公司根据许可协议条款主张救济时在程序与实体上遭到拒绝，ICSID 仍然可以行使管辖权。

讨论：1. 你认为本案的管辖权是否应按《华盛顿公约》处理？
2. 本案的管辖权之争对法国和阿根廷各有何意义？

本章小结

通过本章的学习应熟悉知识产权国际保护的概念，了解知识产权国际公约，例如《保护工业产权巴黎公约》、《保护文学艺术作品伯尔尼公约》和 WTO《知识产权协定》等。国际技术贸易法的概念与特点，国际技术贸易法的内容，重点掌握国际许可证协议的内容和含义。要掌握国际技术转让合同的条款，特别是不同标的许可证协议的共有条款和不同标的许可证协议的特有内容。熟悉国际技术转让合同中的限制性商业条款，各国关于国际许可证协议中限制性商业条款的分歧以及我国对技术转让中限制性商业条款的法律管制。重要的是与贸易有关的知识产权协议（TRIPs），它的普遍义务和基本原则，各成员保护知识产权的义务范围，以及知识产权的实施。

本章习题

1. 知识产权国际保护的途径有哪些？各自有什么特点？
2. 《保护工业产权巴黎公约》、《保护文学艺术作品伯尔尼公约》和《与贸易有关的知识产权协定）的基本原则。
3. 《保护工业产权巴黎公约》对专利和商标的保护有哪些最低要求？

4.《保护文学艺术作品伯尔尼公约》保护的客体范围和权利内容是什么?

5.《与贸易有关的知识产权协定》在著作权和专利权保护方面有哪些更高水平的要求?

6. 为了适应 TRIPs 协议的要求,中国商标法在驰名商标的保护方面有了哪些新的规定?

7. 国际许可证贸易的含义、特点、种类。

8. 各国对许可证协议的限制性商业条款有哪些观点? 我国对此作何规定?

第 8 章

国际电子商务法

学习目标

世界贸易组织（WTO）对各国经济和法律所产生的影响是巨大的，目前 WTO 中已有许多规制电子商务的内容，涉及电子商务的主要有《服务贸易总协定》、《信息技术协议》、《基础电信协议》、TRIPs 等。按照《全球电子商务宣言》的要求，WTO 总理事会于 1998 年发布了《电子商务工作计划》。WTO 于 1998 年 5 月通过一项《全球电子商务宣言》。1994 年 4 月，125 个缔约方正式签署了《服务贸易总协定》。该协定的主要内容为最惠国待遇、透明度、国内法规不得对正常国际服务贸易构成不必要的壁垒、市场准入、国民待遇等。在 WTO 的所有协议中，对电子商务的调整起基础性作用的当推《服务贸易总协定》（GATS）。GATS 确定了第一个有关电子商务的国际法和多边承诺的法律框架。本章介绍了《服务贸易总协定》对电子商务的规定；也阐述了《信息技术协议》和《基础电信协议》的内容。

导入案例

日本迈凯乐诉大商集团侵犯商标权案

日本株式会社迈凯乐（以下简称迈凯乐公司）诉麦凯乐［青岛百货总店有限公司（以下简称麦凯乐公司）］、大商集团股份有限公司（以下简称大商公司）等侵犯商标权及不正当竞争纠纷案。迈凯乐公司系"迈凯乐"的商标权利人和商号权利人。1994 年，迈凯乐公司与大商集团股份有限公司设立合资企业大连国际商贸大厦，迈凯乐公司授权合资公司使用包括"迈凯乐"在内的商号、商标。2004 年，迈凯乐公司由于在日本进入破产程序并退出了中国市场，撤回了其在合资公司的股权。2006 年，大商集团股份有限公司在青岛设立了麦凯乐（青岛）百货总店有限公司。迈凯乐公司认为，该行为侵犯了其合法权益，请求法院判令停止侵权并赔偿经济损失。

法院观点：迈凯乐公司未提交证据来证明其字号及其商标的知名度与显著性，并且由于迈凯乐公司目前在中国市场上没有任何经营，而被告只是在青岛地区提供服务。因此，被告将"麦凯乐"作为企业字号的使用行为，只是起到标识销售场所的作用，不会造成一般消费者的误认和混淆，据此驳回了原告的诉讼请求。

讨论：1. 日本迈凯乐的商标权应如何证明其知名度与显著性？

2. 青岛麦凯乐企业字号与迈凯乐是否有相似性？

1998 年 9 月 25 日 WTO 在日内瓦召开的部长会议第二次会议上通过了《全球电子商务宣言》，该宣言督促总委员会建立一个综合工作计划，调查全球电子商务有关贸易问题，并考虑发展中国家的经济、金融和发展需要，准备将工作计划的进展及建设提交部长会议。

在此之前，经济合作与发展组织在 1997 年 1 月散发了有关电子商务的报告，责成包括美国、欧盟和日本在内的成员国创造条件，使电子商务能够得到高效率的发展，该报告强调了主权国家应该达成有关新网络具有全球性和跨境特征的协议，建立一个统一的法律框架，使电子商务得以繁荣发展。

同年在芬兰的土尔库还召开了一次旨在消除电子商务壁垒，形成了一个建立用广信任、通关和支付体系的报告，土尔库会议涉及了电子商务的一般原则，以及税收方案、商业自律、隐私和实施这些方案的组织确认等问题。还包括《服务贸易总协定》、《ITA 协议》、《基础电信协议》与 TRIPs 协议等。

WTO 的许多协议中都包含有直接或间接规范电子商务的法律制度，电子商务也已成为 WTO 新一轮多边贸易谈判的重要议题，因而几乎所有的成员都在研究 WTO 框架下的电子商务的相关规则并为其所用。

8.1　WTO 与电子商务

1995 年成立的世界贸易组织（WTO）对各国经济和法律所产生的影响是巨大的，电子商务作为一种经济模式，也必将受到 WTO 的规制。目前 WTO 中已有许多规制电子商务的内容，涉及电子商务的主要有《服务贸易总协定》、《信息技术协议》、《基础电信协议》、TRIPs 等。

8.1.1　WTO《电子商务工作计划》

1998 年 5 月在瑞士日内瓦召开的第二次部长级会议上，WTO 各成员的贸易部长们一致同意研究全球电子商务问题，并通过一项《全球电子商务宣言》。该宣言称：认识到全球电子商务日益发展，并不断创造新的贸易机会，WTO 总理事会应建立一个"综合工作计划"，来审查与全球电子商务有关的所有贸易方面的议题，包括由各成员方提出的有关这方面的议题。工作计划应该包括 WTO 有关机构，并考虑到经济、财政和发展中国家的发展需要。总理事会应该针对工作计划的进展情况和应采取的行动建议，在 WTO 第三次部长会议上提交报告。在对工作计划的结果以及 WTO 协议下成员方的权利、义务没有任何歧视的条件下，各成员方应继续实施对电子交易不征收关税的做法。

按照《全球电子商务宣言》的要求，WTO 总理事会于 1998 年 9 月 25 日发布了《电子商务工作计划》。该《电子商务工作计划》共分为 8 个部分。

第 1 部分说明了建立工作计划的依据是 WTO 第二次部长级大会所通过的《全球电子商务宣言》。

第 2 部分规定了总理事会在工作计划实施中的作用和日程安排。总理事会在该计划的实施中将发挥中心作用，根据日程安排对工作计划实施经常性的检查回顾；总理事会将考虑具有交叉性质的所有与贸易有关的问题；工作计划中凡是涉及电子交易征税的问题应由总理事会审查；总理事会在 1999 年 3 月 31 日对工作计划的实施情况作中期审查；工作计划中涉及的所有机构在 1999 年 7 月 31 日向总理事会提交研究报告或信息。

第 3 部分对"电子商务"下了一个定义："通过电子方式实现的货物和服务的生产、分配、营销、销售和交付活动"。同时，该计划也将与电子商务基础设施发展有关的问题包括在内。

第 4 部分要求工作计划中所涉及的 WTO 有关机构，应把其他政府间国际组织在推动电子商务发展中的工作成果考虑在内，考虑从有关非政府间国际组织（NGOs）获得信息的可能方法和途径。

第 5 部分是对 WTO 服务贸易理事会的工作规定。服务贸易理事会应该对《服务贸易总协定》（GATS）法律框架内的电子商务待遇问题进行审查和报告。具体包括：①提供服务的范围（包括提供方式）；②最惠国待遇问题；③透明度原则；④发展中成员方的不断参与；⑤国内规定、标准与承认；⑥竞争问题；⑦保护隐私、公共道德和防止欺诈；⑧服务电子方式提供的市场准入承诺，包括基础和增值电讯服务承诺、分销服务承诺；⑨国民待遇；⑩接入和使用公共电讯传输网及其服务（GATS 关于电讯的附件）；⑪关税问题；⑫电子商务分类问题。

第 6 部分是对 WTO "货物贸易理事会"的工作规定。货物贸易理事会应该对与《GATTl994》条款、与《WTO 协议》附件 1A 项下的多边贸易协定和本工作计划有关的电子商务问题进行审查和报告。具体包括：①与电子商务有关的产品市场准入；②由于应用"关于实施 GATT1994 第 7 条协议"（即《海关估价协议》）而引起的各种海关估价问题；③由于应用《进口许可证程序协议》而引起的各种问题；④《GATT1994》第 2 条定义的关税和其他税费问题；⑤与电子商务有关的标准化问题；⑥原产地规则问题；⑦电子商务下的货物分类问题；⑧简化贸易手续。

第 7 部分是对 WTO "与贸易有关的知识产权理事会"的工作规定。知识产权理事会负责对电：产商务所引起的知识产权问题进行审查和报告。具体包括：①版权及相关权利的保护与加强；②商标的保护与加强；③新技术与技术的使用权问题。

第 8 部分是对 WTO "贸易与发展委员会"的工作规定。WTO 贸易与发展委员会负责在考虑经济、财政和发展中国家发展需要的前提下，对电子商务发展的意义加以审查并提出报告。具体包括：①电子商务对发展中国家，尤其是这些国家里中小企业的贸易和经济前景的影响，使它们获得最大可能利益的途径；②电子商务对发展中国家的挑战，增强发展中国家参与电子商务的途径，尤其对以电子方式交付产品的出口商而言，改善基础设施、技术转让和自然人流动的作用如何；③多边贸易体制下，在发展中国家一体化进程中信息技术的应用；④电子商务对货物传统交付方式的可能影响，以及对发展中国家的意义；⑤电子商务对发展中国家的财政意义。

可以看出，WTO 的《电子商务工作计划》具有与 WTO 协议相似的结构，都是在货物、服务、与贸易有关的知识产权之市场准入的基础上，兼顾发展问题。

8.1.2　WTO 研究电子商务的进程

由于电子商务的快速发展，乌拉圭回合谈判对其重要性估计不足。WTO 认识到这一点，并在 1996 年新加坡召开的 WTO 第一次部长级会议正式提出电子商务问题，并通过了《贸易与信息技术产品部长宣言》。根据该宣言，取消了一系列信息产品的税收，同时，WTO 将尽量促使"世界范围信息技术产品贸易自由的最大化"。

WTO 于 1998 年 5 月在日内瓦第二次部长级会议上通过一项《全球电子商务宣言》，并决定对电子传输行为暂时免税。WTO 各成员部长们一致声明：同意研究全球电子商务问题。该声明旨在指导 WTO 总理事会制订详尽的工作计划，对一切与贸易相关的电子商务问题进行审查。WTO 总理事会在 1998 年 9 月发布《电子商务工作计划》后，WTO 总理事会下的货物贸易理事会、服务贸易理事会、与贸易有关的知识产权理事会和贸易与发展委员会分别在其职责范围内就电子商务问题于 1999 年、2000 年发布了报告。

原计划在 1999 年 11 月底至 12 月初的西雅图第三次部长级会议上，由总理事会提交《电子商务工作计划》的最后工作报告，其中包括行动建议。但是在这次会议上，由于发达国家极力主张把劳工标准、环境标准等内容塞进 WTO 新一轮谈判议题当中，引起发达国家和发展中国家间的巨大分歧，导致会议失败，原定的电子商务议题也没有取得进展。

2001 年 11 月，WTO 在卡塔尔的首都多哈召开了第四次部长级会议，总理事会向会议提交了《电子商务工作计划》的工作报告，报告得到了会议的认可，一致同意继续推行该计划。电子商务作为一项议题单独写入《WTO 第四次部长会议宣言》，该宣言称：迄今为止的工作表明，电子商务使各成员方各发展阶段的贸易面临新的挑战，也带来了新的机遇，因此创造和维持一个有利于未来电子商务发展的环境是十分重要的。部长们督促总理事会考虑采取合适的安排以继续开展电子商务工作计划，并就进一步研究进展情况在 2003 年第五次部长级会议上向大会汇报。各成员方将保持目前的做法，即在第五次部长会议前不对电子交易征收关税。

在 WTO《电子商务工作计划》实施过程中，在 WTO 贸易和发展委员会的倡议下，1999 年 10 月和 2002 年 4 月分别举行了 WTO 全球电子商务论坛。第一次论坛，各成员方就电子商务的特点、对国际贸易的影响、电子商务在发展中国家贸易中的潜力、政府对基础设施建设及规范等问题进行了广泛的讨论。这次论坛成果对于《电子商务工作计划》的实施，起到了巨大的推动作用。第二次论坛的议题是电子商务对财政收入的意义，论坛的目的把贸易和发展委员会对于电子商务的考虑作为 WTO 工作计划的一个重要组成部分。本次论坛就电子商务发展趋势、电子商务对税收的影响、电子商务的财政意义、政府和私有部门电子商务经验等几个专题进行了深入讨论，使 WTO 对于电子商务的研究，从概念和理论走向应用和实践。

2003 年 9 月 10—14 日，WTO 第五次部长级会议在墨西哥的坎昆举行，5 天的谈判进程异常艰难。世界贸易组织总理事会在坎昆会议前准备了一个《坎昆部长级会议宣言》草案，在会议进行的第3天，又提交了新的《坎昆部长级会议宣言》草案文本，但是，由于发达国家和发展中国家在农业、"新加坡议题"等问题上相持不下，坎昆部长级会议无果而终，原来准备的宣言草案作废，最终发表了简短的《WTO坎昆部长级会议声明》。电子商务议题的进程也受到阻碍。

以上说明，虽然存在诸多曲折，但从总体上来看，WTO对电子商务和其对全球贸易发展的重要性，有了更深刻的认识，正由过去一般意义上的审查研究，走向具体的制度安排，为将来进行全球电子商务谈判和签署专门的《全球电子商务协议》做准备。

8.2　WTO《服务贸易总协定》中的电子商务规范

1994年4月，在摩纳哥的拉日喀什市举行的GATS乌拉圭回合谈判部长级会议上，125个缔约方正式签署了《服务贸易总协定》（General Agreements on Trade in Services，GATS）。该协定共6章29条和8个附录，其中包括电信服务和基础电信谈判。该协定的主要内容为最惠国待遇、透明度、国内法规不得对正常国际服务贸易构成不必要的壁垒、市场准入、国民待遇等。在WTO的所有协议中，对电子商务的调整起基础性作用的当推《服务贸易总协定》（GATS）。GATS确定了第一个有关电子商务的国际法和多边承诺的法律框架。

8.2.1　WTO的《服务贸易总协定》

GATS规定了四种模式的服务贸易，服务贸易被定义为：①自一成员领土向任何其他成员领土提供服务；②在一成员领土内向任何其他成员的服务消费者提供服务；③一成员的服务提供者通过在任何其他成员领土内的商业存在提供服务；④一成员的服务提供者通过在任何其他成员领土内的自然人存在的提供服务这四种模式是根据服务的提供者和消费者的地理位置来区分的。该协定并没有区分递交服务的各种不同技术方式，不管是亲自交付，邮递交递，还是通过电话或因特网交付。因此，该协定包括通过电子方式提供的服务。

GATS包括两种类型的规定：一般义务和具体承诺。一般义务适用于所有的服务，不管是否对其作出市场准入的承诺。这些条款涉及最惠国待遇，透明度，国内法规，发展中国家的参与，垄断和专营服务提供者。其他一般义务仅仅是适用于一成员已经作出具体承诺的部门。这些一般义务包括有关国内法规垄断行为的纪律。GATS的第二部分由根据减让表中的限制条件授予特定服务的外国提供者的市场准入和国民待遇的具体承诺。国民待遇承诺涵盖到影响有关服务提供的任何措施。

WTO中货物和服务贸易的规则是分别形成的，两者存在着较大的差异，但当涉及电子商务时，货物与服务之间的明显界限消失了。相同的产品可以当作货物、服务，也可以当作其他类型的产品。因此，如何将WTO法律体系中的货物贸易方面的规则与服务贸易方面的规则协调适用于电子商务领域，无疑是研究WTO协定中的电子商务规则的一大难题。1998年5月25日，WTO制定了一个全面的工作计划来检查所有与电子商务有关的贸易的相关问题。似乎存在一个共识，由于GATS涵盖了可能与电子商务相关的，但未列入现有承诺计划中的电子化服务，因此，把电子商务看作是服务贸易，选择适用GATS规则是顺理成章的。

而且，电子商务的主流是信息贸易，从广告制作、广告发布、商业洽谈、订货、支付等全部贸易过程（除了部分商品需要物流系统外）都可以通过电子方式完成；整个过程实际上是借助 Internet 系统的信息处理功能进行服务的。GATS 就是为服务贸易制定的，如果电子商务被认为是服务贸易，在电子商务中适用 GATS 更具有合理性。[2] 通常情况下，电子商务适用于 GATS 中的四种服务提供模式，例如，一国的外国银行为这个国家的某个客户提供了电子银行服务，这一服务就应该归为模式 3。同样，这个国家的计算机程序是从那个国家（在该国拥有银行的国家）传输过来的，为他们提供了服务，那么这个电子商务就应该被归为模式 4。但是有必要决定这种电子服务交付是模式 1（跨境交付）和模式 2（境外消费）。由于下列两方面的原因，这种归类是十分重要的。第一，每种模式所承诺的贸易自由化的程度是不一样的，选择了某种模式就等于准备承担在电子商务服务贸易中以这种模式作出的承诺。即在这些交易中成员要在这种服务提供模式基础上就市场准入、国民待遇、附加承诺等方面作出承诺。因此，一个国家在考虑电子商务贸易中哪些电子商务贸易作为模式 1，哪些作为模式 2 绝对要认真研究。尤其在就市场准入、国民待遇等方面作出承诺时要更加谨慎。一般情况下，发达国家（电子商务出口国）在市场准入中愿意将电子商务贸易看作模式 2；发展中国家由于电子商务发展时间短，更趋向于模式 1。第二，一成员选择了某种模式就决定其在管理和争端解决方面的权限。就模式 1 而言，这种交易被看作是在购买者所在国或地区发生的，因而，这种交易就适用于进口国或进口地区的管理制度。相反，就模式 2 而言，则适用于提供者所在国或地区的管理体制。这样，各成员在对电子商务进行模式选择时有时自己都会陷于矛盾之中。为了保护本成员方消费者权益，则肯定会选择模式 1，但出于市场准入方面的考虑则会选择模式 2，这样就需要权衡得失作出最佳选择。

各成员一致同意 GATS 适用于所有的服务，不管提供服务的技术方式怎样，这一事实（即在 WTO 中没有为不同的交付技术制定不同的规则）证实了这一点。技术中性原则同样适用于减让表中的具体承诺，除非承诺表中作出不同的规定。由于各成员有可能不用一种技术中性的方式作出承诺，那么应考虑电子商务中的技术中性将怎样适用于现存的承诺和某种新的服务。

8.2.2 《服务贸易总协定》关于电子商务的一般义务

1. 最惠国待遇

GATS 第 2 条第 1 款规定："在本协定下的任何措施方面，各成员应立即和无条件地给予任何其他成员的服务和服务提供者以不低于其给予任何其他成员相同的服务和服务提供者的待遇。"在电子商务问题中，最惠国待遇原则是否依然适用于网络环境？在因特网环境中，每一连接方给予其他任何连接方的服务或服务提供者的待遇，应立即无条件以不低于给予前者的优惠程度，给予其他任何连接方类似的服务或服务提供者，在此称作"最惠网"待遇。最惠国待遇例外请求是否在因特网环境下依然适用？在最惠网待遇条件下，最惠国待遇是可行的，例外请求不可行。最惠国待遇与最惠网待遇在此有本质差别。在因特网贸易的数字区域贸易安排中，作为四种传输模式之一的自然人移动被排除在外，这将丧失最惠国待遇例外请求资格。

在电子商务中，适用最惠国待遇原则的关键是"相同性"问题，就"相同性"而言，首先要解决电子交付的产品与通过传统方式交付的产品是否相同产品。在这一方面应该考虑用户化（customization）在电子商务中的重要作用，其中用户化过程包括一系列的行为，例如：设计、营销、批发、零销和交付，而这些行为不属于销售服务的范畴。是否是相同产品不应根据传递方式来判断，而应根据产品的性质来判断。因此，两种相同服务因交付方式不同而给予不同的待遇，这样将违反最惠国待遇原则，但在服务的相同性方面电子商务工作组存在着不同的意见。

2. 透明度

很显然，GATS 第 3 条（透明度原则）适用于电子商务。GATS 要求每一个成员立即公布针对个别服务提供者申请和普通申请所采取的所有相关措施。WTO 成员有义务向服务贸易理事会通报其新法律和法律变更情况。国外企业因此可以知道他们应该遵守的法律和规章。那么就电子商务而言，成员应公布影响电子提供服务的措施，也可以用电子方式公布影响服务贸易的措施。然而在数字签名案例中，可以在个人和国家两个水平上讨论透明度问题。数字签名系统难于设计和控制，贸易服务理事会最近的工作正说明了这一点。

3. 国内法规与标准

GATS 有关国内法规的规定（第 6 条）适用于以电子方式提供的服务，这样，就要求审查有关电子商务的国内法规的具体含义。尤其是，在提供一项已经具体承诺的服务需要得到批准时，成员主管当局应在一项完全符合国内法规和规章的申请后的一段合理时间内，将有关该申请的决定通知申请人。应申请人的请求，该成员的主管当局应毫不迟延地告知其有关申请的批准情况。正如在其他语境中，第 6 条的功能是确保这方面的法规对贸易不要构成不必要的障碍。由于现在这一条款完全能够达到此目的，暂时没有必要修改这一条款来符合这一方面的法规。在电子商务方面，因相关的法规很少，而促进了经济的迅速发展。在国内法规方面应强调使法规保持到最小化，以促进经济的进一步发展。同时，应考虑发展中国家在实现这一领域的合法目标时所面临的各种限制因素，此外，还应确保发展中国家所面临的技术性贸易壁垒将得到有效的处理。有人指出，有关基础电信的法律规则的《参考文件》为形成有关电子商务的国内法规的规则提供一种可行性模式。为了确保现有的有关电子商务的具体承诺不因国内法规所规定的措施而无效或削弱，那么确立第 11 条的纪律和有效地实施这些纪律都是很重要的。

第 11 条适用于影响电子商务的国内法规的各个方面。因此，在有关电子交付的服务交易中，这一条款包括影响交付功能和交易内容的法规以及影响通过电子方式提供销售服务的法规。就国内法规而言，要求考虑下列三个问题：①为了使不必要的贸易壁垒最小化，根据第 11 条承认一系列证明对电子商务实施法定限制措施是正当的政策目标是否合理；②区分适用于内容的法规和适用于交付的法规是否有利；③要求因特网服务提供者确保消费者不能进入那些没有遵守国内法规的网站。此外，公布其他国际组织有关这一领域的工作情况是很重要的。例如，UNICITRAL 提议签订一个涉及电子交易的，且涵盖国内法规的重要方面的国际公约。

4. 竞争

电子商务的发展有助于抑制各种限制商业行为，尤其是便于中小企业市场进入。然而垄断和限制性商业行为严重阻碍电子商务的发展。在这一方面有必要澄清 GATS 现存规则的范围。《电信附件》和有关电信的规章制度的《参考文件》就因特网接入的提供者和电子传送的适用性而言是十分重要的，有必要考虑有关这一方面的 WTO 规则和 GATS 规则的局限性。

就有关电信的竞争保障措施的原则的适用范围而言，相关的问题总是涉及这些原则对与电子商务有关的电信服务的主要提供者、从事相关服务（例如提供软件、授予证书和认证）的主要提供者和通过因特网提供电信服务的适用性。对此存在很大的争议，有些成员提议，有必要形成一些适用于电子商务各个方面的竞争保障措施。有人主张，GATS 第 8 条仅仅适用那些政府正式创立或授权的垄断行业，而不能适用那些在没有政府干预下已经获得重要地位的服务提供者。第 9 条仅仅便利各成员之间进行磋商，并没有对限制性商业行为作出任何实质性规定。第 8 条和第 9 条仅仅适用于服务提供者，因而不能适用于软件开发商。许多成员提议，为了制定这方面的规章制度，有必要研究一些影响电子商务的限制性商业行为的具体实例。例如，同行业协定，共同的商业行为，源自垂直联合的限制性行为。

5. 一般例外和安全例外

GATS 第 14 条明显涉及电子商务。该条款允许成员采取他们认为有助于实现某些公共政策目标（如保护公共道德和维持公共秩序）的措施，既然两种电子商务（提供在线服务和通过电子方式零售和批发货物和服务）在某种程度上取决于传递的安全和隐私。此外，第 14 条作出类似的规定，成员采取必要的措施保护其公共安全利益。正如其他例外条款所规定的，第 14 条能够预防滥用相关的条款，因此据此所采取的措施很可能受到其他成员的挑战，因为这些措施对实现既定目标来说是没有必要的，或者更多的是限制性的。这些措施也不能用一种构成成员之间不正当的歧视方式，或对服务贸易构成隐性限制的方式予以适用。

同时，第 14 条允许成员采取必要的措施保护个人资料的隐私和个人记录与账户秘密，以及防止欺诈和欺骗行为。各成员在实现这些目标过程中应采用必要措施。这些措施不应构成武断和形成不合理的歧视，或对服务贸易形成变相限制。由于第 14 条构成一个例外，那么必须对该条款严格地进行解释，不能扩大其范围以涵盖除该条款所指出之外的其他目标。各成员已怀疑 WTO 为第 14 条鉴定的政策目标而确定的标准的适当性。有人建议，理事会没必要进一步解释第 14 条所确定的原则，因为这些问题只有在具体争端中才能解决。

有人指出，为了确保有效地保护隐私和防止欺诈行为，发展中国家获得高级的加密技术是很重要的，但是，发展中国家往往不能获得这种技术。为了处理竞争和保护隐私、消费者权益和知识产权问题，完全有必要考虑 WTO 现有规则（当然包括 GATS 规则）的适用性。

6. 相互承认和管理合作

根据 GATS 第 7 条（承认）鼓励签署国缔结有关相互承认的双边或多边协定，或者甚至鼓励他们根据彼此之间的管辖权，单边承认"已获得的教育或经历、已满足的要求或已给予的许可或证明"。

因特网使得执行相互承认协定（MRAs）变得更为容易，因此，各成员政府也许希望知道如何才能最大限度地利用这一潜力。除了有助于程序上的最惠国待遇之外，因特网可能有助于通过提高管理者之间的合作以及个别机构与被授权的当局之间的协作为 MRAs 奠定基础。承认这一行为最终将可能扩大到电子鉴定机构，这一机构的许可将构成 Web 交付进入特定管辖区的一种权利。GATS 目前也许为 WTO 评估任何歧视性指控和有关其实施过程中的指控提供适当的基础。

均衡性原则要求职业协会或社会当局根据在东道国所获得的资格而授权在进口国进行活动。双边或多边的 MRAs 能够更好地对"考虑"这一观念进行调整和实施。有关承认的普遍"管制"这一特征仅仅意味着东道国在某种程度上总是享有一定的管制权。其中的问题是，东道国对哪些事项享有管辖权？在多大程度上进行管辖？管辖根据是什么？不管管理者是否试图执行体现于第 6 条（国内规定）的必要性标准，或者不管他们是否试图执行 MRAs 义务，网络空间都能够便利专家们根据均衡性原则管理市场准入。为了确定其他哪些要求可以得到保证而考虑外国资格要求的过程，是一个资料十分集中的特定化过程。管理者必须评估外国体制和准入申请者所遵循的特殊途径。有关的课程内容、训练要求和外国鉴定条件与等级的网络资料的效力可以作为常规评估的基础。为了便利证明机构的评估过程应建立比较数据库，从而为全球水平鉴定体制奠定基础。

8.2.3 《服务贸易总协定》中关于电子商务的承诺

1. 市场准入

以 WTO 的说法，电子商务准入通常意味着电子化出口准入，其包括两个部分的内容：互联网服务准入和电子化交易服务的准入。前者是针对互联网基础设施准入的，而后者是有关在可进行电子化交易的服务方面所作的专门承诺（例如，对模式 1 和模式 2 中的金融服务的承诺）。在商品贸易的情况下，我们可以将这些内容分别比作运输网络准入以及通过降低关税和配额等贸易壁垒而获得具体的商品市场准入。

近年来，已经出现了一种新的服务——商业性提供互联网接入，这种服务应与通过互联网媒介提供的其他服务区别开来。各公司提供这种接入是为了获取服务费。为了提供接入服务，这些公司必须进入电信网络，通常通过租用线路接入。在许多国家，电信服务的提供仍然是政府垄断，那么在这些国家，处于垄断地位的提供者很可能是互联网接入的唯一提供者。在那些对电信实行自由化的国家，相互竞争的互联网接入提供者（IAPS）可能通过一系列不同的支持性服务提供网络接入。在有关基础电信的谈判过程中，十个成员对提供这种服务明确做出承诺。在垄断或其他接入限制适用于绝大多数电信服务的情况下，显然这种明确承诺是有必要的，但对互联网接入实行自由化是可取的。总的来说，那些对基础电信承诺已经完全实行自由化的成员，认为没必要具体规定互联网接入服务，因为他们列出许多通过互联网可利用的服务。在某些情况下，IAPS 有关 GATS 的权利和义务方面的地位值得进一步审查。就所有服务而言，没有做出这种承诺当然并不意味着，IAPS 不能进入市场，实际情况可能是这样的，不允许提供这种服务，但这完全可能仅仅意味着对连续不断的接入并没有保证。

在有关基础电信的谈判中，委员会主席于 1997 年 1 月提出了一个注解，这一注解为基础电信工作组所采纳，并附属于服务理事会的报告，并且这一注解确证了这一原则，即所做的承诺是技术中性：在没有相反规定的情况下，任何承诺将认为包括区域性服务，远距离服务和国际服务，不管其出于公共目的，还是出于非公共目的，并且可以通过任何技术方式（电缆，无线电，卫星和因特网等等）予以提供。同时也指出，对私自租用线路服务作出任何承诺将允许提供者出售或出租容量大小不一的网络，提供在任何其他电信服务中列出的服务，除非作出不同的规定。

GATS 的第 8 条（垄断和专营服务提供者）包括了有关垄断提供者歧视性行为、反竞争行为和其他有损于具体承诺的行为，该条款可能要求各成员政府确保因特网服务的专营提供者（如国有电信垄断者）不得阻碍对其他通过因特网提供的服务作出的承诺。而且，在给予相互竞争的 IAPS 市场准入的情况下，第 8 条和《电信附件》将要求允许他们以合理的、非歧视的方式进入他们所要求的租用线路。对有关电信服务的主要提供者的行为的附带承诺由基础性电信谈判的绝大多数参与者予以做出。体现于基础电信谈判的绝大多数谈判者列出的《参考文件》中的规范性原则，调整妨碍竞争的交叉补贴、互联网（参考文件，互联网被定义为：为使一个提供者的用户传递另一个提供者的用户并使用另一个提供者提供的服务，而在提供公共电讯传输网络或服务的提供者之间的联通）的条件、信息滥用、许可标准、透明度和其他有关防止滥用市场主导地位的行为。

2. 国民待遇

技术中性原则可以适用于 GATS 的所有具体承诺，其中当然包括有关市场准入和国民待遇的承诺。有人提议，基于技术中性，通过电子方式提供的服务和非电子方式提供的服务是 GATS 中的相同服务，因此，同样受国民待遇原则的约束。但是，GATS 中有关国民待遇的第 17 条表述不够清楚。第 17 条同时与承诺表的结构和对"同类"服务与"同类"服务提供者相矛盾。在数字环境中，"同类"服务提供者不仅需要界定其准确含义，而且需要源于适当的技术的适用性。这是国民待遇与网络待遇引发的问题之一。[9] 以上从归属和范围，一般义务与纪律和具体承诺三个方面分析了 GATS 框架下的电子商务的法律规则，但并不是 GAS 的所有规则都适用于电子商务领域。在每一问题中，都有一些证据表明 GATS 的部分规则可以适用于电子商务领域，部分规则不适用于电子商务领域。总之，WTO 成员应在遵守这些相关规则的前提下，大力发展电子商务来加强国际经济往来和促进其经济发展。

8.3　WTO《信息技术协议》和《基础电信协议》

电子商务有两个重要的不可或缺的基础设施因素。第一是信息传输所必需的硬件和软件，第二是进入通信网络的机会。与此相对应，乌拉圭回合部长级会议以后，在 GATS 框架下出台的、直接针对信息产业的主要有两个协议：《信息技术协议》（Information Technology Agreement，ITA，1996 年 12 月，新加坡）和《基础电信协议》（Agreement on Basic Tele-communication Services，ABTS，1997 年 2 月，日内瓦）。此外，与贸易有关的知识产权协定（Agreement on Trade – Related Aspects of Intellectual Property Rights，TRIPs）也涉及许多有关电子信息产品知识产权保护的内容。本章主要介绍《信息技术协议》和《基础电信协议》。

8.3.1　《信息技术协议》（ITA）

1996 年 12 月 13 日，在新加坡举行的 WTO 第一届部长级会议上，28 个 WTO 成员和正在申请加入的国家、单独关税区签订了《关于信息技术产品贸易的部长宣言》（the Ministerial Declaration On Trade in Information Technology Products）。由于信息技术产品对信息产业和世界经济蓬勃发展所具有的重要影响，宣言谋求在信息技术产品的国际贸易领域内实现最大限度的自由化，并鼓励全球范围内技术的继续发展。宣言签署方同意约束并削减一大批产品的关税和其他税费。《部长宣言》中包括的产品清单通常称为《信息技术协议》。

《信息技术协议》是旨在将 IT 产品关税降为零的多边协定。《信息技术协议》所列的产品范围包括：计算机产品及网络设备（CPU、键盘、打印机、显示器、硬盘、局域网和广域网设备、多媒体开发工具、机顶盒等）、电信产品（电话机、交换机、移动通信、可视电话、传真机、广播电视传输和接收设备等）、半导体及半导体生产测试设备、科学仪器（测量检测仪器、分色仪、光谱仪、光学射线设备、电泳设备等）和其他（文字处理机、POS机、绘图仪、计算器、印刷电路等）共五大类二百余种产品和设备。从 1997 年 4 月 1 日开始实行，分四个阶段，每个阶段减少关税 25%，到 2000 年 1 月 1 日将信息技术产品的关税削减到零。

1998 年 2 月，参加《信息技术协议》的 14 个成员方召开会议，提交了希望增加列入《信息技术协议》的产品目录。第二阶段的《信息技术协定》将电视、录像机、收音机、印制板制造设备、平板显示器、音频设备等消费类电子产品也纳入《信息技术协定》零关税产品清单中，但这些产品从 1999 年 7 月 1 日开始分 4 个时间段降低关税，到 2002 年 1 月 1 日把关税降为零，允许发展中国家最晚到 2007 年 1 月 1 日把这些产品的关税降为零。

1998 年 4 月，在 WTO 中国工作组第七次会议上，中方代表团提交了中方出价表，共列税目 185 项。我国同意在 2005 年之前，取消半导体、计算机、通信设备以及半导体设备的关税，以换取美国对我国加入 WTO 的支持，并同意设定一个 6 年的减免信息产品关税时间表。2003 年 4 月 24 日，WTO 扩大信息技术产品贸易委员会第 35 次会议同意接受中国成为 WTO（信息技术协定）（1TA）第 43 个参加方。

8.3.2 《基础电信协议》（ABTS）

1997 年 2 月 15 日，69 个 WTO 成员方在日内瓦签署了《基础电信协议》，并于 1998 年 1 月 1 日正式生效，该协议正式名称为《服务贸易总协定第四议定书》，其核心是在客观公正的基础上，无差别地向缔约方承诺部分或全部开放国内的基础电信服务业市场，尤其就开放基础电信设施的步骤和时间作出承诺。《基础电信协议》知名度几乎不亚于 WTO 本身，之所以重要，是因为电信在其自身历史发展中的自然垄断和封闭性、社会服务公益性以及在国民经济中的基础设施地位。

协议所涵盖的基础电信服务包括：声讯电话、数据传输、电传、电报、传真、私人线路租赁（出租或租赁数据传输能力）、固定和移动式卫星通信系统及其服务、蜂窝电话、移动数据服务、传呼和个人通信系统服务。《基础电信协议》至少起到两个作用：在新兴市场，它促进了电信业的改革；在发达国家，它加快了迈向电信自由化的步伐。其具体内容包括各国开放电信市场的承诺表，还有两个附件。

1. 《电信附件》

电信服务部门不仅是社会经济活动中的一个独立部门，而且还为其他经济部门提供基本的信息传输手段。公用电信传输网不但是运营基础电信服务和增值电信服务所需的基础网络设施，也是支持其他部门如银行业和计算机业服务的基本信息传输手段。一旦公共电信传输网络和服务的接入达不成协议，其他服务种类的市场准入承诺就会因缺少传输信息手段而无法兑现。为解决这一问题，拟定了《电信附件》。

《电信附件》适用于所有影响接入使用公共电信传输网络和服务的措施，不适用于影响电台或电视节目的电缆或广播播送的措施，也不得解释为要求成员在其减让表规定之外授权其他成员的服务提供建立、建设、收购、租赁、经营或提供电信传输网络或服务，不得解释为要求成员（或要求成员责成其管辖范围内的服务提供者）建立、建设、收购、租赁、经营或提供未对公众普遍提供的电信传输网络或服务。

《电信附件》对电信、公共电信传输网络、公共电信传输服务、公司内部通信进行了定义。除"公司内部通信"是一个全新概念之外，前三者的定义基本符合人们通常的理解。公司内部通信是指公司内部或与其子公司、分支机构、附属公司进行的通信。指出，"子公司"、"分支机构"和适用的"附属公司"应由成员自行定义。我国在入世服务贸易水平承诺中专门就此作了说明："由于国内法规未有明确的外国企业分支机构法律定义，除非在具体分部门中另有说明，对于外国企业在中国设立分支机构不作承诺。"与此对应，我国在电信服务部门承诺表中并没有对电信服务的外企分支机构作出额外说明，同时我国电信服务的市场准入必须以中方控股的合资方式进行。因此，在我国电信服务部门中不存在涉及外国运营商分支机构的跨国公司内部通信问题。

《电信附件》指出，每一成员应保证可公开获得影响接入使用公共电信传输网络和服务条件的有关信息，包括：服务的收费及其他条款和条件，此类网络和服务的技术接口规范，负责制订和采用影响接入使用标准的机构的信息，适用于终端连接或其他设备的条件及可能的通知、注册或许可要求。对于移动通信运营商，可能使用的电信传输网络和服务包括传输电路（各种类型的有线电缆、无线、卫星）设施或传输容量、话音、信令传输服务和数据传输服务，影响接入使用这些基础设施和服务的透明度信息。这些信息包括：传输电路收费，话音传输和数据传输服务收费，传输电路接口规范，话音和数据传输服务质量标准，有关的国际标准化机构信息，终端连接细则、维护界面，使用这些传输设施、容量和服务的许可要求等。根据透明度条款，电信传输网络和服务运营商应保证以上信息被提供和可公开获得。

为了保证公共电信传输网络和服务的接入使用，《电信附件》作了以下规定：

第一，每一成员应保证其他成员的服务提供者可按照合理的和非歧视（指最惠国待遇和国民待遇）的条款和条件接入使用其公共电信传输网络和服务，以提供其减让表中包括的服务。从这个意义上，国内（合资）运营商原则上享有平等接入使用公共电信传输网络和服务的权利。

第二，每一成员应保证任何其他成员的服务提供者可接入使用其境内或跨境提供的任何公共电信传输网络或服务，包括专门租用线路。具体到移动通信，应允许移动运营商购买、租用和使用接入公共电信传输网络和服务所必需的网络接口设备作连接终端或提供服务用途，允许将自建或租用的传输电路与公网或其他运营商网络互联互通。除了保证公众可普遍使用电信传输网络和服务所必需的情况外，允许其在提供任何移动通信服务时使用自己规定的操作规程。

第三，各成员方应确保其他成员方的服务提供者可使用公共电信传输网络和服务，在其境内和跨境进行信息交流，包括该服务提供者的企业内部通信，以及获得任何成员方境内的数据库或其他机器可读形式储存的信息。成员方如要出台对此有重大影响的新措施，需要通知其他成员方并按《服务贸易总协定》规定的程序进行磋商，但这不影响成员方采取不构成对服务贸易的不合理歧视或潜在限制的必要措施，以确保信息的安全和保密。

第四，虽然各成员方应无条件地允许其他成员方服务提供者接入使用公共电信传输网络和服务，但在保障公共电信传输网络和服务提供者的普遍服务责任，保护公共电信传输网络或服务的技术完整性，或保证任何其他成员的服务提供者不提供该成员减让表中承诺所允许之外的服务等情况下，一成员方可以对接入使用公共电信传输网及其服务规定一定的条件，包括：①限制服务的转售或共享使用；②要求使用特定的技术接口、接口协议进行互联；③要求服务互操作性达到国际电信服务标准化的目标要求；④终端和其他网络接口设备的选型和与网络连接的技术要求；⑤限制与此类网络或服务互联，或限制与另一服务提供者互联等。

据此，公共电信传输网络运营者可以出于保障普遍服务责任、保护传输网技术完整性和保证服务提供范围等原因，实施上述限制措施。这就要求国内移动运营商一方面注意在公共电信传输网的接入使用中不要超出以上保护的范围，另一方面需要熟悉限制的使用条件，避免滥用。

第五，发展中国家成员方可根据其发展水平，在接入使用公共电信传输网络及服务方面维持合理的条件，以提高其国内通信设施水平和服务能力，增强其对国际电信服务贸易的参与，这些条件应在其承诺表中详细说明。

另外，《电信附件》还规定通过加强技术合作，包括各成员方及其网络、服务提供者参与国际和区域组织的发展计划，支持各国尤其是发展中国家发展高效和先进的电信基础设施，增强其国内电信服务能力，促进发展中国家在国际、区域和次区域的各级电信合作和与国际组织的合作，使发展中国家获得有关电信服务以及电信和信息技术发展情况的信息。应该向最不发达国家提供机会，鼓励外国电信服务提供者在技术转让、培训和其他活动方面为其提供帮助。这实质上是 GATS 第 4 条发展中国家进一步参与"在电信服务领域的具体实现"。

2. 《电信参照文件》

一般来说，绝大多数国家都把电信业当作公用事业，由法定的一家或者两、三家企业垄断经营，即使打破了垄断，允许私人资本进入，原来的垄断经营者在短期内仍然对市场占有支配地位。这对外国公司的进入是个最大的障碍。为解决这个问题，WTO 成员方制定了一个指导性文件：《电信参照文献》（简称《参照文件》或《参考文件》），以便为对付反竞争行为而设置一种强制保障机制。《参照文件》是专门针对电信管制村一级机构的，要求管制机构公平、无歧视监管电信市场，确保市场开放。

《参照文件》的适用范围是"基础电信服务"。《参照文件》的目标是，为前述对市场准入和外国投资所作具体承诺的真正有效实施，在国内法上提供必不可少的保障，把这种保障与 WTO 体制挂钩，以便遇到不予执行时诉诸 WTO 解决争端机制。

该文件规定的是"对基础电信服务的管理框架的原则"，提供了以下几个定义：

"基本设备"（essential facilities），是指由一个或者几个提供人独占或者主要提供，而且为提供服务不论从经济上还是技术上都无法替代的、公共电信传输网或者服务的设备。

"主要提供人"（major supplier）；是指由于控制了基本设备或者利用其在市场上的地位，在基础电信服务的有关市场上（对价格与提供方面）有能力左右参加条件的提供人。

"互联"（interconnection），是"为使一个提供人的用户传递给另一个提供人的用户并使用另一个提供人提供的服务，而在提供公共电信传输网络或者服务的提供人之间的连通"。

《参照文件》的目的是防止电信业的反竞争行为，保证电信网络的互联互通，创造一个公平竞争的市场法制环境，这就需要遵循以下几个原则：

公平竞争原则。《参照文件》要求在具体承诺里含有防止（制止）"主要提供人"采取反竞争手段的承诺。其中列出了三项反竞争手段："交叉补贴"（cross subsidization）、利用从竞争者那里获得的信息、扣留技术与商业信息。

互联互通原则。文件规定的互联应该遵循的标准与规则，即不歧视原则、透明度原则、程序的通用性和争端解决。

普遍性服务原则。任何成员有权定义普遍服务义务的种类，这些义务将不被认为是反竞争的行为。但是普遍服务的管理必须透明、非歧视和保持中立。

独立监管机构的原则。电信监管机构是与任何基础电信服务提供者分离的，并对其没有责任。监管机构采取的决定和程序，对所有市场参与者都是公正的。

稀有资源分配和使用的原则。任何稀有资源的分配和使用过程，包括频率、码号和方式权，都要以客观的、及时的、透明的和非歧视的方式进行。现行的分配频段的状态，将使其公共可用，但是对具体政府用途的频率分配细则例外。

许可证条件的公开可用性原则。在需要许可证时，要保证申请许可证的条件和时间要公开。并且拒绝许可证的理由应该应要求公开。

这对 GATS 第 8 条"垄断和专营的服务提供人"的规定是一种重要补充和发展，还冲破了 GATT 不理会私人间"限制性商业行为"传统。

3. 各国开放电信市场的承诺表

各国开放电信业务市场的承诺表是 WTO《基本电信协议》最：关键的部分，其主要内容包括每个成员国市场准入的承诺、国民待遇和可能的附加承诺。在承诺表中，成员可以允许充分的市场进入和国民待遇，也可以在这两项规定上添加一些限制、条件和资格认定，此外还需要指明承诺实施的时间。

8.4　数字化产品的性质

8.4.1　数字化产品属于货物还是服务

WTO 的各种承诺已经涉及了电子商务的许多方面。然而，对于报刊、音像制品、书籍等有形商品都可以通过互联网络传送、完成。这时，这些交易标的应该是 GATT 下的货物，还是 GATS 下的服务？还是应该属于 TRIPs 下的特许权使用？从《电子商务工作计划》中"电子商务"的定义来看，可以主要考虑把数字化产品归入货物还是服务。

由于目前 WTO 成员方之间货物贸易市场的开放程度与服务贸易市场的开放程度相去甚远，所以依照不同的定性开展电子商务，其结果将有很大区别。

因此，对通过互联网络传送、完成的内容作出不同的定性，就会纳入到 WTO 不同的协议规制管辖范围之内，所享受到的待遇和保护就会大大不同。

如果我们将电子传输的形式和内容定位为服务贸易，则由于网络的无国界特点，一国的工商企业或个人可以在该国为他国客户自由地提供可能是他国有限度开放的服务，因此 GATS 以及各成员方加入 WTO 时开放承诺应如何得到执行，是一个问题。如果将其定位为货物贸易，则这类贸易是否应按照各成员方的关税减让表征收关税，还是由于对之征税存在技术上的困难而应给予免税？由于数字化信息的易复制性以及网络传输空间的纵横交错，在确定某一次传输的真实来源地时会存在一定的困难，因此如果根据上述的定性（原产地规则）在一定情况下应被加以适用时，应如何使用这些规则确定货物的原产地？

美国的电子商务最为发达，为了更好地保护其电子商务产业，美国主张不能把所有的数字化产品视为服务，即使视为服务，也应采用 GATT 的保护方式。美国认为："有人认为所有基于电子化传送的贸易都是一种服务，这种结论需要进一步加以检验……当这些产品本身的'传送'可以确定是一种服务时，这些产品本身不会在其传送过程中消耗，仍会保持一种类似于货物世界的持久状态。"

欧盟认为，应该把数字化产品看作是服务。同一件产品，比如音乐或者录像，当其以有形形态（比如 CD 或者 VCD 光盘）进入交易时，就被看作货物，而当其以电子形式提供时，就被看作服务。因此，当以电子合同方式订货以后，以传统的实物方式交付，就应该作为货物属于 GATT 的范围，如果订货以后，再以电子方式交付，就应该作为服务属于 GATS 的范围。欧盟的立场得到许多 WTO 成员的支持。

印度尼西亚和新加坡都表示"数字化产品的出现模糊了货物与服务的界限，无论如何定性，最惠国待遇和国民待遇的基本原则都必须予以适用，以确保电子商务的公平、开放和透明的市场准入"。

8.4.2 属于货物的理由

1. 理由

有观点认为，数字化产品应该享受 GATT 下适用于其实物形式相似产品的全面保护。其理由有四：①如果因为产品交付方式的区别，而受到不同程度的保护，就会对经济贸易带来不公平的影响。②根据 WTO 贸易政策中立原则，相似产品常常适用相似的贸易规则。③GATS 承诺适用于"通过任何技术手段（例如电缆、无线电和卫星等）提供的"服务。④WTO 的一个基本原则在于逐步实现贸易自由化。

2. 问题

把数字化产品界定为货物会面临以下两个问题：

（1）我们很难把所有的数字化产品界定为货物，因为美国都承认"绝大部分电子商务活动的市场准入承诺都归于成员间的服务承诺项下"。而哪些产品应该归入货物，哪些又应该归入服务，又很难确定一个统一的标准。

（2）目前世界各国的海关关税制度都是针对实物形式的货物加以设计的，要对数字化产品执行关税，需要各个国家的互相高度协调，而在这一方面，目前还很难做到。

8.4.3　属于服务的理由与问题

有观点认为，真正可选并现实的方案是把 GATS 适用于所有的通过网络传输的电子贸易，这种选择并不仅仅是因为其他方案的不合理，还因为其本身具备重大的支持理由：

1. 理由

（1）把所有电子商务定位为服务与定位为货物相比明显更为合理。

（2）另一优势在于它不仅干净利落，而且有利于将国家间关于这类问题的争端减少到最小。现有的电子商务争端都源于一些国家把电子商务视为货物而另一些国家视为服务。

（3）GATS 的《基础电信协议》的达成以及在这些服务领域贸易自由化程度的取得为电子商务技术设施的发展打下重要的基础，而这正是参与电子商务的前提条件。

（4）在多边自由化谈判中必须更多考虑发展中国家的实际承受能力并照顾到其适当利益。对于广大电子商务发展相对落后的发展中国家来说，把电子商务视为服务并适用 GATS 比起适用 GATT 容易接受得多。

2. 问题

GATS 是 WTO 庞大规则体系中适用电子商务的现实可行方案，但是其阻碍电子商务发展的无效率性必须得到克服：

（1）GATT 对以有形货物方式进口的货物的关税约束及其配额限制大大促进了贸易自由化，这一点 GATS 规则还不够，从而会影响到电子商务的效率。

（2）如果把电子商务视为服务并且使用 GATS，原则上国家有权对通过电子商务的商品流量进行配额限制。

（3）GATS 本身固有的缺陷也将严重影响电子商务的发展。

8.4.4　数字化产品归于服务更合适

1989 年，加拿大经济学家赫伯特，G. 格鲁伯和迈克·丸沃克创造性地提出了"物化服务"的概念。"物化服务"即是在服务生产活动者改变了一些人或他们所拥有的商品状态以后，服务就被认为是"物化"了。这种改变对个人或者商品所有者是有价值的。"物化服务"的概念彻底改变了过去那种认为服务是"看不见，摸不着"和不能储存的虚幻观念，服务不仅是精神的，也是物质的，这是一个很重要的哲学概念。菲利普·考特勒（Philip Kotler）分析了从纯商品到纯服务的四种变化类型：①纯有形商品，比如香皂、牙膏等产品没有附带服务；②附带服务的有形商品，利用服务来吸引顾客，比如计算机；③附带少部分商品成分的服务行为，例如空中旅行的头等舱和维修业；④纯服务，比如照顾小孩和心理、法律咨询等。由此可见，货物和服务之间并不存在一个绝对的界分标准，甚至在许多情况下是混合存在的。把通过互联网传递的"货物"视为服务并不一定会违反有关服务、货物的基本理论。因此，我们可以主要从把通过互联网传送的产品归入哪个类别对我们更有利作为出发点来展开讨论。电子商务领域中有些可以适用 GATS 加以规制，有些领域不适合采用 GATS 加以规制。以下分别从"传统服务通过电子商务方式完成"以及"货物通过电子商务方式完成交付"这两个方面加以分析。

1. 传统服务通过电子商务方式完成

在 GATS 中，服务被分为 12 类，除建筑、运输、环境范围服务等几类外，下列服务都是既可以通过四种传递方式又可以通过互联网进行：商业、通讯、发行、教育、金融、医疗、旅游、娱乐等。传统服务通过网络完成，仍然属于服务的范畴，仍然属于 GATS 规制的范围。同样，和货物贸易相比，通过互联网络所完成的服务受到发展中国家的更多控制，也是为了维护其经济主权的需要。相反，如果通过互联网络所完成的服务不受到 GATS 的规制，实际上就是让 WTO 中发达成员的优势企业"平等"和发展中成员的弱势企业相竞争，其结果必然是，发展中成员的经济受到破坏，其在 WTO 当中的艰苦谈判成果付之东流。所以，把通过互联网络所完成的服务，仍然应该归入到受 GATS 规制的范围。

这种服务应该归入越界服务（crossborder supply）、境外消费（consumption abroad）、商业存在（commercial presence）、人员流动（movement of personal）中的哪个模式中？一般来说，在通过互联网络完成服务的情况下，服务提供方在本国设立网站即可完成有关服务，可以在服务接收方所在地不设立机构、不派出人员，除非服务接收方所在地的政府有相反的强制性规定。所以，可以考虑归入于越界服务或境外消费的模式中。

2. 货物通过电子商务方式完成交付

不能够把所有通过互联网络交付的货物视为服务，要根据具体情况具体分析：

（1）划分的标准：我们可以把通过互联网络交付货物分为两种：一种货物，通过互联网络交付之后，仍然可以在相当长的时间之内为接收方所保存，或者以数据形式保存在硬盘上，或者通过输出形成有形形式，并且和有形货物具有直接竞争性或者替代性。第二种货物，通过互联网络交付之后，不能被接收方长期保持，和有形货物不具有直接竞争性或者替代性。第二种只能在线阅读的特性则使得其更倾向于服务。所以，如果把第一种归入货物，第二种归入服务的范围，似乎更符合货物、服务的各自特性。货物和服务之间并不存在一条绝对的界线，通过互联网络交付之后的货物更加类似一种货物和服务混合存在的状态。

（2）GATS 的自由化程度不够会导致放弃电子商务吗？

在 GATS 当中，是采取在单个的部门、类别基础上分别逐项确定对外开放程度的方法，所以，WTO 各成员可以通过对各类服务的分析，逐项同意自由化程度。电子商务的优点在于速度快、成本低，这对于经济贸易交往是非常重要的考虑因素。所以不能笼统地说把通过互联网而交付的某一类货物归入服务，接受 GATS 的规制，就一定会导致提供商因为 GATS 自由化程度不够而放弃采取电子商务形式。如果把所有数字化产品视为货物并且适用 GATT 规则，再加上对于传输的关税免征协议，成员方就等于承担了网上交易全面自由化的义务。国民待遇和最惠国待遇是 GATT 规则的一般性义务，适用 GATT 规则，并适用其下的国民待遇原则，成员方就得放弃他们对通过互联网进口的"货物"在国内税收方面实行歧视待遇的权利。另外，免征关税还使得成员方对通过互联网进口的"货物"的税率约束在零关税水平。实际上，把这类货物采用 GATS 加以规制，是发展中成员自我保护的方法。因此，把大部分通过互联网传送的货物归入 GATS 的范围更为明智。另外，这里也面对这种服务应该归入越界服务、境外消费、商业存在、人员流动中的哪个模式当中的问题。这里可以参照前面的通过互联网络完成服务的相似方法加以考虑。

8.5　WTO 框架下国际电子商务发展趋势

8.5.1　WTO 所取得的基本观点

综合以上这些报告和会议，目前 WTO 对电子商务的基本观点如下：

（1）WTO 成员方普遍同意将在线交易分为三类：从选择、购买到送货完全通过互联网络完成的交易；不论交易的是商品还是服务，选择和购买通过网络进行，但按照传统方式完成交付的交易；涉及电信传输功能的交易，包括提供互联网服务。

（2）WTO 成员方政府普遍认为，互联网上实现的大部分交易是 GATS 管辖范围内的服务性交易。因此应当受 GATS 的管辖，而不是受 GATT 的管辖。

（3）WTO 成员方普遍认为，GATS 并没有对其所定义的、受其管辖的服务传输技术手段加以区分。

（4）成员方一般认为 GATS 的所有条款均应适用于通过电子方式进行的服务贸易。

8.5.2　WTO 框架下电子商务面临的问题

1. 《基础电信协议》与互联网接入服务的关系

由于根据该附件可以公平合理地从公共电信运营商中获得出租线路，因此对于许多互联网服务提供商（1SP）和服务来说是十分有益的。然而，一些成员政府认为，这些服务提供商在多大程度上应受到附件条款的约束，仍然存在疑问。市场准入和国民待遇承诺在多大程度上涉及国际互联网接入服务的提供，各成员的服务贸易减让表并不总是能够清楚地反映出来。可以假设，如果具体承诺减让表中没有说明，但是市场准入机会隐含在基础电信服务的广义定义当中，则这些服务受到具有法律约束力的市场准入承诺的约束。1997 年 1 月基础电信谈判组主席作了一个解释性说明，指出除非有相反表示，否则就一个具体部门所作的承诺将被认为包括公用和非公用的本地、国内和国际长途业务，可以通过以设施为基础或者转售的方式提供，并可以使用任何技术方式。该说明还指出，对私人租用线路服务所作的承诺，除非另有说明，将包括允许服务提供者向其他电信服务分部门中的服务提供出售、出租任何类型的网络容量。

2. 数字化产品是属于服务还是货物

分歧主要集中在书籍和软件等产品上。比如，一本印制好的书籍按传统的方式交付时，一致的观点认为这是货物贸易的一种，然而当这本书被制成电子版本后，一些成员方认为该电子版本应被视为一项 GATS 规范内的服务，一些成员方认为该电子版本仍属于受 GATT 管辖下的货物范围，另一些成员方则认为电子版本既不属于货物，也不属于服务，它应属于一类新的产品，WTO 应通过专门的立法对此类产品加以规范。

8.5.3　WTO 对我国电子商务的影响

在 WTO 对我国电子商务的影响中，最受人们关注的显然仍是开放电信业的问题。而在加入 WTO 对我国电子商务业的具体影响上，可以从网络运营业、ISP 与 ICP 等、企业、电子商务环境建设、网络设备供应商等六个方面进行具体分析。

1. 加入 WTO 对我国网络运营业的影响

电子商务是网络环境中的商务活动，网络用户有限，网络的层次、规模有限，电子商务是无法发展的。加入 WTO 后，我国的电信业要逐步开放，允许国外有技术和经济实力的电信公司、网络运营公司来华投资建设、经营基础电信网络和电信增值服务业，将有效地加速我国骨干网、接入网的建设，增加我国 Internet 国际端口数量和带宽，提高网络运营的服务能力和水平，降低收费标准，这样就会吸引更多的用户上网，从根本上改变我国电子商务的基础环境。

2. 加入 WTO 对我国 ISP、ICP 等的影响

目前，我国的 ISP，ICP 等基本作为电信运营业来管理，没有对海外资本和公司开放，也没有向国内的宽带广电网等发许可证，加入 WTO 后，这些禁令要逐步解除。允许海外公司在中国投资经营因特网接入服务和内容服务，并打破电信网、广电网、计算机数据网间严格的业务界限，在中美关于中国加入 WTO 的协议签字之后，立即有几亿元以上的国际风险资金与我国的 ISP、ICP 进行广泛接触，所以，可以想象，一旦禁止解除，将会有更多的外资进入我国 ISP、ICP 业，并引起一些变化，如：一些国际知名的 ISP、ICP 将登陆中国，众多 ISP、ICP 等通过兼并、联合、合作等方式重新定位，ISP、ICP 市场将重新洗牌，原有的市场地位排名顺序等将打乱，单纯靠行业保护的 ISP、ICP 将被淘汰出局，随着电信资费的降低电信网络资源的增长和电信服务质量的提高，ISP、ICP 的生存发展条件将有很大的改善，服务规模迅速扩大，竞争更加激烈。不仅要求以规模取胜，更要以特色取胜。

3. 加入 WTO 对企业的影响

企业是开展电子商务的主体，加入 WTO 后，企业将得到更多的参与国际竞争的机会，同时在业务上也会面临更为激烈的国内竞争。一方面，企业传统的经营理念和管理方式将受到冲击，目前，国内企业生产经营普遍还停留在"以产品为中心"阶段，市场营销策略采用的是"4P"组合，而国外企业的生产经营正由"产品为中心"过渡到以"客户为中心"的阶段，遵循的是"4C"组合的市场营销策略，即顾客、费用、方便性、沟通，产品的生产、销售、服务等一切活动都围绕顾客需求考虑，利用网络技术建立并优化供应链管理系统（SCM）和客户关系管理系统（CRM）。所以，加入 WTO 后，国内企业需要在经营理念和方式上尽快与国际接轨，才能适应在开放的国内市场和国际市场上与国外企业竞争。另一方面，企业将有更多的拓展海外市场的机会。加入 WTO 后，成员国之间多边互惠、最惠国待遇等问题将随之彻底解决，"非法倾销"、贸易摩擦等问题，可以由 WTO 相应机构统一评判、解决，这些都为我国企业拓展海外市场创造了条件。另外，企业可以利用电子商务不受时空限制及在税收上的优惠，扩大海外市场。

4. 加入 WTO 对网络金融的影响

在对网上支付环境的影响上，"八五"以来，我国虽然狠抓了"金融电子化建设"，实施了"金卡"工程，但由于我国的金融市场还没有完全开放，竞争机制尚不完善，我国电子货币的普及率还很低（目前，我国金融卡发卡仅 1.03 亿张，非金融卡发卡量刚到 1 亿张），还没打建好统一的金融认证中心，网上的快速支付也不如人意。加入 WTO 后，我国的金融服务业逐步对外开放，国际金融银行、信用卡组织将逐步在华开展对企业和个人的信

用卡业务、网络银行业务，因此国内金融业、商业银行为适应金融服务对外开放带来的竞争压力和电子商务发展提出的要求，将会在不同金融卡网络系统的互联互通、认证中心建设、资金在途时间。等方面进行改善。

5. 加入 WTO 对物流配送业的影响

"八五"之前，我国对物流配送还比较陌生，只有计划经济下的商品批发和仓储运输业，随着我国零售领域连锁经营方式的引入，我国才开始考虑物流配送系统的建设问题。"入世"和电子商务的发展，将为我国物流配送业带来很好的机遇。一方面，原有的批发机制将被彻底打破，国外在物流配送领域普遍采用的电子订货（EOS）、即时服务（JIT）、客户快速回应（ECR）、供应链管理（SCM）、客户关系管理（CRM）等新的技术新理念，将彻底打破我国原有的批发机制。另一方面，综合、专业的内配式的物流、配送中心将废运而生。加入 WTO 后，国际连锁集团在中国的公司通过其庞大的国际供应链网络系统就地就近进行商品采购和配送，国内的连锁超市、连锁百货公司、连锁便利店、专营店也需要建立为自己配套的物流配送中心或需要依靠区域性、行业性物流配送中心的支持，在这种情况下，综合性、专业性，或内配式物流配送中心就会应运而生。还有，海外大型营销网络的涌入将对我同国有的商品流通渠道造成冲击。此外，加入 WTO 还会对我国的电子商务税收环境、安全保障、法制环境等提出更高的要求。

6. 加入 WTO 对网络设备供应商的影响

入世对电子商务的促进作用将带动网络设备、信息系统集成、商业自动化机具、电子商务软件的发展。1999 年电子商务年，全球电子商务交易额累计为 4 000 多亿美元，而全球用于电子商务平台建设的信息技术产品、设备和软件及信息资本的开发费用也超过 4 000 亿美元，因此入世后，我国对信息技术产品的需求量将以百亿计。

自 20 世纪 80 年代以来，电子商务进入了一个飞速发展的时代，而且随着时代的前行，电子商务越来越深入渗透到国际贸易流转关系中来。而作为当今规范国际经济贸易活动的最重要的多边经济组织—世界贸易组织（WTO），无疑要承担起为电子商务这种新颖的国际商业运行模式制订规则的重任。因此，通过以 WTO 为基础的多边贸易体制来促进全球电子商务的发展已成为最佳选择。在已经启动的 WTO 的新一轮谈判中，电子商务已被列为重要的谈判议题。可以预见，WTO 法律框架下的电子商务法律制度必将日益发展和完善。

本章案例

敦　煌　网

敦煌网是一个聚集中国众多中小供应商产品的网上 B2B 平台，为国外众多的中小采购商有效提供采购服务的全天候国际网上批发交易平台。作为国际贸易领域 B2B 电子商务的创新者，敦煌网充分考虑了国际贸易的特殊性，全新融合了新兴的电子商务和传统的国际贸易，为国际贸易的操作提供专业有效的信息流、安全可靠的资金流、快捷简便的物流等服务，是国际贸易领域一个重大的革新，掀开了中国国际贸易领域新的篇章。敦煌网采用 EDM 的营销模式低成本高效率地扩展海外市场，自建的 EDMSYS 平台，为海外用户提供了高质量的商品信息，用户可以自由订阅英文 DM 商品信息，第一时间了解市场最新供应情况。

敦煌网由中国著名的电子商务旗手、曾担任卓越网首任 CEO 的王树彤女士担任总经理，并积聚了大批优秀的国际贸易和互联网业界的精英人士。高素质专业化的国际业务团队和网际科研力量使敦煌网能够为采购商和供应商提供优质、高效、快捷的服务。

由于敦煌网可大大提升中国出口型中小企业的国际竞争力、带动重点行业和区域经济发展，中国信息产业部电子商务机构管理认证中心已经将其列为示范推广单位，国家发展和改革委员会所属中国中小企业国际合作协会、中国中小企业对外合作协调中心也将其作为战略合作伙伴。敦煌网自身也将一如既往地努力探索、锐意进取，立志成为中国国际贸易领域电子商务的领航者，为中国众多的供应商和中国国际贸易的发展做出最大的贡献。

该网站的最大的特点是完全保证买家的利益，保证国外买家的利益，但是对于中国的在线的商户来说，利益得不到完全的保证。对于小商户来说，风险大。买家收货后，稍稍不如意或者根本就是故意，整个纠纷给你，更加恶劣的就是搞个 paypal 投诉。叫你有苦说不出！纠纷处理对卖家就是个大杀器。没有割地赔款，几乎就不能全身而退。而且处理的时间也是超漫长。当然也有很多优点，比如注册之后，工作人员很热情地教你使用方法。如果敦煌能够保障卖家收款安全迅速，一定会做得比阿里还要好！

由于敦煌网与阿里巴巴的业务模式都是搭建国际贸易的网上交易平台，王树彤被有关媒体称为"挑战马云的女人"，对此，她在访谈中直言自己创立 B2B 电子商务网站并不想挑战谁，因为对创业企业来说，能否按照既定的战略方向发展，是对自身的最大的挑战。王树彤认为，敦煌网作为第二代电子商务的开创者，把整个供应链环节很多种元素都集成在一个平台上，因此这与阿里巴巴提供信息平台的模式不尽相同。

对于眼下的全球金融危机背景，王树彤说："金融危机是电子商务发展的一个巨大的推动力。"据了解，2008 年，敦煌网在线交易总额接近 2 亿美元，"我们对每笔成功的交易收取一定比例的佣金"。

据她介绍，目前敦煌网上有来自 200 多个国家的买家，而卖家遍及全国各地。

王树彤是中国最早的电子商务产业的行动者之一，先后两次创业：1999 年参与创立卓越网并出任第一任 CEO；2004 年创立 B2B 电子商务网站敦煌网。

2010 年 11 月 22 日外贸 B2B 电子商务网站敦煌网宣布计划在未来两年内陆续投入 1 亿元人民币打造华南基地，而不久前敦煌网已在深圳市正式成立华南总部，在深圳的员工人数已近 200 人。据悉，这是敦煌网首次在北京以外地区设立的分公司。

作业：1. 上网浏览国际贸易电子商务的代表网站－敦煌网的内容及发展历史。

2. 分析敦煌网的商业模式特点。

本章小结

世界贸易组织（WTO）有许多规制电子商务的内容，主要有《服务贸易总协定》、《信息技术协议》、《基础电信协议》、TRIPs 等。按照《全球电子商务宣言》的要求，WTO 总理事会发布了《电子商务工作计划》。通过了《全球电子商务宣言》。1994 年签署了《服务贸易总协定》。该协定的主要内容为最惠国待遇、透明度、国内法规不得对正常国际服务贸易构成不必要的壁垒、市场准入、国民待遇等。《服务贸易总协定》关于电子商务的具体承诺包括两个部分的内容：互联网服务准入和电子化交易服务的准入。前者是针对互联网基础设施准入的，而后者是有关在可进行电子化交易的服务方面所作的专门承诺。电子商务有两个重要的不可或缺的基础设施因素。第一是信息传输所必需的硬件和软件，第二是进入通信网络的机会。与此相应，在 GATS 框架下出台的直接针对信息产业的主要有两个协议：《信息技术协议》和《基础电信协议》。本章对数字化产品归入货物还是服务进行了讨论，最后还对 WTO 框架下国际电子商务发展中的问题和趋势进行了探讨，也分析了 WTO 对我国电子商务发展的影响，并认为 WTO 法律框架下的电子商务法律制度必将完善。

本章习题

1. 《服务贸易总协定》关于电子商务规定的一般义务有哪些？
2. 《服务贸易总协定》中关于电子商务的具体承诺是什么？
3. 简述《信息技术协议》是一个什么内容的多边协定？
4. 试述《基础电信协议》的内容与意义？
5. 你认为数字化产品应该归入货物还是服务？
6. 试分析 WTO 对我国电子商务发展的影响？

第9章

国际支付结算法

学习目标

1. 了解国际贸易支付与票据、外国票据法的编制及其体系。
2. 掌握国际贸易支付工具：汇票、本票和支票。
3. 熟悉汇付结算方式的特点及适用性。
4. 掌握汇付的种类和基本程序。
5. 熟悉托收的种类、业务流程及操作。
6. 掌握信用证的概念、种类、内容和支付流程。
7. 熟悉国际保理的概念、类别、程序及其国际法规范。

导入案例

外贸支付方式选择

案情：甲国的 A 公司出口机电设备给乙国的 B 公司。A 公司为了收汇安全，希望 B 公司预付货款，而 B 公司为了保证能收到货物，希望采用托收的结算方式。双方需要寻找一种较为平衡的结算方式。考虑到信用证结算费用较高，他们不打算使用信用证结算方式。请分析在网络环境下，应该结合使用哪些不同的结算方式，进行支付更安全？

分析：本案可以采用托收与汇款相结合的结算方式。A 公司为了收汇更有保障，为了加速资金周转，可以在要求进口商在货物发运前，使用汇款方式，预付一定金额的定金（Down Payment）作为保证，或预付一定比例的货款，在货物发运后，当出口商委托银行办理跟单托收时，在托收全部货款中，将预付的款项扣除，如托收金额被拒付，出口商可将货物运回，以预收的定金或货款抵偿运费，利息等一切损失。关于定金或预付货款规定多少，可视不同客户的资信和不同商品的具体情况确定。

启示：托收方式，是一种对进口商较为有利的结算方式，汇款（尤其是预付货款）方式，是一种对出口商较为有利的结算方式。两种方式的结合，往往使进出口商的利弊悬殊缩

· 180 ·

小或接近。在网络环境当事双方甚至可以通过移动金融，用手机银行划款最为迅捷。

9.1　国际贸易支付概述

9.1.1　国际贸易支付与票据

国际经济贸易关系往往要通过支付与结算，双方的权利与义务才能最终实现。国际贸易支付与结算说到底是一种债权债务关系，即一方有权要求对方为特定数量的金钱给付，称为债权人；另一方有义务支付一定数量的金钱，称为债务人。这种债权债务关系发生于国际货物买卖之中，给付以金钱为标的，范围限于不同国家之间因进出口货物买卖运输而引起的货物价款、运费以及其他有关费用的支付。具体来说，国际支付（International Payment）是国与国之间的货币收付行为。但是，国际贸易支付会遇到汇率变动风险、外汇管制风险等，同时国际贸易支付，在支付工具、支付方式、支付的时间和地点以及在一切参与支付的权利义务人方面，都相当复杂，而且它们都涉及不同的实体法和冲突法，这就更增加了解决此类问题的难度。

因此，国际贸易中一般不方便采用货币（现金）结算，其结算（支付）的主要工具是票据。

（1）票据的概念。

票据一词有广义和狭义之分。广义的票据，是指商业活动中的一切票证。包括各种有价证券和凭证。如：股票、债券、本票、提货单、车船票、借据等。狭义的票据，是指发票人依法签发，由自己无条件支付或委托他人无条件支付一定金额的有价证券。国际贸易中使用的票据包括汇票、本票、支票，以使用汇票为主。按照我国票据法的规定，票据包括汇票、本票和支票。本章所指票据仅指狭义的票据。

（2）票据的法律特征。

1）票据是完全有价证券。票据与一定的财产权利或价值结合在一起，并以一定货币金额表示其价值。票据的权利与票据不可分开。票据的权利随票据的制作而发生，随票据的出让而转移，占有票据，即占有票据的价值。不占有票据，就不能主张票据权利。

2）票据是要式证券。票据的格式是由法律规定的，必须根据法律规定的必要形式制作，票据才能有效。如我国《票据法》规定了汇票、本票、支票必须记载的事项，为记载规定事项的，票据无效。

3）票据是无因证券。票据的持票人行使票据权利时，无须说明其取得票据的原因，只要占有票据就可以行使票据权利。至于取得票据的原因，持票人无说明的义务，债务人也无审查的权利，即使取得票据的原因关系无效，对票据关系也不发生影响。票据的无因性，有利于保障持票人的权利和票据的顺利流通。

4）票据是流通证券。票据在到期前，可以通过背书方式转让而流通。票据的流通性是票据的基本特征。票据若不能流通，就不能称其为票据。

5）票据是文义证券。票据上的权利义务必须以票据上的文字记载为准。有关票据债权人或票据债务人，均应当对票据上所记载的文义负责，不得以任何方式或理由变更票据上文字记载的意义。

6）票据是设权证券。票据是创设权利，而不是证明已经存在的权利。票据一经作成，票据上的权利便随之而确立。如一张空白支票，出票人在金额一栏填写多少金额，该支票便具有多少金额的金钱债权。

7）票据是债权证券。票据所创设的权利是金钱债权，票据持有人，可以对票据记载的一定数额的金钱向票据的特定债务人行使请求付款权，因此票据是一种金钱债权证券。

此外，票据还是货币证券、提示证券和返还证券。票据是一种可以代替现金支付和流通的工具。票据给付的标的是一定数额的货币，而不是货币以外的其他财产或利益，所以票据是货币证券。票据债权人以占有票据为必要条件，票据持有人行使票据权利，请求票据债务人履行票据债务时，必须提示票据，以证明其占有票据的事实。因此票据又是提示证券。当持票人向票据债务人提示付款并收到票据金额的全部给付时，必须将此票据交还给付款人，以示票据上债权债务关系的消灭。如果票据债权人不交还票据，票据债务人可以拒付票据金额而不负票据责任。因而票据也是返还证券。

（3）票据的功能。

票据是商品经济发展到一定历史阶段的产物。商品经济越发达，票据使用的范围就越广泛，社会经济信誉程度越高，商品的流通速度就越快，资金的周转速度和使用效率因此而得以充分提高。随着我国市场经济的发展，票据在经济生活中所起的作用也日益重要。从实践来看，票据的作用主要有以下几方面：

1）支付功能

支付是票据的原始职能，也是票据的基本职能。票据作为支付手段，具有代替现金的作用。现实活动中如果全部用现金支付，既不方便，也不安全。使用票据支付，既可以解决手续上的烦琐，又利于准确、简便、安全的目的。票据也可以作为异地支付的工具，因此具有汇兑作用。票据的这种汇兑作用，以汇票最为显著。

2）信用功能

在市场经济中，利用信用发展经济是各企业通用的手段，而票据就是"信用的证券化"。在现代经济交往中，买卖双方之间的延期付款，个人之间的借贷，都可以利用票据这一信用关系。票据的信用作用，还表现在票据贴现和以票据担保债务上。以票据贴现时，票据持有人，如在票据到期前，需要现款，可以把未到期的票据提交银行贴现以取得现款，使未来的可用资金，变为现实的可用资金。以票据承担债务时，债务人向债权人借款，为使债权人得到保障，债务人签发汇票请求具有信用的人在汇票上承兑，这样来使票据的付款得到保障，也就是增加了债务人的信用。

3）结算功能

票据的结算功能是指当事人之间互相持有对方的票据，双方加以互相抵销清算，其实质是支付功能的延伸。票据的结算功能在贸易中使用非常广泛，于是各种票据交换所、票据交换中心纷纷出现，这就起到了简化手续、提高效率、节约流通货币、保障交易安全的作用。如北京 A 公司购买了上海 B 公司的 10 万元商品，上海 B 公司又购买了天津 C 公司的 10 万元商品，在实际结算中，利用票据制度，A 公司开出一张向 B 公司付款的汇票，B 公司背书后将该汇票寄给 C 公司即可，一张票据就清偿和抵销了两笔债务，提高了资金的使用效率。

4）融资功能

票据的融资功能，主要是通过票据贴现来实现的。在现代金融中，票据贴现业务已成为一项重要业务，这一业务出现后，票据的融资功能日益突出。银行经营票据贴现业务，实际上是向需要资金的企业提供资金，当需要资金的人为了调度资金而持求到期票据要求银行贴现时，这时的票据实际上已成为单纯的融资手段。

9.1.2　外国票据法的编制及其体系

12 世纪地中海贸易的繁荣及封建城邦之间货币的差异，在意大利催生了近代意义的票据－兑换证书。以 1673 年法国路易十四时期的《陆上商事条例》为发端，各主要资本主义国家，有的在民商法典中均对票据作出规定，如法国、比利时、日本等大多数国家将票据列入商法典中，而有的国家则制定了专门的单行法规对票据作出规定，如英国、德国、奥地利、瑞典等国。根据各国票据立法内容的差异，可以将各国票据立法归类为法国法系、德国法系、英美法系，后来法国法系和德国法系融合为日内瓦统一法系，现今世界上的票据法主要存在日内瓦法系和英美法系两大体系。

英国于 1882 年颁布施行票据法，美国及大部分英联邦成员国如加拿大、印度等国都以此为参照制定本国的票据法。美国在 1952 年制定《统一商法法典》，其中第三章商业证券，即是关于票据的法律规定，也就是美国的票据法，它在英美法系国家的票据法中也具有一定的代表性和影响力。美国和其他英联邦国家的票据法虽在具体法律条文上与英国票据法有所不同，但总体说来，英美法系国家的票据法基本上是统一的，这种统一是建立在《英国票据法》基础上的。

法国、德国等欧洲大陆为主的 20 多个国家参加了 1930 年在日内瓦召开的国际票据法统一会议，签订了《日内瓦统一汇票、本票法公约》。1931 年又签订了《日内瓦统一支票法公约》。两个公约合称为《日内瓦统一法》。众所周知，国际商事公约等是国际商法最重要的渊源。《日内瓦统一法》是有关票据方面的国际商法的重要渊源，无疑，参加签字的大陆法系的国家在制订或修改本国的票据法时均依循这一国际商事公约。具体来说，大陆法系国家的票据法又以法国和德国的票据法最有代表性。另有一些非大陆法系国家的票据法也参照《日内瓦统一法》制定本国的票据法（如我国的票据法）。在实际内容上大陆法系国家的票据法基本趋于统一。

由于英美两国及其他一些英美法系国家并未参加日内瓦公约，因此在当今世界上存在两大票据法体系－大陆法系（也称日内瓦法系）和英美法系。虽然 1982 年联合国国际贸易法律委员会公布了《国际汇票和国际本票公约（草案）》，设想将两大票据法体系统一在一个"公约"范围内，至今因签字国过少而未果。

对两大法系的票据法进行比较研究有其重要意义。票据法作为一种国内法，主要是规范制定国票据行为，调整制定国票据法律关系。但是，在国与国之间发生的国际票据关系的调整，除了依据有关的国际商事公约、国际商事惯例之外，票据关系方面的国际商法的另一个重要渊源即是各国的票据法。世界上有近 200 个国家和地区，在国际经济交流或其他交往中必然会发生国际票据关系，其中各种票据行为、票据方面的纠纷或争议等由于各国票据法规定的不一致而发生法律冲突时，应以哪一个国家的票据法为准，或者说应适用于哪一个国家的票据法。这个问题是国际商法中的法律适用问题。在一般情况下，我们不可能或没有精力将每一个国家的票据法都逐一进行对照、研究，但我们可以循着两条线索对世界各国票据法有一个大致的概括了解，这两条线索分别是《英国票据法》以下简称（"英国法"）和《日内瓦统一法》（以下简称"日内瓦法"）。两大法系国家的票据法各以这两个票据法为基础，并各自基本趋于统一。

9.1.3 关于票据的统一法

各国票据法的不统一导致的法律冲突为票据的国际使用带来了法律上的障碍，规划国际商事行为的任务之一就是避免法律冲突。19 世纪后期以来，兴起了一场票据法的国际统一化运动。

（1）海牙会议。

荷兰政府于 1910 年至 1912 年于海牙召开票据法统一会议，决议《汇票及本票统一规则》共 80 条，《票据法统一协定》共 30 条，及《支票法统一规则草案》34 条，海牙会议由 30 国参加，均承认统一票据规则。后因第一次世界大战爆发，各国政府批准工作为及完成，这一次的票据统一法活动因此终止。

海牙统一票据规则虽未生效，但对当事人各国的票据法产生了很大的影响，1924 年的波兰票据法，1925 年的意大利商法草案，以及瑞士票据法、我国民国时期的票据法，都参考、借鉴了这一规则。

（2）日内瓦国际票据法统一会议。

第一次世界大战结束后，票据法统一问题又一次成为重大的国际事务。在国际联盟理事会主持下，于 1930 年、1931 年分两次在日内瓦举行国际会议，解决统一票据法问题。

1930 年的第一次会议，产生了三个公约，即《统一汇票本票法公约》、《解决汇票本票法律冲突公约》、《汇票本票印花税公约》。1931 年的第二次会议，专门解决支票统一问题，通过了三个公约，即《统一支票法公约》，《解决支票法律冲突公约》，《支票印花税公约》。

综观《日内瓦统一汇票本票法》和《日内瓦统一支票法》，从其法律内容与立法体例上看，它集法、德、英美三大票据法体系之长，可称较完善的立法例。大陆法系的多数国家参加了该公约体系，而且以此为标准修改了自己的国内法；但是，英美法系国家没有参加上述公约体系，因此从国际层面上看，世界上仍然存在两大票据法体系。

（3）联合国国际票据法统一会议。

为了消除两大法系之间关于票据问题的巨大差异，联合国国际贸易法律委员会开展了国际票据法的统一工作。1968 年，推举埃及、法国、印度、墨西哥、苏联、英国、美国等国代表，成立工作小组，起草了《国际汇票与国际本票公约草案》、《国际支票公约草案》，并于 1973 年起草了《国际汇票与国际本票统一法草案》。后来，经过多次修订，于 1988 年 12 月 9 日定稿，定名为《联合国国际汇票和国际本票公约》（Convention on International Bill of Exchange and International Promissory Note of the United Nations），简称《国际汇票本票公约》，1988 年 12 月 9 日在纽约联合国第 43 次大会上通过，并开放供签署。按该公约的有关规定，该公约须经至少 10 个国家批准或加入后，方能生效。该公约目前尚未生效。

《国际汇票本票公约》提供了关于供国际商业交易当事方选择使用新国际票据的法律规

则的全面法典。公约旨在克服国际支付所使用的票据目前存在的主要差别和不确定性。如果当事方使用特定形式的流通票据表明该票据受贸易法委员会公约管辖，则适用此公约。

《国际汇票本票公约》共 9 章，共 90 条。其主要内容包括：第 1 章，适用范围和票据格式；第 2 章，解释；第 3 章，转让；第 4 章，权利和责任；第 5 章，提示、不获承兑或不获付款而遭退票和追索；第 6 章，解除责任；第 7 章，丧失票据；第 8 章，期限（时效）；第 9 章，最后条款。并明确规定，"汇票"是指本公约规定的国际汇票；"本票"是指本公约规定的国际本票；"票据"是指汇票或本票；"受票人"是指汇票已对他开出而尚未经他承兑的人；"受款人"是指出票人指示向他付款或签票人承诺向他付款的人；"持票人"是指按公约的规定拥有票据的人。同时，对"受保护的持票人"、"保证人"、"当事人"、"到期"、"签字"、"伪造签字"、"货币"等均作出规定。

《国际汇票本票公约》的适用范围：只适用于载有"国际汇票（贸易法委会公约）"或"国际本票（贸易法委会公约）"标题并在文内有上述字样的国际汇票和国际本票，不适用于支票。要求国际汇票的地点：1. 汇票的开出地；2. 出票人签名旁示地；3. 受票人姓名旁示地；4. 受款人姓名旁示地；5. 付款地中至少有两个地点位于不同的国家，但不是要求位于两个不同的缔约国。而且第 1、5 项两个地点均位于一个缔约国的境内，但不是要求必须位于同一缔约国境内。对于国际本票也有类似的要求。

9.1.4　电子支付（Electronic Funds Transfer，简称 EFT）

电子支付在中国的发展始于网上银行业务，随后各大银行的网上缴费、移动银行业务和网上交易等逐渐发展起来。电子支付市场每年都以高于 30% 的速度在成长，作为电子商务核心的支付环节正在加速电子化，网上支付、移动支付、电话支付等多种支付形式的出现使得电子商务企业的步伐更加轻快起来。

（1）电子支付概述。

1）电子支付的定义及其特征

电子支付是指单位或个人通过电子终端，直接或间接向银行业金融机构发出支付指令、实现货币支付与资金转移的行为。

与传统的支付方式相比，电子支付具有以下特征：

电子支付采用现代技术通过数字流转来完成支付信息传输，支付手段均是数字信息；而传统的方式则是通过现金的流转、票据的转让以及银行的转账等实体形式的变化实现的。

电子支付是基于开放的系统平台（即互联网）的；而传统支付则在较为封闭的环境中进行。

电子支付使用最先进的通信手段，因此对软硬件要求很高；传统支付对于技术要求不如电子支付高，且多为局域网络，不需联入互联网。

电子支付可以完全突破时间和空间的限制，可以满足 24/7（每周 7 天，每天 24 小时）的工作模式，其效率之高是传统支付望尘莫及的。

2）电子支付的分类

电子支付的业务类型按电子支付指令发起方式分为网上支付、电话支付、移动支付、销售点终端交易、自动柜员机交易和其他电子支付。

网上支付：网上支付是电子支付的一种形式。广义地讲，网上支付是以互联网为基础，利用银行所支持的某种数字金融工具，发生在购买者和销售者之间的金融交换，而实现从买者到金融机构、商家之间的在线货币支付、现金流转、资金清算、查询统计等过程，由此电子商务服务和其他服务提供金融支持。

电话支付：电话支付是电子支付的一种线下实现形式，是指消费者使用电话（固定电话、手机、小灵通）或其他类似电话的终端设备，通过银行系统就能从个人银行账户里直接完成付款的方式。

移动支付：移动支付是使用移动设备通过无线方式完成支付行为的一种新型的支付方式。移动支付所使用的移动终端可以是手机、PDA、移动 PC 等。

3）电子支付方式的对比

互联网的迅速发展，给社会带来了很大的变化。异地交易的支付方式上也发生了巨大的变化。网上交易逐渐被人们所接受和推崇。目前电子支付方式主要为网络银行在线支付、第三方转账支付，电话银行，手机银行、IP 账号支付等。各个不同类型的网站采用的支付方式也有所不同。

电子支付是指单位或个人通过电子终端，直接或间接向银行业金融机构发出支付指令，实现货币支付与资金转移的行为。电子支付的业务类型按电子支付指令发起方式分为网上支付、电话支付、移动支付、销售点终端交易、自动柜员机交易和其他电子支付。

目前主流的电子支付方式是采用第三方转账支付。第三方转账支付的代表就是支付宝，支付宝是"阿里巴巴"开拓 B2C、C2C 市场时的一个必然产物。在目前看来，支付宝在国内 B2C、C2C 交易过程中占据了大部分的支付比例。此类第三方转账支付的模式基本上是，买家和卖家在同一个平台上，买家通过平台在各个银行的接口，将购买货物的货款转账到平台的账户上，平台程序在受到银行到款通知后，将信息发送给卖家，卖家在收到平台发送的确认信息后，按照买家的地址发货，买家确认货物后发送信息到平台，平台将买家的货款再转入卖家的账户。此类第三方转账方式，拥有较好的担保机制从而受到大多数用户的青睐。

通过网上银行直接转账是目前网上另外一种较为流行的方式。用户可以通过自己所拥有的借记卡、信用卡的银行，申请网上支付，从而可以直接使用网络银行。基本的流程为用户通过网站提供的接口，将购买物品的费用直接转入商家的对应银行的账户，在成功转入银行账户后，将确认信息通过 E-mail 或者电话的方式与商家取得联系，确认信息正确后，商家将用户购买的商品发送给用户。此类方式没有担保机制，但如采用信用卡支付，在信用机制内，可对交易进行取消，适当地保证了用户的权益。

目前电话银行还是采用的 168 等声讯平台的方式。声讯平台的充值方式采用通过声讯网购买产品的一种较为传统的方式。主要的方式是通过拨打声讯电话选择购买的产品类型，费用在拨打电话的同时扣除，此类方式没有第三方担保，也没有办法取消交易，安全系数较低。如影视网站通过声讯平台销售点卡时，在用户听取卡号时，由于卡号数字较多，较容易出错等。

而目前采用 IP 账号支付的方式基本上只有电信运营商采用。其收费的方式采用支付费用与网民上网费用捆绑。

通过 9-1 表格可以看出，所有的方式，商户都需要支付一定的费用，在多项因素考虑中，采用第三方转账支付和网络银行接口的支付方式对于商家较为合适。此类方式在用户使用和商户支付费用上均比其他支付方式具有优势。而根据各地不同的情况，商户可选择不同的服务商。

表 9-1　用户支付方式

名称	担保	可否取消交易	安全性	备注
第三方转账支付	有	可	高	部分第三方转账服务对商户收取一定的服务费用，用户无须支付服务费
信用卡网上自助服务	无	可	中	商户在使用网上银行时需要在所在银行申请开户，开户后定期会收取一定的服务费用，用户在使用网上银行的时候不需要支付任何手续费
网络银行接口	无	不可	中	商户在使用时需要交纳一定的服务费用。用户无须交纳
声讯电话	无	不可	低	商户在申请声讯号码时需交纳一定的服务费用。
IP 账号绑定	无	不可	高	限制较大

在第三方转账支付中，如上文所述，在国内较为知名的有支付宝、贝宝等，这两种支付工具依托大型 C2C 网站淘宝网和易趣网而成为目前第三方那个转账支付中的佼佼者。由于市场的竞争，第三方转账支付软件基本上都采用了免费使用的模式，但是对于未来的发展趋势还不能做明朗的预测。

在网络银行接口的服务商中，较为出名，且用户较多的有网银在线、E 网通等等，然而各个网络银行接口服务商开通的服务地区也有所限制，商户在选择时应注意详细询问，同时需要考虑该服务商的信誉等多方面问题。

电子支付方式是目前互联网交易的主要方式，慎重地选择支付方式，对于减少用户购买环节，加速用户消费具有非常重要的作用，也是商户增加财政收入的重要环节。

（2）电子支付工具

电子支付工具包括：

1）以信用卡系统为基础的支付（Credit Card Based System）

这种电子支付方式的基本做法是通过专用网络或国际互联网以信用卡号码传送做交易，基本上持卡人（cardholder）就其所传送的讯息（message），先进行数字签章加密，然后将讯息本身、数字签章经 CA 认证机构的认证后，连同电子证书（electronic certificate）等一并传送至商家。信用卡是主要的网上支付工具，是全世界最早使用的电子货币。信用卡起源于美国，已经有 80 多年的历史。信用卡是按用户的信用限制事先确定一个消费限度，用户可花完卡中的余额，并支付一个最低费用，信用卡发卡银行将对未结清的赊账收取一定的利息。

2）电子支票（e-check）/借记卡

电子支票是一种借鉴纸张支票转移支付的优点、利用数字化网络传递将钱款从一个帐户转移到另一个账户的电子付款形式。在我国，借记卡的规模十分庞大。目前我国许多银行支持借记卡网上支付，借记卡成为现阶段人们进行电子支付的主要工具之一。持卡人只要在银行办理相关业务，即可使用借记卡进行网上支付。相对于信用卡来讲，借记卡的风险程度降低。同时在超市刷卡消费已经相当普及。

3）电子现金（Electronic Cash Digital Money）

电子现金是一种以数据形式流通的货币．它把现金数值转换成为一系列的加密序列数，通过这些序列数来表示现实中各种金额的市值，用户在开展电子现金业务的银行开设账户并在账户内存钱后，就可以在接受电子现金的商家使用。电子现金是一种以数据形式流通的货币。它把现金数值转换成为一系列的加密序列数，通过这些序列数来表示现实中各种金额的币值，用户在开展电子现金业务的银行开设账户并在账户内存钱后，就可以在接受电子现金的商家购物了。

4）其他支付工具

其他各种电子货币：除了上述的电子信用卡、电子支票和电子现金外，还有电子零钱、安全零钱、在线货币、数字货币、电子钱包、在线支票等电子支付工具。这些支付工具的共同特点都是将现金或货币无纸化、电子化和数字化，利于在网络中传输、支付和结算，利于网络银行的使用，利于实现电子支付。

（3）电子支付中存在的法律问题

电子支付作为新型的金融交易工具，对传统工作研究的法律体系提出了挑战，在其发展中不可避免地面临着以下几方面的法律问题：

1）电子支付的安全问题

电子支付的技术安全性是网络银行、商家、消费者最关心的问题，主要是关于数据的保密性和完整性方面，如系统技术失效，网上交易发生故障，数据的完整性和可靠性出现问题，造成交易错误损失；黑客侵入系统内部，破解金融交易密码，客户保密信息被第三方非法截获等。

2）电子支付规范标准不统一问题

中国目前的网络银行业务由各银行独立开发、推销，开发模式、业务范围和发展规模有较大差异，发展不均衡。如信用卡业务，各银行展开了激烈的竞争，却不能达成内部的一致协议，实现信用卡的跨行结算。这种规范标准不统一的局面既造成重复建设、浪费资金，又使得整个金融结算系统不能满足消费者方便、快捷的要求。

3）各方权利义务不明确、法律责任不清问题

由于法律法规对网络银行与有关商家、客户的权利义务关系没有明确规定，也未明确规定网络银行在业务流程中对客户承担的义务种类以及适用范围，各方在电子支付中所应承担的法律责任不清晰，极易发生纠纷，而且，由于缺乏有关此类纠纷诉讼程序的法律规定，纠纷发生也因无法可依而不易及时解决。

4）电子支付的监管问题

传统的资本管制手段对网络银行失去意义，而针对网络银行的监管体制还未建立，因此，网络银行开展电子支付业务，一国还面临着监管失控的风险。监管当局必须研究电子货

币可能对国家的货币政策产生的冲击、对资本市场的资金流产生的影响，以及使用电子货币进行网上支付可能引发的交易风险等电子支付监管中发生的新问题。

（4）电子支付的监管规制

加强电子支付的监管规制，目前应考虑采取以下几方面具体对策：

1）加强市场准入监管

电子货币发行方面的监管对策。首先是准入控制，即主体限制，限定电子货币的发行者，如只能是中央银行或商业银行，这虽违背网络开放的本性，但在发展初期为保证金融安全可暂不完全市场放开。其次是控制电子货币发行范围和使用范围，这样可将由此带来的电子支付风险减少，便于规范管理。

网络银行市场准入的监管对策。在中国建立网络银行许可证制度，设立新的网络银行应申请批准，设立条件可包括网络银行法定最低注册资本、经营场所配备必要的网络设备、技术协议经安全审查、保障系统交易安全的内部管理制度、经营业务范围、从业人员的资格、法律责任界定等内容的规定。传统的商业银行介入网上业务，也应申请批准，要求符合开展网络金融业务的必要条件。对银行的分支机构从事网络金融业务，要求母行承担相应的责任。

2）加强电子支付的安全保障

建立网络系统的安全保密措施。网络系统的安全是电子支付安全保障的基础，因此对电子支付的安全进行监管，首先应是对公共钥匙基础设施、加密技术及制度和电子签名技术及制度的监管，如政策允许在国内使用任何高密度的加密技术，以及为企业和消费者提供关于电子记录的数码签名法律框架等。为防范黑客侵袭，还需不断提高技术安全性能。

统一网上支付标准和规范。安全电子交易协议规定了严格而细致的交易过程和条件，统一了全球银行卡支付标准，降低了网上支付风险，给全球网上业务的开展带来了安全与方便。中国中央银行可组织力量积极参与国际交流与合作，跟踪国际先进技术，总结和制定符合中国国情的统一的网上支付标准和规范，以减少支付标准不统一带来的风险，同时方便消费者。

健全金融网络各项内部管理制度。金融网络系统应该建立一系列安全管理制度，用于规范操作人员的行为和金融网络系统的管理，规范包括：金融网络系统人员的设置与职责，机房出入制度，金融网络系统日常操作维护规范，安全扫描和监控工具使用规范，系统应急处理措施，安全审计制度等内部管理体系，同时还要进行有关的人员培训、培养安全防范意识。

电子认证的健全及规制。由于电子支付通过网络进行，不同于传统的面对面的金融交易，使得电子认证具有不可替代的重要地位，因此，为保障电子支付安全，必须建立电子认证机构对其提供认证服务，中国金融认证中心就是为了满足这种需要而建立的，它能提供多种认证证书。但与此相配套，中国还应对金融认证机构进行必要的法律规制，明确各方法律责任，以确保网上交易安全。

3）加强金融合作的监管

银监会、证监会、保监会协同监管。对涉及电子支付的网络金融超市、综合性金融服务业务，强调银监会、证监会、保监会三家监管机构的协作监管，建立三家联席会议制度，实现信息资源共享，通报各自的电子支付监管情况，密切合作与配合，防范网络金融风险与网络金融犯罪。

4）加强金融监管的国际合作

网络安全与经济安全、社会安全和国家安全紧密相连，为防范网络风险引发金融动荡，各国应加强多方面的合作，如市场准入、风险监管标准的国际协调；反国际金融犯罪的协调；对金融风险监管的国际协调；汇率的国际协调：信息披露和市场约束制度的国际协调。建立国际统一的法律规制，则是最为有效的协作途径。

9.2　国际贸易支付工具

国际贸易支付工具是指国际货物贸易中买卖双方之间进行货款收付的手段，主要包括货币（现金）和票据。考虑到方便和安全因素，在国际贸易中经常采用的支付工具是票据。票据又称流通证券（Negotiable Instrument），是权利财产之一种，在各国一般是指具备一定格式、可以流通转让的货币债权凭据。现今各国票据法规则演进为基于大陆法传统的《日内瓦统一法公约》与英美法系并存的局面。1995 年 5 月 10 日，我国正式公布了《中华人民共和国票据法》共七章 111 条，自 1996 年 1 月 1 日起施行。狭义的票据包括汇票、本票和支票三种，其中国际贸易支付最常用的是汇票。

9.2.1　汇票（Bills of Exchange/Draft）

汇票是由出票人签名出具的，要求受票人于见票时或于规定的日期或于将来可以确定的时间内，向特定人或凭特定人的指示，或向持票人，支付一定数额金钱的无条件的书面支付命令。汇票可以分为以下几种：

按出票人的不同：银行汇票、商业汇票。银行汇票（banker's draft）是出票人和付款人均为银行的汇票。商业汇票（commercial draft）是出票人为企业法人、公司、商号或者个人，付款人为其他商号、个人或者银行的汇票。按有无附属单据：光票汇票、跟单汇票。光票（clena bill）汇票本身不附带货运单据，银行汇票多为光票。跟单汇票（documentary bill）又称信用汇票、押汇汇票，是需要附带提单、仓单、保险单、装箱单、商业发票等单据，才能进行付款的汇票，商业汇票多为跟单汇票，在国际贸易中经常使用。按付款时间：即期汇票、远期汇票。即期汇票（sight bill，demand bill）指持票人向付款人提示后对方立即付款，又称见票即付汇票。远期汇票（time bill，usance bill）是在出票一定期限后或特定日期付款。在远期汇票中，记载一定的日期为到期日，于到期日付款的，为定期汇票，记载于出票日后一定期间付款的，为计期汇票；记载于见票后一定期间付款的，为注期汇票；将票面金额划为几份，并分别指定到期日的，为分期付款汇票。按承兑人：商号承兑汇票、银行承兑汇票。商号承兑汇票（commercial acceptance bill）是以银行以外的任何商号或个人为承兑人的远期汇票。银行承兑汇票（banker's acceptance bill）承兑人是银行的远期汇票。

汇票的原始当事人包括出票人（Drawer/Maker）、受票人（Drawee/Payer）和受款人（Payee）。在国际贸易中，汇票的原始当事人的法律关系可以表述为：汇票的出票人（卖方）对付款人（买方）来说是债权人，而对受款人（银行）来说则是债务人。汇票的流通使用要经过出票（issue）、背书（endorsement）、提示（presentment）、承兑（acceptance）、付款（payment）等程序，如果汇票遭到拒付（dishonor），那么执票人还要做成拒绝证书（protest），依法行使追索权（recourse）。

9.2.2　本票（Promissory Note/Note）

本票又称期票，是出票人于见票时或某一确定的将来时间，向某人或其指定的人无条件支付一定金额的书面承诺。

本票又可分为商业本票和银行本票。商业本票是由工商企业或个人签发的本票，也称为一般本票。商业本票可分为即期和远期的商业本票一般不具备再贴现条件，特别是中小企业或个人开出的远期本票，因信用保证不高，因此很难流通。银行本票都是即期的。在国际贸易结算中使用的本票大多是银行本票。

9.2.3　支票（Check/Cheque）

支票是以银行为受票人的见票即付的特殊汇票。因为支票仅限于见票即付，所以支票只具有支付功能，不像汇票、本票一样还具有信用功能。

使用支票需要满足下列条件：出票人在银行有存款，与银行订有使用支票的协议，不得透支。

支票可分为：记名支票、不记名支票、划线支票、保付支票以及转账支票。记名支票是出票人在收款人栏中注明"付给某人"，"付给某人或其指定人"。这种支票转让流通时，须由持票人背书，取款时须由收款人在背面签字。不记名支票又称空白支票，抬头一栏注明"付给来人"。这种支票无须背书即可转让，取款时也无须在背面签字。划线支票，亦称横线支票，横线支票是出票人、背书人或执票人在支票正面画有两道平行线，或在平行线内载明银行名称的支票。此种支票的持票人不能提取现金，只能委托银行收款入账。这种支票有利于支票遗失、被窃后防止他人冒领票款。保付支票是为了避免出票人开空头支票，收款人或持票人可以要求付款行在支票上加盖"保付"印记，以保证到时一定能得到银行付款。转账支票是发票人或持票人在普通支票上载明"转账支付"，以对付款银行在支付上加以限制。

9.3　汇付（remittance）

9.3.1　汇付的概念

汇付，又称汇款，是付款人通过银行，使用各种结算工具将货款汇交收款人的一种结算方式。属于商业信用，采用顺汇法。

9.3.2　汇付结算方式的特点及适用性

汇付结算方式完全是建立在商业信用基础上的结算方式。交易双方根据合同或经济事项预付货款或货到付款，预付货款进口商有收不到商品的风险；而货到付款则出口商有收不到货款的风险。由于汇付结算方式的风险较大，这种结算方式只有在进出口双方高度信任的基础上才适用。此外，结算货款尾差、支付佣金、归还垫款、索赔理赔、出售少量样品等也可以采用。

9.3.3 汇付的种类

汇付结算方式按采用通知的方式不同可分为以下三类：电汇、信汇以及票汇。

电汇是指汇出行应汇款人的要求以电讯方式委托汇入行向收款人付款的结算方式。采用电汇方式，收款人能迅速收取款项，但付款人要承担较多的费用。

信汇是指汇出行应汇款人的要求以信函方式委托汇入行向收款人付款的结算方式。采用信汇方式，信汇的费用较小，但汇款的速度较慢。

票汇是指汇款人向汇出行购买银行汇票寄给收款人，由收款人据以向汇票上指定的银行收取款项的结算方式。票汇是以银行即期汇票作为结算工具的。汇票有单张汇票和复张汇票两种。单张汇票为防止遗失，应双挂号，它通常用于数额较小的汇票；复张汇票有正副两张，如遇汇票迟到或遗失时，可凭副张兑换。因此正、副两张汇票应分别邮寄，它通常用于数额较大的汇票。

9.3.4 汇付当事人

汇付业务涉及的当事人有四个：付款人（汇款人 remitter）、收款人（payee 或 beneficiary）、汇出行（remittingbank）和汇入行（payingbank）。其中付款人（通常为进口人）与汇出行（委托汇出汇款的银行）之间订有合约关系，汇出行与汇入行（汇出行的代理行）之间订有代理合约关系。

在办理汇付业务时，需要由汇款人向汇出行填交汇款申请书，汇出行有义务根据汇款申请书的指示向汇入行发出付款书；汇入行收到会计示委托书后，有义务向收款人（通常为出口人）解付货款。但汇出行和汇行对不属于自身过失而造成的损失（如付款委托书在邮递途中遗失或延误等致使收款人无法或迟期收到货款）不承担责任，而且汇出对汇入行工作上的过失也不承担责任。

9.3.5 汇付结算方式的基本程序

（1）电汇、信汇结算方式的基本程序

对该基本程序现分述如下：

1）进口商交付款项委托汇款。进口商（汇款人）根据合同或经济事项将汇款交付汇出行，并填写电汇或信汇申请书，委托汇款行汇出款项。

2）汇出行接受委托。汇出行接受汇款委托，将电汇或信汇申请书回执退给汇款人。

3）汇出行通知汇入行付款。汇出行通过电讯工具或邮寄信汇委托书，委托汇入行解付汇款。

4）汇入行通知收款人收取汇款。汇入行收到电讯通知或信汇委托书，经审核无误后，将汇款通知单交付收款人。

5）出口商收取汇款。出口商（收款人）持盖章后的汇款通知单向汇入行收取汇款。

电汇、信汇结算方式的基本程序如图 9－1 所示。

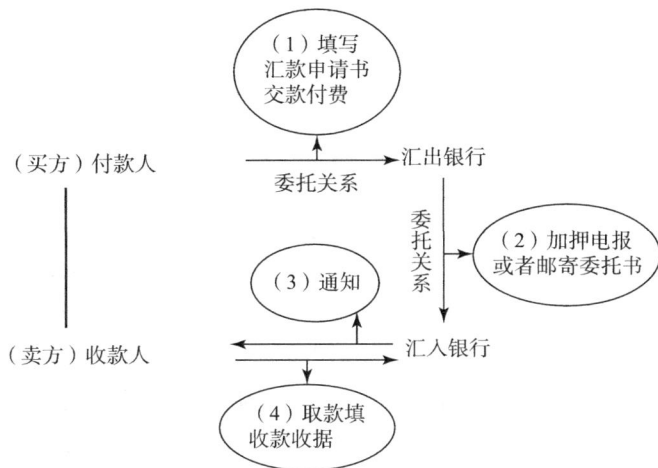

图 9－1　电汇、信汇结算方式的基本程序

（2）票汇结算方式的基本程序

对该基本程序现分述如下：

1）交付款项购买银行汇票。进口商（汇款人）根据合同或经济事项向汇出行交付款项，购买银行汇票。

2）交付银行汇票。经汇出行审核无误后，交付汇款人银行汇票。

3）邮寄银行汇票。汇款人将银行汇票邮寄给收款人（出口商）。

4）邮寄汇付通知书。汇出行将汇付通知书邮寄给汇入行通知其付款。

5）凭银行汇票取款。收款人凭银行汇票向汇入行收取汇款。

6）汇入行解付汇款。经汇入行审核无误后，解付汇款。

票汇结算方式的基本程序如图 9－2 所示。

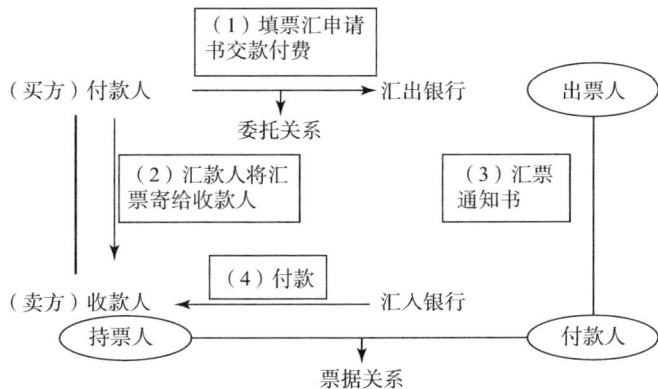

图 9－2　票汇结算方式的基本程序

9.4 托收（collection）

9.4.1 托收的概念

托收是指由收款人对付款人开立汇票，委托银行向付款人收取款项的一种结算方式。具体是卖方为买方收取款项，出具以买方为付款人的汇票委托银行代为收取货款的一种基于当事人的商业信用而采用的国际贸易支付方式。托收采用的是逆汇法。

国际商会于 1958 年草拟了《商业单据托收统一规则》（Uniform Rules for Collection of Commercial Paper），以国际商会第 192 号出版物的方式公布，1967 年进行修订并以国际商会第 254 号出版物公布。1978 年改名为《托收统一规则》（Uniform Rules for Collection，URC），于 1979 年 1 月 1 日起实施，简称第 322 号出版物（简称 URC322）。1995 年的新修订本为国际商会第 522 号出版物（简称 URC522）于 1996 年 1 月 1 日起实施。URC522 共26 条。

9.4.2 托收的当事人及其法律关系

托收方式的当事人有委托人、托收行、代收行和付款人。委托人（principal），即开出汇票委托银行向国外付款人代收货款的人，也称为出票人（drawer），通常为出口人；托收行（remitting bank）即接受出口人的委托代为收款的出口地银行；代收行（collecting bank），即接受托收行的委托代付款人收取货款的进口地银行；付款人（payer 或 drawee），汇票上的付款人即托收的付付款人，通常为进口人。

在托收业务中，当事各方形成了如下的法律关系：委托人和托收行的法律关系是委托代理关系；托收行和代收行之间是委托代理关系，代收行应当按照托收行的指示行事；委托人与代收行之间并没有合同关系，因此一旦代收行违反托收行指示行事，委托人也不能直接起诉代收行；付款人与代收行之间也没有法律上的关系，代收行对能否收到货款不承担责任。如图 9-3 所示：

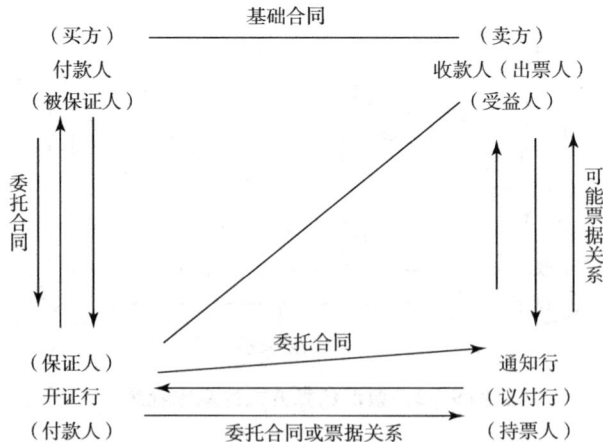

图 9-3 托收法律关系图

9.4.3　托收的种类

URC522 将托收分为光票托收和跟单托收。光票托收（Clean Bill Collection），这是一种金融单据的托收，它仅凭卖方开出的汇票托收，不附具任何发票或装运单据等商业单据。跟单托收（Documentary Bill Collection）指的是凭汇票等金融单据和发票、提单、保险单等商业单据进行的托收。根据交单条件的不同跟单托收又分为付款交单（Documents Against Payment，D/P）和承兑交单（Documents Against Acceptance，D/A）两种。付款交单再分为即期付款交单（D/P at sight）和远期付款交单（D/P at × × days after sight）。托收（无论 D/A 还是 D/P）均对于买方有利，卖方如果不了解买方信用而贸然采用托收来结算货款，常常会遭遇风险。因此，托收一般只在国际贸易的货款尾数、滞纳金催收以及卖方为推销积压存仓的货物或比较信任买方时才谨慎采用。

9.4.4　托收业务流程（如图 9 - 4 所示）

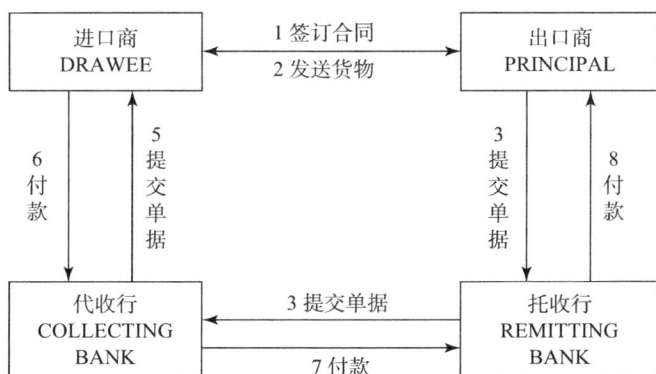

图 9 - 4　跟单托收流程图

9.4.5　托收（出口部分）的操作

（1）跟单托收。

1）跟单托收的申请。

向银行提交《出口托收申请书》一式两联，有关内容全部用英文填写；全套托收单据。

2）出口托收申请书的内容。

代收行（COLLECTING BANK）：出口商在该栏内填写国外代收银行（一般为进口商的开户银行）的名称和地址，这样有利于国外银行直接向付款方递交单据，有利于早收到钱。如果没有填写或不知道进口方的开户银行，则申请人银行将为申请人选择进口商所在国家或地区的一家银行进行通知，这样出口商收到款项的时间将会较长。因此出口商最好知道进口商所在的国外开户银行。

申请人（APPLICANT）：申请人为出口商，应填写详细的名称、地址、电话、传真号码。

付款人（DRAWEE）：付款人为进口商，应填写详细的名称、地址、电话、传真号码。

如果进口商的资料不详细的话，容易造成代收行工作的难度，使出口商收到款项的时间较长。

汇票的时间和期限（ISSUE DATE and TENOR OF DRAFT）：申请书上的汇票的有关内容要与汇票上的一致。

合同号码（CONTRACT NUMBER）：申请书上的合同号码要与进出口双方签订的商务合同上的号码保持一致。

单据（DOCUMENTS）：提交给银行的正本和副本的单据名称和数量。

3）托收条款（TERMS AND CONDITIONS OF COLLECTION）。

托收的条款一般包括以下几项内容：. 收到款项后办理结汇；. 收到款项后办理原币付款；要求代收方付款交单（D/P）；. 要求代收行承兑交单（D/A）；银行费用由付款人承担；银行费用由申请人承担；. 通知申请人承兑汇票的到期日；如果付款延期，向付款人收取延期付款利息；付款人拒绝付款或拒绝承兑，通知申请人并说明原因；付款人拒绝付款或拒绝承兑，代收行对货物采取仓储或加保，费用由申请人支付；其他。

（2）光票托收。

1）光票托收的申请。

申请书包括的内容有：票据的种类、号码、金额、出票人、付款人、收款人。

2）票据的种类。

可以办理托收的票据有：汇票、支票、旅行支票。

9.4.6 托收注意事项

（1）跟单托收。

出口商为了能够尽快收到货款，应注意单据的以下几点：汇票金额应一致；汇票出票人签字或盖章；汇票应背书；汇票的出票人和签发人应一致；汇票应与发票等单据保持一致；价格条款是 CIF，应有保险单，保险单的金额应超过发票金额；运输条款与价格条款应保持一致；根据运输单据的要求，是否要求背书；各种单据中的货物描述，应保持一致。

（2）光票托收。

光票托收应注意：票据的名称、种类、期限、金额、币种；收款人的名称和地址；付款人的名称和地址；票据的背书；远期票据是否承兑；票据的利息条款；票据签发人的名称和签字；其他注意事项。

9.5 信用证（L/C，Letter of Credit）

信用证（letter of credit，简称 L/C）方式是银行信用介入国际货物买卖价款结算的产物。它的出现不仅在一定程度上解决了买卖双方之间互不信任的矛盾，而且能使双方在使用信用证结算货款的过程中获得银行资金融通的便利，从而促进了国际贸易的发展。因此，信用证方式被广泛应用于国际贸易之中，以致成为当今国际贸易中的一种主要的结算方式。

9.5.1　信用证的概念

信用证一般是指开证银行应开证申请人的请求，向受益人开立的在一定金额和一定期间内凭其规定的条件承诺付款的凭证。信用证属于银行信用，采用的是逆汇法。

国际商会《跟单信用证统一惯例》（UCP500；Uniform Customs and Practice for Documentary Credit）将信用证定义为：银行（开证行）依照客户（信用证申请人）的要求和指示，根据规定的单据，在符合信用证条款的情况下，向第三者（受益人）或其指定人进行付款，或支付或承兑受益人开立的汇票，或授权另一银行进行该项付款，或支付承兑或议付该汇票，或授权另一家银行议付。

9.5.2　信用证的种类

根据不同的标准，信用证可以分为不同的种类。

（1）按基本性质分类。

1）根据是否要求受益人提交单据分为跟单信用证和光票信用证。

跟单信用证（Documentary Credit）是开证行凭跟单汇票或单纯凭单据付款的信用证。单据是指代表货物或证明货物已交运的运输单据，如提单、铁路运单、航空运单等。通常还包括发票、保险单等商业单和国际贸易中一般使用的跟单信用证。

光票信用证（Clean Credit）是开证行仅凭不附单据的汇票付款的信用证，汇票如附有不包括运输单据的发票、货物清单等，仍属光票。

2）根据开证行的责任分为不可撤销信用证和可撤销信用证。

不可撤销信用证是指信用证一经开出，在有效期内，未经受益人、开证人及保兑行（如果有）的同意，开证行不得片面修改或撤销信用证的规定和承诺。

信用证上未注明可否撤销，即为不可撤销信用证。国际贸易中使用的信用证，基本上是不可撤销信用证。

可撤销信用证是指开证行有权随时予以修改或撤销，但若受益人已按信用证规定得到议付、承兑或延期付款保证，则银行的撤销或修改无效。

3）根据是否有另一家银行为信用证加保，可分为保兑信用证和不保兑信用证。

保凭信用证（Confirmed Letter of Credit）是指开证行开出的信用证，由另一家银行保证对符合信用证条款规定的单据履行付款义务。对信用证加保兑的银行称为保兑行，保兑行承担与开证行相同的第一性付款责任。

当开证银行资信好和成交金额不大时，一般都使用不保兑的信用证。我国银行不开具要求另一家银行保兑的信用证，故我国进口企业通常不接受开立保兑信用证的要求。

4）按信用证付款方式，分为即期付款信用证、远期付款信用证、承兑信用征和议付信用证四种方式。

国际贸易中最常用的是议付信用证（Negotiation Credit），议付信用证指允许受益人向某一指定银行或任何银行交单议付的信用证。通常在单证相符的条件下，银行扣取垫付利息和手续费后，立即将货款垫付给受益人。议付信用证可分为公开议付信用证和限制议付信用证，前者受益人可任择一家银行作为议付行，后者则由开证行在信用证中指定一家银行为议付行。开证行对议付行承担付款责任。

即期付款信用证和远期付款信用证都在信用证上明确规定一家银行为付款行，不要求受益人出具汇票，仅凭提交的单据付款。承兑信用证则规定由开证行或指定的承兑行对受益人开出的远期汇票进行承兑。以上三种信用证，是否有银行愿意议付与开证银行无关。

一切信用证都必须明确表示它适用于哪一种方式。

（2）按附加性质分类。

1）可转让信用证。

信用证上注有"Transferable"，受益人有权将信用证的全部或部分转让给一个或数个第三者（即第二受益人）使用。可转让信用证的受益人一般是中间商，第二受益人则是实际供货商。

受益人可以要求信用证中的授权银行（转让行），向第二受益人开出新证，新证由原开证行承担付款责任。原证条款不变，但其中信用证金额、商品单价可以减少，有效期和装运期可以提前，投保比例可以增加，申请人可以变成原受益人。可转让信用证只能转让一次，即第二受益人不能再转让给新的受益人。在使用过程中，当第二受益人向转让行交单后，第一受益人有权以自己的发票和汇票替换第二证受益人的发票和汇票，以取得原证和新证之间的差额。

2）循环信用证（Revolving Credit）。

信用证被全部或部分使用后，其金额可恢复使用直至达到规定次数或累积总金额为止的信用证。这种信用证适用于分批均衡供应，分批结汇的长期合同，以使进口方减少开征的手续、费用和押金，使出口方既得到收取全部交易货款的保障，又减少了逐笔通知和审批的手续和费用。

循环信用证的循环方式可分为按时间循环和按金额循环。

循环信用证的循环条件有三种：自动循环，即不需开证银行的通知，信用证即可按所规定的方式恢复使用。半自动循环，在使用后，开证行未在规定期限内提出停止循环的通知即可恢复使用。非自动循环。在每期使用后，必须等待开证行通知，才能恢复使用。

3）假远期信用证（Usance Credit Payable at Sight）。

信用证中规定："远期汇票即期付款，所有贴现和承兑费用由买方负担。"这种信用证，受益人开出的是远期汇票，但议付时等同于即期汇票，不因此而增加贴息的负担。对开证申请人来说，取得了延期付款的融资方便，又利用了开证银行优惠的贴现率。

4）带电汇偿付条款的信用证（Credit with T/T Reimbursement）。

即期信用证中规定，议付行在议付后可以电传方式通知开证行，要求开证行立即以电汇方式将货款拨交议付行。这种方式使出口商在议付时减少扣减贴息的计息天数，但开证行未经审查即先行付款，故开证行往往会在信用证中指定一家可靠的议付行，即为限制议付信用证。

5）背对背信用证（Back to Back Credit）。

指受益人以原证为抵押，要求银行以原证为基础，另开立一张内容相似的信用证。背对背信用证通常由中间商申请开上给实际供货商。其使用方式与可转让信用证相似，所不同的是，原证开证行并未授权受益人转让，因而也不对新证负责。

背对背信用证的受益人可以是国外的，也可以是国内的。

6）对开信用证（Reciprocal Credit）。

指两张互相制约的信用证，进出口双方互为开证申请人和受益人，双方的银行互为开证行和通知行。这种信用证一般用于补偿贸易、易货贸易和对外加工装配业务。

通常在先行开出的信用证中注明，该证需待回头信用证开出后才生效。

9.5.3　信用证的内容

信用证没有统一的格式，但各银行制定的信用证基本上都包括如下内容：

（1）信用证的当事人：主要包括开证申请人、开证行、通知行、受益人的名称和地址。有时还包括议付行、保兑行等。

（2）信用证的号码和种类；

（3）信用证的金额；

信用证的单据条款：该条款主要规定单据的种类和份数。一般来讲，信用证要求当事人提供运输单据、保险单据和商业发票。

此外，UCP500 中还对非转让海运单，租船合约提单、国际多式运输单据、空运单据、公路、铁路或内河运输单据、专递及邮政收据、运输行出具的运输单据等作出了规定。

（4）信用证的到期日及到期地点：所有信用证都必须规定一个到期日及一个付款、承兑交单地点。对议付信用证尚须规定一个议付交单地点，但自由议付信用证除外。规定的付款、承兑或议付的到期日，将视为提交单据的到期日。当事人必须于到期日或到期日之前提交单据，否则，银行可以以信用证已经过期为由解除付款责任。

（5）交单的日期：信用证除了规定一个交单到期日外，凡要求提交运输单据的信用证，尚须规定一个在装运日后按信用证规定必须交单的特定期限。但是如果没有规定该期限的，银行将不予接受迟于装运日期后 21 天提交的单据。但是无论如何，提交单据不得迟于信用证的到期日。

（6）开证行保证条款：开证行向受益人、议付行或者汇票的持票人保证，银行在收到符合信用证要求的单据后，即根据信用证开出的汇票承担付款的责任。

9.5.4　信用证支付法律关系

依据国际商会《跟单信用证统一惯例》，信用证支付业务的主要当事人有：①国际信用证业务的开证申请人（Applicant），即国际经贸中的进口商；②国际信用证业务的开证银行（Issuing Bank）；③国际信用证业务的受益人（Beneficiary），即国际经贸中的出口商；④国际信用证业务的中介银行，即作为联系开证银行与受益人的第三家银行，包括通知行（Advising Bank）、保兑行（Confirming Bank）、议付行（Negotiating Bank）或偿付行（Reimbursing Bank）等。以上主要当事人因为信用证业务形成了他们之间的权利和义务，即信用证当事人之间的法律关系。其具体表现为：

（1）开证申请人与受益人之间是买卖合同关系。

（2）开证申请人和开证行之间是根据开证申请书建立的客户和银行之间的合同关系，但这种合同关系一般要适用 UCP500 的规定。

（3）开证行和通知行之间的关系是本人和代理人之间的关系。

（4）通知行和受益人之间并没有法律关系。但根据 UCP500 的规定，通知行具有如下的义务：信用证可经另一家银行（通知）行通知给受益人，而通知行无须受信用证允诺的约束。但如果该行决定通知信用证，则应合理谨慎地审核所通知信用证的表面真实性。如果该行决定不予通知，则必须不迟延地告知开证行。如果通知行不能确定此种表面真实性，它必须不迟延地通知看起来是从其得到指示的银行，说明它不能确定信用证的表面真实性。如果依然觉得通知信用证，则必须告知受益人，说明它未能确定信用证的表面真实性。

如图 9 – 5 所示：

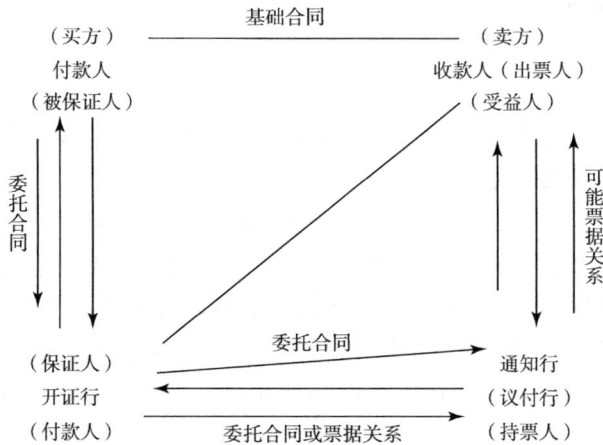

图 9 – 5　信用证支付法律关系

9.5.5　信用证支付流程

（1）进出口人在贸易合同中，规定使用信用证支付方式。

（2）进口人向当地银行提交开证申请书，同时交纳押金或其他保证。

（3）开证行根据申请内容，向出口人（受益人）开出信用证，并寄交通知银行。

（4）通知行核对印鉴或密押无误后，将信用证寄交给出口人。

（5）出口人审核信用证与合同相符合后，按照信用证规定装运货物，并备齐各项信用证要求的货运单据，在信用证有效期内，寄交议付行议付。

（6）议付行按照信用证条款审核单据无误后，按照汇票金额扣除利息，把货款垫付给出口人。

（7）议付行将汇票和货运单据寄开证行（或其指定的付款行）索偿。

（8）开证行（或其指定的付款行）核对单据无误后，付款给议付行。

（9）开证行通知进口人付款赎单。

（10）开证人付款并取得货运单据后，凭此向承运人提货。

如图 9 – 6 所示：

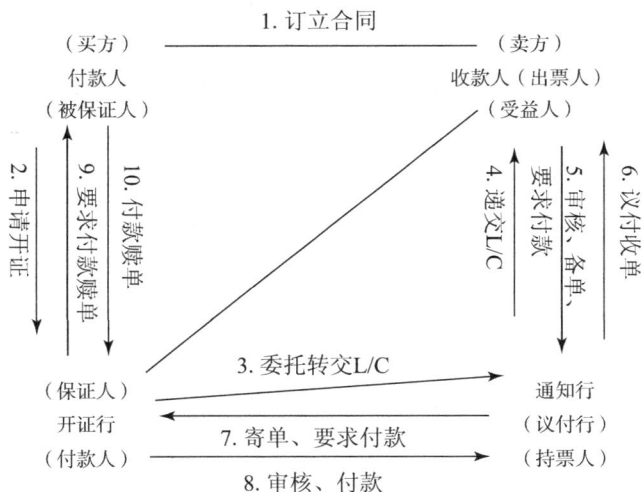

图 9-6 信用证支付流程图

9.5.6 信用证的软条款问题（Soft Clause）

信用证的软条款或称软条款信用证，是指名为不可撤销信用证，但是开证行可以随时自行免责的信用证。它违反了 UCP500 所规定的银行在信用证业务中仅处理单据的原则。

信用证的软条款常见的有以下几种表现形式：规定开证行另行指示或通知后方能生效的信用证；规定必须在货物抵达目的地后经买方检验合格方予付款；无明确保证付款条款，或明确表示开证行付款以进口商承兑出口商汇票为前提，事实上已将信用证业务中的银行信用蜕变为商业信用；规定某些单据必须由指定人签署方能付款，例如规定由特定人（通常为开证申请人指定）签发客检单（客方检验合格单）；要求提供不易获得的单据，如违反运输业务常规，要求提供装在仓内的集装箱提单等。

9.6 国际保理（International Factoring）

国际保理是银行作为保理商为国际贸易记账赊销方式（OPEN ACCOUNT，缩写 O/A）提供出口贸易融资、销售账务处理、收取应收账款及买方信用担保合为一体的综合性金融服务。

9.6.1 国际保理的概念

国际保理是近年发展起来的一种新兴贸易结算方式。国际保理又称为承购应收账款，指在以商业信用出口货物时（如以 D/A 作为付款方式），出口商交货后把应收账款的发票和装运单据转让给保理商，即可取得应收取的大部分贷款，日后一旦发生进口商不付或逾期付款，则由保理商承担付款责任，在保理业务中，保理商承担第一付款责任。若保理商对上述预付款没有追索权，对余款也要担保付款，即称之为无追索权保理，反之则为有追索权保理。

常见的还有融资保理及到期保理（到期保理指出口商将其应收款出售给保理商后，保理商在发票到期日从债务人手中收回债款，扣除服务费后，把款项付给出口商）。国际保理服务的范围主要有：资金服务、信用保险服务、管理服务、资信调查服务等。

从广义范围看，它是指保理商为国际贸易中采用赊销（O/A）或跟单托收承兑交单（D/A）结算方式时，为卖方提供的将出口贸易融资、账务处理、收取应收账款和买方信用担保融为一体的综合性金融服务。根据 1995 年生效的国际统一私法协会《国际保付代理公约》第 2 条的规定，保理是指一方当事人（供应商）与另一方当事人（保理商）之间存在的一种合同关系。根据该合同，卖方（供应商）将根据其现有或将来的基于与买方（债务人）订立的货物（服务）贸易销售合同所产生的应收账款转让给保理商，由保理商为其提供下列服务中的至少两项：贸易融资；销售分户账管理；应收账款的催收；信用风险控制和坏账担保。根据国际统一私法协会通过的《国际保理公约》（UNIDROIT Convention on International Factoring）对国际保理的界定，我们可以看出：国际保理是一项多功能的服务，保理商可以通过签订保理合同为供应商提供这些全部或部分服务：为出口商提供贸易融资；为进口商提供贸易销售账务处理；调查进口商的资信状况；回收应收账款以及为买方提供信用担保等。

9.6.2　国际保理运作的类别

按参与保理业务的保理商的多少，国际保理可分为单保理和双保理。单保理指由同一保理商在出口商、进口商之间进行保理业务；双保理指两个不同保理商通过业务连接分别与本地区的出口商或进口商操作保理业务。各种保理业务都是以保理协议为基础的，如在双保理中，包括出口商与出口保理商之间的出口保理协议和出口保理商与进口保理商之间的相互保理协议。

保理协议以出口商与进口商之间的买卖合同为前提。国际保理法律关系的核心内容是债权转让关系，即保理商通过保理协议从出口商购买了应收账款，并作为新债权人以自己名义向进口商催收账款。

9.6.3　国际保理当事人之间的法律关系

国际保理业务的当事人有出口商、进口商、出口保理商以及进口保理商（出口保理商在进口地的代理人）。国际保理业务，需要有关当事人之间签订相应业务协议，确定相应的权利义务。以比较典型的双保理机制的综合保理业务为例，当事人之间的权利义务关系有：

（1）供应商与出口保理商之间的法律关系。作为债权转让方，供应商的义务大致有两条，一是向出口保理商转让应收账款，若债务人因供应商的商品或服务有瑕疵而遭拒付时，此类账款即成为不合格账款，保理商对此有追索权，即将转让给他的应收账款再次转让给供应商，而供应商则有义务接受。（从这种意义上讲，融资的无追索权性并不是绝对的）。二是向出口保理商支付约定的费用和贴息。而出口保理商则有义务按照协议提供服务。

（2）债务人与进口保理商之间的法律关系。债务人与进口保理商之间无合同关系，进口保理商收取债款的权利基础是从出口供应商处接收了应收账款，其实质是债权的转让。除非供应商与债务人之间的买卖合同之间有禁止转让该合同项下的应收账款的约定，进口保理商可以通过债权转让获得绝对的到期收款的权利，而无须事先得到债务人的同意。若因应收款项逾期时，进口保理商可以催收，并在必要时采取法律手段解决。

（3）出口保理商与进口保理商之间的法律关系。双方的权利义务关系是由双方的协议确定的。在通常情况下，出口保理商的义务是向进口保理商传递信用额度申请表等有关文件和转让应收账款，保证所转让的应收账款的真实有效性，以及债权本身的有效性。而进口保理商则负有对债务人进行资信评估，承担债务人的信用风险和转交货款的义务。

（4）供应商与债务人之间的法律关系。供应商与债务人之间的权利义务关系的基础是双方签订销售合同。根据《联合国国际货物销售合同公约》规定，供应商必须严格按照合同规定交付货物，在将应收账款转让给保理商后，应及时通知债务人。债务人则应按时支付货款和收取货物。

9.6.4　国际保理程序

（1）出口商在决定以托收或赊销方式成交前，把合同内容和进口人名称通知本国的（出口）保理商。

（2）出口保理商将有关资料通知进口地的保理商，由其对进口商进行资信调查，并及时将调查结果通知出口保理商。

（3）出口保理商对可以认可的交易与出口商签订保理协议，协议内明确规定信用额度。

（4）出口商在保理协议规定的额度内与进口商签订买卖合同。

（5）出口商按合同规定发货，取得运输单据和其他商业单据，并在单据上注明应收账款转让出口保理商。

（6）出口保理商收到全套单据后，将单据转交进口保理商。由进口保理商负责向进口商收款，并将款项拨交出口保理商。

（7）出口保理商将收到的货款扣除手续费后交付出口商。若按协议规定，在出口商交单后已预支部分货款（一般为 50%～90%），则应在付款时扣除预付款的本息。

（8）如进口商不能按时付款或拒付，保理商应负责追偿和索赔。并按协议规定的时间向出口人付款。

9.6.5　国际保理的国际法规范

（1）《国际保理业务惯例规则》

国际保理商联合会（Factors chain International，FCI）1988 年颁布了《国际保理业务惯例规则》现行文本是 1997 年 6 月修订后颁布的，共 31 条。

（2）《国际保理公约》（The Convention on International Factoring）

《国际保理公约》，全称《国际保付代理公约》，1988 年 5 月国际统一私法协会通过。国际保理是 20 世纪 60 年代发展起来的一种国际贸易结算方式。目前，国际上参加国际保理联合会的国家已有 130 多个。

《国际保理公约》中的保理定义：保理系指卖方或供应商或出口商与保理商之间存在的一种契约关系。根据该契约，卖方（供应商、出口商）将其现在或将来的基于其与买方（债务人）订立的货物销售、服务合同所产生的应收账款转让给保理商，由保理商为其提供下列服务中的至少两项：1）贸易融资。出口商可运用保理业务向买方提供无追索权的、手续简便的贸易融资，出口商出售货物后可以获得 80% 的预付款融资和 100% 的贴现融资。2）销售分账户管理。在出口人续做保理业务后，保理商会根据出口人的要求，定期、不定期地向其提供关于应收账款的回收情况、逾期账款情况、信用额度变化及对账单等各种财务和统计报表，协助出口人进行销售管理。3）应收账款的催收。保理商一般都有专业人员和专职律师处理账款的追收，并且保理商还会根据应收账款的逾期时间采取信函通知、打电话、上门催款及采取法律手段等。4）信用风险控制与坏账担保。在出口人与保理商签订保理协议后，保理商会对进口人核定一个信用额度，在协议执行过程中，随时根据进口人资信状况的变化对信用额度进行调整。对出口人在核准信用额度内的应收账款，保理商提供 100% 的坏账担保。因此可见，保理实际上是一种融结算、管理、担保、融资为一体的综合性服务业务，本质上是一种债权转让。

1992 年中国银行在中国率先推出国际保理业务，并于当年加入了国际保理联合会，接受了《国际保理公约》、《国际保理管理规则》等。

（3）《联合国国际贸易应收款转让公约》

《联合国国际贸易应收款转让公约》（United Nations Convention on the Assigment of Receivables in International Trade）是联合国国际贸易法委员会（UNCITRAL）下的合同惯例工作组历经 5 年时间具体制定成形的，提交该会于 2000 年召开的 33 届会议上讨论通过。2001 年 12 月 12 日开放签字并将在第五个国家批准后正式生效。

本章案例

手机也可用于跨境支付

据 2013 年 11 月 20 日发布的《中国网络支付安全白皮书》数据统计，预计 3～5 年内网络支付交易规模至少还有 6 倍增长，将达到 20 万亿元以上。其中，移动支付呈现爆发式的增长，预计 2013 年全年移动支付市场规模会超过 8 000 亿元，是 2012 年规模的 5 倍以上。在这样一片美好的"钱景"面前，没有哪个商家会不动心。移动支付已成为电商、银行、运营商的必争之地。整条产业链上，各个环节都想从这片新蓝海中找到自己的利润增长点。支付宝早已成为手机购物支付的首选；中国移动发布了首款银行卡完整植入手机 SIM 卡产品，用户可以直接用手机在 POS 机上刷卡；各大银行都纷纷推出了手机银行，不仅可缴纳交通违章罚款，还可以用手机购买火车票等；腾讯微信也在广州正式推出"微信支付"，可以通过扫码的方式直接购买咖啡、零食等。

2013 年 11 月 11 日，淘宝的"双十一"活动中用手机支付购买额已达到 4 518 万笔，占当天总交易额的 32%。这说明超过三成的消费者已经脱离电脑的束缚，走在路上、坐在夜班车上，通过移动设备都能抢到"双十一"的打折品。可是，虽然随时随地都能交易的购物体验让人愉悦，但如果账户存在安全隐患，估计没有哪一个用户会贪图便利而选择风险，便捷与安全就像一块跷跷板，让人不得不提起警惕。

2013 年的 5 月，具备支付功能的建设银行手机 APP 受到病毒的感染，给热衷于移动支付的"低头族"们一个警醒，移动支付的前景再次笼罩上安全阴影。据中国电子商务投诉与维权公共服务平台透露，手机支付中事关支付数据被篡改、遭遇异地盗刷的投诉线索不在少数，而且出现越来越多由于误扫二维码、木马入侵手机而发生的盗刷案例：

（一）2014 年 3 月，北京王先生收到来自商业银行的短信提示："您尾号为×××××信用卡 3 月 20 日 14：00 消费 3 502.00 元"，但王先生本人并没有任何消费行为，经调查，王先生的信用卡卡号和密码在之前的移动支付过程中被黑客窃取，之后被盗用。

（二）上海的陈女士一向热爱网购，在一次使用手机进行移动支付的过程中，用扫二维码的方式进行手机支付时，第三方支付平台账户内十多万元的资金被不法分子转走。便捷的电子钱包安全性再次被社会公众质疑。

讨论：1. 手机已用于跨境支付，你认为以上案例可以适用哪些法律规范？

2. 针对出现的损失，受损害方王先生可否要求银行承担部分责任？为什么？

3. 陈女士如果要起诉第三方支付平台，第三方支付平台应承担怎样的归责原则？为什么？

本章小结

国际贸易支付是国与国之间的货币收付行为。但是，国际贸易支付会遇到汇率变动风险、外汇管制风险等，同时国际贸易支付，在支付工具、支付方式、支付的时间和地点以及在一切参与支付的权利义务人方面，都相当复杂，而且它们都涉及不同的实体法和冲突法，这就更增加了解决此类问题的难度。因此，国际贸易中一般不方便采用货币（现金）结算，其结算（支付）的主要工具是票据。

票据一词有广义和狭义之分。广义的票据，是指商业活动中的一切票证。包括各种有价证券和凭证。如：股票、债券、本票、提货单、车船票、借据等。狭义的票据，是指发票人依法签发，由自己无条件支付或委托他人无条件支付一定金额的有价证券。国际贸易中使用的票据包括汇票、本票、支票，以使用汇票为主。按照我国票据法的规定，票据包括汇票、本票和支票。本章所指票据仅指狭义的票据。

各国票据法的不统一导致的法律冲突为票据的国际使用带来了法律上的障碍，规划国际商事行为的任务之一就是避免法律冲突。自 19 世纪后期以来，兴起了一场票据法的国际统一化运动。

电子支付是指单位或个人通过电子终端，直接或间接向银行业金融机构发出支付指令、实现货币支付与资金转移的行为。电子支付的业务类型按电子支付指令发起方式分为网上支付、电话支付、移动支付、销售点终端交易、自动柜员机交易和其他电子支付。电子支付工具包括：以信用卡系统为基础的支付、电子支票/借记卡、电子现金以及其他支付工具。电子支付作为新型的金融交易工具，对传统的法律体系提出了挑战，在其发展中不可避免地面临着许多法律问题，需要对之进行监管规制。

汇付是付款人通过银行，使用各种结算工具将货款汇交收款人的一种结算方式。属于商业信用，采用顺汇法。托收是指由收款人对付款人开立汇票，委托银行向付款人收取款项的一种结算方式。具体做法是卖方为买方收取款项，出具以买方为付款人的汇票委托银行代为收取货款的一种基于当事人的商业信用而采用的国际贸易支付方式。托收采用的是逆汇法。信用证一般是指开证银行应开证申请人的请求,向受益人开立的在一定金额和一定期间内凭其规定的条件承诺付款的凭证。信用证属于银行信用,采用的是逆汇法。国际保理是银行作为保理商为国际贸易记账赊销方式提供出口贸易融资、销售账务处理、收取应收账款及买方信用担保合为一体的综合性金融服务。

本章习题

1. 简述票据的概念及其功能。
2. 简述国际贸易支付工具。
3. 简述托收当事人及其法律关系。
4. 简述信用证支付法律关系。
5. 简述信用证支付流程。
6. 简述国际保理当事人之间的法律关系。

国际产品责任法

1. 熟悉产品责任法概念、特征以及产品缺陷。
2. 掌握产品责任法的理论、责任主体与归责原则。
3. 掌握产品责任抗辩、损害赔偿的形式与范围。
4. 了解各国的产品责任立法。
5. 掌握产品责任法的诉讼实践和法律适用。
6. 了解国际产品责任的统一立法问题。
7. 熟悉《斯特拉斯堡公约》、《欧洲共同体产品责任指令》。
8. 熟悉《欧洲产品安全指令》、《海牙公约》、《产品责任法律冲突规则公约》。

导入案例

雄狮锄头质量争议案

1. 案件当事人

申请人：某国工具公司（买方）；

被申请人：中国某省机电进出口公司（卖方）

2. 案情：

买卖双方于1994年11月签订售货合同，约定买方向卖方购买雄狮牌铸钢锄头一批，签约后，买方给卖方开出了与合同总金额相同的信用证。卖方如期发出货物。买方因检验发现该锄头为铸铁制品属于卖方违约而拒收货物。

3. 仲裁申请：

买方向卖方索赔，要求卖方赔偿已付货款及其利息损失，已支付的运费、检验费。卖方认为货物与样品无异，不予赔偿。

4. 仲裁庭意见：

法律的适用：因当事人双方在合同中未约定适用的法律。由于卖方为中国公司，买方在仲裁申请中援引中国法律，卖方未提出异议，故本案适用中国法律。

关于质量标准：本案合同中第 1 条"货物名称"注明为雄狮牌铸钢锄头，故卖方主张不予成立。

据此，仲裁庭裁决：鉴于货物质量存在严重问题，违反合同约定，卖方应赔偿买方已付的全部货款及其利息损失，和已支付的运费、检验费。货物由卖方处理。本案仲裁费由卖方承担 70%，买方承担 30%。

10.1 产品责任法概述

10.1.1 产品责任

一、产品（product）

"产品"在产品责任法中是关键性的词语。然而，关于"产品"的定义，国际上有不同的规定。美国产品责任中所指的产品含义十分广泛，几乎任何经过工业处理的东西，所有有形物，不论可移动的还是不可移动的，工业的还是农业的，加工过的还是没加工过的，凡涉及任何可销售、可移动或可使用的制成品，只要由于使用它或通过它引起了伤害，都可视为发生责任的"产品"。欧洲理事会制定的《斯特拉斯堡公约》，把产品限于"一切可移动的产品"，不论是未加工的，还是加工过的，天然的或者工业的，甚至组合到另一个可移动或不可移动的东西中去的物品。欧共体的《产品责任指令》则把"产品"限于除初级农产品、狩猎产品以外的所有移动的产品。产品是指由生产者生产并已投入流通领域而可供使用的有形物品。作为产品责任法中的"产品"，必须同时具备如下三个要件：（1）产品责任法中的"产品"必须是由生产者生产的物品，即经过人类劳动而获得的加工过的"人工物品"和未加工过的"天然物品"。（2）必须是已投入流通领域的物品，如果还处于"生产"过程中就不能将其视为"产品"。（3）必须是可供使用的有形物品，不管是可移动的物品，还是不可移动的物品。

二、产品责任

产品责任指由于产品缺陷，造成了产品的消费者、使用者或其他第三者的人身伤害或财产损失，依法应由生产者和销售者分别或共同承担赔偿的一种法律责任。

产品责任是指由于产品存在瑕疵而导致消费者、使用者或第三人遭受人身伤害或财产损失时，该产品的生产者和销售者依法应该承担的一种损害赔偿责任。

1. 产品责任成立的要件。要使生产者和销售者承担产品责任必须具备三个条件：

（1）产品存在瑕疵。

（2）必须使产品的消费者、使用者或第三人遭受人身伤害或财产损失。

（3）消费者、使用者或第三人所遭受的损害必须与产品的瑕疵之间存在因果关系，即他们所遭受的损害完全是由于有关产品存在瑕疵所致。

2. 生产者和销售者的含义。产品责任法中的生产者是广义上的生产者，一般包括产品的生产制造者、加工者、装配者、修理者、运输者和仓储者等；而所谓销售者则包括出口商和进口商及批发商和零售商等。

3. 生产者和销售者承担的是一种无限连带责任，受害者可以单独向众多的生产者和销售者中的某人或某几个人请求损害赔偿，也可向所有的生产者和销售者提出赔偿要求。

三、产品责任法

(一) 产品责任法的概念

产品责任法是以有关产品的生产者、销售者因产品瑕疵而致使消费者或其他使用者的人身或财产遭受损害时所负责任为调整对象的法律规范的总称。其主要目的是要确定产品的生产者和销售者对其生产或销售的产品所应承担的责任，以保护广大消费者的利益。

产品责任是指经过科学技术手段生产或加工的产品，在该产品进入市场流通领域后，因该产品具有缺陷而致使他人人身或财产受到损害的，应由该产品生产和销售环节中的诸多相关的人对受害者所遭受的损害承担赔偿责任。由此可见，产品责任和产品质量责任的调整范围各不相同，产品质量责任比产品责任的范围大。

产品责任法起源于西方国家法院的司法判例，通过法官造法的方式予以确立，逐渐趋于立法，进入规范法律调整阶段。

产品责任法的许多规范都属于强制性规范，必须由社会各类人员严格予以遵守，不允许有关当事人通过合同或其他任何方式加以排除或变更；发生产品责任事故时，除法律另有规定外，有关当事人应切实承担起其依法所应承担的法律责任，不得有任何形式的例外。

10.1.2　产品责任法及其发展

1. 产品责任法的产生

早在古罗马时期，市民法的一项基本原则为"买主当心"，除非出卖人欺诈或经口头契约明示担保，否则出卖人并不对物件瑕疵承担任何责任。大陆法系国家遵循罗马法的基本规则，扩大了卖方的责任范围——卖方需要承担瑕疵担保责任，一旦买方购买了瑕疵物品时，可以要求卖方承担该担保责任。早期英美法也采取罗马法的"买主当心"规则，法律对卖方的保护大大超过对买方的保护，在英美合同法出现以后，产品责任法开始萌芽。

"19世纪是劳动者运动，20世纪是消费者运动"。自20世纪以来，现代工业迅速发展，使消费者保护的问题日益突出，消费者的利益越来越得不到保护，从而要产品的制造商参加产品保险。产品的保险费用急剧增加，导致消费品工业品价格上涨，引起消费者不满。

由于生产力水平不断提高，使生产的技术化加强，产品的内在危险性和致害性的可能性大大增加。而新产品的不断出现，产品竞争激烈，已使原来"以制造者为中心"渐渐转移成"以消费者为中心"。保护消费者利益已成为当今社会发展的重要问题。

产品责任法旨在调整生产者与消费者之间因产品缺陷而产生的损害赔偿的社会关系。现代意义上的产品责任法应是源于20世纪初美国的"麦克弗森诉别克汽车公司"这一判例。该案突破合同关系之限，确立了疏忽责任规则，使合同关系以外的第三者也可以对生产者或销售者提起诉讼。

在20世纪60年代，因疏忽责任规则对消费者的保护并不充分，产品责任法又被制造者侵权责任和担保责任所发展，特别是美国1963年"格林曼诉尤巴电力公司"一案，确立了严格责任，使产品责任法得到飞速的发展。1965 年美国法学会在《第二次侵权法重述》中，明确承认了严格责任规则。严格责任对世界各国解决产品责任纠纷、保护消费者的利益产生了巨大影响。

1962 年 3 月 15 日，美国总统肯尼迪提出了"关于保护消费者利益的国情咨文"，指出为保护消费者合法权益，应采取立法和行政措施，使其权利得以实现。具体表现为四项权利：①安全的权利，即保护消费者的生命及健康权利免受危险商品的侵害；②了解的权利，即保护消费者免受广告欺诈及虚伪陈述的侵害，消费者有权要求明了真相，并使其具备选择商品所必备的知识；③选择的权利，即保护消费者能够自由选择并得以合理公正的价格获得达到一定规格的商品和服务的权利；④意见被尊重的权利，即要求政府在决定某项经济政策时，应保证消费者的意见被充分考虑或采纳。1969 年尼克松总统又提出了第五项——求偿的权利，即消费者受到不法损害时，有要求惩罚不法制造商并获得赔偿的权利。正是在这种背景下，以保护消费者利益和确定生产者义务为宗旨的产品责任法应运而生。

2. 产品责任法的发展

产品责任法是一个新型的、正在形成的法律部门。在发达国家，最初反映在英国习惯法中。1842 年英国最高法院判决的温特博特姆诉赖特一案是英国有关产品责任问题方面最古老最著名的案例，通过这一案例确立了"无合同，无责任"的原则，即规定生产者和销售者对因其产品的瑕疵给消费者的人身或财产造成损害时所承担的责任以其与消费者订有合同为前提，如果生产者或销售者没有与消费者订立合同，则对其生产或销售的产品的瑕疵给消费者造成的损害一律不负责任。

这一原则在英美法系国家奉行了近百年之久。随着生产的日益社会化、现代化，从 20 世纪二三十年代开始，产品责任不再作为附属于合同的准合同关系，而被纳入侵权行为的范畴来进行处理。不过对于生产者和销售者的这种疏忽大意，必须由消费者承担举证责任。

到了 20 世纪六七十年代，世界上许多国家，特别是发达国家都纷纷制定国内立法，并通过国际社会的共同努力签订了一些有关的国际公约，开始形成了一个新兴的法律部门，且多数以严格责任原则作为这个法律部门的基本原则。

20 世纪 70 年代开始，许多国家开始研究并着手制定产品责任法。如联邦德国 1976 年颁布的《药物伤害法》、1976 年欧洲理事会通过了《关于人身伤害的产品责任公约》、1972 年海牙国际私法会议通过了《产品责任法律适用公约》、1985 年欧共体通过了《欧共体产品责任指令》等。欧共体对产品责任的统一立法要求欧共体各成员国均按照指令制定产品责任法或法律草案，实行严格责任规则。截至目前，世界各国都深受欧共体指令影响，纷纷制定本国的产品责任法。

10.1.3　产品责任法特征

产品责任法属于社会经济立法范畴，它主要调整制造者、销售者与消费者之间基于侵权行为所引起的人身伤害和财产损失的责任，它的规定大多是强制性的，不允许当事人事先在合同中加以排除或变更。

一、从法律性质看产品责任法的特征

所谓产品责任法，是指国家制定和认可的，调整产品的制造者、销售者与消费者和用户

之间因产品质量问题而发生的社会关系的法律规范。该法主要目的是加强生产者的责任，保护消费者的利益。产品责任法具有以下几个特征：

（1）具有强制性。产品责任法的原则和规定大多属于强制性的，不允许当事人双方加以限制或排除。

（2）具有特定性。产品责任法调整的社会关系是特定的，仅调整产品的制造者、销售者与产品的消费者之间的法律关系，即民事侵权法律关系。

（3）具有补偿性。产品责任是基于侵权所引起的一种财产责任，即产品的制造者、销售者给消费者造成的人身伤害和财产损失进行赔偿，这种赔偿以对消费者造成的损失为限，具有补偿性的特征。

二、从调整对象看产品责任法的特征

（1）它调整产品责任引起的人身伤害或财产损失，不包括单纯的产品本身的损害；

（2）它主要调整没有任何合同关系的产品责任侵权行为。

三、从调整范围看产品责任法的特征

1. 产品责任法所调整的是因为其产品存在瑕疵而引起他人人身或财产损害时所发生的权利义务关系。

2. 产品责任法主要调整的是没有任何合同关系，且因产品存在瑕疵而引起的产品责任，即完全的侵权行为责任。

3. 产品责任法一般都主张严格责任理论，规定了极为严格的责任原则。而且，很多国家的产品责任法都加大了责任人的责任程度，为受害人规定了较高的损害赔偿金额。

10.1.4　产品缺陷

一、产品缺陷的概念

产品缺陷指产品未提供使用者有权期待的安全或具有不合理的危险性。缺陷必须在产品离开生产者或销售者控制以前，即投入流通以前已经存在。《斯特拉斯堡公约》第二条规定，"考虑到包括产品说明在内的所有情况，如果一项产品没有向有权期望安全的人提供安全，则该产品为有'缺陷'。欧共体的《产品责任指令》第四条规定："若产品未给人们和财产提供一个人有权期待的安全，则该产品有缺陷"。根据各国法律及判例，各国依据产品的生产及制造过程，将缺陷大致分为：

（1）设计上的缺陷。指由于不适当的设计而形成的缺陷。设计产品时，由于对产品可靠性、安全性考虑不周，如没有设计安全保护装置，往往发生产品责任事故，产品生产者对此应负设计上缺陷的责任。

（2）原材料的缺陷。指由于制造产品使用的原材料不符合质量、卫生、安全等标准而形成的缺陷。如制药工业中采用不纯原料使药物中含有伤害人体的物质；食品中加入防腐剂、色素等；电器产品因材料绝缘性能差而漏电。

（3）制造、装配上的缺陷。指因产品生产、装配的不当，致使产品质量未达到设计或预期的要求。如有的产品制造粗糙，边缘有锐角、毛刺，容易伤人。有的由于装配不当，一些机器、电器产品及交通工具等的一些部件会松动、脱落，而造成伤害事故。

（4）指示上的缺陷。许多产品本身并无任何缺陷，但如果使用不当，也会有危险。在这种情况下，生产者或销售者的责任不仅在于保证其产品没有实际缺陷，而且还在于应当对消费者或使用者提出适当告诫以防止不适当的使用。如果生产者、销售者对可能产生的危险没有提出警告或警告没有说明全部危险，可视为产品有缺陷。

（5）科学上尚不能发现的缺陷。经常有这种情况，产品的缺陷，根据当时科学技术水平难以发现。对于这种科学上尚不能发现的缺陷是否应负赔偿责任，各国规定不一。

二、国外产品缺陷立法

产品缺陷是产品责任法的一个重要概念，各国立法和实践中对"缺陷"一词的定义和解释，直接关系到权利要求能否得到实现；同时也是实现责任控制、防止过度责任归责的一道主要闸门。因此，产品缺陷的定义被各国所关注。

根据美国1965年《第二次侵权法重述》第402A条规定："对使用者或消费者或其财产有不合理危险的缺陷状态。"尽管美国各州对缺陷所下的定义各不相同，多数法院认为"不合理危险的缺陷状态"为产品责任提供了标准，而另一些法院则仅仅依据"缺陷状态"和"不合理危险"作为标准。从以上所讲可以看出，所谓缺陷，是指产品具有不合理的危险。缺陷是产品内在危险因素，形成缺陷的原因很多，例如，产品设计不合理，制造过程有疏忽等等。《欧共体产品责任指令》第6条规定了缺陷的定义：①考虑到下列情况，如果产品不能提供人们有权期待的安全，即属于缺陷产品：一是产品的说明；二是能够投入合理期待的使用；三是投入流通的时间。②不得以后来投入流通的产品更好为由，认为以前的产品有缺陷。从美国法和欧共体《指令》的有关规定来分析，产品缺陷是指产品缺乏消费者或使用者有权期待的安全性而对消费者或使用者的人身或财产具有不合理的危险。虽然对产品缺陷下了明确的定义，但在实践中对产品缺陷的判定却十分困难。

三、产品缺陷的分类

根据美国产品责任法的理论，把产品缺陷划分为三大类：

1. 产品制造缺陷

美国《统一产品责任示范法》第104条A项规定：决定产品在制造过程中有不合理的不安全时，应以产品离开制造商支配时即具有缺陷加以认定。也就是说，产品脱离制造商控制时，即在一些重要方面不符合制造商的设计说明或性能标准，或者不同于同一生产线上生产的同一产品。由此可以看出，制造缺陷可以通过对其规格、技术要求的检验或通过对正常产品的对比检验进行主观识别。

2. 设计缺陷

美国《统一产品责任示范法》第104条B项规定：产品在设计上有不合理的不安全因素，是指产品存在着造成损害的危险并且这种危险已超过防止该危险而设计产品的制造者的成本负担，以及替代的设计将会阻碍产品的有效性。设计缺陷是产品的构思、方案、计划、图样等设计上的事项而造成的。具体来说，包括在产品表面所提供的任何警告、指示以及结构零件设置不合理，材料或配方选择不适应等。在现实生活中，设计缺陷的案件仍被认为是难度最大、最不易确认的案件。

3. 指示缺陷

这是指对产品有关的危险或产品的不正确使用，未给予适当的警告或指示，致使产品存在不合理的不安全性。美国《第二次侵权法重述》第 402A 条评论指出，当产品具有不为人普遍知悉或合理预见的危险时，如果销售者知道或应该知道这一危险，就应当在产品的包装上说明试用方法及危险警告。法院在审理具体案件时，对具体的指示是否具有缺陷的问题理解也各不相同。"费尔得曼诉莱得利实验室"案中，同一法院却对同一问题给予相反的答案。认为由于这一儿童因使用四环素而使牙齿发生灰色病变，而判决药物制造商仅有义务提供已知悉的危险警告，对制造商尚不可知的危险不负警示义务。

四、产品缺陷的预警

具体来说对产品的警示是否存在缺陷可以从三个方面判断：①警示的时间。对产品在制造时即已存在造成原告受损害或类似损害的可能性，应当在产品出厂时即加以警告；对产品经过一段时间，通过最新的科技成果才发现的缺陷，应从发现危险时加以警告。②警示的内容。警示的内容应当是可以避免与产品有关的风险以及安全使用的指示或说明；同时警示必须是突出和容易理解的。③警示的对象。被生产者警示的对象应该是合理预见的最终使用者，但由于中间人的过失则可以免除生产者的责任。

10.2　产品责任法的理论

10.2.1　产品责任主体

产品责任法主要是确定产品的制造者和销售者对其生产或出售的产品所承担的责任。在研究产品责任法时，首先应了解产品责任的责任主体。责任主体是指当缺陷产品给消费者造成人身伤害和财产损失时，依法应承担赔偿责任的自然人和法人，也就是通常所说的被告。对责任主体的范围，世界各国的规定各不相同。除了责任主体之外，产品责任之构成还包括产品、产品的缺陷等。

1. 美国法对责任主体的规定

美国《统一责任示范法》第 102 条（A）款规定：产品的销售者是指从事产品销售业务的任何自然人或实体，不论交易是为了使用、消费者或者再销售。它包括产品制造者、分销商和零售商，也包括产品的出租人和行纪人。

2. 欧洲法对责任主体的规定

《欧共体产品责任指令》及其成员国有关产品责任主体的规定，范围要小一些，主要侧重于对生产者的规定，一般不包括批发商和零售商，只有在无法确定产品生产者时，他们才承担责任。《欧共体产品责任指令》第三条对生产者的范围规定得十分广泛。主要包括：①成品的制造者、组装者、加工者。②零部件的制造者。③原材料的生产者。④任何将其名称、商标或其他标识置于产品之上的人。虽然它不是产品的真正制造者，仍视为制造者而承担责任。⑤进口商。但不适用于欧共体成员国之间的产品进出口商。⑥产品的提供者。

3. 中国产品责任法的责任主体

中国有关产品责任主体的规定主要在《民法通则》和《产品质量法》之中。《民法通则》第 122 条规定："因产品质量不合格造成他人财产损失及人身损害的，产品的制造者、销售者应当依法承担民事责任。运输者、仓储者对此负有责任者，产品的制造者、销售者有权要求赔偿损失。"《产品质量法》第 31 条规定:"生产者、销售者依照本法规定承担产品质量责任。"根据这些法律规定可以看出,中国产品责任的责任主体不仅有范围的限制,而且有先后顺序之分。第一顺序为产品的制造者、销售者,其中包括原材料的供应商、零部件的供应者、零部件的制造者、成品的制造者、进口商、批发商、零售商等;第二顺序为产品的运输者、仓储者。运输者、仓储者的责任的相对主体不是消费者,而是产品的制造者和销售者。

索赔主体也就是指原告,他可能是消费者,因受缺陷产品损害而成为产品诉讼中潜在的索赔主体,有权提起诉讼。享有索赔权的消费者不仅限于产品的直接购买者,也有可能是购买者的家人、使用该产品的雇工或该物的受赠人。此外,还存在潜在的索赔人,他们同制造者和消费者根本没有任何合同关系,也未对产品进行使用或消费,通常只是旁观者,却被产品间接伤害了,如路人、行人、参观者。美国通过"埃尔默尔诉美国汽车公司"一案扩大了索赔人的范围。

10.2.2　产品责任的归责原则

产品责任法阻止制造商将劣质商品投入市场。该法要求制造商对他们的商品可能造成的伤害负责。产品责任理论有三个基本理论:(1)违约;(2)疏忽;(3)严格责任。大多数国家(包括日本和大多数发展中国家),只用前两者。英美法系国家三个全用,欧盟主要用最后一个。

一、美国产品责任法的归责理论

直到 20 世纪 60 年代,美国才形成相对独立的产品责任法,在这期间,美国的产品责任法经历了由合同责任向侵权严格责任的巨大发展,先后形成了合同责任、疏忽责任、担保责任和严格责任四种归责原则。美国的产品责任法主要是州法,而不是联邦统一的立法。因此,各州在产品责任感问题上观点并不完全一致,但一般也无特别差异。

二、美国产品责任的诉讼依据

美国产品责任法的诉讼依据大致有以下三种:

1. 合同关系责任

从 18 世纪末到 20 世纪初,美国一直沿用英国 1842 年"温特博特姆诉怀特案"所确立的"没有合同就没有责任"的原则。

2. 疏忽责任理论

疏忽责任是指由于生产者和销售者的疏忽,造成产品缺陷,致使消费者的人身或财产遭受损害,对此,生产者和消费者应对其疏忽承担责任。当原告对生产者或销售者因疏忽之责向法院起诉要求赔偿损失时,必须提出证据证明:

(1)被告有尽到合理注意的义务;

(2)被告违背了该义务,即有疏忽之处;

(3)由于被告的疏忽直接造成了原告的损失。

但是,在现代化大工业生产的条件下,要证明某个产品有缺陷往往很困难,甚至不可能。因为产品从设计到制造始终控制在生产者手中,这往往使那些对制造和销售过程不熟悉的原告无法举证。因此在实际诉讼过程中，法官逐渐对原告采取了减轻举证责任的态度。

3. 担保责任理论

担保责任是指因生产有缺陷，销售者或生产者违反了对货物明示的或默示的担保，以致消费者或使用者造成了伤害而承担的法律责任。

担保是对产品的质量或性能规格的陈述或说明。它可以是由各方明示或由法律规定默示的。在美国产品责任法中，担保责任分为两种：①明示担保（express warranty）；②默示担保（implied warranty）。前者是基于当事人的意思表示；后者是基于法律的规定。明示担保是货物的生产者或销售者对货物的性能、质量或所有权的一种声明或陈述。

英美法国家把合同的条款分为条件和担保两个种类，条件是指合同的重要条款，而担保则是指合同的次要条款，主要分为明示担保和默示担保两种。担保责任是指生产者或销售者因违反了产品的明示或默示担保而应承担的责任。在美国追究担保责任一般都适用《统一商法典》的规定。

4. 严格责任理论

严格责任理论又称侵权行为法上的无过失责任，是最近发展起来的一种产品责任理论。只要产品有缺陷，对消费者和使用者具有不合理的危险，并因而使他们的人身遭受伤害和使他们的财产遭到损失，该产品的生产者和销售者都应对此负责。

但是，在美国产品责任法中的严格责任并不意味着"绝对责任"，即并不是只要使用他的产品而引起损害，生产者就都绝对负责。当受害人依据严格责任理论，提起诉讼，要求损害赔偿时，必须证明：①产品存在缺陷；②产品出厂时缺陷即已存在；③产品缺陷直接造成了损害。也就是说消费者或使用者在适当状态下使用产品，即使以合理注意也不能防止伤害和损失。这样，原告无须证明被告在生产或销售过程中是否存在着疏忽、违反担保或其他过失，它对消费者提供的保护比疏忽责任学说，担保责任学说更为充分。

严格责任又称之为侵权法上的无过失责任，是近年来发展起来的一种产品责任理论。由于疏忽责任和担保责任的原告方要承担举证责任，使原告在诉讼中的地位没有发生实质性的变更，消费者的权利没有得到完全的保护，法院只好寻求新的方法来保护消费者，这种方法就是严格责任。1944 年"艾丝特拉诉可口可乐瓶装公司案"是产品造成损害适用严格责任的重要判例之一。

随着欧共体《关于对有缺陷产品的责任指令》的颁布，要求成员国通过相应的国内法予以实施，但准许各成员国有某些取舍余地。英国根据《指令》制定了《消费者保护法》，在该法中确立了因缺陷产品致损而引起的严格责任原则。

10.2.3　被告产品责任的抗辩

各国的产品责任法在保护消费者利益的同时，也赋予被告一些抗辩权利，可以减轻或免除其责任，以达到保护被告的合法利益的目的，使双方利益达到平衡。

（一）美国

（1）担保的排除和限制。美国《统一商法典》规定，买卖双方可以在合同中明示或默示地限制或排除其在产品销售中的担保条件。在以担保责任为理由的诉讼之中，被告如果已在合同之中排除各种明示担保或默示担保，他就可以提出担保已被排除作为抗辩，但在消费交易中，卖方如有书面说明就不得排除种种默示担保。

（2）相对疏忽。在侵权的产品责任诉讼中，被告可以以相对疏忽进行抗辩，要求减免责任。近年来，美国许多州已通过立法和判例放弃了承担疏忽原则，而采取相对疏忽原则，即法院只是按原告的疏忽在引起损害中所占的比重相应地减少其索赔的金额，也就是说被告只能以此作为抗辩要求减轻其责任。

（3）自担风险。是指：①原告已经知道该产品有缺陷或带有危险；②尽管如此，原告也甘愿将自己置于这种危险或风险的境地；③由于原告甘愿冒风险而使自己受到伤害。根据美国《侵权行为重述》第402A条的解释，受害人自担风险，他就不能要求被告赔偿损失。但采取相对疏忽原则的各州都规定，自担风险只能作为原告减少其索赔的依据，而不能完全阻止原告索赔。

（4）非正常使用产品或误用、滥用产品。如果原告非正常使用产品，或误用、滥用产品，已超出了被告可以合理预见的范围，而且被告亦采取措施予以防范，被告可以以此作为抗辩，要求免除责任。

（5）擅自改动产品。如果原告对产品或其中部分零件加以变动或改装，从而改变了该产品的状态或条件，因而使自己受损害，原告就无权要求被告承担责任。

（6）带有不可避免的不安全性。如果某种产品即使正常使用也难以完全保证安全，则销售这种产品的人可以要求免除责任。即使在严格责任的诉讼中，被告也可以提出抗辩。

（二）欧共体各国

（1）未将产品投入流通。欧共体《指令》及其成员国产品责任立法，均对此作出明文规定。在以这个理由进行抗辩时，应当注意产品是否投入流通，应以最初生产者投入流通为准，产品未投入流通一般是指产品并未脱离生产者的控制。

（2）产品投入流通时，引起损害的缺陷尚不存在。只要生产者能够证明，引起损害的缺陷在产品投入流通时不存在，或该缺陷是产品脱离其控制后出现的，则生产者不承担责任。

（3）将产品投入流通时的科学技术水平尚不能发现缺陷存在。指如果产品被投入流通时的科技知识使生产者无法发现产品的缺陷，那么即使以后由于科技进步而证明了产品存在缺陷，生产者对损害也不负责任。

（4）产品符合政府机构颁布的强制性法规而导致产品存在缺陷。这一抗辩理由在许多国家立法中有明文规定。欧共体《指令》第7条D款规定："产品为符合官方政府所规定的强制性法规而制造产生缺陷的，生产者不承担责任。"这一抗辩有些国家不予承认，如荷兰。

（5）时效。在产品责任的诉讼中，时效已过也是重要的抗辩理由，欧共体《产品责任指令》规定：①损害赔偿之诉讼的诉讼时效为3年，诉讼时效期间从原告知道或理应知道该缺陷和生产者的身份起计算。②受害者的索赔权利从造成损害的产品投入流通市场满十年后消灭，但受害者在此期间对生产者提起诉讼的除外。

（三）中国

（1）未将产品投入流通。产品在未被投入市场之前，本来不应该存在发生损害的可能性，因此，也就无从产生产品责任了；同时这一条规定，也排除了产品因被盗或遗失而流入市场、发生损害而产生的赔偿责任。

（2）产品投入流通时，引起损害的缺陷尚不存在。中国《产品质量法》第 29 条规定，只要生产者能够证明，引起损害的缺陷在产品投入市场时不存在，或该缺陷是在产品脱离其控制之后出现的，则生产者不承担责任。

（3）将产品投入流通时，科技水平尚不能发现缺陷的存在。

（4）因产品责任而发生的诉讼，按照中国《民法通则》第 136 条的规定："身体受到伤害要求赔偿，出售质量不合格的商品未声明的，其诉讼时效从被害人知道或理应知道权利被侵害之日起 1 年有效。"《产品质量法》第 33 条规定："因产品缺陷造成损害，要求赔偿的诉讼时效期间为 2 年，自当事人知道或理应知道其权利受到损害起计算。因产品存在缺陷造成损害要求赔偿的请求权，在造成损害的缺陷产品交付最初用户、消费者满 10 年丧失，但尚未超出明示的安全使用期的除外。"

10.2.4　损害赔偿的形式与范围

缺陷产品引起的损害后果可能是多种多样的，主要表现为下列几种情形：①因缺陷产品所致的对人身或财产的损害，以及此类损害带来的间接的资金损失。②维修或替换产品以排除缺陷的危险因素的费用，以及因产品不能使用而引起的诸如利润损失等金钱损失；③产品本身的缺陷给产品自身造成的损害；④维修或替换产品以排除未对人身或财产构成威胁的缺陷的费用；⑤完全因产品带有缺陷这一事实而导致的利润损失或其他金钱损失，即产品对人身或财产或产品本身均未构成损害之威胁。各个国家都对这五种损害赔偿作了特别规定或限制，下面分别介绍：

（一）美国

按照美国法院的判例和《统一产品责任示范法》第 102 条 F 项的规定，在产品责任诉讼中，原告可以提出的损害赔偿的请求范围相当广泛，判决金额常常都在 100 万美元以上，有时甚至上亿美元。具体说来，原告可以提出的损害赔偿包括：

1. 补偿性损害赔偿

（1）人身伤害的赔偿。产品责任中的人身伤害，一般是指产品具有缺陷而对他人生命、身体、健康所造成的损害，具体包括生命的丧失、肢体的伤残及健康受损。在美国即指合理的医疗费用和身体残疾的补偿费用。除此之外，在人身伤害的赔偿金额中，精神损害的赔偿比重远远大于肉体伤害的比重。

（2）财产损失的赔偿。财产损失是指缺陷产品造成的缺陷产品之外的其他的财产损失。通常包括替换受损坏的财产或修复受损财产所支出合理费用。

（3）商业性损害赔偿。又称为"产品伤害自己"，一般包括产品毁灭之外，还包括产品本身价值的减少，不能使用，必须修缮或丧失营业利益等。

2. 惩罚性损害赔偿

如果有过错的被告全然置公共政策于不顾，受损害的原告可以要求法院给予惩罚性的损害赔偿。这种赔偿是作为惩罚被告的一种方式，给予原告超出其实际损失的损害赔偿金。

（二）欧共体国家

《欧共体产品责任指令》第 9 条规定：本指令的损害是指：①因死亡或人身伤害引起的

损害；②缺陷产品以外的任何财产的损失或灭失。但上述财产须以下列情形为限始受赔偿，且损害不得低于 5 000 欧洲货币单位：一是通常为个人生活消费所需的那类产品；二是被害人主要将其用于个人使用或消费。关于精神损害赔偿，不排除适用国内法的规定。同时，准许各国对最高赔偿金额作出规定。例如，德国《产品责任法》规定："由于产品有缺陷，致人死亡，使人身或健康受到伤害或财产遭受损害，产品制造人有义务对由此产生的损失予以赔偿。在财产损害的情况下，仅在有缺陷产品外的另一财物遭受损失，而该物一般地确定为供个人或消费，并已为受害人专门使用过的"。另外，英国 1987 年《消费者保护法》规定："损害是指死亡或人身伤害或财产的毁损灭失，对缺陷产品本身的损害或组装到另一产品中的产品损害或纯经济损失，不予赔偿。财产损害造成的最低赔偿额为 275 英镑"。

（三）中国

因产品质量不合格而造成他人财产、人身损害的产品，生产者、销售者应承担赔偿责任。《民法通则》第 119 条规定："侵害公民身体造成伤害的，应当赔偿医疗费、因误工减少的收入、残废者生活补助费等费用；造成死亡的，并应当支付丧葬费、死者生前抚养的人必要的生活费等费用。"《产品质量法》第 4 条规定，中国产品质量责任的赔偿范围为"实际损失"，包括财产损害和人身损害两个方面。

10.3　各国的产品责任立法

10.3.1　美国产品责任法

美国产品责任法主要是州法，且各有差异。为了统一各州的产品责任法，美国商务部在 1979 年 1 月提出《统一产品责任法》，供各州参考采用，并规定《统一产品责任法》取代并在效力上优于所有与本法相类似的法律，但《统一产品责任法》不妨碍根据美国《统一商法典》以及类似法律的规定追索经济损失。

（一）美国产品责任诉讼中的有关当事人

1. 疏忽责任诉讼中的有关当事人

疏忽责任突破了传统的契约原则。以疏忽为理由提起产品责任诉讼不同于根据合同提起的诉讼。在疏忽责任理论中，原、被告之间不需要有直接的合同关系，不仅是产品的买方，而是任何与买卖合同无关的人，即使是旁观者，只要他是由于该产品的缺陷而直接受到损害的，都可以对产品生产者和销售者提起疏忽之诉。

2. 担保责任诉讼中的有关当事人

违反担保之诉是属于买卖法的范畴，是根据买卖合同所提起的诉讼。按照英美普通法原则，凡依合同提起诉讼的，双方当事人之间必须要有直接的合同关系。这一原则对一般买卖合同的诉讼是较合适的，但对产品责任诉讼就不适合了。因为产品责任法的出发点是保护消费者的利益。现在，美国法院在审判实践中对担保责任的有关当事人范围，已不限于直接合同关系的当事人。

（1）受害方（原告）。在美国大多数地区已经取消了关于合同关系的要求，从而担保的范围可以扩大到所有合理地参与使用或维护该产品的人。

（2）加害方（被告）：原告可以对从生产到销售这种有缺陷产品的各个环节的经手人起诉，即从制造商到销售商，包括中间商。一方面，产品使用者或消费者可以直接控告制造商，另一方面制造商也要对零售商或中间商因其受追诉而受的损失负责。

3. 严格责任诉讼中的有关当事人

（1）受害方（原告）：受害方通常是产品的消费者或使用者，还可以包括买方的家属、亲友、客人、甚至过路人。

（2）加害方（被告）。凡制造销售有缺陷的产品，不合理地危害使用者或消费者，只要严格责任诉讼的要件已经具备，受害人就可以直接向在产品制造、销售过程中有关的任何人要求赔偿。

（二）美国产品责任诉讼中的抗辩

根据美国产品责任法，消费者或使用者因使用某种产品引起伤害或损失，向生产者或销售者提起诉讼时，被告可以充分的证据进行抗辩，即要设法证明原告受害原因完全是由于原告的行为所引起的，以减轻或免除自己的责任。根据原告行为的性质，产品责任诉讼中的抗辩理由可分为：

1. 原告自己的疏忽行为

原告自己的疏忽行为亦称过失分担或共有过失，通常发生在疏忽责任的案件中。它是指原告自己因其疏忽未能发现产品中的明显缺陷或对于缺陷可能引起的损害没有采取适当预防措施，原告对此也应承担一部分责任。因此，在严格责任的案件中，被告如引用："原告自己的疏忽行为" 为抗辩理由时，将受到很大限制。

2. 风险的承担

风险的承担是指受害人对产品的缺陷及其危险具有充分的知识和鉴别力，但他自愿地、不合理地使用该有缺陷的产品。原告因这种情况而致伤，被告可作为抗辩的理由。

3. 非正常使用产品

这是指产品被使用于该产品原有用途以外目的或其使用方法明显不当时，对其所致损害，产品生产者可以该损害并非是由于产品的缺陷所致为由进行抗辩。

4. 特殊敏感性或过敏

这是指人的机体对某些抗原物质所发生的特异反应。凡产品或其配料对大多数人不至于引起伤害，被告就可以进行抗辩，并认为其伤害是由使用者对产品特别敏感引起而不是产品缺陷所致。

（三）美国产品责任诉讼中的损害赔偿

在美国，损害赔偿的一般原则是补偿受害人的所有损失。它包括过去的损失或将来的收益、痛苦的代价实际的开支，如医疗费用等。赔偿应一次支付。对将来收益的损失要根据伤残的程度计算并折合成现金。在绝大多数美国法院中，受害人可向被告取得全部损害赔偿，而不管原告是否可能从其他方面取得任何补偿或津贴。一般来讲，加害方（被告）必须对他的受害人的现状承担责任。美国产品责任损害赔偿的项目可包括下列方面：

1. 人身伤害

在人身伤害的案件中，当法院确定责任后，就要决定对受害人所受损害补偿的金额。其补偿性的赔偿一般包括：①肢体伤残所遭受的痛苦；②精神上遭受的痛苦；③生活收入的损失以及失去谋生能力的补偿；④过去和将来必要合理的医疗费用开支。美国对人身伤残的补偿比实际支出的医疗费用及其他实际开支要大得多。在许多情况下，对补偿受害人的精神痛苦和不幸遭遇而判给的赔偿额往往占赔偿总额的大部分。

2. 财产损失

产品缺陷导致的财产损失与人身伤害不同，与产品本身的损坏也有区别，所以可追偿的数额一般只限损坏财产的必要的合理的更换或修理费用，即所谓直接财产损失。

3. 惩罚性赔偿

在被告的行为异常严重，但又不足以在刑法上定罪时，公共政策要求给予某种经济上的惩罚，这种赔偿形式一般叫惩罚性赔偿，它经常是作为补偿性赔偿之外的附加赔偿。

10.3.2 欧洲国家产品责任法

欧洲各国向来都没有产品责任方面的专门立法，主要通过引申解释《民法典》中的有关规定，来处理涉及产品责任的案件。为了协调欧洲共同体成员国有关产品责任的法律，欧洲共同体理事会于1985年1月25日通过了《关于对有缺陷产品的责任指令》，要求成员国在1988年8月1日以前采取相应的国内法予以实施，但准许成员国有些取舍余地。1985年7月欧共体理事会正式通过了《产品责任指令》，并要求各成员国通过本国立法程序将其纳入国内法予以实施。于是，欧洲国家产品责任立法发生了根本性转折，采取严格责任。

一、消费产品安全政策

在欧洲一体化的发展进程中，消费政策始终是一项重要的基本政策，在20世纪90年代欧共体成立的《条约》中，就已对此做出了明确规定。在欧盟层面，由欧委会负责的消费者事务主要可以归结为消费者安全保护（消费产品安全）、消费者服务（旅游、休闲、教育和财经服务）、消费者商业利益（商业反欺诈）和消费者信用体系（电子商务，个人信用）。由于欧盟关于"食品安全"的政策法规和管理体系相对独立，因此在欧盟政策法规体系中经常提及的"消费产品"，就是指非食品、但主要是消费者使用的产品。

从20世纪70年代开始至今，随着欧洲统一市场的不断发展，欧盟（欧共体）制定了一系列、数量众多的欧盟层面的产品安全法规，以适应欧洲经济一体化和商品自由流动的需要。2002年欧委会还制定通过了新的"消费者政策战略2002—2006"5年计划，由消保总司具体负责实施。该计划确立了消费产品安全和消费者保护工作的三条重要原则：

1. 不断提高整个欧盟范围内更高、更统一的消费者保护水平，使欧盟所有消费者都能切身体会欧洲一体化带来的便利、实惠和安全，以普遍增强欧盟消费者的信心。

2. 切实强化消费者保护的执法力度，以确保消费者保护的政策法规能在欧盟各成员国都得到有效执行。

3. 促进消费者和相关组织积极参与产品安全等政策法规的制定活动，以增强消费者保护工作的有效性和透明度。

二、产品质量安全政策法规体系

欧盟成立时各成员同共同签署的欧盟《条约》，可以说是欧盟在《宪法》出台以前具有实质意义的根本法律。所以，同欧盟经济、政治和社会领域的其他各项政策法规一样，欧盟产品质量安全政策法规的最基本法律依据同样也是欧盟《条约》。《条约》第 37、94、95、152、153 等条款都涉及消费者保护和产品安全方面的规定。以《条约》为依据，2001 年欧盟修订实施了新的《产品安全基本指令》（2001/95/EC GPSD）。

（1）《产品安全基本指令》（GPSD）

GPSD 共有七章、二十四条、四个附件，其界定了产品安全等基本概念，规定了产品安全基本要求、合格评定程序和标准的采用，明确了产品生产商、经营（流通）商以及各成员国关于产品安全的法律责任。同时，它还规定了风险产品的信息交流和对风险产品采取的紧急措施，决定由各成员国主管机构组成欧盟食品安全委员会，并规定了委员会的工作职责和程序。GPSD 适用于一切消费产品或可能被消费者使用的产品。GPSD 是一系列产品安全专门法规的基础，从产品风险控制、产品安全责任等方面对这些专门法规进行了补充和完善。

（2）《缺陷产品责任指令》（85/374/EEC）

1985 年，欧洲经济共同体出台了关于明确缺陷产品法律责任的 374 号指令（85/374/EEC）。根据该指令的规定，无论是否由于过失，只要缺陷产品造成了人体伤害或财产：损失，该产：品的生产商就必须进行赔偿。需要强调的是，该指令主要适用于加工产品。1999 年欧共体新制定的 34 号指令（99/34/EC），进一步把缺陷产品责任的范围拓展到了初级农产品领域。

（3）消费产品安全指令

自 20 世纪 70 年代开始，欧盟就开始大量制定实施了一系列专门针对单项消费产品的部门指令，这类指令构成了欧盟产品安全法规体系的主体，它们的根本法律依据是欧盟《条约》95 条关于消除欧盟内部市场贸易壁垒，促进货物自由流动的有关规定，主要目的是协调各成员国的技术法规，使各国关于同类产品的不同安全规定和要求趋于一致，从而促进欧盟内部统一市场的良好运行。

（4）化学制品安全方面的政策法规

欧盟认为化学制品在消费者工作和生活中的用途广泛，但同时也可能带来严重的危害，所以一直特别重视化学制品的安全管理，欧盟在化学制品方面的法规主要有 4 部：

（1）1967 年欧洲经济共同体理事会出台的"危险品指令"（67/548/EEC），其中规定了危险化学晶的界定、划分、包装和标签的管理要求。

（2）1976 年出台的"危险品和危险配制品限制买卖和使用指令"（76/769/EEC）。

（3）1993 年理事会出台的"现有危险品规章"（793/93/EEC），主要规定了对化学品危害和评估和控制。

（4）1999 年欧洲议会和理事会制定的"危险配制品指令"，主要对各成员国制定本国化学制品管理的法律、规章和管理规定提出了要求。目前，欧委会已起草完成了新的化学制品法规草案（"REACH"草案），正在报理事会和议会审议。

三、欧盟产品安全管理机构

欧委会和各成员国对产品质量安全的管理都赋有重要职责。在欧委会内部，产品质量安全的管理职能分属多个不同的总司，在很多方面也存在职能交叉。

1. 欧委会和各成员国的职责分工

目前欧委会在产品质量安全管理方面的职责和日常工作主要集中在以下几方面：一是立法，即起草制定并报欧盟议会和理事会通过实施产品安全的新法规。二是司法，即督促各成员国有效执行 GPSD、部门指令等产品安全法规，组织开展执法活动，并负责相关法律解释；三是协调，即组织欧盟范围内产品安全风险信息交流，协调各国开展风险产品控制和查处；四是推动，以资金投入和人员培训等方式，推动欧盟各国特别是 10 个新成员国加强产品安全管理机构建设，同时支持欧盟和各成员国消费者保护组织的发展。

2. 欧委会内部的职责分工

目前，在欧委会内部，具有产品安全管理职能的部门主要有消保总司、企业总司、农业总司、内部市场总司、环保总司等。消保总司主要负责组织实施 GPSD，并在 GPSD 的框架下开展与消费者保护村 I 关的消费产品立法和管理活动。企业总司负责化学品和大多数消费产品部门指令的立法工作，并具体负责化妆品、玩具、医药、医用制品和兽药等产品安全工作。市场总司负责组织不合格产品生产：商的法律责任工作。环保总司负责化学制品安全。

10.3.3 中国产品责任法

1986 年 4 月 12 日第六届全国人民代表大会第四次会议通过的《中华人民共和国民法通则》专门规定了产品责任条款。《民法通则》第一百二十二条规定，"因产品质量不合格造成他人财产、人身损害的产品制造者、销售者应当依法承担民事责任。运输者、仓储者对此负有责任的，产品制造者、销售者有权要求赔偿损失。"《民法通则》的规定，为我国的产品责任专门立法奠定了基础，也是我国产品责任立法的重大发展。1993 年 2 月 22 日，第七届全国人民代表大会常务委员会第三十次会议通过了《中华人民共和国产品质量法》，2000 年 7 月 8 日第九届全国人民代表大会常务委员会第十六次会议通过了《关于修改（中华人民共和国产品质量法）的决定》，共六章七十四条。其中第四章"损害赔偿"专门规定产品责任。该法从 2000 年 9 月 1 日起开始实施。近年来，我国陆续颁布了一些与产品责任有关的法律、法规，这些法律、法规对于调整某些领域内的产品责任关系，提高产品质量，起到了明确规定因制造、销售缺陷产品而应承担的法律责任。其主要内容是：

1. 中国产品责任法的责任主体

中国有关产品责任主体的规定主要在《民法通则》和《产品质量法》之中。《民法通则》第 122 条规定："因产品质量不合格造成他人财产损失及人身损害的，产品的制造者、销售者应当依法承担民事责任。运输者、仓储者对此负有责任者，产品的制造者、销售者有权要求赔偿损失。"《产品质量法》第 31 条规定："生产者、销售者依照本法规定承担产品质量责任。"根据这些法律规定可以看出，中国产品责任的责任主体不仅有范围的限制，而且有先后顺序之分。第一顺序为产品的制造者、销售者，其中包括原材料的供应商、零部件的供应者、零部件的制造者、成品的制造者、进口商、批发商、零售商等；第二顺序为产品的运输者、仓储者。运输者、仓储者的责任的相对主体不是消费者，而是产品的制造者和销售者。

2. 中国法关于产品责任的归责原则

《产品质量法》第 3 条规定："生产者、销售者依照本法规定承担产品质量责任。"这里所说的产品质量责任包括承担相应的行政责任、民事责任和刑事责任。承担民事责任,包括产品的合同责任和产品侵权损害赔偿责任。在判定承担产品质量责任的归责原则时,采用对产品的明示担保和默示担保的条件。可以认为,我国《产品质量法》对生产者实行无过错原则,对销售者实行过错原则。《民法通则》第 106 条和第 132 条规定,公民、法人由于过错侵害他人财产或人身的,应当承担民事责任;但是损害人对损害都没有过错的,可以根据实际情况,由当事人分担民事责任。

3.“缺陷”含义

我国《产品质量法》所指的产品缺陷,是指产品存在危及人身、他人财产安全的不合理的危险;产品有保障人体健康、人身及财产安全的国家标准和行业标准的,是指不符合该标准。

4. 生产者免责条件

根据我国《产品质量法》规定,生产者能证明有下列情形之一的,不承担赔偿责任:①未将产品投入流通的;②产品投入流通时,引起损害的缺陷尚不存在;③将产品投入流通时的科学技术水平尚不能发现缺陷的存在的。

5. 损害赔偿

(1)人身伤害。因产品存在缺陷造成受害人人身伤害的,侵害人应当赔偿医疗费、治疗期间的护理费、因误工减少的收入等费用;造成残疾的,还应当支付残疾者生活自助具费、生活补助费、残疾赔偿金以及由其扶养的人所必需的生活费等费用;造成受害人死亡的,并应当支付丧葬费、死亡赔偿金、死者生前抚养的人必要的生活费用等费用。

(2)财产损失。因产品存在缺陷造成受害人财产损失的,侵害人应当恢复原状或者折价赔偿。受害人因此遭受其他重大损失的,侵害人应当赔偿损失。

6. 有关产品质量的犯罪的法律规定

我国《刑法》第 140～150 条,对追究产品质量违法犯罪行为作出了相应的规定。

2001 年,国务院颁布《行政执法机关移送涉嫌犯罪案件的规定》。同年,最高人民检察院、最高人民法院发布《关于办理生产、销售伪劣商品刑事案件具体应用法律若干问题的解释》;最高人民法院发布《关于审理触电人身损害赔偿案件若干问题的解释》;2002 年,发布《关于产品侵权案件受害人能否以产品的商标所有人为被告提起民事诉讼的批复》;2003 年,发布《关于审理人身损害赔偿案件适用法律若干问题的解释》。

7. 争议解决

因产品质量发生民事纠纷时,当事人可以通过协商或调解解决,当事人不愿通过协商、调解解决或者协商、调解不成的,可以根据当事人各方的协议向仲裁机构申请仲裁;当事人之间各方没有达成仲裁协议的,可以向人民法院起诉。产品质量申诉、仲裁的法律规定有:《产品质量申诉处理办法》、《产品质量仲裁检验和产品质量鉴定管理办法》、《有关消费者争议的商品送检验规定》。

8. 诉讼时效

根据我国《产品责任法》规定,因产品存在缺陷造成损害要求赔偿的诉讼时效为 2 年,自当事人知道或应当知道其权益受到损害时起计算。因产品存在缺陷造成的损害要求赔偿的请求权,在造成损害的缺陷产品交付最初用户、消费者满 10 年丧失,但是,尚未超过明示的安全使用期除外。

10.4 产品责任法的诉讼实践

10.4.1 诉讼管辖

确定产品责任的管辖权，是受理产品责任案件时首先需要解决的问题。美国产品责任法和欧洲各国的国内法对这个问题都作出明确规定。

（一）美国

由于美国把法律分为联邦法和州法两个部分，各州都有立法的权力，各州都制订有自己的法律，因此州与州之间常常存在法律的冲突，所以冲突法就显得特别重要，下面分别介绍。

（1）实际控制原则。即被告在法院地亲自被送达，只要被告在法院辖区内被送达传票，该法院就对他有管辖权，即使被告仅仅是坐飞机路经此地，法院也可因有效的送达传票而取得对被告的管辖权。

（2）住所地原则。只要被告在该州内有住所，即使诉讼开始时他不在他的住所所在的州，该州仍然对他有管辖权。

（3）最低限度联系和长臂管辖权。早期的美国各州普遍采用"实际控制"原则，但这样一来使各州法院由于被告不在本州有住所，从而无法行使对一些案件的管辖权。

［案例 5-14］ 国际鞋业公司诉华盛顿州法院

联邦最高法院认为：本案的上诉人——国际鞋业公司虽然设立于密苏里州，但他在华盛顿州雇用 10 多个推销员为该公司展览样品，接受订单，并将订单寄回公司，说明该公司在华盛顿州有业务活动，涉及本案的纳税义务直接产生于这些活动，故该公司与华盛顿州已有足够的联系，按照公平和正义原则，该州要求该公司纳税是公平合理的。同时最高法院确认，一个公司的经济活动构成了公司在宪法上的公平对等和实质公正原则意义内的"出现"，并判定，如果被告人与一个州有"最低限度的接触"时，该法院就有管辖权，因此，联邦最高法院维持了华盛顿州法院的一审判决。

在这一判例出现以后，20 世纪 50 年代有些州开始制订"长臂管辖法"。1955 年，伊利诺伊州首先制定"长臂管辖法令"，该法令被各个州效仿和援引。1963 年，美国统一州法委员会公布了一项标准的长臂管辖法，即《统一州际和国际诉讼法》。该法规定，只要有下列接触之一而提起诉讼，法院就有管辖权：①在该州经营商业；②签订合同，在该州供应货物；③在该州的作为或不作为造成侵权伤害；④在州外的作为或不作为而在该州造成侵权伤害，如果他在该州经常从事商业或招揽商业，或从事任何其他持续性的行为，或从该州所使用或消费的商品或提供的劳务中获得相当收入的。通过"最低限度联系"的原则，美国法院扩大了国内法的管辖范围。从 1969 年开始，美国法院对外国制造或生产的产品在美国造成人身或财产损害的，即对该产品的外国制造商或生产者行使司法管辖权，并认为它们是最合适的法院，因为原告、证人和证据均在美国。

（二）英国

英国在确定管辖权的问题上，以"实际控制"为原则，即以被告实际出现在英国并被送达了诉讼文书，否则英国法院即以不能对境外的被告人送达传票为由拒绝受理。但这显然已不能适应现代贸易的发展，因此，英国法院为扩大国内法院对案件的管辖权，在 1952 年规定了一项新的管辖权——裁量管辖权。该裁量管辖权后来被英国最高法院规则第 11 号法令加以具体规定：①侵权行为如果发生在英国境内，即使被告不在英国，英国法院也有管辖权；②对于在英国缔结或受英国支配，或虽以外国委托人的名义缔结但其代理人在英国、或在英国贸易业务的合同而产生的诉讼以及带有英国地产案件的诉讼，即使被告不在英国，英国法院也有管辖权。

（三）欧洲

欧洲国家在产品责任方面采取分别对待的方法，对欧共体内部成员国适用其内部的公约，对欧共体以外的国家则按国内法的规定。

1. 《民商事案件管辖权和判决执行公约》

《民商事案件管辖权和判决执行公约》是欧共体成员国中的法国、德国、比利时、意大利、卢森堡和荷兰 6 个国家签订的，于 1973 年 2 月 1 日生效。公约规定，在成员国有住所的人之间关于侵权行为的诉讼，向损害发生地法院提起。对于在共同体成员国内没有住所的被告人，管辖权适用各成员国国内原有的规定。在产品责任的诉讼中，往往存在共同被告人，如制造商、出口商、进口商和零售商或第三人的情况，所以根据该规定，共同体成员国之间进行产品责任诉讼，原告即可以在本国确定一个法院对进口商和其他被告起诉。

2. 欧共体对非成员国

德国法采取被告住所地原则，即依被告住所地来决定管辖的原则。如果确属侵权行为的诉讼，根据德国法，由侵权行为地法院管辖。而法国法和德国法的规定不同，采取依当事人国籍来确定管辖权的原则。根据法国新的民事诉讼法规定，在侵权行为管辖上，除被告住所地的普通管辖权之外，还扩大了侵权行为地法院的管辖权——既可以是损害事件发生地法院管辖，也可以是损害承受地法院管辖。

（四）中国

在产品责任方面，按照《中华人民共和国民事诉讼法》第 243、245 条的规定，"因合同和其他财产权益纠纷，对在中华人民共和国领域内没有住所的被告提起的诉讼，……应由被告住所地或侵权行为地人民法院管辖。""涉外合同或涉外财产权益纠纷的当事人，可以用书面协议选择与争议有实际联系的地点的法院管辖。"从我国法律的规定可以看出，我国在解决产品责任的管辖权时，采用被告人住所地或侵权行为地法院管辖，由当事人自己选择。

10.4.2　法律适用

产品责任的法律适用是指一国法院在审理产品责任案件时，应适用哪一国法律来确定双方当事人的权利和义务。

（一）美国

产品责任实行严格责任以前，美国各州普遍按照 1934 年颁布的第一次《冲突法重述》

的规定适用损害发生地法来确定当事人的责任，产品在什么地方对消费者或用户造成了损害，就适用那个地方的法律来确定产品生产者和销售者的责任。但近年来，随着严格责任的出现，这项规定不断受到批评。特别在涉及交通事故产品责任案件中，由于汽车到处行驶，经常跨州越国。完全以出事地点的法律来确定汽车的生产者或销售者的产品责任，有时可能对受害者不利。因此，在1972年公布的第二次《冲突法重述》中，原则上废弃了第一次《冲突法重述》的侵权行为的规则，而采取比较灵活的规则——最密切联系原则。在第二次《冲突法重述》第145节中规定：①当事人对侵权行为中的权利和义务，应由同该事件及当事人有最密切联系的州的法律决定。②在确定问题应适用何种法律时，应考虑的联系是：一是损害发生地；二是引起损害行为的发生地；三是当事人住所、居所、国籍、公司所在地和各当事人的营业地点；四是各当事人之间关系集中的地点。最密切联系地法的适用，使法官可以自由地选择和特定民事纠纷有最密切联系地的法律。从美国所形成的众多判例可以看出，法院在对最密切联系原则的适用大多数是从保护消费者的利益考虑的。

（二）英国

在产品责任的法律适用上，英国法院一直主张适用侵权行为地法，但这种法律不得违反法院地的公共秩序。同时，英国法院认为侵权行为地应为损害发生地。从1971年以后，英国法院也仿效美国采用最密切联系原则。

（三）大陆法国家

德国和法国在审理产品责任的案件时，一般都适用法院地的国内法。德国法一般规定为传统的侵权行为法，如果侵权行为地和损害发生地不在一处时，则适用有利于受害者的法律。法国法采用侵权行为地法中的加害行为地法。

（四）《关于产品责任的法律适用公约》（海牙公约）

《海牙公约》是由第12次海牙国际私法会议制定，在1973年10月2日签订，于1979年10月1日生效。到现在为止，批准国有法国、荷兰、挪威、南斯拉夫、比利时、意大利、奥地利、卢森堡、瑞士、葡萄牙等国家。该公约共22条，对产品的范围、损害的含义和责任主体作了规定。法律适用规则具体包括：

（1）适用受害者惯常居住地的法律为第一顺序。但还必须符合下列条件之一：①该国为应负损害赔偿责任者的主要营业地所在国；②为直接被害人取得商品的所在国。

（2）如果不具备适用直接被害人惯常居住地的条件，则适用损害发生地所在国法。该国仍须符合下列条件之一：①为直接受害者惯常居住地国；②为被请求负损害赔偿责任者的主要营业地所在国；③为直接被害人取得产品所在地国。

（3）如果不具备前两条所规定的条件，而不能适用直接被害人惯常居住地法或损害地法时，应适用损害地法，但如果原告不这样主张，则应适用被请求负损害赔偿责任者的主营业地所在国法。如果被请求负损害赔偿责任证明其不能合理地预见该产品或同类产品经由商业渠道在损害地国或直接受害人惯常居住地国出售时，则该两国法律均不得适用，惟一能适用的即是被请求负损害赔偿责任者的主营业国的法律。

（五）中国

在涉外产品责任的法律适用上，中国目前适用《民法通则》第八章"涉外民事关系的法律适用"以及相关的司法解释加以解释。《民法通则》第142条规定："中华人民共和国缔结或参加的国际条约同中华人民共和国的民事法律有不同规定的，适用国际条约的规定，但中华人民共和国声明保留的条款除外。"由此可以看出，在中国，国际条约优先于国内法的规定。第 142 条第 3 款规定："中华人民共和国法律和中华人民共和国缔结或参加的国际条约没有规定的，可适用国际惯例。"在产品责任的法律适用上，主要是指现代各国纷纷采用的"最密切联系"原则。除此以外，《民法通则》第 146 条规定："侵权行为的损害赔偿，适用侵权行为地法律。当事人双方国籍相同或在同一国家有住所的，也可以适用当事人本国法律或住所地法律。"也就是说，在产品责任的诉讼中，也可以直接适用侵权行为地法。最高人民法院《关于贯彻执行〈中华人民共和国民法通则〉若干意见》第 187 条规定："侵权行为地的法律包括侵权行为地法律和侵权结果地法律。如果两者不一致，人民法院可以选择适用。"

10.5　国际产品责任的统一立法

由于各国间产品责任问题的日益突出，对产品责任进行国际调整已逐渐为各个国家所重视。近年来，已陆续出现一些区域性或全球性的国际产品责任公约。这些调整国际产品责任的统一法律规范的特点是，在不同的国际范围内协调各国有关产品责任的法律规定，并吸收了一些最新的国际法律成果。国际社会为消除世界各国在产品责任问题上的立法冲突，为妥善解决存在这种法律冲突的情况下所发生的各种国际性的产品责任纠纷，签订了一系列有关产品责任的国际条约，逐渐形成了国际产品责任法。

10.5.1　《斯特拉斯堡公约》

《斯特拉斯堡公约》全称为《关于造成人身伤害与死亡的产品责任的欧洲公约》，由欧洲理事会拟订。于 1977 年 1 月 27 日起，由欧洲理事会的成员国签字。其主要内容是：

1. 关于产品责任原则

公约对产品责任适用严格责任原则，并要求每个缔约国应在不迟于公约对其生效之日起，使其国内法符合公约的各项原则。

2. 关于生产者的范围

公约将四种人列为生产者的范围：①制造商。②产品进口商。③任何使自己的名字、商标或其他识别特征出现在商品上面将其作为自己的产品出售者；④产品没有标明任何生产者的身份时，则每个供应者应视为公约所指的生产者，并承担同样的责任，除非根据索赔人的要求，供应者在合理的时间内披露生产者或向其提供产品者的身份。

3. 关于生产者的赔偿责任及其确认

生产者应承担其缺陷产品造成人身伤害或死亡的赔偿责任。公约还规定了连带责任，即如果数人对同一损害负有责任，则受害人可向每个生产者追索。

4. 关于受害人或有权索赔的人的本身过失

公约规定，如受害人或有权索赔的人由于自己过失造成损害，在考虑了所有情况后，可减少或拒绝赔偿。

5. 关于损害赔偿及其赔偿限额

公约对产品责任的损害赔偿范围仅限于人身伤亡，不包括其财产造成的损失。关于赔偿限额，公约对提出的赔偿没有数额限制，受害人能获得多少赔偿取决于有关国家国内法的规定。

6. 免责条款。（1）如果生产者能证明，他并没有将产品投入流通；或他将产品投入流通时并不存在瑕疵，或产品的瑕疵是在投入流通以后才产生的；或有关产品并非为销售、出租或其他经济目的而制造，也不是按惯常商业做法制造或分销，他可以不承担损害赔偿责任。（2）如果是因受害人或有权索赔的人自己的过失造成了损害事故的发生，在考虑了所有其他情况后，可以减免生产者的责任。

7. 诉讼时效。公约规定的一般诉讼时效为3年，自受害人或其利害关系人知道或理应知道损害、瑕疵及生产者身份之日起计算。

10.5.2 《欧洲共同体产品责任指令》

《欧洲共同体产品责任指令》全称为《成员国有关缺陷产品责任的法律、法令及行政规定一致的理事会指令》，由欧洲共同体主持制定，1985年7月25日经共同体理事会全体通过。其主要内容是：

1. 关于产品责任原则

"指令"采取了严格责任原则，并规定，"产品生产者对其产品的缺陷造成的损害承担责任。"但是，"指令"又规定，如果生产者证明，在产品投入流通时，根据当时的科技知识并不能使他们知道产品的缺陷，则对损害不应负责。

2. 关于生产者的免责条件

按规定，生产者在下列情形之一时不负责任：①生产者未将产品投入流通；②在产品投入流通时，引起损害的产品缺陷并不存在或产品投入流通后缺陷才出现；⑧制造的产品既非为了销售或为了经济目的而进行其他形式的分销，也非按其惯常商业做法制造或分销；④缺陷是由于生产者依从国家当局发布的强制性规定引起的。

3. 关于损害赔偿范围及赔偿限额

关于赔偿范围，"指令"规定了人身伤害与财产损害两个方面。关于损害赔偿限额，"指令"将生产者对具有同样瑕疵的同类商品制造的一切人身伤害承担全部数额不超过2 500万元欧洲货币单位（ECU）。

10.5.3 《欧洲产品安全指令》

1985年欧共体通过的《欧洲产品责任指令》确立了严格产品责任原则。但是这种制度对于保护消费者安全而言依然存在严重不足：首先，在严格产品责任制度下，生产者或销售者只要确保投入流通时其产品不存在致消费者损害的缺陷，生产者就可以高枕无忧，至于投入流通后，由于消费者无知以滥用而导致产品出现缺陷，或该产品与其他产品在混合使用中出现缺陷所造成的损害，生产者概不负责；其次，《欧洲产品责任指令》下的严格责任，限于当时的科学水平，因遵守有关国家强制性法令而使其产品在投入流通时存在缺陷，生产者对此类缺陷造成的损害免责。由于《欧洲产品责任指令》的严格责任制度存在着上述对消费者不利的缺陷，欧盟一些成员国在消费者强大压力下制定了标准各异的产品安全法。为了统一和协调欧盟各成员国产品安全法，1992 年 6 月 29 日欧盟理事会通过了《欧洲产品安全指令》。根据《欧洲产品安全指令》的规定：包括进出口商在内的生产者有义务确保其投入欧盟市场的产品为安全产品。

（一）《产品责任指令》的订立

《产品责任指令》是《关于瑕疵产品责任指令》的简称。由欧洲共同体为协调统一各成员国有关产品责任立法而于 1973 年成立的专家委员会草拟，几经修改后，于 1985 年 6 月获得欧洲共同体各国主管部长批准，同年 7 月 25 日经欧洲共同体理事会全体会议通过，并于 1988 年起由各成员国正式开始实施。

（二）《产品责任指令》的主要内容

1. 《产品责任指令》的适用范围。《产品责任指令》所确认承担产品责任的主体比《斯拉特斯堡公约》所规定的生产者的范围要宽，指令所确认的产品责任主体包括：（1）成品制造者；（2）原材料、零部件的生产制造者；（3）将自己的姓名、商标或其他识别特征附在商

品之上，表明他是该产品生产者的任何人；（4）在不影响生产者责任的前提下，以销售、出租或其他形式的分销为目的将产品输入共同体的任何进口商，也被视为生产者，与生产者承担同样的责任；（5）在不能确认生产者时，产品的供应者视为生产者，除非他能在合理的时间内告知受害者真正的生产者或向他提供产品者。此外，指令所规定生产者所应承担的责任范围除人身伤亡损害外，还包括一定范围的财产损害。

2. 《产品责任指令》所规定的产品责任原则与《斯特拉斯堡公约》所规定的产品责任原则基本相同。

3. 免责条款。《产品责任指令》在《斯特拉斯堡公约》的基础上还规定了一些可减免生产者责任的事项。

4. 在诉讼时效问题上作了与《斯特拉斯堡公约》完全相同的规定。

10.5.4　《海牙公约》

《海牙公约》是由第 12 次海牙国际私法会议制定，在 1973 年 10 月 2 日签订，于 1979 年 10 月 1 日生效。到现在为止，批准国有法国、荷兰、挪威、南斯拉夫、比利时、意大利、奥地利、卢森堡、瑞士、葡萄牙等国家。该公约共 22 条，对产品的范围、损害的含义和责任主体作了规定。法律适用规则具体包括：

（1）适用受害者惯常居住地的法律为第一顺序。但还必须符合下列条件之一：①该国为应负损害赔偿责任者的主要营业地所在国；②为直接被害人取得商品的所在国。

（2）如果不具备适用直接被害人惯常居住地的条件，则适用损害发生地所在国法。该国仍须符合下列条件之一：①为直接受害者惯常居住地国；②为被请求负损害赔偿责任者的主要营业地所在国；③为直接被害人取得产品所在地国。

（3）如果不具备前两条所规定的条件，而不能适用直接被害人惯常居住地法或损害地法时，应适用损害地法，但如果原告不这样主张，则应适用被请求负损害赔偿责任者的主营业地所在国法。如果被请求负损害赔偿责任证明其不能合理地预见该产品或同类产品经由商业渠道在损害地国或直接受害人惯常居住地国出售时，则该两国法律均不得适用，唯一能适

用的即是被请求负损害赔偿责任者的主营业国的法律。

《海牙公约》全称为《产品责任法律适用条约》，1973 年 10 月 2 日在海牙正式签字，其主要内容是：

1. 关于产品责任当事人的范围

它包括原告和被告：①原告，公约多次使用"直接遭受损害的人"、"能请求承担的人"等词，即指原告有权提起产品责任诉讼的人。根据公约，原告为受害人，可为自然人和法人，它以直接受害人为限，例如依靠直接受害人抚养的人所受的损害也在公约适应范围之内；它也不以消费者为限，生产者由于所购买的原材料或部件有缺陷而受到的损失也在公约适用范围以内。②被告，根据公约规定，承担产品责任的人员包括：成品或零部件的制造者；天然产品的生产者；产品的供应者；在产品准备或商业分配环节中的其他人，包括修理人或仓库管理人；上述人员的代理人或雇员。

2. 关于损害的原因及其种类范围

损害发生的原因，一般是由于产品本身的缺陷；但即使产品本身没有缺陷，由于对产品的说明，或者对其质量、特性或使用方法未提供适当说明而造成对消费者的损害，也在公约规定的责任范围之内。

损害的种类包括对人身的损害或财产的损害以及经济损失，但不包括产品本身的损害以及间接损失。产品本身的损害和其他损害联系在一起，则包括在损害范围内。

3. 关于产品责任法律适用原则

当几个国家对产品责任的准据法有不同解释时，公约采取了颇有特色的重叠适用原则，即规定以某国家的国内法为基本的适用法律，同时又规定了几个连接因素，该国内法只有同时具备其中至少一个连接因素，才能被作为准据法适用。公约规定的主要连接因素是损害地、直接遭受损害的人惯常居住所在地、被控负有责任的主要营业地、直接遭受损害人取得产品的所在地。

10.5.5 《产品责任法律冲突规则公约》

（一）《产品责任法律冲突规则公约》的订立

《产品责任法律冲突规则公约》由 1964 年第 10 届海牙国际私法会议后成立的特别委员会草拟，1972 年第 12 届海牙国际私法会议通过，于 1973 年 10 月 2 日由各成员国签署，1977 年 10 月 1 日开始生效。

（二）《产品责任法律冲突规则公约》的主要内容

1. 《产品责任法律冲突规则公约》的适用范围。《产品责任法律冲突规则公约》适用于因瑕疵产品造成损害而引起的生产者和销售者产品责任的任何纠纷案件。而且，如果基于《产品责任法律冲突规则公约》的规定应适用某一非缔约国的法律，同样应予以适用。

2. 准据法的确定。《产品责任法律冲突规则公约》主张依据两个以上的联结因素来确定应予适用的准据法。

3. 准据法的效力范围。根据《产品责任法律冲突规则公约》的规定，有关产品责任的依据和范围、免责的原因以及责任的限制和分担、损害的性质、赔偿的方式及范围、索赔权利的转移、直接有权要求损害赔偿的人、委托人对其代理人或雇主对其雇佣人的行为所应承担的责任、举证责任、诉讼时效等问题所发生的纠纷都应依准据法的规定来进行裁决。

本章案例

汽车产品责任纠纷案

N 公司向汽车生产厂商 H 公司订购载重车 4 辆，合同总价近 400 万美元，由于信用证付款方式等原因，交易方式变为由 N 公司与 H 公司产品的经销商 J 公司签订买卖合同，N 公司将远期信用证开给 J 公司，J 公司转开即期信用证给 H 公司，并由 H 公司按 N 与 J 所签合同向 N 公司交货。合同货物运抵目的港投入使用后，N 公司向 H 公司提出该批车辆存在一系列质量缺陷，几十种零部件损坏，十余台发动机出现故障，并称经专家鉴定，认为车辆除部分零部件质量不合载重标准，主要是设计不符载重要求，如继续按合同要求的形式载重使用，将会造成严重后果。于是 N 公司自称只得降级使用该车辆，给 N 公司造成巨大损失，N 公司进行起诉，以 J 公司与 H 公司为共同被告，提出索赔降级使用的差价，总额达 200 多万美元。但 N 公司提出索赔的法律依据不是《合同法》而是《中华人民共和国产品质量法》。N 公司强调：产品的生产者（此处指 H 公司）应对其生产的产品质量负责，生产的产品必须具备应当具备的使用性能，而生产者在制造车辆的设计上存在严重缺陷，达不到设计载重量，不具备其应当具备的使用性能，不能满足用户对车辆的基本要求；销售者（此处指 J 公司）也应保证其所售产品的质量，在销售的车辆上也存在严重缺陷，因此特根据《中华人民共和国产品质量法》的有关规定，提出诉讼，要求赔偿。

讨论：1. 该案是什么性质的责任纠纷？

2. 合同违约责任与产品质量责任有何区别？

（提示：这个案例完全是一起质量不符的合同违约责任纠纷，应根据《合同法》追索违约责任，要求损失赔偿，这属于产品质量违约责任。而以生产厂商 H 公司为被告，谴责其产品设计问题则属另一法律范畴，这属于产品质量责任问题。因为，产品质量违约责任（合同法）与产品质量责任（产品责任法）的法律特征各异。

本章小结

通过本章的学习应该掌握产品责任法的基本概念，例如产品责任、产品责任法及其发展、产品责任法的特征和产品缺陷等。深入理解了产品责任法的理论，尤其要重点掌握产品责任主体、产品责任的归责原则、被告产品责任的抗辩、损害赔偿的形式与范围。熟悉各国的产品责任立法，例如美国产品责任法、欧洲国家产品责任法，以及中国产品责任法。对于产品责任法的诉讼实践，如诉讼管辖和法律适用都是很重要的知识。最后应该熟悉国际产品责任的统一立法的进展，如《斯特拉斯堡公约》、《欧洲共同体产品责任指令》、《欧洲产品安全指令》、《海牙公约》、《产品责任法律冲突规则公约》等。

本章习题

1. 试述产品责任法的概念与特点。
2. 简述产品责任法发展历程。
3. 简论产品缺陷的内涵。
4. 试论产品责任法的基本理论。
5. 试论产品责任的归责原则。
6. 被告产品责任的抗辩。
7. 简述损害赔偿的形式与范围。
8. 试述你熟悉国家的产品责任立法。
9. 试论产品责任法的诉讼管辖和法律适用。
10. 试论国际产品责任统一立法的进展。

第 11 章

国际投资法

导入案例

韩国的利用外资政策

自亚洲金融危机以后，面对金融危机所造成的冲击，为配合政府对产业结构的调整，提高企业的国际竞争力，韩国政府制定了一系列的税收政策，进一步加大了对外国高科技企业的税收优惠，力图为外国企业提供更好的投资环境。韩国政府规定，对拥有尖端技术的外国高科技企业免税期延长为 7 年，7 年免税期结束后的 5 年内，还可享受 50% 的税收优惠，为配合对外国高科技企业的税收减免，韩国还拟定了一项政策，对年薪超过 50 万美元的外国雇员将个人所得税由原来的 25.7% 减少到 21.7%，对外资超过 5 000 万美元的项目实行 7 年企业和个人所得税的减免计划，7 年后再减免 50%，以进一步提高外资在国内生产总值的贡献率，韩国财政经济部和建设交通部 2002 年 7 月发表了《建设东北亚商贸中心国家对策》，决定从 2003 年开始把在韩国就业外国人的所得税减少 15% ~ 27%，平均减少 20%，对 2003 年在制定为经济特区的永宗岛，松岛新城市，金浦填筑地，釜山港，光明港投资 1 000 万美元以上的外国企业也实行大幅度减免法人税和所得税。

第二次世界大战结束以后，国际投资开始在国际经济活动中占据重要地位。与此相适应，调整国际投资活动的法律制度，亦开始在国际与国内两个层面逐渐产生。20 世纪 70 年代以来，随着科技进步与跨国公司的扩展，国际直接投资规模宏大，持续增长。其中的 80% 的投资集中在美国、欧盟、日本等工业发达国家之间，其余 20% 则投向发展中国家，但主要集中在中国、中国香港地区、马来西亚、新加坡、泰国、巴西、阿根廷、哥伦比亚、墨西哥和埃及等新兴工业国家和地区，外国直接投资无疑对东道国的经济发展和市场体系的建立起了重大的推动作用。国际投资法所规范与调整的是跨国投资经营活动和因此而产生的各种投资法律关系，其法律渊源包括国内法、国际法和有关投资的国际惯例。关于国际投资的国际立法，主要是国际条约，包括双边投资保护协定和与投资有关的多边协定或公约；1995 年世界贸易组织的正式建立，促进了世界范围内的外国投资活动的急剧增长，从而需要制定一套完整的国际规则对此加以规范。在这一背景下，联合国贸易和发展会议（UNCTAD）、世界贸易组织（WTO）、国际货币基金组织（IMF）和经济合作与发展组织（OECD）等国际机构，先后为国际投资规范的发展制定了一批规范性文件，为国际投资法的发展奠定了基础。

11.1 国际投资法的概念

11.1.1 国际投资法的法律含义

国际投资法（international investment law）为有关国际直接投资的法律制度的总称，是调整国际直接投资活动中各种经济关系的国内规范（外国投资法）和国际法规范（国际投资条约）两个法律层面的综合。国际投资法具有以下法律含义：

1. 主要调整国际私人直接投资关系，即对外国投资者向东道国的生产或流通领域直接投资，进行生产和经营活动而产生的各种经济关系进行法律调整。

2. 所调整的国际直接投资关系主要包含：（1）投资国与东道国之间的法律关系；（2）外国投资者与东道国政府之间的法律关系；（3）外国投资者与东道国的公司、企业和其他经济组织之间的法律关系。

3. 从法律渊源看，国际投资法包括与国内法与国际法两方面：

（1）国内法是指东道国（资本输入国）的有关保护、鼓励与管理外资的外国投资法和投资国（资本输出国）有关海外投资保险的法规。由于国际直接投资具有一切投资活动都在东道国境内进行的特点，因此，调整国际直接投资关系的国内法主要是东道国的外资立法。

（2）国际法是指调整两国或多国间直接投资关系的国际投资条约（如双边投资保护协定和处理投资争议的国际公约）以及有关国际投资的惯例（又称国际投资惯例）。

4. 从法律内容看，国际投资法的主要内容是关于外国投资者的法律地位，外商投资企业法律和国际投资法律保护。具体包括：外国投资者的权利和义务，外国投资企业投资管理，外商投资企业组织经营，投资本金、收益及利润的汇出，投资的鼓励与优惠措施，国有化及其补偿，投资争议的解决等。此外，由于投资与资金、生产与经营活动联系在一起，因此东道国的外资立法还涉及东道国的金融法、外汇管理法、涉外税法和劳动法等方面的法律规定。

11.1.2 国际投资法内容体系

国际直接投资是东道国获得力争上游先进技术和资金、进入国际市场、提高企业竞争力和国际经济业绩的重要途径，因此需要东道国政府减少限制和采取自由化政策达到目的。由于国际投资领域尚未形成多边规则，所以对其法律调整呈现国内外资立法、双边投资协定、区域性条约和多边国际安排的多元结构。

（一）外国投资法体系

外国投资法是指东道国调整因外国投资者向本国投资、进行生产与经营活动而产生的各种经济关系的法律规范的总称，其主要内容包括：东道国基本投资政策，对外资的管理保护与鼓励措施，外国投资者及其设立企业的法律地位、投资争议及解决等。有关外国投资的各种法律规定，除了专门的外资立法以外，尚散见于其他各种特别法规之中，如外汇管理法，涉外税法，合营企业法，公司法，证券法，服务贸易法，劳动法等，均属外国投资法体系。国际投资者在决定是否向某国投资设立企业时通常注重了解该国法律中的这四个方面，即外国投资法律、商业组织法律、劳动雇佣立法和涉外税法。综观各国外资立法的基本结构，外国投资体系主要是由这四类法规组成。

1. 外国投资法律

许多国家，如韩国，新加坡，印度尼西亚，德国，加拿大，俄罗斯，都制定有专门的外资立法来吸引、鼓励和调整外国私人投资。然而，各国专门外资立法的名称并不一致。还有些国家和地区，如法国、荷兰、英国、澳大利亚和我国香港地区，并不制定专门的外资法规，而仅仅通过其他特殊法规来调整有关外国投资问题，不管采用任何立法形式或名称，各国有关外国投资法律的主要内容一般都大致包括外国投资政策、投资审批程序、投资鼓励和优惠措施、货币和外汇管理，对外资的政府管理、投资保护等内容。

2. 商业组织法律

东道国的外资立法体系中关于商业组织的规定对投资者在考虑投资的商业组织形式时特别重要。直接投资有两种可供选择的方法：一种是通过设立所在国的有资格营业的分支机构；另一种是按照外国的法律，设立有当地资本或无当地资本参加的子公司。

3. 劳动雇佣立法

在东道国的法律中，通常有劳动雇佣的立法。其内容主要涉及劳动力供应、劳资关系、工资待遇、工作条件、劳工保护、劳动争议解决等方面内容。这些立法除了适用于本国企业或公司外，也同样适用于由外国投资者设立的外资企业或合营企业，并且是影响外国投资的主要因素之一。例如，日本的《劳动标准法》、韩国的《劳动争议调解法》等，都属于这类立法。

4. 涉外税法

一般而言，发展中国家都对外国投资实行税收优惠政策，外资企业显然地享受当地企业更低的税率或减免税的优惠待遇，因为这些发展中东道国实行的是吸引外资的政策，而在大部分发达国家对外资企业和本国企业在税率方面是一视同仁的，法律上也不允许公开歧视。

（二）国际投资条约

国际投资条约有以下几种类型：

第一类是关于鼓励、促进和保护投资的协定（简称投资保护协定）。这类条约的主要形式是东道国签订的双边投资保护协定，已为各国普遍采用；次要形式是区域性的多边投资保护协定。

第二类是关于投资保险或担保的条约。这类条约既有双边投资保险协议，又有多边投资担保公约，最重要的是 1985 年的《多边投资担保机构公约》（简称《汉城公约》或 MIGA 公约）。

第三类是有关投资税收中的避免双重征税协议，其主要形式是东道国与投资国间订立的双边税收协定。

第四类是关于解决国际投资争端的世界性国际条约，由各国间以公约形式缔造，即《关于解决国家和他国国民之间投资争议公约》（简称《华盛顿公约》）。

第五类是关于调整各国投资措施的多边协议，由各国以关贸总协定的附件协议形式订立，主要是指 1994 年的 WTO 协定体系下的《服务贸易总协定》（GATS）和《与贸易有关的投资措施协议》（TRIMs 协议）。

现在外国投资者主要通过国际投资条约而不是国际习惯法提供保护，因此双边投资保护协定就成为国际投资法的最重要渊源。截至 1988 年年底，世界范围内所缔造的双边投资保护协定不过 309 个，而到 2002 年各国所缔造的双边投资协定已达到 2 181 个，增加迅速并已涵盖到 170 多个不同国家。

上述各类国际投资条约，对国际投资关系的调整起主要作用的是双边投资保护协定。这些协定中的基本内容有四方面，均涉及外国投资者利益的保护：（1）关于外国投资者在东道国的待遇问题，规定东道国政府应公平合理地对待外国投资者，实行非歧视待遇，具体表现为最惠国待遇。（2）关于征收和国有化赔偿问题，规定对外资企业不进行征收或国有化，如在紧急情况下基于社会公共利益必须征收时，应按法律程序办理，并给予适当的赔偿。赔偿额相当于在宣布征收时被征收投资的价值，而且应是有效兑现和自由转移。（3）关于投资财产、利润和其他合法收益，可以兑换成自由外汇汇回本国，不得实行歧视性的外汇限制。（4）关于投资争议的解决问题，一般规定了争议的性质、范围及解决的方式或途径，包括友好协商、行政程序或司法程序以及国际仲裁等。

避免双重税收协定是国际投资活动中，国家间为了协调相互在处理征税事务方面的税收关系，避免双重征税，而在平等互惠的基础上签订的双边协议。目前，国际上关系于双重税收的避免有两个范本，即经济合作与发展组织范本和联合国范本，前者适用于发达国家，后者适用于发展中国家。

（三）国际投资惯例

1. 国际投资惯例的含义与作用

国际投资惯例指国际直接投资活动中所形成的各项惯例，它是在外商直接外资活动的长期实践过程中逐步形成的一系列为国家（东道国与投资国）和投资者（外国投资者与当地投资者）所普遍承认并遵守和采纳的习惯做法、规则、先例和原则的总和。国际投资惯例的适用有助于保护投资各方当事人的权益。当事人的利益较多地体现在合同条款中，由于国际惯例规定了当事人的权利和义务，规范着当事人的行为，所以当事人既可用惯例补充合同的规定，又可根据惯例签订合同。

2. 国际投资惯例的特征

（1）必须是在外商投资实践中重复多次发生的行为规则和做法，并且在许多的国家和地区被人们所采纳和惯于遵循。

（2）具有一定期的区域性与不确定性。国际投资领域中确有不少国际通用和明确稳定的外商投资惯例存在。发达国家一般将外商与本国企业一视同仁，实行国民待遇而发展中国家大都给予外商各种优惠鼓励措施。实行最惠国待遇，承认并遵循这做法，所以被认为构成国际惯例。

（3）具有不成文性与可知性。国际投资惯例来自长期实践中的习惯做法而非现行法律的规定。

（4）国际投资惯例中的部分行为规则和习惯做法属选择性国际惯例，其本身并无法律约束力，当事人完全是在自愿基础上采纳适用。

从国际投资惯例所涉及的内容看，其涉及面广，凡是有关外商投资企业的投资、生产、经营、管理的各个环节，以及外商直接投资关系各个方面的全部通行规则与习惯做法都应包括在内。投资活动比贸易行为复杂，外国投资过程中所产生的各项有关活动，其间形成了各项投资惯例。

11.2　国际投资法的基本法律关系

法律所调整的国际投资关系应包括三个层面：第一是投资国与东道国的投资政策关系，主要通过国际投资条约来调整；第二是东道国与外国投资者及其设立企业的行政管理关系，主要通过东道国的外国投资法以及国际投资条约中的相关规则来规范；第三是外国投资者有当地投资者和其他经济组织之间的商事交易关系，主要通过东道国的国内法规和双方签订的国际合同加以调整。

11.2.1　国际投资法主体

在国际直接投资形成的法律关系中，作为外国投资者的本国和吸收外来投资的东道国当然都是国际投资法的适用主体，前者更关心本国投资者海外的权益保护问题，后者更注重外来投资的管理与待遇问题。和企业法人一样，外国自然人具有投资者的地位，各国法律均承认其投资法主体的地位。国际投资实践中的绝大多数情况下，国际投资者均以公司法人形式进行投资。

从国际投资的实践看，法人是各国普遍承认的国际投资法主体。各国法律和双边投资条约一般都承认法人的国际投资主体。不同类型的法人具有不同的权利，因此凡是从事国际投资活动的企业法人都能依法取得国际投资法主体资格。

11.2.2　国际投资管理关系

国际投资关系中，各东道国均通过制定投资措施对外国投资进行管理，亦称外资监管。

其必要性在于保证外商投资活动有序进行和东道国经济发展目标的实现，因此东道国对外商的投资管理关系是国际投资法律关系的核心内容。

（一）外国投资管理关系的性质与作用

外国投资管理关系，是由东道国主管外国投资的国家机关或部门以国家的法律、法规为依据，对各种外国投资活动进行的行政管理关系，即对其实施管理和监督，包括外商投资管理、技术引进管理、涉外税收管理、涉外工商管理等方面。外国投资行政管理是一种纵向的经济管理关系。

（二）外国投资管理措施的内容与趋势

1. 基本内容

投资管理措施主要发生在企业进入、企业经营与企业退出这三个环节。第一环节管理事项包括投资许可、产权鉴定与证明及其相关规则的执行；第二环节的管理事项包括与贸易有关的管制，劳动力雇佣与解雇、合同管理、竞争规则税收及相关规则的执行；第三环节包括企业变更、关闭、破产、清算及法规的执行。

2. 自由化趋势

总体而言，东道国的投资措施是投资法律环境的重要构成要素。近年来，有关外国投资管理制度自由化是国际投资中的发展趋势。事实上，投资法律环境的改善导致外国投资的扩大与发展。东道国管制的放松与市场的开放增加了外资并购的机会。

投资自由化法律方面的效果是有关投资准入与审批方面的内容减少，从而转向通过工商行政法规加以管理，如税收、工商登记、竞争方面的具体问题，这些问题在市场经济发达的国家有着较为严格的规则。

3. 自由化原则与限制措施的关系

经济合作与发展组织（OECD）的规范性文件《资本自由流动法典》明确规定了在互惠基础上的投资自由化原则：以自由化为原则、以限制作为例外，即对外国投资所作的限制必须出于对公共秩序，公众健康，道德标准，国家安全或国际和平与安全的维护。世界银行集团的《外国直接投资待遇指南》在促进投资自由化的同时，也承认在东道国有权出于国家安全的考虑对外国投资实行一定限制，但必须是正当的，并有益于国家安全，公共利益、公众健康或环境保护的目的。

11.2.3 国际投资合同关系

（一）国际投资合同类型及法律适用

投资合同包括两种类型：第一种是国家契约（用于自然资源开发或 BOT 项目或者其他基础设施项目），由东道国政府与外国投资者签订；第二种是商业性投资合同，由外国投资者与本地投资者间签订。不管是哪类，均涉及东道国经济发展利益，也易产生与投资者之间的利益冲突。

关于国际投资合同的法律适用问题，其处理原则不同于一般的国际商事合同或国际货物买合同，多年的国际投资实践似乎表明已经形成了以下的冲突原则：第一，所有合同，只要不是国家间的协议，均受制于国内法，这是常设国际法院早在 1929 年塞尔维亚债券案的判决中采用的原则。第二，有关国际债券的履行应适用发行地国家法律。关于国家契约，欧盟国家也认为，外国投资者与国家之间的合同应受制于东道国法律。

（二）国家契约的性质与法律适用

国家契约通常是指外国投资者与东道国政府之间签订的投资合同，其特征在合同主体上反映为东道国政府作为合同一方，在合同客体上表现为自然资源开发或大型基础设施建设（如 BOT 项目）的重要工程项目。除此之外，国家契约还具有所涉投资金额巨大、合同有效期漫长（30 年以上，至 50 年或 70 年不等）和需要经过特别许可批准等特点。但其最根本的特征还是针对合同的主体性而言的。

关于国家契约的性质，首先，应当确定其具有国内法意义上的合同性质，而不是国际公法意义上的国际协议，其根据是常设国际法院在 1929 年的塞尔维亚债券案判别决中关于合同性质的权威性解释。但近年来发达国家仍出现了外国投资合同（或国家契约）国际化的理论。该理论认为外国投资合同不受东道国内法的约束，而应受制于外来的法律制度，即必须服从国际法律制度来解决合同争议。这一观点的理论基础仍是外国投资者或跨国公司可以通过国家契约享有国际法上的权利的主张。

关于国家契约的法律适用，取决于两点：首先是当事人的选择，他们可以选择东道国法律或国际惯例，如未作选择则按密切联系原则，由仲裁庭或法院确定适用与投资项目有密切联系国家的法律。其次取决于争议解决的途径，如在东道国境内解决，则适用东道国法律；如选择境外的国际仲裁方式，则完全可能适用国际法层面上的规则。

11.3　外国投资法律制度

11.3.1　外国投资的市场准入

外国投资的市场准入亦称外资准入，反映为各国允许外国投资者进入的投资领域，对外国投资项目的审批和企业设立这三方面内容。

（一）外国投资领域

1. 外国投资领域含义

外国投资领域是指东道国政府允许，鼓励或限制外国投资者在其境内的生产流通领域进行投资的范围。各国的外资法对此都有明确的规定，但具体标准不尽相同。一般允许和鼓励向有利于东道国的国民经济发展和外汇收入的部门投资，限制或禁止向公共事业（如广播、通信、国内交通等）和要害部门（如国防、军工等）以及其他支配国家经济命脉的行业投资。发展中国家特别鼓励向新兴产业、出口工业，或需要引进技术的产业或其他短缺部门投资。一般而言，发达国家的投资领域比发展中国家要宽，只对国防、通信以及一定限度的工业种类，才加以"禁止投资"之类的限制。

2. 各国外资准入政策

对于外国投资，英国没有专项立法调整，而按国民待遇原则对内外实行投资自由化政策，除了少数工业部门（例如航空），几乎所有行业均对外国投资开放。对于外国投资，美国政府采取既不鼓励也不限制的中立政策。但是对于某些特定行业，美国亦限制外资进入。例如美国法律禁止外国船舶在美国从事内陆或沿海航运，除非船舶在美国注册并悬挂美国国旗。此外，外国公司亦不得在美国从事电视广播业务，外国银行在美国开设分行或从事金融行业业务亦受到一定限制。

发展中国家对外资准入态度或政策可以分为以下三类：第一类国家对外资采取鼓励政策，对外国投资限制较少。这类国家主要指亚洲、非洲和太平洋地区国家。第二类国家对外国投资倾向合资形式而不允许独资，一般均规定当地企业应持有一定比例的股权，这类国家主要指非洲和中东的亚洲国家。第三类国家对外国投资领域予以严格限制，对投资项目进行严格审查，并规定当地企业必须占有一定股权比例。

（二）外国投资审批

投资审批，即东道国对外国投资进行审查和批准，主要是通过法定程序确定外国投资者及其设立企业的法律资格，审查和批准投资合同。各国一般都设有专门审查外国投资的机构，并规定有审查批准的原则和程序。审查分为两个方面：（1）实质上的审查，即关于外国投资项目是否有利于国民经济的发展和国际收支平衡，以及投资项目可行性研究等；（2）程序上的审查，即关于申请的合法程序，必要的资料报表、审批权限和投资项目的批准等。

1. 各国外资审批程序

设立外商投资企业的程序安排取决于东道国有关外资和商业组织的法律规定。通过投资审批来对外资企业的创办实行管理与监督是各东道国通行的惯例，世界各国对外国投资的审批程序大致可概括为国民待遇制、一般审批制和严格审批制三种类型，同时亦呈现出程序简化与实体严格的趋势。

（1）国民待遇制

有些国家，如美国、比利时、德国、瑞典、瑞士、英国等，对待外国投资没有专门的法律和管理机构。外商在这些国家投资设厂的程序同国内企业的开办相同，完全适用公司法。这类国家为数并不多，且都是工业发达国家。例如，美国虽然在联邦财政部设立外国投资委员会，但美国对外国投资采取相对自由的审查政策，因此该委员会的主要职责不是投资审批，而是分析或监督外国投资对美国经济和安全造成的影响，然后制定相应的外资法规措施。在美国，联邦政府财政部外国投资委员会对于外国投资项目，出于国家安全与利益考虑认为有必要时亦有权进行审查，尤其是应国会要求审查，且近年来有加强的趋势。

（2）一般审批制

目前大多数工业发达国家与部分发展中国家（如韩国、阿根廷）对于外国投资设厂采取一般审批制度。这些国家都通过外资立法详细规定设立外资企业的标准与审批程序。在所有法定手续都得到履行的情况下，只要符合法定条件即可获得批准，不需要政府机构对具体的外资项目再逐个进行专门审批。

（3）严格审批制

少数工业发达国家（如加拿大、法国）与大部分发展中国家，对外资企业实行较为严格的审批制度。这些国家有专门的外资立法并通过特殊政府机构或其授权机关对申请设立的外商投资企业进行逐个审批，对所有外资项目的立项申请、可行性研究报告、投资者资信、投资协议、合同章程、工业产权和其他必要文件都要进行审查，全部审查合格后才批准开办企业。不过，各国审批手续的繁简程度不一，对外资的审批标准与审批期限的长短也不一致。

（4）简化审批手续

简化审批手续、提高办事效率乃是东道国吸引外商投资的重要条件之一，也是各国普遍认可的一项原则。按已形成的惯例，东道国对外商投资的重要条件之一，也是各国普遍认可的一项原则。按已形成的惯例，东道国对外商投资企业的审批权，通常归口于一个统一的审批机构，审批期限一般不超过 3 个月。按照国际惯例，简化审批手续、提高办事效率的做法一般有两种：一种做法提供"一揽子服务"，即由东道国政府建立外商投资服务中心，为外商投资提供从立项到开业的全程服务。如报批、报建、征地、水电、通信、工商注册、税务登记、银行开户等。另一种做法是实行投资审批的自动核可制，主要适用投资额为 100 万美元以下的中、小型项目。对于那些不宜实行自动核可制的大、中型项目，有些国家和地区往往采用同时审批的方法，就是将所有管理设立企业的申请文件，同时分送有关机构审查，这样可大大缩短审批时间。

（5）美俄安全审查限制

2005 年 6 月，中国海洋石油公司（中海油）向美国尤尼科石油公司发出收购要约，以 185 亿美元的要约价并购尤尼科。该海外并购的主要原因在于尤尼科拥有充足的石油天然气资源，其中约 70% 在亚洲及里海地区。中海油的收购报价比竞争对手雪佛龙公司 165 亿美元的要约价格具有明显优势。但美国国会议员多次上书美国政府，以"能源威胁"、"国家安全"等理由对中海油并购予以阻挠，美国国会通过两项议案分别要求财政部与外国投资委员会不予批准并购案，并以损害美国国家安全与利益为由，要求联邦政府进行严格审查，最终导致中海油撤回了对尤尼科的并购报价。这类案例并非单纯审批问题，亦涉及东道国的国家风险问题。

其实早在 1990 年 2 月，美国外国投资委员会经审查后就以国家安全与利益为由，阻止了中国航空技术进出口公司收购美国 MSMCO 航空公司的投资交易，尽管双方已达成了并购协议。2003 年，美国外国投资委员会又否决了我国香港和记黄埔公司和新加坡 SST 公司收购重组后的新美国环球电讯公司 65% 股权的申请。这是在新美国环球电讯公司因破产进入拍卖股权程序，且我国香港与新加坡公司已共同获得股权后被否决的案例，迫使其收回收购申请。

2003 年中国石油公司（中石油）通过拍卖形式并购斯拉夫石油公司股权，后因俄罗斯的紧急立法禁止而告退。斯拉夫石油在性质上是国家控股。2002 年 12 月，在俄罗斯国有基金会采取公开招标方式竞拍的公司中，中石油的中标呼声最高。由于俄罗斯国内竞购者及部分政客以俄罗斯能源被外国并购危害国家安全与利益为由反对中石油控股斯拉夫，迫使俄议会通过紧急立法，禁止任何外国国有股份超过 25% 的企业参与俄罗斯国家股份的拍卖。

（三）外资企业设立

通常，设立何种类型的外商投资企业，取决于国际投资者所选择的投资形式和东道国的外资立法。历史上，设立外商独资企业是国际直接投资的一般形式，即外国投资者拥有全部产权的子公司。近年来，在发展中东道国，则更多地采用外国投资者与当地企业设立分享产权的合营企业。

按中国有关外商投资企业的法律规定，设立中外合资经营企业、中外合作企业和外资企业的申请经批准后，应当自接到批准证书之日起，30 天内向工商行政管理机关申请登记，领取营业执照；营业执照签发日期，为该企业的成立日期。登记是外商投资企业设立的必经程序。依照我国《企业法人登记管理条例》规定，所有外商投资企业都必须办理注册登记，并按中国有关法律、法规规定的范围开展业务活动。外商投资企业通过核准注册登记，领取营业执照，具备法人条件，依法取得企业法人资格。

在我国，外商投资企业向登记主管机关申请注册登记，必须提交设立外商投资企业的一套完整的文件。在所有的设立中外合营企业的文件中，合营合同与公司章程是最重要的两个基本法律文件。按国际上通行的做法，创办公司总是从制定合同和章程开始的。而且，只有合同没有章程就不能算正式企业。章程的制定是以合营合同为依据。然而合同是涉及合营双方权利义务关系的内部文件，仅对合营双方有约束力；章程则是以合营企业名义制定的公开对外的文件，它规定了合营企业的宗旨、组织原则、业务活动范围与方式。由于章程内容公开对外，经合营各方一致通过和政府机构批准后，就成为对合营公司具有约束力的文件。我国外资立法对此的规定是：所谓合营企业合同，是指合营各方为设立合营企业就相互权利、义务关系达成一致意见而订立的文件；所称合营企业章程，是指按照合营企业合同规定的原则，经合营各方一致同意，规定合营企业的宗旨、组织原则和经营管理方法等事项的文件。

11.3.2 外国投资的法律保护

（一）外国投资的权益

1. 一般原则

国际投资的法律保护的范围应包括方面的内容：一是指外国投资者所面临的政治风险或商业风险问题；二是指对外商投资企业经营方面权益的保护问题。但两者内容有时也会有一定的重合，例如投资收益或利润的汇回问题，既属于非商业风险范畴，也是投资合法权益保护问题。从保护的提供来源来看，国际投资保护有三种途径：一是投资者本国提供的外交保护及海外投资保险机制；二是投资东道国为吸引外资而提供的各种保护措施；三是通过国际投资条约的保护，包括双边条约和多边条约。最近的国际投资实践中，上述第一种保护途径事实上已较少采用或者其实际作用与意义也不大。这主要是因为东道国的法律保护与国际投资条约的保护作用已大大加强并发挥了主要的作用。虽然从国际法角度，投资国有权利和责任保护本国公司在海外的投资利益，但东道国为了吸引更多外资投资就必须提供良好投资环境，尤其是法律保护措施。东道国的保护力度越大，投资国的保护作用就越小。其内容不仅针对投资权益的实体法保护，也包括为投资争议的积极提供司法救济程序。

2. 投资原本及利润的汇出

投资原本及利润汇出，是指外国投资者将其投资本金和在东道国投资经营所取得的利益和收益，换成外币，汇出东道国。这属于东道国政府给予外国投资者基本保证的内容之一。

一般在东道国外资立法或与投资国签订的投资保护协定中对此加以规定，各国原则上允许外国投资者的资产、利润及其他收益可以自由兑换成外币汇出。但大多数发展中国家，尤其是外汇短缺的国家，为防止大量投资收益外流，给本国的国际收支造成不平衡，都在不同程度上对外汇的汇出额作出一定的限制。有的国家规定，必须经过一定期间（例如3年）才能抽回资本，其汇出额不得超过抽回资本的一定比例（例如20%），或者年汇出利润不得超过注册资本的20%。

（二）外国投资待遇

1. 外商投资待遇的一般原则

外国投资待遇实际上是外国投资在东道国的法律地位问题，既外国投资者及其设立企业在东道国所享有权利和承担义务的法律状况，也是外国投资法律保护的具体体现。

投资待遇的主要标准为非歧视性，具体由三种标准；即国民待遇，最惠国待遇和公平、公正待遇。这三种标准并未将优惠待遇排除在外，因为上述待遇通常采用的用语为"不低于"之类规定。最惠国待遇是国际贸易关系中的最基本原则，已成为多边贸易体制的基础。在国际投资关系中，虽然最惠国待遇仍然重要，但其地位已不如国民待遇。因为如今对来自不同国家企业间的歧视性做法已十分罕见，而外国投资者更加关心能否在东道国享有国民待遇。

国民待遇不一定不适用于对外贸易立法中的进出口管理方面，但在外商投资领域，其重要性却正在加强。国民待遇标准具有双重作用：一方面，是提供非歧视性待遇；另一方面，在现在经济立法日趋完善或不适用于外资企业情况下，可减少对外资的不确定性和差别性。反之，如现行法律不完善或不适用外资时，国民待遇的作用较为有限，除非两国在双边投资协定中明确规定了国民待遇条款。

2. 各国投资鼓励和优惠措施

投资鼓励和优惠是指东道国政府为吸引外国投资，而通过其国内立法给予外国投资者的优惠待遇，属于间接的投资措施。鼓励和优惠措施是目前发展中国家普遍采用的，但各国做法不尽相同。有的在投资法中统一规定对外资的鼓励和优惠办法；有的采用不同的优惠措施以适用于不同的企业和项目。鼓励和优惠措施主要包括税收优惠（免税、减税和低税率）和金融、行政以及关税返还方面的优惠。为鼓励外国投资者来华投资，我国通过外资立法规定了一系列优惠的待遇，如税收优惠，即一定期限内减、免征企业所得税、进口生产设备免征关税和工商统一税等。

在征税及税收优惠方面，各国法定税率不一。如合营企业所得税为 33% ~ 45% 不等。我国长期以来采取税负从轻、优惠从宽的原则，中外合营企业所得税率为 30%，另应纳所得税额附征 10% 的地方所得税。经济特区税及经济技术开发去的外商投资企业税仅为 15%，远比一般国家要低。2008 年 1 月 1 日实施的《中华人民共和国企业所得税法》规定外商投资企业与内资企业统一适用 25% 的企业所得税率，但该法颁布前设立的外商投资企业仍可在该法颁布后的 5 年内享受原有的税收优惠待遇。

发展中国家为鼓励某些新兴工业、出口工业，在法律上规定了优惠办法。如新加坡规定对新兴工厂的投资，从生产之日起，免征所得税 5 ~ 10 年，在此期间内，所的股息亦予免税。马来西亚规定对先驱工业投资可免征所得税 2 ~ 10 年。中国法律规定，具有先进技术水平的合营企业、农业、林业等利润较低的合营企业和在不发达地区的合营企业，从开始获利后的最初 5 年内，可申请减免所得税。利润用于 5 年以上再投资者，可申请退还再投资部门所得的 40%。此外，还有免征进口关税和工商统一税优惠。

英国对外国投资没有任何鼓励、优惠措施，却对本国企业的投资提供补贴和财政支援，并以此作为间接管理外国投资的手段。例如对与汽车工业与计算机行业，英国政府对美国或日本企业的并购予以严格控制，但鼓励本国汽车公司的合并，并对本国计算机公司的研究与发展给予财政支持。英国是经合组织（OECD）成员，根据 OECD 制定的《资本自由流通法典》，外国公司在英国进行直接投资而无须得到任何机构批准。在美国，政府亦通过给予当地企业的某些优惠或补贴，来限制外国投资在某些领域的活动。除法律明文规定的限制措施外，美国复杂的法律规定本身亦构成对外国投资的障碍。美国投资市场高度发展，商品市场成熟、资金雄厚和高科技企业的大量存在和发展均构成对外国投资者非正式的限制。

11.4 跨国并购投资法律制度

11.4.1 基本原则与趋势

各国有关投资自由化的政策促进了跨国并购的发展，因为有关对外国直接投资的管理体制既适用于新建投资，也适用于跨国并购。与并购有关的政策变化包括取消强制性的合资要求（允许全部收购或独资）、多数股权限制（允许多数股权收购）和重复审批要求。但是，国际上业已形成的一致看法是，某些收购行为也需得到批准，而且也受有关公司治理和所有权结构的调整与影响。

有关并购程序的规则，要求竞争性与透明度的投标过程，以获得最好的价格，其条件是必须存在两个以上的要求并购的公司。东道国一般会利用或制定有关公司资产评估的制度和措施，包括适当的会计规则、审计规则，以及资本市场的政策运作规则，尤其是东道国的公司法和股票交易规则需要对外资并购加以规范。例如，保证条款使小股东了解并参与并购的决策；信息披露制度可以提供外国收购者的充分和及时的信息；异议和处分权，即小股东持有异议和处置其股票的权利也应得到保护。

11.4.2 各国的跨国并购制度

1. 加拿大

根据《加拿大投资法》，外国公司收购加拿大公司必须通知政府，但政府仅对重大收购进行正式审查，内容涉及对加拿大的经济影响，包括对就业、资源、加工、出口的影响和外资在加拿大企业中的参与程度，以及对产业效率、产品创新、技术进步、行业竞争等的影响。对具体并购项目是否进行审查取决于被收购企业的资产价值。

2. 美国

美国对外资并购的审查基本上是出于国家安全的考虑。根据 1988 年《美国贸易与竞争综合法案》第 721 条埃克森—弗洛里奥条款，政府主要禁止或中止威胁美国国家安全的外国收购、全并式接管，因此审查的标准围绕涉及美国国家安全的各项指标进行。此外，还要调查收购者是否受外国政府控制或代表外国政府进行行动。

3. 韩国

1998 年 5 月亚洲金融危机之后，韩国取消了外资在股票市场上收购国内企业股份的限制，主要指原先对外国企业通过证券市场直接并购韩国企业和收购土地的限制。只有涉及国家安全、公众健康和环境保护的少数行业才继续保留这些限制，而且大多数行业对外国股权的限制也都被取消。

4. 其他国家

为了确保外国收购之后进行后续投资，有些国家要求外国公司在交易中作出将来投资的承诺，并通过审批程序加以管理。但鉴于此种承诺的效果不一定能实现，各国也考虑了通过鼓励措施来推动后续投资，即鼓励外国公司在完成并购后扩大生产力。此外，有些国家还规定了有关再投资的税收规则，即鼓励被并购企业的所有者在获得收入后再投资于生产经营，规定如用于投资目的，则可享受税收优惠。

11.4.3　美国对外资并购的法律监管

在国际投资中，美国不仅是对外投资最大的投资国，而且是吸收外资最多的东道国。外资并购是国际投资者在美国投资的主要方式，近年来约有 80% 的外国直接投资是并购投资方式进行的。例如 2001 年德国电信公司出资 50 亿美元并购美国声流无线通信公司，都是这方面的典型例子。

在法律制度上，美国对外资并购与内资并购一般并无严格区分，均给予国民待遇，但涉及国家安全或重大利益时，则是例外，即对两者加以区别对待，外资并购往往会受到较严格的审查与限制。美国对外资并购的法律监管并无专项立法，而是根据并购中涉及的不同方面，分别由不同的法律加以调整。大致有以下几方面：

1. 企业并购中的反垄断法规适用

涉及企业并购中的反垄断问题，则适用有关反托拉斯法规，主要指《克莱顿法》及司法部颁布的作为实施细则的并购准则。对于企业的并购活动，《克莱顿法》所采用的原则是如果并购行为妨碍竞争，则对于企业并购加以限制。例如该法第 7 条规定禁止任何公司收购其他公司的股票或资产，如果此类收购会导致竞争被严重削弱或产生垄断。

美国司法部 1968 年并购准则对横向并购的审查标准作了较为严格的规定，主要以市场集中度和市场份额作为审查标准。1982 年修订后的并购准则不再以市场集中度作为唯一的标准，而主要看并购是否加强了市场垄断或阻碍市场竞争。如果构成，反垄断执法机构就会禁止此类并购活动。1992 年司法部与联邦贸易委员会所联合发布的并购准则又对以往准则加以修订，总的趋势是逐步放宽的，但仍针对横向并购，保持了美国历来对垂直并购与混合并购不予干预的政策，因为只有横向并购才会有可能形成垄断。在美国，"横向并购是指因生产或销售同一类型产品或提供同种服务而处于相互直接竞争的企业之间的并购，纵向并购是指同一产业中处于不同阶段而实际上相互有买卖关系的各个企业联合在一起"[1]。美国有关反垄断问题的主要执法机构是司法部和联邦贸易委员会，可以依职权对企业的违法并购案提起民事或刑事程序，但必须通过法院提起诉讼，因此实为以法院为中心的公诉案件，而无须相关与并购有利害关系的企业主动提出诉讼请求。

2. 证券市场收购监管，则主要适用《联邦证券法》、《证券交易法》和《威廉姆斯法案》。1968 年通过的《威廉姆斯法案》对通过证券交易系统的协议收购和要约收购的程序和要求作出了具体规定，该法案是美国对上市公司并购进行监的主要法律根据。美国联邦证监

---

① ［美］马歇尔·C·霍华德：《美国反托拉斯与贸易法规》（中译本），145 页，北京，中国社会科学出版社，1991。

会是此类证券投资活动的主要监督机构。不过该机构并不处于监管一线，而主要通过各个证券交易所对上市公司的信息披露进行监管，收购信息披露乃是监管中的首要事项。

3. 外资并购的国家安全审查

涉及国家安全的并购，则主要适用《埃克森—弗洛里奥修正案》。这是美国在 1988 年针对外资并购问题而专门制定的一个法案。该法案授权美国总统有权中止或否决某些确实威胁美国国家安全的外国投资者收购、合并或接受企业。由此可知，美国有关反垄断和证券并购的法规应当适用于发生的美国的所有并购活动。但涉及国家安全事项，则主要针对外资的并购活动。例如，1990 年 2 月美国总统就曾以签署行政命令的方式，否决了中国航天航空技术进出口公司对美国玛莫克（Mamco）公司的并购投资。因为该公司为美国波音公司提供飞机零部件并拥有较高密级技术，所以美国政府要求中国该公司撤回对美国 Mamco 公司的并购方案。美国政府主要是担心其在国家安全领域中的技术领先地位会受到不利影响。又如在 2004 年中国联想收购美国 IBM 公司的 PC 业务中，美国外国投资委员会及财政部亦对其进行了安全审查，后在中美双方变更收购方案后才予以通过。

根据上述法案，外国投资者对美国企业的并购如果涉及的产业与国家安全有关，则应向美国外国投资委员会（CFIUS）书面提出申请，后者通过调查后如认为此类外资并购会影响国家安全则提请总统对该并购案进行审查。因此 CFIUS 是对外资并购的主要审查机关，负责外资并购的申报与审查，只要审查结果显示外资并购交易涉及国家安全，则并购活动面临中止。

除了上述规定外，美国对涉及敏感行业的跨国并购，如通信行业、交通运输行业、金融保险业和国防工业等领域的外国投资也有较严格的立法限制与监管措施，例如外国投资者持股比例不得超过 25% 或不得控股之类。

11.4.4 跨国证券投资法律制度

（一）跨国证券投资的含义

1. 跨国证券投资实际上是跨国并购的一种特殊方式，但只是证券并购，因为跨国并购中有些是通过证券投资进行的。但总的看来，证券型并购在跨国并购的价值总额中的比重相对较低。1999 年跨国证券投资收购额为 1 050 亿美元（即收购少于 10% 的投票权股份），占 1999 年跨国收购总额的 13% 左右。联合国贸和发展会议《2000 年世界投资报告》所使用的跨国并购数据在权益股份方面符合外国直接投资的定义（10% 或以上的外国控制），但也包括利用国内和国际资本市场进行的收购，其中收购的股权少于 10% 则被认为构成证券投资。

2. 从投资形式看，证券投资实际上是相当于间接并购，因为投资者并非直接与目标公司进行收购交易，而是通过证券市场收购目标公司已发行的流通股票，通常是在证券市场通过中介机构进行并购交易。但在直接并购中，投资者可以直接与目标公司进行交易，双方通过谈判程序商定交易条件，最后通过协议完成资产或股权转移，所以直接并购亦称协议收购。

3. 证券投资也可不通过中介机构进行，而是直接入市交易，但只要是通过证券市场进行的仍会被视为间接并购，通常只有直接并购才会在产权交易市场进行。尽管如此，从管理标准或控制标准角度，也并非所有的证券投资都是间接投资，因为机构投资者也可以在证券市场上收购目标公司的控制权。这种情况，只要收购达到上市公司一定的股权比例，证券投资就可能构成直接投资。

4. 由于证券收购主要是在证券交易所通过对上市公司股票的收购而实现的，因此，证券收购亦称"上市公司收购"。根据我国《上市公司收购管理办法》的规定，其定义为：上市公司收购指收购人通过证券交易所的股份转让活动持有一个上市公司的股份达到一定比例，通过证券交易所转让活动以外的其他合法途径控制一个上市公司的股份达到一定程度，导致其获得或可参获得对该公司的实际控制权的行为。该定义表明：对上市公司的收购有两种方式：一种是通过证券交易所进行的场内举牌收购上市公司流通股。另一种是在证券交易所之外进行的场外协议收购上市公司非流通股。第一种方式可直接适用于国内投资者，但对外国投资者则须通过 QFII 方式加以适用。

5. 证券投资的含义亦可通过与外资并购的关系得到一定反映。外资并购境内企业存在着多种方式。根据并购客体的不同性质，可分为股权并购与资产并购。以并购主体划分，可分为直接并购与间接并购。以外国投资者名义并购境内企业的为直接，而且并购的必须是上市公司的股权。至于交易对方主体，其基本原则是向所有者购买，所以股权并购必然是向上市公司股东收购。这在协议收购、要约收购与 QFII 收购都是一样的原则。

（二）跨国证券投资的法律调整

跨国证券投资的法律调整由投资者本国的法律监管与东道国的法律监管两部分构成。前者监管主要针对证券发行数量、税收和利率的限制，后者监管主要集中在证券发行审批和证券发行披露，两者中应以东道国法律监管为主。我国对外商证券投资实行较为严格的监管制度，集中体现为证券市场开放中实行的 QFII 制度。法律监管的范围涉及市场准入审批、证券发行、证券交易、资产管理和外汇管理等方面。

1. 对证券发行的监管

监管对象为证券发行商，即上市公司的投资者，而非证券投资者，监管主体有证券发行商的本国政府和东道国政府两方面，以后者为主。前者监管的措施主要针对证券发行的数量、税收和利率上的限制，后者管制主要针对证券发行的数量、税收和利率上的限制，后者管制主要集中在证券发行批准和证券发行披露两方面。

对于在东道国证券市场发行国际证券，例如中国公司在美国纽约证券市场发行 N 股，或者美国公司在中国上海证券市场发行债券，必须事先获得东道国政府主管部门（类似证券交易委员会或证券监督管理委员会）的许可或批准，具体做法因国而异，有的采用批准制（如中国、荷兰、比利时），有的采用注册制（如日本、美国）。

关于证券发行披露，东道国的证券法均要求证券发行商将反映上市公司及其投资方的有关资产、财务、法律等状况的各项文件内容公布于众，并保证内容的真实性，如有不实之处则由发行商承担相应的法律责任。

2. 对证券流通（交易）的监管

对外商证券投资监管的实体内容主要体现在对证券交易（流通）的监管方面。发达国家对证券流通的法规监管主要集中在信息披露方面。即公布有关信息，主要包括公司业务（如分立与合并、资产交易、破产与接管等），法律诉讼（指正在进行中的，且索赔要求达到公司流动资产 10% 的诉讼），公司控股（直接或间接对其他公司控制或拥有）和税收状况

（证券持有人的有关各种税收）等方面。发展中国家对证券交易的监管则比发达国家的证券监管更严格，除了以上方面外，还包括以下方面的监管或限制：（1）交易额度的限制；（2）外汇管理；（3）交易范围的管理；（4）资产与证券账户管理。此外，还有入市资格的审查管理亦是不可缺少的一环，主要是针对投资者的市场准入审批管理而言。

11.5　双边国际投资协定

有关国际投资的双边条约的主要有两类：第一类是关于鼓励、促进和保护投资的协定，亦称投资保护协定；第二类是关于投资保险的协议。投资保护协定所涉内容是广泛的，这种形式已为各国所普遍采用，在国际投资条约中所起作用最大。投资保险协议所涉及内容是单向的专门解决投资保险后的代位求偿的问题，因其作用有限，故在国际投资条约中不占重要地位。

11.5.1　投资保护协定

双边投资保护协定是东道国与投资国之间订立的，旨在保护外国投资者权利、促进国际投资的双边条约。其特征在于专门适用于投资，并确认了国家有关外资立法的有效性。这类协定涵盖的投资范围广泛，包括各类股权投资与非股权投资，一般不涉及开业权问题，其东道国政府应公平合理地对待外投资者；在外国企业和本国企业、一国投资者和第三国投资者之间，实行非歧视性的待遇。第二，关于征收、国有化的补偿问题。约定在一定年限内，对外资企业不进行征收，如基于国家利益必须征收时，应按法律程序办理，并给予适当的补偿。第三，关于投资财产、利润和其他收益自由汇出问题。外国投资者的原本、利润和其他合法权益，可以兑换成外币汇回本国，不得实行歧视性的外汇限制。也有些东道国通过协定规定可兑换成外汇的款项范围和外汇汇回的限额。第四，关于投资争议解决的问题。一般规定了争议的性质、范围及解决的方式或途径。以上方面传统的双边投资保护协定及主要内容。

（一）投资待遇标准

这是指外国投资者根据东道国的法律和有关国际条约规定而享有的权利义务的范围。各国对此一般采用国际上通行的普遍制度，如最惠国待遇、国民待遇、公平与公正待遇，并通过国家之间的投资保护协定加以规范。发达国家一般主张不歧视待遇标准，实质上包含了两个方面：第一，对一切外国投资者都不加歧视，这实际上是主张"最惠国待遇"；第二，将外国公司与本国公司一视同仁，不予歧视，这实际上是主张"国民待遇"。

1. 最惠国待遇与国民待遇

目前，各国对外国投资者的待遇，最重要的有国民待遇和最惠国待遇两种标准。前者是指东道国给缔约对方投资者以本国国民同等待遇。是强调外国投资者与本同投资者的平等性。后者是指东道国给予缔约对方国家投资者的待遇不低于该国给予任何第三国投资者的待遇，是强调在一国范围内各国投资者的平等性。实际上各国对外国投资都规定有不同程度的限制的鼓励。发展中国家为吸引外资，普遍给予外资优惠待遇、最惠国待遇或国民待遇。

中国与有关国家签订的投资保护协定、除了有些双边协定中明确规定有国民待遇外，无一例外都规定了最惠国待遇标准。如《中日投资保护协定》（1998 年）第 2 条第 2 款规定："缔约任何国民和公司，在缔约另一方境内，关于投资话可与投资许可有关的事项、享受不低于第三国国民和公司的待遇"；第 3 条第 2 款规定："缔约任何一方在其境内给予该约另一方国民和公司就投资财产、收益及与投资有关的业务活动待遇，不应低于给予缔约一方国民和公司的待遇。"上述规定一方面相互给予最惠国待遇，另一方面也相互给予国民待遇。其实，最惠国待遇条款具有将双边的国民待遇多边化的效果。因此，投资保护协定中经常将国民待遇与最惠国待遇一道加以规定。

《中俄投资保护协定》（2006 年）第 3 条第 2 款规定："在不损害其法律法规的前提下，缔约一方应给予缔约另一方投资者的投资及与投资有关活动不低于其给予本国投资者的投资及与投资有关活动的待遇。"该规定表明了在国民待遇问题上的国内法优先的原则。2003 年的《中德投资保护协定》则明确规定了国民待遇原则，即"缔约一方应给予缔约另一方投资者及投资有关活动不低于其给予本国投资者的投资及投资有关活动的待遇。"

从近年来的国际投资实际看，大多数双边协定中的国民待遇条款不适用于市场准入，而只适用于开业之后。《服务贸易总协定》（GATS）中的国民待遇也采用此原则。

2. 公正与公平待遇

（1）公正与公平待遇的依据

在双边投资协定的有关投资待遇条款中，通常是将最惠国待遇、国民待遇与公正与公平待遇（fair and equitable treatment，简称 FET）这三者并列。可见公正与公平待遇并非简单地等同于最惠国待遇加国民待遇，否则就无必要将三者并列。FET 已成为公认的国际投资待遇制度之一，其法律依据主要来自有关国际公约的规定。如 1985 年的《多边投资担保机构公约》（MIGA 公约），1992 年的世界银行《外国直接投资待遇指南》，以及《多边投资担保机构公约》（MIGA 公约）均规定东道国应对外国投资者提供公正与公平待遇。此外，1995 年的《国际能源宪章》以及美国与他国缔结的自由贸易协定亦规定应给予外国投资者公正与公平待遇。

（2）公正与公平待遇的标准与内容

《北美自由贸易规定》（NAFTA）以及发达国家将 FET 解释为国际习惯法所要求的最低标准。例如美国 2004 年的示范版的投资保护协定第 5 条将 FET 定义为"最低限度国际标准"，其具体内容包括不得拒绝司法（not to deny justice）的义务和应符合正当程序的原则，同时还应为外国投资提供充分的保护与安全。

国外学者认为，公正与公平待遇应包括以下四个要素：（1）警备（vigilance）与保护义务；（2）法律的正当程序，包括不得拒绝司法与武断；（3）透明度、投资者的合法期待（可预见性）与诚信（good faith）以及（4）前后一致的公正要素。

（3）公正与公平待遇和正当法律程序

有关正当法律程序，拒绝司法及武断的大多数仲裁案件都是针对不当行为的（irregularities），如不当决定，程序不当，缺乏透明度，缺乏诚信与可预见性等在行政执法或措施中的行为。虽然国际仲裁不干预一国内部事务，但如果这些行为构成藐视正当程序且当事人得不到救济就会被认为属于司法拒绝或武断（arbitrariness）。

武断行为通常被认为违反最低限度国际标准，表现为有意忽视政府义务，违反国际标准，缺乏诚信等行为。对最低限度国际标准的内容，国际上尚未形成一致的看法。

11.5.2 投资保护标准

双边投资保护协定中的投资保护标准主要针对国有化或征收问题。各东道国为了吸引外资，通常都在投资保护协定中作出一般情况下不会实行国有化或征用的保证。同时又作出补充规定，有特殊情况下，根据社会公共利益需要，可以对外资依法律程序实行征用，并给予相应有不适当延迟；补偿货币一般为可兑换货币。国际上对此问题的争议核心是补偿标准及支付形式。发达国家强调充分、及时、有效三原则，发展中国家主张公正、适当标准。

中国与外国签订投资保护协定都载有类似上述的规定。例如，1993年《中日投资保护协定》第4条规定："缔约任何一方保护和保障缔约另一方国民和公司在其境内的投资和收益，只有为公共利益，依照法律和法规，是非歧视性的并给予补偿，方可被征收、国有化或采取其他类似效果的措施。"关于征收补偿标准，2004年《中德投资保护协定》第4条确定的原则为：（1）补偿金额应等于采取征收时被征收投资的价值；（2）补偿的支付不应迟延，应包括直至付款之日按当时商业利率计算的利息；（3）补偿应可有效地兑换和自由转移。不过，中国对资产法对这一问题的规定是"给予相应的补偿"。可见，中国对征收的补偿标准表现为二元制形式，既有法定的补偿标准（国内立法），又有约定的补偿标准（投资协定）。从国际法的国内法关系的角度看，约定的补偿标准应优先于法定的补偿标准。在国际法上，征收有合法与非法之分。合法的征收只产生补偿义务，而非法的征收则产生赔偿义务。

（三）投资利润转移

这方面存在的资金转问题主要原因是外汇管制。外国投资者通常要求东道国政府的保证，而东道国的规定往往带有一定的限制。对此，国际上已形成的一条原则是：东道国应允许外国投资者将投资的资本的利润自由汇回本国，而不应用外汇管理法令来阻止外国投资者的这项权利，但下列情况除外：这类限制主要是为了维持东道国的货币储备或国际收支平衡所必需的。这一原则是通过各国的双边投资保护协定的有关规定逐步形成的。

我国与他国缔结的投资保护协定中的有关规定也基本上采取了这一原则，具体的规定一般有如下几种表述方式：（1）投资者权以可自由兑换货币，按转移当时东道国的官方汇率自由转移其投资及其收益（1980年《中泰投资保护协定》）。（2）保证资本和利益的自由汇出（1986年《中英投资保护协定》），具体内容为："缔约各方保证缔约另一方的国民或公司有权将其投资和收益，以及按照与投资有关的货款协议的任何支付款项，自由转移至基本国。货币的转移应以该资本初始投资时的可兑换货币或投资者与东道国相关机构协议确定的任何其他可兑换的货币不延迟地实施。货币的转移应遵照相关缔约方的外汇管理条例，按转移之日适用的汇率进行。"（3）缔约一方允许缔约另一国国民在其领土内的与投资或投资活动有关的所有资金和与投资者有关而从国外雇佣人员的收入和其他财产自由转移，并不无故延迟（1998年《中澳投资保护协定》）。

（三）投资争议解决

投资争议是指国际投资活动中所产生的与投资者利益有关的纠纷。投资争议有三种：第一种是外国投资者东道国企业或公司之间的争议。第二种是外国投资者与东道国之间由于国有化补偿或政府管理行为等有关投资保护问题而发生的争议。第三种是有关国家之间由于对投资条约的解释及适用而发生的争议。我国近年与其他各国缔结的投资保护协定中，也作出了各种解决方式的规定，具体内容如下：

1. 关于外国投资者东道国企业或公司的争议解决

《中澳投资保护协定》规定："缔约双方国民之间发生有关投资和投资有关的活动的争议，争议双方应首先通过协商和谈判寻求解决。如在三个月内未能解决，任何一方都可以依照接受投资国的法律。"《中日投资保护协定》规定："对于缔约双方国民或公司之间的争议，由争议当事者友好协商解决，也可以进行调解和仲裁。"

2. 关于外国投资者与东道国政府的争议解决

这类争议主要是关于征用合法性或国有化补偿的争议。对此《中德投资保护协定》规定："有关征用的合法性的争端，投资者可以请求东道国法庭审查；对于国有化补偿金额的争议，如果不能协商一致，可以请求东道国法庭或国际仲裁庭审查。"

《中英投资保护协定》对此的规定是："对于投资者与东道国之间的争议，可以由当事方友好协商，也可以向东道国有关法院起诉。"由于我国已在 1992 年加入《关于解决国家和他国国民之间投资争议公约》，因此有关我国与外国投资者之间的争端，亦可以根据该公约的规定，经双方同意，提交解决投资争议国际中心调解或仲裁。

3. 关于缔约国之间的争议解决

《中英投资保护协定》规定："两国政府关于实施本协定的争端，可以通过外交途径解决，也可以诉诸仲裁。"《中澳投资保护协定》对此的规定是："缔约双方就解释或适用本协定所产生的争议，应尽力及时通过友好协商和谈判解决。如在 60 天内未能解决，可以提交仲裁解决。"而《中泰投资保护协定》与《中德投资保护协定》对此的规定均为："对于协定本身的解释或适用的争端，应当协商和谈判解决，如果 6 个月不能按此解决，则应提交国际仲裁。"

11.5.3　投资保险协议

（一）投资保险协议适用范围

投资保险协议是投资国与东道国之间签订的一种不涉及投资待遇，而主要规定代位求偿权等有关事项双边协定。它规定投资者先在基本国的国家机构"海外私人投资公司"投保，将来如果在东道国发生规定的政治风险因而受到损失，在投资者所属国给予赔偿后，即由投资国政府根据协议取得代位求偿权，向东道国政府提出赔偿要求。这是美国政府保护其海外投资所一向采用的协定方式。其主要内容，除了上述的代位求偿以外，还包括：

（1）保险的范围，主要指征收、国有化、停止兑换外币、战争、革命等政治风险。

（2）赔偿的方法，规定赔偿所用的货币、赔偿的标准、款项的范围等。

（3）争议的解决，如关于赔偿而发生的一切争议，可由双方协商解决，如协商不成，可提交国际仲裁机构解决。

（二）中外投资保险协议

我国曾于 1980 年和 1984 年分别与美国和加拿大签订了这种投资保险协议。但从国际层面看，近年来这类双边协议在国际投资中的作用已日益减小。其主要原因有两方面：一是各东道国正日益改善投资法律环境,非商业性的投资风险已在为减少:二是更重要的原因,即《多边投资担保机构公约》(MIGA 公约)的作用。凡双边投资保险协议中的事项,MIGA 公约中均已包括,许多原先签订双边协议的国家都加入了该公约,这类问题可以通过 MIGA 公约在多边基础上一揽子加以解决。

1. 中美投资保险协议

中国与美国两国《关于投资保险和投资保证的协议》以换文方式于 1980 年 10 月签订,主要内容有:(1)美国执行投资保险和保证的机构为海外私人投资公司(Overseas Private Investment Corporation. 简称 OPIC),该公司是根据美国法律设立的独立的政府公司,简称"承保者",(2)投资保险协议规定的承保范围是:由海外私人投资公司承保的投资政府治风险保险(包括再保险)或投资保证,其利益程度以作为承保范围内的保险者或再保险者为限。简言之,承保范围为私人投资的政治风险,并且只适用于政府批准的有关投资项目。(3)中国政府应承认美国承保者的代位求偿权,承保者不应要求比作出转移的投资者享有更大的权利,但美国政府保留以其主权地位按照国际法提出某项要求的权利。(4)两国政府对该协议的解释发生争议时,应尽可能通过谈判解决,3 个月后未能解决争议,经任何一方政府提出可提交仲裁,仲裁由两国政府各派一名仲裁员,并决议第三国国民为首席仲裁员,仲裁应是最终的,具有约束力。(5)如一方政府以照会通知另一方政府要求终止协议。则协议自收到照会之日起 6 个月后终止,协议有效期内的承保范围,该协议条款继续有效,但到多不超过终止协议后的 20 年。

2. 中加投资保险协议

1984 年 1 月中国和加拿大两国政府以换文形式签署了《中加投资保险协议》,该协议的主要内容包括:(1)承保的险别为政治风险,政治风险的含义是,战争或导致投资者财产损失的任何其他非常政治风险;政府或其他代理机构征用,没收或剥夺任何财产的使用和政府或其代理机构采取任何其他行动而剥夺了投资者在投资中或与投资相关的任何权利;政府或其代理机构在中华人民共和国境内采取任何行动而禁止或限制任何货币或财产转移出境。(2)加拿大执行投资保险的机构是出口发展公司(Export Development Corporation),该公司是加拿大政府的代理机构,简称"承诺代理"或"承保者"。(3)根据中加投资保险协议,如果,"承保代理"依据保险合同向投资者支付了赔款。中国政府承认"承保代理"行使由权利原有者移交给它的权利,"承保代理"不应要求比作出转移的投资者可享有的便大的权利。(4)对于"承保代理"根据保险合同取得的中国政府的法定货币款项和信用票证,中国政府给予该资金的待遇不应有别于原投资者掌握此项资金,如偿付其在中国境内的投资或转让给中国政府同意的任何个人或实体。

11.6 多边国际投资条约

从国际投资法的发展进程看,在国际法层面上取得重大成果的主要是双边投资协定以及区域性投资协定,而在跨地区的多边国际投资条约方面,相对而言进展不大。

11.6.1 投资争议解决公约

1965 年 3 月,在世界银行支持下,各国在华盛顿制定了《关于解决国家和他国国民之间投资争议公约》（Convention on the Settlement of Investment Disputes between States and Nationals of Other States. 简称（华盛顿公司））。根据《华盛顿公司》规定，又正式成立了解决投资争议国际中心（International Centre for Settlement of Investments Disputes. 简称 ICSID 或中心）。目前，ICSID 是世界上唯一解决东道国与外国投资者投资争议的国际仲裁机构。《华盛顿公司》于 1965 年 10 月正式生效，该公约是以仲裁方式解决东道国与外国投资者之间的投资争议的世界性公约。公约的目的是通过解决这种国家与投资者之间的投资争议创立新的国际仲裁机制，以促进国际私人投资流入发展中国家。中国已于 1992 年 6 月核准参加了这一公约。截至 2004 年 5 月，共有 156 个国家签署了该公约，其中 141 个国家正式批准加入该公约。

11.6.2　多边投资担保公约

20 世纪 80 年代的发展中国家经济陷入困境，影响了当时的国际经济交流与合作。客观上有必要建立多边的国际性投资保证机构，以促进国际投资的发展。

《多边投资担保机构公约》（Convention on Multilateral Investment Guarantee Agency）简称《汉城公约》或 MIGA 公约）。根据该公约成立的多边投资担保机构（简称 MIGA）于 1989 年 6 月正式运营，而《汉城公约》则是 1985 年在世界银行理事会主持通过并于 1988 年生效。中国已于 1992 年 6 月核准参加了该公约。截至 2005 年 4 月底，公约已有成员国 167 年，其中发达国家 25 个，发展中国家 143 个，MIGA 的法定资本为 10 亿特别提款权，该资金来源于其成员国的出资，共为 10 万股，供会员国认购，每股价值为 1 万特别提款权。1999 年 3 月，MIGA 理事长又通过决议增资了 8.5 亿美元，此外，MIGA 还从世界银行获得了 1.5 亿美元的营运资本。这些资金是 MIGA 得以正常劳动的基础，用于支付承保范围内的险别出险时的担保额赔偿。在 MIGA 的上述法定资本中，中国政府共认购了 3138 万特别提款权，认购额在 MIGA 全体成员中名列前茅。

1. MIGA 的法律地位与职能

《汉城公约》的作用与双边投资保险协议基本类似，其主要目的在于通过多国投资担保机构来承保各国投资者海外投资的风险。《汉城公约》是目前国际上最重要的多边投资担保公约，其基本功能是以保险投资来对抗非商业风险，为那些国内没有投资保险机构的国际投资提供可资利用的保险机构。因此，MIGA 的基本职能有两项：（1）在会员国从其他会员国取得投资时，对投资的非商业性风险予以担保；（2）促进会员国改善投资环境。

2. MIGA 承保的投资风险

投资风险是指国际投资中，可能使外国投资者蒙受损失的不确定因素，一般包括：（1）政治风险，主要指东道国的政局是否安定，其利用外资的政策如何。如是否会发生战争、革命、会不会对外资实行国有化，征收或禁止投资收益汇出等。（2）商业风险，主要指东道国的国民经济是否稳定，国际收支状况以及造成投资经营亏损的不利影响。MIGA 承保的风险主要指政治风险，而不包括商业风险。

（1）承保险别

根据该公约第 11 条（承保险别）的规定，MIGA 所承保的险别限于以下四项：①货币汇兑险。②征收和类似的措施。③违约。④战争和内乱险。

（2）征收范围

中国出口信用保险公司在目前海外投资保险文件中将征收行为定义为："征收指投资所在国政府采取、批准、授权式同意的对投资实行的强行征用、没收、国有化、扣押等行为。这些行为需持续一段时间，且使投资者无法正式经营项目企业，或者剥夺，妨碍投资者的权益。"由此可见，该定义偏重于直接征收。

美国法律规定表明其所定义的征收内容包括了直接征收与间接征收两方面，但均必须达到一定后果才能认定，一般指东道国政府行为阻碍了投资者：（1）获得投资收益的到期款项；（2）转让有价证券；（3）对投资企业财产的使用或处置；（4）建设或经营权益项目；（5）有效控制证券投资收益所获得的金额。

（3）间接征收问题

近年来的有关国际投资的判例已开始将间接征收扩大到政府的有关管理行为。直接征用主要采用没收和国有化方式，间接征用的主要表现方式包括以下各项：（1）强制出售财产；（2）强制出售股份；（3）本地化措施；（4）纵容他人接受财产；（5）在外国投资受到干预时不能提供保护；（6）取消许可的行政决定；（7）过度的税收；（8）违反国际法方式驱逐外国投资乾；（9）冻结银行存款，煽动罢工，禁止雇佣；（10）对投资实行管理控制。

在国际投资法律实践中，如果东道国采取增加税收，外汇管制、货币贬值或限制利润等管制措施，并超过了外国投资者所能承受的界限，就有可能被认为实施了间接征收的行为。

11.6.3 WTO 体系下多边投资协定

（一）投资措施协议

随着全球对外投资的急速增长，国际投资促进国际贸易发展的趋势已经形成，吸收外国投资的东道国对外资企业的生产经营活动实行的投资管理措施，向来被认为是投资环境中最为重要的部分，大体上可分为对外资的各项限制措施与优惠措施这两类。

投资措施指东道国通过外资政策或立法对外国投资投资企业的投资，生产与经营活动进行投资管理的各项措施。认识到某些投资措施可能会对贸易产生限制与扭曲的作用，各国在乌拉圭回合的谈判中对这些投资措施进行了专门的谈判，并确定了 13 项典型的投资措施。最终达成了《与贸易有关的投资措施协议》（TRIMs 协议）。

（二）服务贸易总协定（GATS）

GATS 所规定的服务贸易的主要提供方式为商业存在，即必须通过直接投资设立机构来进行，因此，GATS 对服务贸易的定义包括了投资，商业存在属于投资经营。虽然服务贸易与直接投资是交叉重叠关系。服务贸易的主要形式实际上就是出口贸易（跨境交付），与对外直接投资（商业存在），因此服务既可以通过对外直接投资也可通过出口贸易提供给外国市场，但服务本身一般无法储存，其生产和消费均同时同地发生，这表明，对外直接投资是向国外市场提供服务的最主要方式。与商品相比，许多服务只有通过其设在国外的附属企业或分支机构在当地生产才能供应外国市场，例如银行、广告、会计、保险、工程、数据处理，商业零售等均是如此。这也是可以将 GATS 列为多边投资协定范畴的主要原因。

11.6.4　经济合作与发展组织多边投资协定

（一）多边投资协定性质特征

多边投资协定（Multilateral Agreement of Investment，简称 MAI），也许是国际投资立法中的最重要的进展，这是就其内容反映国际投资法的最新进展而言。MAL 文本谈判在 OECD 倡导与组织下自 1995 年开始，到 1998 年 4 月召开的 OECD 部长及委员会议结束。由于 MAI 是一个开放性的国际协定，最终要向所有国家开放，因此在法律形式上，其具有造法性公约的地位是没有问题的。此外，MAI 的另一个意义在于：其文本内容中无论是已取得一致的意见，还是有重大分歧的问题，均反映了当前国际投资领域的重要法律规则或问题。各国有分歧的问题，正是调整或处理国际投资关系中所要解决的实质问题。根据 OECD 谈判的规定，MAI 的性质主要有以下两点：第一，为国际投资提供广泛和高标准的投资自由化制度和投资法律保护；第二，作为一个独立性的国际条约，对所有 OECD 和欧盟成员国开放，同时允许非 OECD 成员国加入。

（二）多边投资协定内容结构

MAI 旨在建立一套完整的国际投资法律制度，不仅调整直接投资，也包括其他形式的投资组合，涉及有关国际投资的所有方面，包括企业设立、跨国收购、企业发展生产经营、行政管理、法律保护、使用与销售或其他形式的投资处理（交易）。1995 年 5 月，OECD 发动正式谈判，三年后（1998 年 5 月）便出台了谈判草案文本。

11.6.5　国际投资条约仲裁

（一）国际投资条约仲裁的性质

近年来，在中心（ICSID）提起的投资条约仲裁案件的数量急剧增加。截至 2005 年 11 月累计的这类仲裁案件数已达到 219 起，而在 2000 年时，投资条约仲裁案件数才不过 75 件。投资条约仲裁是指当事方之间因投资条约争议而提起的仲裁，即一方认为另一方的行为或措施违反了有关投资条约而将争议提交仲裁。目前这类投资条约仲裁主要由中心管辖，但其他国际机构根据当事方选择也可受理。在上述 219 起投资条约请求中，有 132 起由 ICSID 仲裁庭主持，另有 65 件由联合国国际贸易法委员会（UNCITRAL）根据其规则仲裁，只有 22 件是按照其他仲裁规则进行的。

（二）国际投资条约仲裁内容

投资条约仲裁处理的争议涉及东道国政府行为是否违反投资保护协定中的条款，包括投资待遇（国民待遇、最惠国待遇、公平与公正待遇），投资保护（间接征收问题）和投资范围与市场准入等问题。此外，投资条约仲裁大多数针对涉及公众利益的敏感性行业，包括供水、供电、废水处理、卫生公共服务。其中不少投资条约仲裁案例的请求要求解决东道国中央政府与地方政府管理部门措施的冲突问题，例如中央政府部门许可，而政府不予批准实施的专项投资项目。

作为东道国，被申请方既有发展中国家也有发达国家，但以前者为主。上述 219 起投资条约仲裁中，有 2/3 是针对发展中国家提起请求，其中作为被诉方的阿根廷政府的有 42 起，墨西哥政府的有 17 起。发展中国家的投资条约仲裁实践几乎都是作为被请求方，只有 11 起仲裁案是由于发展中国家的企业提起投资条约仲裁。

在荷兰广播公司诉讼捷克共和国一案中，仲裁庭认定捷克政府有关新闻管理规章措施违反荷捷投资协定，而裁定其赔偿 2.7 亿美元加利息。2002 年厄瓜多尔政府被裁定赔偿美资能源公司 7 100 万美元，理由是其对税收法规的变更违反了美厄投资协定。2005 年 ICSID 裁决阿根廷赔偿美国能源公司 1.33 亿美元，理由是阿根廷政府采取的应对金融危机措施的结果违反了阿美投资协定。

本章案例

越南的新《外国投资法》

越南的新《外国投资法》为适应改革开放的需要，越南国会于 1987 年 12 月通过了第一部《外国投资法》，它规定了越南对外国投资者的基本政策，对吸引和利用外资发挥了重要作用。为进一步完善外资法规，改善投资环境，越南国会 1996 年 11 月又通过了新《外国投资法》，该法的主要内容如下：

（一）投资的领域和地区。鼓励投资的领域有：1. 生产出口商品；2. 饲养，种植，加工农、林、水产品；3. 使用先进工艺、现代技术，保护生态环境，投资于科研和开发方面；4. 使用大量劳动力，加工原材料和有效使用越南的自然资源；5. 建设基础设施和重要工业生产企业。越南鼓励投资的地区包括：山区、边远地区和社会经济条件困难的地区。越南限制外商向国防、国家安全、历史遗迹、文化和对生态环境造成危害的领域和地区投资。

（二）投资形式。越南吸引和利用外资的形式主要有：合作经营、合资企业和独资企业。其中合资企业中对外资不限最高额度，但不得少于注册资金的 30%。外资企业经营期限及合作经营合同的期限不得超过 50 年，超过这一期限的项目由政府审定，但最长不超过 70 年。

（三）投资保障。越南保证公平和妥善地对待外国投资者，他们的资金和其他合法财产不通过行政措施予以征用或没收，对外资企业不实行国有化。外国投资者在越南转让技术的工业产权及其合法权益受政府保护。对由于越南法律的改变而利益受到损害的外资企业及参加合作经营的各方，越南政府将对投资者的权利予以妥善解决。

（四）投资鼓励。外商投资企业一般可享受所得税减免优惠待遇，最长免税期可达 8 年，对鼓励投资项目税率上也有一定优惠。外国投资者所获利润可以自由汇出。

根据以上资料，试评越南的新《外国投资法》。

本章小结

1. 国际投资法是调整国际直接投资活动中各种经济关系的国内规范（外国投资法）和国际法规范（国际投资条约）两个法律层面的综合。其法律关系调整呈现东道国内的外国投资立法、双边投资协定、区域性条约和多边国际安排的多元结构。

2. 凡是从事国际投资活动的企业法人都能依法取得国际投资法主体资格。东道国主管外国投资的国家机关或部门以国家的法律、法规为依据，对各种外国投资活动进行行政管理关系，即对其实施管理和监督。

3. 东道国内的外国投资立法主要包括外国投资的市场准入、外国投资的法律保护、跨国并购投资法律制度和跨国证券投资法律制度等四个方面。

4. 有关国际投资的双边条约的主要有两类；第一类是关于鼓励、促进和保护投资的协定，亦称投资保护协定；第二类是关于投资保险的协议。投资保护协定所涉及的内容是广泛的，这种形式已为各国所普遍采用，在国际投资条约中所起作用最大。投资保险协议所涉及内容是单向的专门解决投资保险后的代位求偿的问题。

5. 跨地区的多边国际投资条约方面，相对而言进展不大。到目前为止，有关国际投资的多边条约主要有以下三类：第一类是处理投资中专项问题的公约，即解决投资争议的《华盛顿公约》与关于投资风险担保的《多边投资担保机构公约》，《与贸易有关的投资措施协议》和《服务贸易总协定》，后者因服务贸易的主要形式商业存在属于投资，而列入多边投资协定范畴；第三类是指跨地区的《多边投资协定》的文本草案，其目的在于建立统一全面的国际投资法典，因各国间争议较大未获通过，但其内容仍在一定程度上反映了国际投资法的趋势与发展。

本章习题

1. 国际投资法的法律含义。
2. 国际投资法内容体系。
3. 简述外国投资管理措施的内容与趋势。
4. 外国投资的权益的一般原则。
5. 美国对外资并购的法律监管内容。
6. 有关国际投资的双边条约的主要有内容。
7. 多边投资担保机构公约（MIGA）的法律地位与职能。

第 12 章

国际税法

1. 了解国际税法的含义、宗旨、原则和性质。
2. 掌握国际税收法律关系。
3. 了解国际税收管辖权的确定。
4. 熟悉国际重复征税和重叠征税的成因与危害。
5. 掌握国际逃税和避税产生的原因和方式。
6. 掌握解决国际重复征税与重叠征税的方法。
7. 熟悉国际逃税和避税的措施。
8. 掌握国际税收协调的内容、模式及参与应对措施。

北京首起涉外税收行政诉讼案

北京市高级人民法院终审判决驳回美国泛美卫星国际系统责任有限公司诉北京市国税局撤销其具体行政行为的诉讼请求。

1996 年 4 月 3 日，泛美公司与中央电视台签约，泛美公司向央视提供压缩数字视频服务，央视于 1996 年 5 月 3 日向泛美公司支付相当于 196.1 万余美元的保证金。1999 年 1 月，北京市国税局对外分局在税务检查中认为，央视在支付上述款项时应当履行代扣代缴所得税义务，故作出了要求央视于 1999 年 1 月 28 日前申报缴纳相应税款的行政通知。泛美公司得知后，于 1999 年 3 月 26 日按已收款额的 7% 缴纳了外国企业所得税，并向国税局对外分局申请行政复议，后将国税局对外分局告上法庭。审理中，国税局对外分局于 2000 年 6 月 26 日撤销了此通知，泛美公司遂撤诉。

2000 年 6 月 30 日，北京市国税局对外分局又作出通知，央视与泛美公司签订的电视卫星传送协议所支付的费用，应由央视履行代扣代缴的义务，并将该决定内容告知泛美公司。

泛美卫星公司对此不服，经行政复议后又将北京市国税局诉至法院。

北京市高级人民法院认为，税务机关认定泛美公司据此收取的费用符合《中美税收协定》的规定。根据我国《外商投资企业和外国企业所得税法》和《中美税收协定》规定，税务机关对泛美卫星公司收取的款项征收预提所得税是合法的。因此，市一中院一审所作驳回泛美卫星公司诉讼请求的判决合法，依法驳回泛美公司的上诉请求。

讨论：1. 你认为外国企业在中国纳税应依据何种法律规范？

2. 北京市国税局征收泛美公司预提所得税一案有何启示？

12.1　国际税法概述

12.1.1　国际税法的含义

国际税法是调整在国家与国际社会协调相关税收过程中所产生的国际税收征纳关系和国际税收分配关系的法律规范的总称。国际税法的调整对象是国际税收征纳关系和国际税收分配关系。国际税收征纳关系，从一国的角度看就是涉外税收征纳关系，是征税国（包含征税机关）作为一方、有跨国所得的纳税人作为另一方在税收征纳过程中形成的权利义务关系；国际税收分配关系，是指两个或两个以上的国家或地区在分配其对跨国纳税人的所得或财产进行征税的权利的过程中所产生的税收利益分配关系。从国际税收关系的形成来看，国际税收征纳关系的出现早于国际税收分配关系的产生，后者是以前者为逻辑前提而导致的必然结果。然而从关系的本质来看，尽管国际税法具有鲜明的"国际性"，但同时也是其国内税法的组成部分之一，国际税收征纳关系与国内税收征纳关系并无本质不同；而国际税收分配关系则从根本上促成了国际税法作为国际经济法的一个独立法律分支的最终形成，并成为其区别于国内税法的本质特征。

国际税收关系的出现有两个前提，一是国际经济交往的发展；二是所得税制度在各国的建立。有国际经济交往，纳税人才会有国际性的收入；有所得税制，才会出现不同国家对同一纳税人的国际收入同时征税的现象，并由此产生国家间的税收分配问题。国际税收关系始于 19 世纪末期，从这时起到第二次世界大战，是国际税法的萌芽阶段。战后，随着国际税收关系的迅速发展，国际税法进入了形成与发展的阶段。

国际税法的法律渊源包括国内法渊源和国际法渊源。国内法渊源主要是各国政府制定的所得税法和一般财产税法，普通法系国家还包括法院的税务案例。它们在调整国际税收关系中的主要功能和作用，在于确定国家对跨国征税对象的税收管辖权、征税范围和程度、以及课税的方式和程序；国际法渊源则主要是各国相互间为协调对跨国征税对象的课税而签订的双边或多边性的国际税收条约和各国在国际税收实践中普遍遵行的税收国际惯例。它们的主要作用在于协调各国税收管辖权之间的冲突、避免国际重复征税和确立国际税务行政协助关系。国际税法的这两部分法律渊源在国际实践中彼此配合作用，互相补充渗透，共同实现对国际税收关系的法律调整。

12.1.2 国际税法的宗旨和原则

（一）国际税法的宗旨

国际税法的宗旨，是国际税法的目的论范畴或价值论范畴，是国际税法所促进的价值与所要实现的目标。研究国际税法宗旨对于建立完整的国际税法范畴体系具有重要意义，国际税法的宗旨包括维护国家税收主权和涉外纳税人基本权利两方面的内容。

1. 维护国家税收主权

维护国家税收主权是国际税法的首要宗旨，税收主权是国家主权在税收领域的体现。没有税收主权，国家在国际税收分配关系中的一切利益都无法实现，甚至连国际税法本身都不会存在，因为国际税法是以国家税收主权的存在为前提的。各国所谓的公平合理的国际税收秩序，其判断标准最根本的就是本国的税收主权，税收主权是隐藏在公平合理等口号下的实质，各国所主张的公平合理的国际税收秩序之所以有所差异甚至有很大差异，根本原因在于各国的税收主权所要求的国际税收秩序的不同。发达国家所要求的国际税收秩序是有利于维护发达国家税收主权的，同样，发展中国家所呼吁的国际税收秩序也是有利于维护发展中国家的税收主权的。不维护本国税收主权的国际税法根本不可能存在。

2. 维护涉外纳税人基本权利

维护涉外纳税人基本权利也是国际税法的宗旨，因为国际税法也是法律，也必须反映纳税人的利益。这里所谓的涉外纳税人首先是指本国的涉外纳税人，其次是指在本国投资的外国人。本国的法律保护本国纳税人是情理之中的事情，本国的法律保护外国投资者也是为了处于维护本国利益的目的，即吸引国际投资。国际税法一方面通过国际税收协定的方式，另一方面通过国内税法的方式来维护涉外纳税人的利益。涉外纳税人的基本权利是公平税负权，即涉外纳税人与其他纳税人在税收负担上是公平的，不因其涉外因素而多负担税收义务。维护涉外纳税人基本权利的基本方法是避免对涉外纳税人进行双重征税。

（二）国际税法的原则

国际税法基本原则是指普遍适用于国际税法的各个方面和整个过程，构成国际税法的基础，并对国际税法的立法、守法、执法等均具有指导意义的基本信念。国际税法的基本原则有国家税收主权原则、国际税收公平原则、国际税收中性原则和国际税收效率原则。

1. 国家税收主权原则

国家税收主权原则，是指在国际税收中一国在决定其实行怎样的涉外税收制度以及如何实行这一制度等方面有完全的自主权，任何人、任何国家和国际组织都应尊重他国的税收主权。国家税收主权原则体现在现涉外税收的立法、执法、守法和税收争议解决等方面，一个国家可以任意地制定本国的涉外税法，包括税收管辖的确定，税基与税率的确定，以及避免双重征税、防止避税与逃税的措施的确定等；一国在执行本国税法方面，不受他人或他国的干涉，也不受任何国际组织的干涉；如果两国之间产生了税务纠纷，两国只能通过相互协商的途径进行解决，即使协商不成也别无他途。国家税收主权原则是国际经济法经济主权原则在国际税法领域里的具体运用。

2. 国际税收公平原则

国际税收公平原则包括国际税收分配公平和涉外纳税人税负公平两个方面。这两种公平虽然处于两种不同的层面，但二者却紧密相连，相互影响。国际税收分配公平是指主权国家在其税收管辖权相互独立的基础上平等地参与国际税收利益的分配，使有关国家从对国际交易的所得等征税对象的课税中获得合理的税收份额；涉外纳税人税负公平原则是指跨国纳税人所承担的税收与其所得的负担能力相适应的原则，其有横向公平与纵向公平之分。所谓横向公平是指经济情况相同的纳税人承担相同的税收，而纵向公平是指经济情况不同的纳税人应承担与其经济情况相适应的不同的税收。

3. 国际税收中性原则

国际税收中性原则是指国际税收体制不应对跨国纳税人跨国经济活动的区位选择以及企业的组织形式等产生影响。一个中性的国际税收体制应既不鼓励也不阻碍纳税人在国内进行投资还是向国外进行投资，是在国内工作还是到国外工作，或者是消费外国产品还是消费本国产品。国际税收中性原则可以从来源国和居住国两个角度进行衡量。从来源国的角度看，就是资本输入中性，而从居住国的角度看，就是资本输出中性。资本输出中性要求税法既不鼓励也不阻碍资本的输出，使得在国内的投资者和在海外的投资者的相同税前所得适用相同的税率；资本输入中性要求位于同一国家内的本国投资者和外国投资者在相同税前所得情况下适用相同的税率。

4. 国际税收效率原则

国际税收效率原则是指以最小的费用获取最大的税收收入，并利用税收的经济调控作用最大限度地促进世界经济的发展，或者最大限度地减轻税收对世界经济发展的妨碍。国际税收效率原则是国内税法的税收效率原则向国际税法领域延伸的结果，它包括税收行政效率和税收经济效率两个方面。就行政效率而言，其要求具有税收管辖权的所有有关国家应进行税收的行政协调与合作，在对纳税人实现征税的同时，使所有国家的征税成本降至最低；就经济效率而言，其则要求税的征收不至于阻碍世界经济的发展。

12.1.3　国际税法的性质和国际税收法律关系

（一）国际税法的性质

国际税法的性质，是指国际税法区别于其他法律领域的根本属性。研究国际税法的性质要放在一定的参照系中，根据学界讨论法律规范性质所使用比较多的参照系，我们选取了公法和私法、国际法和国内法以及实体法和程序法等三个参照系，分别探讨国际税法在这三个参照系中的性质。

1. 公法兼私法性质

国际税法属于公法还是私法，还是二者兼而有之，我们认为这与学界对于国际税法概念的理解是直接相关的。如果把国际税法定位于国际公法的一个分支部门，那么，国际税法的性质就只能是纯粹的公法。但如果把国际税法定位于既包括国际法规范也包括涉外法规范的综合领域，那么，国际税法就有可能具有私法的性质。广义国际税法的调整对象包括两个方面：国际税收分配关系和国际税收征纳关系。国际税收分配关系是两个以上的主权国家在分配税收利益的过程中所发生的社会关系。虽然涉及的主体是国家，涉及的利益也是公共利益，但其中所体现的平等互利的原则与私法关系有诸多类似之处，而且其所涉及的利益也包括个人利益，因此，调整这部分社会关系的法律规范虽然在整体上属于公法，但其中蕴含有较多的私法色彩。国际税收征纳关系纯粹属于国内税法的组成部分，这一问题就转化为税法属于公法还是私法的问题，法学界一般认为由于税法在主体上涉及国家这一公共权力组织，在保护的利益上涉及国家利益和社会公共利益，而且具有强烈的权利服从关系色彩，因而税法在总体上属于公法。但税法也体现出较多的私法色彩，如课税依据私法化、税法概念范畴私法化、税收法律关系私法化、税法制度规范私化法等。综上所述，广义国际税法在总体上属于公法，但兼具私法的性质。

2. 国际法兼国内法性质

国际法和国内法是根据法律规范的创制主体和适用主体的不同而对法律规范所作的分类。国内法是指在一个主权国家内，由特定国家法律创制机关创制的并在本国主权所及范围内适用的法律；国际法则是由参与国际关系的国家通过协议制订或认可的，并适用于国家之间的法律，其形式一般是国际条约和国际协议等。关于国际税法的国际法与国内法性质与学者对国际税法的界定具有直接的关系，如果把国际税法严格界定在国际法的范围内，认为国际税法就是包含财政内容的国际公法，即不包括各国的涉外税法，那么，国际税法的性质就是纯粹的国际法。如果认为国际税法包括各国的涉外税法，那么，国际税法的性质就是兼具国际法和国内法的性质。目前，中国国际税法学界基本持后一种观点，即国际税法包括国际法规范和国内法规范，国际税法的国际法规范源于用以调整国际税收分配关系的国际税收协定；其国内法规范源于各国的涉外税收法律制度。

3. 程序法兼实体法性质

实体法与程序法是按照法律所规定的内容不同为标准对法律所作的分类，一般认为，规定和确认权利和义务或职权和职责的法律为实体法，以保证权利和义务得以实现的或职权职责得以履行的有关程序为主的法律为程序法。关于国际税法的程序法与实体法性质，一种观点认为国际税法只能采用间接调整手段，即国际税法只包含冲突规范；另一种观点认为，国家税法既可以采用间接调整手段，也可以采用直接调整手段，即国际税法既包括冲突规范也包括实体规范。目前，后一种观点为中国国际税法学界的通说，即认为国际税法的法律规范既包括实体法规范，又包括程序法规范。国际税法的实体法规范是指在国际税收法律规范中所规定的直接确定当事人权利义务的规范；程序法规范是指国际税收法律规范中关于税收征收管理机关及其征收管理程序的规定以及用以确定不同国家税收管辖权的冲突规范。

（二）国际税收法律关系

国际税收法律关系是国际税法在调整国际税收征纳关系和国际税收分配关系的过程中所形成的权利义务关系。国际税收法律关系是国际税法学的基本范畴，可以为国际税法基础理论的研究提供基本的理论框架，以它为参照系可以把国际税法的众多基本范畴联系起来，从而能够为国际税法学的基础理论研究提供一种整合的功能与效果。

1. 国际税收法律关系的主体

国际税收法律关系的主体，又称为国际税法主体，是参与国际税收法律关系，在国际税收法律关系中享有权利和承担义务的当事人。国际税法的主体，从其在国际税收法律关系中所处的地位来看，可以分为国际征税主体、国际纳税主体和国际税收分配主体；从主体的表现形式来看，有国家、国际组织、法人和自然人。国家在国际税收法律关系中同时作为征税主体和税收分配主体；自然人和法人在国际税法和国内税法中都是纳税主体，而且在国际私法和国际经济法其他分支中也可以作为主体；一些国际经济组织，也是国际税法中的纳税主体。国际税法是调整国家间、国际组织、法人和自然人之间关于国际税收关系的国际、国内税法规范的总和。

2. 国际税收法律关系的客体

国际税收法律关系的客体是国际税法主体权利义务所共同指向的对象。国际税法的客体包含着具有递进关系的两个层面的内容。第一层面，是国际税法的征税对象。在这一问题上，我们赞成广义的国际税法客体说，认为国际税法所涉及的税种除了所得税、财产税等直接税以外，还包括关税、增值税等商品税；国际税收法律关系第二层面的客体是在国家间进行分配的国际税收收入或称国际税收利益。看起来，这似乎仅仅是国际税收分配关系的客体，将其作为国际税法的客体似乎又犯了以偏概全的错误。其实不然，因为这一国际税收收入正是通过各国行使税收管辖权进行涉外税收征管而获得的，与各国的涉外税收征纳关系有着密不可分的联系。也正因为在国家间进行分配的国际税收利益直接来源于各国对其涉外税种的征税对象的课征，我们才认为后者作为国际税法第一层面的客体与前者作为第二层面的客体间存在着递进关系，从而共同构成了国际税法的双重客体。

3. 国际税收法律关系的内容

国际税收法律关系的内容，是指国际税收法律关系主体所享有的权利和所承担的义务。在国家与国家之间的法律关系中，二者权利义务是对等的。一般来讲，国家所享有的权利包括征税权、税收调整权、税务管理权以及根据国际税收协定所规定的其他权利，国家所承担的义务包括限额征税义务、税收减免义务、税务合作义务以及根据国际税收协议所规定的其他义务。在国家与涉外纳税人之间的法律关系中，二者的权利义务在总体上是不对等的。一般来讲，国家所享有的权利主要包括征税权、税收调整权、税务管理权和税收处罚权等，国家所承担的义务主要包括限额征税义务、税收减免义务、税收服务义务等，涉外纳税人所承担的义务主要包括纳税的义务、接受税收调整的义务、接受税务管理的义务以及接受税收处罚的义务等，涉外纳税人所享有的权利主要包括依法纳税和限额纳税权、税收减免权、享受税收服务权、保守秘密权、税收救济权等。

12.2　税收管辖权

12.2.1　税收管辖权概述

税收管辖权指一国政府依据国家主权来行使征税权力，包括国家向处于本国境内的本国人依照本国税法征税或基于属人管辖权向处于外国境内的本国人和依据属地管辖权向处于本国境内的外国人依据本国税法征税的权力。其前者为国内税收管辖权而后者为国际税收管辖权，就国际税收管辖权而言，各国基于主权的属人效力所主张的税收管辖权表现为居民税收管辖权和公民税收管辖权，而基于主权的属地效力所主张的税收管辖权为所得来源地税收管辖权和财产所在地税收管辖权。

12.2.2 属人性质的税收管辖权

（一）居民税收管辖权

居民税收管辖权是征税国基于纳税人与征税国存在着居民身份关系的法律事实而主张行使的征税权。纳税人在这种税收管辖权下负担的是无限纳税义务，即征税国要对纳税人世界范围内的一切所得或财产价值征税。由于纳税人居民身份关系事实存在是征税国行使居民税收管辖权的前提，因此对纳税人居民身份的确认，是各国居民税收管辖权的重要内容。当前，关于纳税人的民身份的确认，国际上并未形成统一的标准，各国基本上是从本国的实际情况出发，在本国的国内税法中规定居民纳税人的身份确认标准。以下分别说明在确定自然人和法人的居民身份问题上各国税法实践中通常采用的主要标准。

1. 自然人居民身份的确认

在各国税法实践中，关于自然人的居民身份的确认，采用的标准主要有以下几种：（1）住所标准。住所标准就是以自然人在征税国境内是否拥有住所这一法律事实，决定其居民或非居民纳税人身份。所谓住所，是指一个自然人的具有永久性、固定性的居住场所。采用住所标准的国家，主要有中国、日本、法国、德国、瑞士等国；（2）居所标准。居所标准就是以自然人在征税国境内是否拥有居所这一法律事实，决定其居民或非居民纳税人身份。居所一般是指一个人在某个时期经常居住的场所，并不具有永久居住的性质。采用居所标准的国家，主要有英国、加拿大、澳大利亚等国；（3）居住时间标准。居住时间标准即以自然人在征税国境内居留是否达到和超过一定期限，作为划分其居民或非居民的标准，并不考虑个人在境内是否拥有财产或住宅等因素；（4）混合标准。这种标准实际上是把居住期限和居所或住所标准相结合来综合确定自然人的居民身份，从而为国际上常用。

2. 法人居民身份的确认

在公司、企业、和法人团体的居民身份确认方面，各国税法实践中通常采用标准主要有以下三种：（1）注册成立地标准。按此标准，法人的居民身份决定于法人按何国法律注册成立。该标准易于确定法人的居民身份，但法人的注册成立地却往往并非它的实际经营地。美国、瑞典、墨西哥都实行这一标准；（2）实际管理和控制中心所在地标准。按此标准，企业法人的实际管理和控制中心处在哪一国，便为哪一国的居民纳税人。所谓法人的实际管理和控制中心所在地，是指作出和形成法人的经营管理重要决定和决策的地点。英国、印度、新加坡等国，都实行这种标准；（3）总机构所在地标准。按此标准法人的居民身份决定于它的总机构所在地，即总机构设在哪一国，便认定为是哪一国的居民。所谓法人的总机构，一般是指负责管理和控制法人的日常经营业务活动的中心机构。中国和日本均采用这一标准；（4）其他标准。综观各国关于居民公司的认定标准，一般采用上述标准中的一种或几种，少数国家还同时或单独采用主要经营活动地标准，控股权标准。主要经营活动地标准以公司经营业务的数量为依据，控股权标准是以控制公司表决权股份的股东的居民身份为依据。

（二）公民税收管辖权

公民税收管辖权也称国籍税收管辖权，是征税国依据纳税人之间存在国籍法律关系所主张的征税权。在这种税收管辖权下，凡具有征税国国籍的纳税人，不管其与征税国之间是否存在实际的经济或财产利益关系，征税国都要对其世界范围内的一切所得或财产价值征税。因此，纳税人在这种税收管辖权下负担的也是无限纳税义务。自然人国籍的取得，有些国家采取出生地主义，有些则实行血统主义，而且可以通过入籍的方式取得某个国家的国籍，又由于当今人才跨国流动普遍频繁，目前仅有美国、墨西哥等少数国家主张这种税收管辖权。而对于公司、企业等法人团体来说，目前仍有为数不少的国家主张依据国籍联系行使税收管辖权，如美国、加拿大、墨西哥和菲律宾等国。关于法人国籍的确认，多数国家一般采取法人注册成立地标准，认定凡依一国法律登记设立的企业，即属于该国的国民。

12.2.3　属地性质的税收管辖权

（一）所得来源地税收管辖权

所得来源地税收管辖权指征税国基于作为征税对象的所得或财产系来源于本国境内的事实而主张行使的征税权。在这类税收管辖权下，纳税人承担的是有限的纳税义务，即他仅限于就来源于征税国境内的那部分所得，向该征税国政府承担纳税义务。因此，关于所得来源地的识别，就成为各国所得来源地税收管辖权的主要内容。在所得税法上，纳税人的各项所得或收益一般可划分为四类：即营业所得、劳务所得、投资所得和财产收益。各国所得税法和税收实践，对不同性质的所得的来源地采用的判断标准和原则并不完全一致，以下分别阐述各国税法对各类所得来源地识别通常采用的认定标准。

1. 营业所得来源地的确定

在各国所得税法上，营业所得通常是指纳税人从事各种工商业经营性质的活动所取得的利润，亦称经营所得或营业利润。关于营业所得来源地的认定，各国的税法一般都采用营业活动发生地原则，即以营业活动发生地作为营业所得来源地的标志。只是对营业活动发生地，各国税法上有不同的解释。有些国家以有关交易合同的签订地作为营业活动发生地的标志，有些则以货物的交付地作为营业活动的发生地。但是，如果营业活动是通过某种营业机构或固定场所进行的，则一般均以该营业机构或场所的所在地，作为营业所得的来源地。

2. 劳务所得来源地的确定

劳务所得一般是指纳税人向他人提供劳动服务而获得的报酬。纳税人如为企业，则所取得的劳务所得在各国税法上通常认定为营业所得。个人所获得的劳务报酬则可区分为独立劳务所得和非独立劳务所得两类。前者指个人以自己的名义独立从事某种专业性劳务或其他独立性活动而取得的收入，后者指个人受雇于他人从事劳动工作而取得的工资、薪金、劳动津贴和奖金等。在各国税法上，确认个人劳务所得的来源地标准主要有劳务履行地、劳务所得支付地和劳务报酬支付人居住地。

3. 投资所得来源地的确定

投资所得主要包括纳税人从事各种间接投资活动而取得的股息、红利、利息、特许权使用费和租金利益。股息、红利一般是指因拥有股份、股权或其他非债权关系权利而分享公司的利润所取得的所得；利息是指因拥有各种债权所获得的收入；特许权使用费是指因提供专利、商标、专有技术、著作权等的使用权所取得的报酬；租金是因转让有形财产的使用权所获得的利益。各国确认这类投资所得的来源地，主要采用以下两种原则：一是投资权利发生地原则，即以这类权利的提供人的居住地为所得的来源地；一是投资权利使用地原则，即以权利或资产的使用或实际负担投资所得的债务人居住地为所得来源地。

4. 财产收益来源地的确定

财产收益，又称财产转让所得或资本所得，是指纳税人因转让其财产的所有权取得的所得，即转让有关财产取得的收入扣除财产的购置成本和有关的转让费用后的余额。对转让不动产所得的来源地认定，各国税法一般都以不动产所在地为所得来源地。但在转让不动产以外的其他财产所得的来源地认定上，各国主张的标准不一。对转让公司股份财产所得，有些国家以转让人居住地为其所得来源地，有些国家则以被转让股份财产的公司所在地为来源地，有些国家主张转让行为发生地为其所得来源地。

（二）财产所在地税收管辖权

财产所在地税收管辖权是征税国在财产税方面基于征税对象的财产或财产价值存在于本国境内的事实而主张行使的征税权。与所得来源地税收管辖权的性质相类似，在财产所在地税收管辖权下，征税国主张课税的事实依据是作为课税对象的财产或财产价值坐落于或存在于本国境内，同样不考虑纳税人的居民或国籍身份归属。因而纳税人负担的也是一种有限的纳税义务，即仅限于就存在于征税国境内的那部分财产或财产价值对征税国负有纳税义务。关于各种财产的所在地或财产价值存在地的认定，各国税法对土地、房屋等不动产，都是以其实际坐落地为准；对于各种动产，一般以其实际存在的地点为准；对于像船舶、飞机、汽车等交通运输工具这类动产，多以其注册登记地或价值存在地为准。

12.3 国际重复征税与重叠征税

12.3.1 国际重复征税与重叠征税概述

国际重复征税是指两个或两个以上的国家各自依据其税收管辖权按同一税种对同一纳税人的同一征税对象在同一征税期间内同时征税。国际重叠征税是指由于两个或两个以上的国家各自依据其税收管辖权对同一所得按本国税法对公司和股东分别征税，形成对不同纳税人的同一所得征收两次以上税收。国际重叠征税与国际重复征税的区别在于：第一，国际重复征税是对同一纳税人的同一所得重复征税，国际重叠征税则是对不同纳税人的同一所得两次或多次征税，这是两者的基本区别；第二，国际重复征税只存在于国际，不发在一国内。而国际重叠征税，除发生在国际外，还存在着国内重叠征税，国际、国内两者并存。第三，无论国际或国内重叠征税，至少有一个征税人是公司，而国际重复征税，一般发生在单个的公司和单个的个人的税收征纳关系上。

12.3.2 国际重复征税与重叠征税的成因和危害

（一）国际重复征税的成因和危害

1. 国际重复征税的成因

产生国际重复征税的根本原因在于：在国际经济领域中，两国政府对同一跨国纳税人同一时期的同一课税客体行使税体管辖权产生冲突（又叫交叉或重叠），其冲突主要表面在以下几个方面：（1）居民居住管辖权和所得来源地管辖权的冲突。实行居民居住管辖权的国家要对其居民从世界各地获得的收入所得征税，而实行所得来源地管辖权的国家要对来源于该国境内的全部所得征税。若一纳税人的居住国家实行居民管辖权，该纳税人就应依其在全世界各地取得的收入向居住国纳税。当这个纳税人从实行所得来源地管辖权的国家取得收入时，他又必须向实行所得来源地管辖权的国家纳税，这样就产生了国际重复征税；（2）各国行使居民住管辖权的冲突。这主要是由于在处理税收法律关系的过程中，行使居民管辖权的各有关国家采有物联结因素（居民）的确定标准不同而产生的。此外，即使两个采用同样联结因素确定标准的国家，由于各自的内涵不同，如各国对居民住处、习惯住所的定义不同，也有可能造成一种管辖权的冲突，从而导致国际重复征税；（3）各国行使所得来源地管辖权冲突。这主要是由于在处理税收法律关系的过程中，各国采用确定来源地的联结标准不同而产生的。比如对于一笔涉及两个国家的所得，一个国家可能因这笔所得的支付者是在本国而认为该笔所得来源地是本国对其征税，另一个国家则可能因这笔所得的收入者是在本国而认为该笔所得来源于本国而对其征税，从而导致国际重复征税。

2. 国际重复征税的危害

国际重复征税随着经济国际化的发展而出现，其危害主要表现在以下几个方面：（1）纳税人负担不合理。纳税人如果在本国投资、从事经济活动，其所得只负担本国税收。若纳税人在国外投资、从事经济活动，其所得按本国税法规定纳税外，还要按经济活动所在国的税法规定纳税，形成国内投资与国外投资税负不公平的现象。这从经济角度讲，违背公平税负、合理负担的原则；（2）不利于国际资金的充分运用。国际资金的充分运用，必须以良好的税收环境为前提条件。国际重复征税加重了投资者的税收负担，削弱了投资者的竞争能力和筹措资金的能力，不利于国际投资金的充分运用。对于从事外国证券的投资者来说，国际重复征税直接降低了其投资所得，税后利润往往不能补偿这种投资的内在其他风险；（3）不利于国际资源的合理利用。从宏观经济的角度来看，国际重复征税阻碍了国际商品、劳务、人才、技术资金的自由流动，不利于国际性专业化劳动分工，削弱了各国种种潜在的国际经济活动的能力；（4）不利于落后地区的经济开发。为促进落后地区的经济发展，吸引外资，引进技术，实行对外开放政策，是一项战略选择。而国际重复征税不利于资金、技术、人才、商品等的国际流动，因而不利于落后地区利用外资，引进国外先进技术，从而也就不利于落后地区的经济发展。

（二）国际重叠征税的成因和危害

1. 国际重叠征税的成因

国际重叠征税的产生，情况比较复杂。从法律意义上讲，国际重叠征税并不是不同的税收管辖权的冲突，因为国际重叠征税是两个或两个以上国家对两个或两个以上不同纳税人的同一所得多次征税，但所征纳的并不是同一个税种，不能算作法律意义上的双重或多重征税。因此，有些学者把国际重复征税称为法律上的重复征税，而把国际重叠征税称为经济上的重复征税。公司和股东之间，公司和股东在法律上各自具有自己的人格，都是纳税义务主体，公司所获利润依法应缴纳公司所得税，税后利润用股息分配给股东，股东依法应缴纳个人所得税，同一所得，在不同的纳税人手中各征一次，就构成了重叠征税。若公司与股东分别位于两国，则谓之国际重叠征税。

2. 国际重叠征税的危害

国际经济活动越是广泛发展，国际重叠征税的危害也就日益突出，主要有三个方面：（1）妨碍国际投资的积极性。这一点与国际重复征税相同，两者都是对同一笔所得不止一次地征税，造成投资者税负过重和收益过少，必然使投资者对国际投资减少；（2）由于国际重叠征税是对分配利润另征一次税，就会使公司不进行股息分配或者尽量地少分配股息。这种做法除对公司发展有影响外，股东所在国也不能按时收到投资收益，这对于资本输出国的国际收支平衡带来影响；（3）国际重叠征税会使公司尽量利用借贷资本，而较少吸收股份资本，因为，股份资本的股息必须再次纳税，而借贷资本的利息却可以从应税所得额中扣除。这必然会影响资本结构，增加生产成本，减少管理者的责任心。

12.3.3 解决国际重复征税和重叠征税的方法

（一）解决国际重复征税的方法

消除国际重复征税的方法分为国内方法和国际方法两种。国内方法又包括了免税法、抵免法、扣除法三种；国际方法主要是国际税收饶让。

1. 免税法

免税法指居住国对本国居民来自国外的所得或位于国外的财产放弃税收管辖权，免于征税。免税法的基本出发点是承认收入来源国的独占征税权，在具体实践中，免税法又可分为无条件免税法和有条件免税法；全额免税法和累进免税法。

2. 抵免法

抵免法指居住国按本国的居民纳税人在世界范围内的所得汇总计算其应纳税款，但允许其将因境外所得而已向来源国缴纳的税款在本国税法规定的限度内从本国应纳税额中抵免。实行抵免法的国家既承认收入来源地税收管辖权的优先地位，又没完全放弃行使居民税收管辖权，而且基本上能够消除国际重复征税现象。按照不同标准，可将抵免法分为全额抵免法和限额抵免法；国家限额抵免法、综合限额抵免法、分项限额抵免法；直接抵免法与间接抵免法。

3. 扣除法

扣除法指居住国政府在行使管辖权时，允许本国居民用已缴非居住国政府的所得税或一般财产税税额，作为向本国政府汇总申报应税收益、所得或财产价值的一个扣除项目，就扣除后的余额，计算征收所得税或一般财产税。扣除法是在坚持两种税收管辖权的前提下以地域管辖为主充分行使对本国居民的居民税收管辖权。因此，扣除法不同于免税法和抵免法。

4. 税收饶让抵免

税收饶让抵免税收饶让抵免又称税收饶让，是指一国政府（居住国政府）对本国纳税人来源于国外的所得由收入来源地国减免的那部分税款，视同已经缴纳，同样给予税收抵免待遇的一种制度。在国际税收实践中其具体又可分为普通饶让抵免、差额饶让抵免、定率饶让抵免、限制饶让抵免、"荷兰式"饶让抵免。

（二）解决国际重叠征税的方法

由于国际重叠征税与国际重复征税有着不同的特点，因此，消除重叠征税与消除重复征税的方法不同。具体而言，消除国际重叠征税的方法有以下两类：一是股息收入国所采取的措施；二是股息付出国所采取的措施。

1. 股息收入国所采取的措施

在收取股息公司的所在国方面，解决国际重叠征税的办法主要有三种：（1）对来自国外的股息减免所得税。对国内股息采取减免税措施的国家，基本沿用对国内股息减免方法等对国外来源的股息减免所得税。但有些国家除了规定一些必须具备的条件如持股比例、持股期限与国内股息一致，以及必须在来源国已纳税之外，还视本国对海外投资的态度，规定了低于国内股息的减免税额或优惠于国内股息减免税额的减免税幅度；（2）准许国内母公司和国外子公司合并报税。准许国内母、子公司合并报税的国家，有时也准许国内的母公司和国外的子公司合并报税。但是，总的来说准许国内母公司和国外子公司合并报税的国家比准许国内母、子公司合并报税的国家要少得多，而且有一定的条件限制；（3）对外国所征收的公司所得税实行间接抵免。间接抵免是指母公司所在国对国外子公司已向东道国缴纳的税款视为母公司所缴，对居民母公司所给予的税收抵免。

2. 股息付出国采取的措施

对于消除国际重叠征税而言，股息付出国采取的措施也发挥着重要作用，一般而言，股息付出国在消除国际重叠征税方面通常采用两种措施：（1）双税率制又称分割税率制，指股息付出国对用于分配股息的利润和不用于分配股息的利润适用不同税率的制度。按照这种制度，股息付出国对在本国设立的子公司用于分配股息的利润适用低税率计征，对不用于分配股息的利润则按照高税率计征。双税率制通过减轻公司税收负担的方式最终实现减轻股息收入者税收负担的目的，缓解国际重叠征税的矛盾。（2）折算制又称冲抵制，指股息付出国对本国公司征收所得税后，如果税后利润以股息形式分配给外国股东，则按照股东收到的股息额的一定比例将税款退还给股东，然后以股息和退还税款之和为基数按适用的税率计征所得税，纳税余额为净股息所得。折算制通过减轻股东税收负担的方式消除国际重叠征税的现象，具有较好的实际效果，但目前采用这种做法的国家尚不多。

12.4　国际逃税与避税

12.4.1　国际逃税与避税的概述

国际逃税是指跨国纳税人利用国际税收管理和合作上的困难与漏洞，采用种种隐蔽的非法手段，以达到逃避有关国家税法或者税收协定规定的纳税义务的行为。国际避税是指跨国纳税人利用各国税收法律的差别，采取变更经营地点或者经营方式等种种公开的合法手段，以谋求最大限度减轻国际纳税义务的行为。国际逃税和国际避税是不同的两个概念，存在着一些明显区别。首先，从性质上讲，逃税是一种非法行为，是以非法欺诈手段减轻税负；而避税则是以形式合法的手段来减轻税负，虽然是一种不道德的行为，但并不具有欺诈性；其次，二者采用的方法不同。避税往往是公开利用了税法条文本身存在的缺陷和不足，通过人的流动、物的流动、国际避税地的利用、转让价格以及税收条约的滥用等合法方式以达到减轻纳税负担的效果；而逃税行为基于欺诈的性质，决定了该行为只能表现为有意识的隐瞒、错误陈述、谎报、涂改、伪造等非法方法；再次，由于国际逃税、避税性质不同，因而对其处理的方法也就不同。对于逃税，可以由有关国家根据国内税法或税收协定，依法进行补税和加处罚金乃至追究刑事责任；对于避税，一般来说，各国税收当局所能采取的措施，只是修改和完善有关法律，堵塞可能为纳税人所利用的漏洞，而并不能追究当事人的法律责任。

12.4.2 国际逃税与避税产生的原因和方式

（一）国际逃税产生的原因和方式

1. 国际逃税产生的原因

逃税是国内税法防范的主要内容，在税收扩大到了国际税收的范围之后，逃税的数额越来越大，手段越来越简单，防范与查处越来越难，逃税现象越来越多。对于此等国际逃税，究其原因主要有：（1）主权国家所决定的税收管辖范围不同。各国的税收机关在本国境内执行本国的税法，而不能到别的国家领土主权范围内去执行本国税法，行使税收管辖权，这是国家主权原则决定的。而不能行使管辖权就不能对境外的税收进行征管、检查、惩处。纳税人可以利用不同法域的优势大肆伪造账目、收付凭证，虚报成本、收入、投资额，造成国际逃税；（2）语言、文字、会计制度不同。语言、文字及会计制度的不同也是造成国际逃税的一个主要原因。国际税收的逃税人利用语言、文字上的歧义和不同理解有意逃税是一个主要方法。会计制度在各国都有不同规定，意义相同的项目有不同的规定，而这些不同规定也是造成国际逃税的一个重要原因；（3）未签订税收协定，缺少国际税收合作。未签订税收协定、建立税务情报交换制度及防止逃税措施，也是国际逃税产生的一个重要原因。

2. 国际逃税的方式

国际逃税的方式很多，主要有以下几种：（1）匿报应税收入和财产。匿报应税收入和财产，经常发生在纳税人在国外拥有的财产或获得的股息、利息以及薪金和报酬等项收入上。例如，纳税人对实物加以隐瞒或者用无记名证券的形式进行投资，以隐匿国外的租金、股息和利息收入以及转让资产所得。在这方面，外国的银行账户保密法往往为纳税人转移和隐匿应税收入提供了便利条件。跨国纳税人凭借这一法律保护，将收入转入国外银行，隐瞒了自己的真实身份，使国内税务机关无法查询，从而达到逃税的目的；（2）虚报成本费用和投资额。虚报成本费用等扣除项目，是纳税人最常用的逃税方法。由于各国经济制度不同，国际市场行情复杂多变，许多国家没有严格的开支标准和统一的支付凭证。这就使得对各国国际交易的成本费用特别难以控制。纳税人往往采取以少报多、无中生有的方法，虚报投资额以增加股权比例，多摊折旧扣除，或虚构有关押金、技术使用费、交际应酬费等开支，以减少应税所得额；（3）伪造账册和收付凭证。在这一问题上，纳税人往往采用各种会计上的方法实现逃税的目的。伪造账册，包括设置两套账簿的办法在内。一套账簿登记虚假的经营所得项目，以应付税务机关的审查；另一套则反映真正的经营状况，但严格对外保密，从而使税务机关无法了解其实际利润水平。伪造收付凭证，主要是在购入上多开发票，在售出上少开或不开发票，以达到逃税的目的。

（二）国际避税产生的原因和方式

1. 国际避税产生的原因

各国税收管辖权的范围不同，意味着收入来源或资金流动会带来纳税义务和实际税负的不同，这是产生国际避税的重要原因。具体有几个方面：（1）税收管辖权、税率、税基的差别。如各国对收入来源地和居民身份的认定的规定不尽一致；每个国家都根据本国经济发展水平和财政需要来确定不同税率和税制结构；各国税收征税范围存在较大差异，出于不同的经济目的规定了不同的税收待遇从而导致税基不同；（2）避免国际重复征税和反避税方法上的差别。如为了消除国际重复征税，各国使用的方法不同，较为普遍的为抵免法和免税法。在使用后一种方法的情况下，可能会造成国际避税的机会；在反避税方面，各国都确立一般和特殊反避税国内法措施，尤其是在特殊国内措施上各国规定不尽相同；（3）税法有效实施上的差别。有的国家虽然在税法上规定的纳税义务很重，但由于征收管理水平低下，工作中漏洞百出，税负就会名高实低。对国际避税的过程来说，这些差别是十分重要的。此外一些非税收方面的法律，对国际避税的过程也具有重要的影响，像移民法、外汇管制、公司法以及是否存在银行保密习惯或其他保密责任等。

2. 国际避税的方式

跨国纳税人进行国际避税的方法多种多样，可谓形形色色。但就其经常使用的避税方法而言，主要有以下几类：（1）通过纳税主体的跨国移动进行国际避税。通过纳税主体的跨国移动进行国际避税即通过自然人、法人改变其住所或居所等税收联结点，达到规避原先适用的对其不利的居民税收管辖权，选择对其有利的居民税收管辖权的目的。其客观表现形式就是跨国纳税人（即纳税主体）与税收管辖权（一般表现为不同国家）之间联结因素的变化；（2）通过征税对象的跨国移动进行国际避税。通过征税对象的跨国移动进行国际避税即主要通过调整经营所得或成本费用、营业损失等可扣除项目在不同税收管辖权之间的分布，改变在不同税收管辖权之下的应纳税所得，从而达到调整利润、减轻税负的目的。其客观表现形式就是征税对象（即应纳税所得）在不同国家之间的移动，主要有利用转移定价、避税港、资本弱化、公司并购等方法来避税；（3）通过滥用税收协定进行国际避税。通过滥用税收协定进行国际避税即通过利用第三国与另一国签订的税收协定来享受协定所规定的优惠待遇，从而使纳税人从另一国获得了他本来无法享受的优惠待遇。其特点是通过在一个缔约国组建中介性的投资公司或控股公司（称为导管公司），并将来源于对方缔约国的所得转移到这些公司账户上，再通过其他途径将所得转移到纳税人的真正居住国。

12.4.3 国际逃税和避税的防范

（一）防止国际逃税和避税的国内法措施

国际逃税与避税不仅严重损害了有关国家的税收利益，而且可能导致国际资金的不正常转移，使有关国家的国际收支出现巨额差异。因此，各国主要通过国内立法措施来管制跨国纳税人的国际逃税与避税行为，主要内容如下：

1. 一般国内法措施

各国税法防止国际逃税与避税的一般国内法措施主要是健全对国家税收的征管制度，加强对税务情况的收集和对跨国纳税人的经济交易活动的税务监督。这类一般性措施，对于防止和控制国际逃税与避税行为，有着积极的意义。目前，有关国家在这方面采取的措施主要有实行税务登记制度、加强国际税务申报制度、强化会计审查制度、实行所得评估制度。

2. 特别国内法措施

各国税法防止国际逃税和避税的特别国内法措施主要是针对具体的逃、避税方式所实施的税法管制。具体来说,有对本国居民移居国外的自由施加限制的管制纳税主体跨国移动的法律措施和对转移定价、利用避税港、资本弱化、公司并购等加以限制的管制征税对象跨国移动的法律措施以及设置反滥用税收协定条款来管制滥用税收协定的法律措施。

(二) 防止国际逃税和避税的国际法措施

由于国际逃税和避税大都是以人、物、财跨国流动而实施的,超出了一国国内法的管辖,因此就必须寻求国际法上的法律措施来防止。国际法上防止国际逃税和避税是指各国通过缔结双边或多边的国际税收协定,约定采取一些措施来防止国际逃税和避税,又称为国际税务合作,主要有两方面的内容:

1. 情报交换

《经合范本》和《联合国范本》第 26 条,规定了缔约国之间互相交换情报的一般原则。由于各国都根据两个范本签订双边税收协定,这个原则也成为各国确立彼此间的税务情报交换制度的基础。关于交换情报的范围,由各国在谈判中具体确定,一般都是规定若干限制。关于交换情报的方法,由各国在税收协定中确定,一般有例行交换、经特别请求的交换和一方主动提供三种方法。此外,目前一些发达国家还采取了互派代表常驻对方境内,直接向对方主管部门收集情报和对某些特定事务共同调查的办法。

2. 在征税方面的相互协助

缔约国在征税方面相互协助是指缔约国一方代表另一方税务当局执行某种征税行为,例如,代为送达纳税通知单,代为实施某种管理保全措施,甚至代为征收税款。由于税收涉及国家主权,除了提供协助一方仅能按本国法律中规定的类似税收的课税手续给予协助外,还必须是在缔约国一方税务当局由于其纳税对象在缔约国另一方境内而无法对其征收税款的情况下,才可以请求缔约国另一方提供这方面的协助。

12.4.4 避免双重征税协定的两个范本

20 世纪 50 年代至 70 年代末,发达国家相互间的投资大大增加,跨国公司的数量和规模得到空前的发展,各国税收权益冲突更趋激化,对跨国所得和财产价值的征税也日益错综复杂。随着这个时期双重征税协定的大量增加,对协定条款的规范化要求也更为迫切。经合组织范本和联合国范本在这一时期相继出台,为推动这类协定的发展,发挥了重要的作用。

经济合作与发展组织下设的国际税务委员会于 1963 年公布了由税收专家小组起草的《关于对所得和财产避免双重征税的协定范本(草案)》,这是经合组织范本的第一个文本。1967 年经合组织对草案进行了修订,并于 1977 年正式通过了修改后的范本及其注释。由于经合组织范本强调居住国课税原则,注重保护居住国的税收利益,代表和反映了发达国家在处理国际税收分配问题上的利益和观点,因此不利于在国际税收分配关系中多处于来源国地位的发展中国家的利益。为指导发展中国家与发达国家签订双重征税协定,1967 年,联合国经济和社会理事会专门成立了由发达国家和发展中国家的代表组成的税收专家小组,经过近 10 年的努力,于 1977 年拟定了《发达国家与发展中国家关于双重征税的协定范本(草案)》,及其注释,于 1980 年正式颁布,此即所谓联合国范本。在协定形式结构上,该范本与经合组织范本相同,但有关条款强调来源国税收管辖权原则,更多地照顾到资本输入国的权益,较多地考虑了发展中国家的要求,因此,它出台以来得到广大发展中国家的普遍采用。

经合组织范本和联合国范本，是对长期以来各国双重税收协定实践经验的总结。它们的诞生，标志着避免双重征税协定的发展，开始进入成熟阶段。各国在谈判税收协定时，基本上都参照甚至套用了两个范本所建议的条文和规则。两个范本的注释，也成为各国解释和适用双重征税协定条款时的共同指导准则。截至 1997 年 9 月，世界上已有 187 个国家签署了 3 500 多个税收协定。我国从 1981 年初就开始同有关国家签订避免双重征税协定，截至 1998 年 8 月，我国已经先后和 59 个国家签订了避免双重征税协定。由于我国是一个发展中国家，在国际税收分配关系中，我国也是多处于收入来源国的地位，因此我国在对外谈判缔结税收协定时，更多的是参考联合国范本，坚持所得来源地税收管辖权优先的原则，以保护我国的税收利益。

12.5 国际税收协调

12.5.1 国际税收协调概述

国际税收协调是指一些国家或地区为了建立共同市场或经济集团，消除税收上对商品、资金、技术、劳务、人员自由流动的障碍，采取措施使集团内不同国家和地区的税收政策、税收制度（包括税种、税率）互相接近或统一，以减轻彼此之间的冲突和摩擦，同时加强税收征管方面的国际合作，如进行税收信息交换，跨过税收联合稽查等。国际税收协调是国际税收竞争的必然结果，随着世界经济进入了全球化经济时代，国际税收竞争加剧，跨国纳税人的逃避税活动也更加活跃，国际税收协调的必要性和重要性日益凸显。税收国际协调有利于消除市场障碍，促进资本、劳务、商品的跨国流动，推动各国经济的共同发展；有利于协调各国的税收管辖权冲突，消除国际双重征税，合理分配国际税权益，遏制恶性的国际税收竞争；有利于避免由于各国税制差异导致的税收不良作用，是国际经济交流的需要。

12.5.2 国际税收协调的内容和模式

（一）国际税收协调的内容

国际税收协调的目标是力求化解因税收竞争等原因引发的国际税收冲突，通过协商对话、管理合作合理划分税收权益，公平分享经济全球化的成果，其协调的内容主要涉及国与国之间的税收管辖权、税收政策、税收制度及税收征管等。

1. 税收管辖权

税收管辖权指一国政府依据国家主权来行使征税权力，包括国家向处于本国境内的本国人依照本国税法征税或基于属人管辖权向处于外国境内的本国人和依据属地管辖权向处于本国境内的外国人依据本国税法征税的权力。其前者为国内税收管辖权而后者为国际税收管辖权，就国际税收管辖权而言，各国基于主权的属人效力所主张的税收管辖权表现为居民税收管辖权和公民税收管辖权，而基于主权的属地效力所主张的税收管辖权为所得来源地税收管辖权和财产所在地税收管辖权。

2. 税收政策

税收政策是政府根据经济和社会发展的要求而确定的指导制定税收法令制度和开展税收

工作的基本方针和基本准则，包括税收总政策和税收具体政策。税收总政策是根据国家在一定历史时期税收实践中所必然发生的基本矛盾而确定的，是用以解决这些基本矛盾的指导原则；税收具体政策是在税收总政策指导下，用以解决税收工作中比较具体矛盾的指导原则。税收总政策是建立各项税制的指针，而税收具体政策在每项税收制度中的体现就不尽相同。

3. 税收制度

税收制度，简称"税制"，是国家根据税收政策、通过法律程序确定的征税依据和规范，它包括税收体系和税制要素两方面的内容。税收体系，是指税种、税类的构成及其相互关系，即一国设立哪些税种和税类，这些税种和税类各自所处的地位如何；税制要素，是指构成每一种税的纳税义务人、征税对象、税率、纳税环节、纳税期限、减税免税、违章处理等基本要素。广义的税收制度，还包括税收管理体制和税收征收管理制度。

4. 税收征管

税收征管是税务机关根据有关税法的规定，对税收工作实施管理、征收、检查等活动的总称，又称"税收稽征管理"。税收征管包括管理、征收和检查三个基本环节，这三个环节相互联系，相辅相成。管理是征收和检查的基础，征收是管理和检查的目的，检查是管理和征收的补充和保证。税收征收管理的内容主要有：开展税法宣传，贯彻税收法令；掌握税源变化，加强税源管理；组织税务登记、纳税申报等；进行纳税指导、管理，组织税款入库；税收证照管理；开展纳税检查等。

（二）国际税收协调的模式

随着经济全球化的加深，促进资本国际流动的国际税收协调可能会使收益大于成本，但国际税收协调既要维护各国选择其税收政策的自由，又要使其遵守国际准则，因此当前国际税收协调模式是多元的，主要有有税收协定模式、区域协调模式和国际协调模式三种。

1. 税收协定模式

税收协定模式是指有关国家通过签订国际税收协定，寻求解决各国税收制度之间相互冲突引起的国际双重课税和国际偷漏税等问题。其合作的基础主要是《联合国范本》和《经合组织范本》。其基本特征是，尊重缔约各方的课税主权，维持缔约各方的税制现状。但当一些国家不能放弃本国的目标，即单独实行税收政策比遵守协定更为有利时，他们会不同意税收协定的规定，从而限制税收协定的进程。

2. 区域协调模式

区域协调模式是指通过多边努力，逐步消除各国的税制差异，使有关国家的某一税制乃至整个税制大体相同。其典型的例子是欧盟一体化进程中的税制协调。与税收协定模式相比，该模式的特点主要体现在其合作方式为区域内多边形式；涉及有关国家税制的变革，从而在一定程度上损害了一些国家的税收权益；合作要求较高，难度较大；更有利于生产要素的跨国流动。区域间的税收协调解决得不好，通常会引起更大范围内的税收摩擦和贸易壁垒。

3. 国际协调模式

国际协调模式是指通过成立权威性的国际组织，对各国税收政策进行协调，从长远看，可能根据国际法授予的权力，无偿地征收那些由各国独立征收而无法征到的税，并将这些税收用于提供国际公共产品，提供特定国际事务所需的资金。在此方面，联合国于1982年通过的《国际海洋法草案》具有代表性。此种模式是一种新型国际税收协调方式，但目前在全球范围内建立起国际税收组织的各方面条件还未成熟。

12.5.3　国际税收协调的趋势与应对

（一）国际税收协调的趋势

在国家之间经济不断融合的世界经济大潮流中，一方面国际税收协调的发展大大推动全球经济向一体化方向迈进，另一方面商品、资本、劳务、技术等的跨国流动使税基变成了全球性的而不再固定于某一个国家，税收的国际协调不断向纵深方向发展，日益呈现出新趋势。

1. 税收协调程度方面

从税收协调程度方面看，国际税收协调模式日益多元，国际税收协调程度不断加深。其中国际税收协定网络不断发展，协定的内容日渐丰富；区域性国际税收协调进程加快，多边税收国际协调与合作措施和规则已有相当程度的加深；经济全球化的进一步加深，促进资本国际流动的国际税收协调可能会使收益大于成本，最终使国际协调方式成为新型的国际税收协调方式。

2. 税收协调对象方面

从税收协调对象方面看，国际税收协调的对象越来越广泛，经历了从税收协定约束下的直接税协调，WTO 协议约束下的各国间接税协调到区域经济组织内全面的税收协调乃至探索通过权威国际组织对各国税收进行统一协调，突出体现在对增值税和消费税的国际协调取代对关税的协调成为国际税收协调的核心内容，防止国际税收竞争而加强对所得税的国际协调成各国的共同选择。

3. 税收协调内容方面

从税收协调内容方面看，由税收协定对税收管辖权的协调，税收情报的相互交换发展到区域组织内税收制度的融合、税收政策的配合和反避税等税收征管方面的相互协助。具体体现在通过国际税收协定划分了税收管辖权；通过税收情报交换、加强税务高级人员的交流和跨国税收征管的合作等方法，努力堵塞漏洞，减少了税收流失；通过区域和国际协调加强了各国税收制度的融合。

4. 税收协调主体方面

从税收协调主体方面看，国际税收协调由国家间的协调发展到税务当局之间的协调及税务当局与纳税人之间的协调。国与国之间签订税收协定，各国税务当局之间加强税收情报的国际交换以及预约定价制的发展分别体现了国家政府间、各税务当局之间及税务当局和纳税人之间的协调合作，国际税收协调领域的实践体现了宏观层面税务当局与微观层面纳税企业之间的合作，是税收国际协调领域的一个发展新趋势。

（二）中国参与国际税收协调的应对

中国经济全球化发展的加速，势必会牵动税收利益的国际分配，需要进行协调的国际税收事项将不断增加。我国要借鉴国际税收协调的经验，立足于保障国家税收利益这一根本立足点，积极顺应国际税收协调的潮流，未雨绸缪，主动应对。

1. 依法维护税收管辖权

税收管辖权指一国政府依据国家主权来行使征税权力，所有主权国家均有不受外来权力干涉和被控制的税收管辖权。国际税法的宗旨既要求维护国家税收主权又要求维护涉外纳税人基本权利，在我国已经加入世界贸易组织的当前形势下，我们要学会利用 WTO 的国民待遇原则与国际税收协定中的无差别待遇原则，同我国的缔约方按对等原则，互相保障对方居民与本国居民在税收上享受相同待遇，反对任何形式的税收歧视。同时根据最惠国待遇原则，依法维护我国在国际税收方面的权益。因此，全面考虑 WTO 原则的要求，在缓冲期重新协商修订已签订的国际税收协定，避免给我国行使税收管辖权带来更多的限制显得尤为重要。

2. 制定正确的税收政策

税收政策是在一定的经济理论和税收理论的指导下，根据国家一定时期的政治经济形势要求制定的。税收政策不明确或不正确，就会使税制的建立和改革发生偏差和失误，对经济产生不良影响。制定正确的税收政策，一方面应从长期上重视经济全球化带来的资本、技术和人力流动不确定性对我国经济的影响，通过制定独立的税收政策，积极参与国际税收协调来减轻这些不确定性带来的风险；另一方面应面对各国尤其是发展中国家为促进外贸、吸引外资而进行的税收竞争，把握国际经济的变动方向、及时调整涉外税收以减少税收竞争对我国造成的外部性影响，与此同时积极谋求国际之间税收政策的多边协调。

3. 完善税收相关制度

税收制度是国家向纳税人征税的法律制度依据和纳税人向国家纳税的法定准则，税收制度的核心是税法。因此，首先我国应顺应世界税制的发展趋势，主动完善国内税制，与国际惯例接轨。改进税制结构，适当降低流转税比重，提高所得税比重，优化关税保护结构，尽快建立和完善反转让定价税制；其次应有针对性地建立健全涉外税收法规体系，借鉴国际反避税法规的经验，单独制订出一套比较系统和完整的反避税法规。比如明确避税的定义、涉案纳税人举证的法律责任、企业与税务机关如何沟通的程序、税务机关的权利和义务、纳税人违章的处罚规则以及合理调整涉外税收优惠政策等。

4. 提高税收征管水平

中国正处于一个融入世界经济体的过程中，涉外税收变得越来越重要。2002 年我国税收收入就大约有 1/5 来源于涉外企业，所以对税收机关的要求也越来越高。因此，一方面，我国应当不断完善相关税收制度，税务部门要积极培养和吸收高级人才，不断引进和创造先进征管手段，尽快提高行政效率；另一方面，我国应当在税收规则上的合理性、程序上的简洁性、信息上的保密性等方面建立政府与纳税人之间的合作基础，加强国家间的信息交流与合作，加强国际税收情报交换，合理分享国际税收利益。例如积极创造条件建立预约定价协议制度，切实加强税务当局之间及税务当局与跨国纳税企业间的有效合作。

5. 强化税收协调能力

为了加强我国跨国际税收协调能力，首先应设立专门机构，明确职责，负责税收国际信息的收集整理，处理我国与其国家或国际组织交往的日常事务，研究税收国际协调的战略问题；其次应开展税收国际协调略问题的专项研究，例如，研究国际组织征税问题，地区经济一体化的税收问题，国际区域的税收问题和国与国之间税制差异的影响等；再次应仿照一些国家的做法，向与我国经济交往活动比较多的国家派驻税务参赞，负责税收信息的收集和税务问题的处理；最后应加快发现、培养和储备复合型人才，选拔优秀人员从事税收国际协调的工作，树立我国税务官员的良好形象，不断提高我国在税收国际协调领域的国际地位。

本章案例

麦德隆诉国家财政部长案

麦德隆是美国一家船运公司的船长，经常往返于美国和加拿大的航程并且在加拿大的境内有一幢住宅，每年偕夫人来此度假两周。1950 年加拿大政府要求麦德隆就其境内外收入纳税，麦德隆不服遂诉至法院。

本案涉及居民税收管辖权中居民身份的确定问题。居民税收管辖权是征税国基于纳税人与征税国存在着居民身份关系的法律事实而主张行使的征税权。这种居民身份关系事实上是指征税国税法上规定的居民纳税人的身份构成要件，符合居民身份构成要件的人即属于该国税法意义上的纳税人。在确认自然人居民身份的问题上各国税法实践的标准主要有住所标准、居所标准、居住时间标准和混合标准，为了解决税收管辖权的冲突，各国一般采用双边或多边税收协定来确定共同解决居民税收管辖权的规则，一般认为自然人在某国有永久性的居所时即为该国居民。

本案中加拿大政府作为征税国基于纳税人（麦德隆）与征税国存在居民身份关系的法律事实而主张行使征税权，而实际上麦德隆在加拿大境内拥有的住宅并不长久和经常居住，每年只住两周。所以无论以自然人居民身份确认的哪种标准来认识，麦德隆与加拿大之间不存在税收上的居民身份关系。因此，加拿大政府无权要求麦德隆就其境内外收入纳税，加拿大法院应判决麦德隆胜诉。

本章小结

国际税法立足于维护国家的税收权益，通过国家间的相互合作，协调彼此的税收管辖权，加强税务情报交换，努力避免国家对跨国纳税人的重复征税和重叠征税，防止跨国纳税人的国际逃税和避税，以促进国际经济交往的发展，消除国际经贸活动中的税收障碍，为国际经贸活动的发展营造出一个良好的国际税收环境。

国际税法是调整在国家与国际社会协调相关税收的过程中所产生的国际税收征纳关系和国际税收分配关系的法律规范的总称。国际税法的调整对象是国际税收征纳关系和国际税收分配关系。

税收管辖权指一国政府依据国家主权来行使征税权力，包括国家向处于本国境内的本国人依照本国税法征税或基于属人管辖权向处于外国境内的本国人和依据属地管辖权向处于本国境内的外国人依据本国税法征税的权力。

国际重复征税是指两个或两个以上的国家各自依据其税收管辖权按同一税种对同一纳税人的同一征税对象在同一征税期间内同时征税。

国际重叠征税是指由于两个或两个以上的国家各自依据其税收管辖权对同一所得按本国税法对公司和股东分别征税，形成对不同纳税人的同一所得征收两次以上税收。

国际逃税是指跨国纳税人利用国际税收管理和合作上的困难与漏洞，采用种种隐蔽的非法手段，以达到逃避有关国家税法或者税收协定规定的纳税义务的行为。

　　国际税收协调是指一些国家或地区为了建立共同市场或经济集团，消除税收上对商品、资金、技术、劳务、人员自由流动的障碍，采取措施使集团内不同国家和地区的税收政策、税收制度（包括税种、税率）互相接近或统一，以减轻彼此之间的冲突和摩擦，同时加强税收征管方面的国际合作，如进行税收信息交换，跨过税收联合稽查等。

本章习题

1. 简述国际税法的含义及其调整对象。
2. 简述国际税法的原则。
3. 简述国际税收法律关系。
4. 简述税收管辖权的含义及其类型。
5. 简述国际重复征税与国际重叠征税的异同。
6. 简述解决国际重复征税与国际重叠征税的方法。
7. 简述国际逃税与国际避税的产生原因与方式。
8. 简述国际逃税与国际避税的防范措施。
9. 简述国际税收协调的内容与模式。
10. 简述中国参与国际税收协调的应对措施。

国际金融法

1. 熟悉国际金融法的概念与特点
2. 掌握国际借贷协议与国际银团贷款
3. 了解国际金融组织与政府贷款、国际项目贷款
4. 熟悉国际证券融资法律制度
5. 掌握国际融资担保法律制度

加拿大的利用外资政策

加拿大是发达国家中吸收外资最多的国家，其主要的外国投资者为美国的跨国公司。外资的注入使得加拿大的资源得以开发和利用，经济逐步繁荣。但是，由于加拿大本国企业未能得到足够的发展，在外贸，国防，通信等方面，加拿大均有严重依赖外国投资的倾向。因此，自20世纪50年代起，加拿大一些集团开始游说政府对外国投资加以限制，最后，加拿大于1973年设立外国投资审查办事处，专门负责对外国投资项目的审查与批准。此外，加拿大政府还通过税收制度和其他措施限制外国企业从事某些方面的商业活动。在采掘业，加拿大政府将其西北部地区的开采特许权保留给加拿大本国企业或由加拿大居民掌握51%以上股东的企业。另外，捕鱼业，航空公司等营业特许亦均保留给本国企业和国民，在自然资源的开发方面，加拿大政府对外国投资者的限制起始于70年代。

政府先后建立了几个以开采自然资源为目标的国家企业。在1974年6月加拿大总理宣布作为党和政府的目标，任何从事重要的新的自然资源开发企业，加拿大当地居民和企业至少应拥有50%～60%的股权，此项规定仅限于联邦政府所拥有的土地及矿区的开发。加拿大政府这一政策主要在于维持其本国企业在相关工业的地位，以便逐步实现经济上的完全独立。自20世界80年代以来，国外投资占加拿大本国投资比重越来越小，加拿大关于外国直

接投资的具有限制性的法律，法令经常受到发达国家的质疑和跨国公司的批评。1985年，加拿大通过《加拿大投资法》以取代原有的外国投资审查法规。根据新的法规，只有大型项目需要政府批准和审查。另外，该法规简化了原有的审批程序以鼓励外国投资者，目前，加拿大仍为外国投资的理想场所，许多公司仍愿意到加拿大进行投资。

13.1 国际金融法概述

13.1.1 国际金融法的概念与特点

（一）国际金融法的概念

国际金融法是调整国际货币金融交易关系的法律规范的总称，它规定的是关于国际贸易融资、国际贷款融资、国际证券融资、国际租赁融资等金融交易的法律规则，是国际经济法的一个重要分支。

国际金融作为一种跨越国境的货币资金运动，早已渗透到现代经济生活的各个层面。近年来，随着国际经济一体化的发展和金融自由化浪潮的兴起，许多国际金融机构及金融业务跨国发展，并与国际贸易、国际投资以及其他国际经济交易紧密地交织在一起，由此引起一系列法律问题。国际金融法涉及国际公法领域和国际私法领域。公法领域主要研究各国政府、国际组织之间金融交往中的汇率、外汇收支平衡等法律问题。私法领域主要涉及跨国公司及国际金融机构在跨国金融交易中的商业贷款及国际项目融资等法律问题。

（二）国际金融法的法律渊源

（1）国际条约。国际条约是指国家、国际组织以及其他国际法主体之间缔结的，确认彼此之间权利和义务关系的协议。国际条约是国际金融法最重要的渊源之一，是国际金融法律制度重要的表现形式。目前，国际调整国际金融关系的条约和协定主要有《国际货币基金协定》、《国际复兴开发银行协定》、《国际金融公司协定》、《国际开发协会协定》、《国际融资租赁公约》、《独立担保和备用信用证公约》、《金融服务贸易协议》、《亚洲开发银行协定》、《巴塞尔协议》等。除多边协定外，还有大量的双边协定，如货币协定、贷款协定等。

（2）国际惯例。国际金融惯例是国际金融交往实践中逐渐形成的相关做法或通例，国际金融惯例涉及内容广泛，包括国际商业贷款、国际支付结算、国际证券融资和国际融资担保等许多方面。目前，在世界范围内具有重要影响的国际金融惯例主要有：国际商会《合同担保统一规则》、《担保统一规则》、《跟单信用证统一惯例》、《托收统一规则》、《国际保付代理通则》等。这些惯例都是在长期的国际金融活动中形成或由官方、民间组织制定的一致规则，许多国家的司法机构在处理有关的国际金融纠纷时，一般都是参照国际金融惯例来解释当事人之间的合同和法律关系的。

（3）国内立法。各国关于国际金融的国内立法也是国际金融法的主要渊源之一。基于主权原则，各国对于涉外货币关系的法律调整均采取国内法形式和强制法形式，有关国际货币条约成员国政府仅具有协调和约束作用。对于国际金融关系的法律调整，首先要涉及当事人本国法的适用，在有关的国际协定或国际惯例适用时也要考虑到相关国家国内法的限制性制度。各国关于国际金融的国内法通常包括涉外货币的兑换、资本的流动、汇率制度、国际证券融资法、国际信贷融资法、涉外金融监管等。

（三）国际金融法的特点

与其他法律规范相比，国际金融法具有以下基本特征：

（1）国际性特征。国际金融法调整的是国际性货币金融关系，也就是说，国际货币金融关系的主体、交易标的或交易行为中含有跨国因素。

（2）基础性特征。国际金融法仅仅调整由国际货币管理活动和国际金融交易所直接引起的国际货币关系和国际金融关系，它是直接针对国际货币兑换、国际货币流动和国际金融交易行为的法律规则，而不是调整国际货币金融活动背后的国际贸易关系和国际投资关系，它实际上对一国的国际贸易法制和国际投资法制具有基础性作用。

（3）实践性特征。国际金融法规定的是关于涉外货币管理活动和跨国金融交易活动的规则，它在内容和功能上均具有实践性和技术性特征，它仅为一国既定的国际贸易政策和国际投融资政策提供了法律框架和法律工具，其作用在于保证国际经济活动的安全和效率。

13.1.2　国际金融法的产生与发展

（一）国际金融法的产生

国际金融法最早是随着国际贸易的发展而产生的。国际贸易的发展，首先带来不同国家商人之间的货币兑换，这是国际金融的雏形，后来逐渐地发展到借贷业务和清算业务等。为了适应货币兑换和借贷业务发展的需要，一些国内的法规便应运而生。最早的国际金融法可以追溯到罗马万民法中关于借贷和担保的规定。

15 世纪以后，随着航运业的发展，地中海一带贸易开始逐渐繁荣，发达的国际贸易带动了跨国信用业务的发展。在一些商业发达的城市中，逐渐形成了办理存款、贷款、汇兑业务的银行。随着地理大发现和新航道的开辟，欧洲列强开始向外殖民扩张，其银行业务也随之向其他国家渗透。

随着资本主义的发展，商品和资本在全世界范围内流动，这就促使国际金融关系迅速发展，为国际金融法的产生提供了物质基础。17～19 世纪，一些国际金融交易的习惯法在长期的国际金融实践中得到确立；与此同时，为了规范银行业活动和涉外金融活动，一些主要的资本主义国家，如英、法、德、美等国先后颁布了一系列的金融法规。如法国 1807 年的《法国民法典》、英国 1844 年的《英格兰银行法》、美国 1863 年的《国民银行法》等，对于当时的国际货币兑换、支付、借贷、担保等信用关系产生了重要的促进作用。特别是作为当时国际金融中心的英国，在这一时期颁布的金融立法和确立的相关判例规则（如 1844 年《银行法》及 1882 年《汇票法》、《关于本币判决原则的判例》等），对国际金融业的发展和国际金融制度的形成与发展产生了深远的影响。

第一次世界大战结束后的 20、30 年代，各交战国的金本位制度陷入崩溃，各国纷纷采取支票、信用证等方式作为国际结算的工具和方式，为便于调整日益扩大的国际金融关系，国际社会相继推出了一些系统的国际金融惯例，并通过了多项货币金融条约和协议，形成了国际货币金融法。

现代国际金融法的诞生是以布雷顿森林体系的建立为标志的。在第二次世界大战即将结束的时候，为了建立一个稳定的国际货币金融秩序，加强广泛的国际金融合作，1944 年 7 月，在美国新罕布什尔州的布雷顿森林（Breton Woods）召开了有 44 个国家代表参加的国际货币金融会议，通过了"布雷顿森林协定"。这是第一次以普遍性国际公约的形式确立了战后国际货币法律制度，创建了国际货币基金组织（International Monetary Fund，IMF）和世界银行等国际金融组织，规定了各国必须遵守的汇率制度以及解决各国国际收支不平衡的措施，从而确定了以美元为中心的国际货币体系。以美元为中心的布雷顿森林体系的建立，使国际货币金融关系有了统一的标准和基础，结束了战前货币金融领域里的混乱局面，并在相对稳定的情况下扩大了世界贸易，国际金融法在战后逐步得到发展和完善。

（二）国际金融法的发展

20 世纪 60 ~ 70 年代，随着民族解放运动的发展，许多殖民地、半殖民地国家获得了民族独立和解放，形成了第三世界。第三世界的崛起，拓展了国际金融法的范围和内容，发展中国家制定的涉外金融法规、参加缔结的国际金融协定，大大丰富了国际金融法的内容，同时也推进了旧的国际金融秩序的改造。

随着战后和平的持续，跨国金融交易空前活跃，各类金融合作在国际上得到广泛开展，国际金融合作促进了国际金融统一法的发展，国际社会进入多边国际条约调整国际金融关系的重要阶段。全球性和区域性金融组织纷纷出现，使得国际金融合作制度化。

13.1.3　当代国际金融法的特征与发展趋势

20 世纪 90 年代以来，随着金融全球化、金融自由化、金融电子化的发展，全球金融经济快速成长，国际金融交易活动日益频繁，各国在金融市场、金融政策与金融法律等方面的相互依赖与影响日益加深，国际金融在国际经济关系中的地位日益突出。与此同时，世界经济和金融发展严重失衡，金融资源日益向发达国家倾斜，发展中国家日益边缘化，国际金融关系的不对称性和不稳定性明显增强，金融危机时有发生。这一切为国际金融法的发展提供了历史性机遇，也对国际金融法律制度的创新提出了强烈的要求。与以往相比，当代国际金融法对于世界经济环境和国际金融关系的变化作出了更为主动的适应和更为积极的回应，无论是框架体系还是制度内容，无论是外在形式还是内在理念，均有重大的发展，并呈现出如下基本特征与走势。

（一）规则体系立体拓展

近 10 年来，随着金融全球化的发展和深化，国际金融法规则的数量激增，各类规则既自成体系又彼此联系，交织成国际金融法的立体构架，从不同角度、不同层面规制着各国的金融机构及其他当事人的金融活动，影响着全球金融资产的流向与流量。

首先，国际金融条约规则蓬勃发展。其表现有：一是一些金融私法统一规则相继出台，如联合国国际贸易法委员会主持制定的《独立担保和备用信用证公约》（1995 年）、《国际贸易中应收账款转让公约》（2001 年）等。二是 WTO 金融服务贸易规则应运而生。可以说，WTO《服务贸易总协定》（GATS）及其金融附件，包括 1997 年 12 月达成的《全球金融服务协议》（FSA），是当今国家间就金融服务贸易管制政策进行协调所取得的最重大成果，也是继《布雷顿森林协定》后国际金融法发展史上的又一里程碑。它们的签订和履行，将全球 95% 以上的金融服务贸易纳入多边法律框架，使各国的金融服务市场以前所未有的速度走向开放和融合。三是双边金融条约规则网状发展。其内容涉及国际信贷及担保、国际结算支付、国际银行监管、跨国证券融资和衍生交易等广泛领域，成为国家间金融交往与金融监管合作的主要形式。四是区域金融法律规则渐成规模。以区域性条约为基础、以欧盟金融服务指令和北美自由贸易协定金融服务条款为代表的区域金融法律规则，现已形成当今国际金融法中一个组成部分。

其次，国际金融惯例日趋成熟。表现在：一方面，国际金融交易惯例发展迅速，不仅既有的惯例规则如《跟单信用证统一惯例》、《托收统一规则》、《国际保付代理通则》等得到不断修订和完善，而且一些新的惯例规则，如《国际备用信用证惯例》等得到编撰和认可；另一方面，国际金融监管惯例异军突起，并在银行、证券、保险等金融领域广泛推行，如巴塞尔银行监管委员会、国际证券监管者组织等推出的资本充足监管标准、有效监管核心原则等。这类惯例的目的在于规范国际金融监管关系、统一金融监管标准、倡导金融风险监管方法，具有明显的公法性和很强的市场回应性。

最后，各国涉外金融立法空前活跃。这一时期，各国金融法的国际化进程明显加快，金融法成为各国法律中发展最快、变化最大的法律部门之一。这既是金融业务、金融机构、金融市场国际化发展的客观要求和必然结果，也与这一时期国际金融危机频繁发生有着密切的关系。此外，WTO 金融服务贸易制度的实施、国际货币基金制度的改革、巴塞尔有效银行监管核心原则的推广等，也促使各国制订或匡正其金融立法和相关规则，以适应国际金融法制的发展。

（二）规范结构日趋缜密

近 10 年来，国际金融法的各类规范之间的联系比以往更为密切，它们彼此交织和渗透，相互补充与促进，使国际金融法的内在结构更加紧密。

第一，国际法规范和国内法规范相互渗透、相互衔接。一方面，为适应金融全球化的发展，各国积极参与各个层次、各种类型的金融合作，推动了金融法的统一化；进而又依据国际金融统一法修订相关国内法，从而推动了各国金融法的趋同化；另一方面，国际金融条约和惯例文件的起草和修订也越来越注意广泛听取各国意见、平衡不同国家的利益需求，其内容与国内金融法规范的关联度不断提高、协调性不断增强。

第二，公法性规范与私法性规范相互交融、相互补充。公法性规范主要调整国际金融监管关系，实现国家对跨国金融活动的宏观管理；私法性规范则主要是调节平等主体之间的金融交易关系，从微观角度为金融主体从事国际金融活动提供行动指南。两者在内容上相互渗透，在功能上相互补充。在目前的国际金融法体系中，公法性规范由于金融所具有的特质而占据主导地位，私法性规范则因数量众多而占据主要板块。从国际金融法的整体发展趋势看，私法性规范的覆盖面越来越大，标准化程度越来越高；公法性规范因其权力干预性质，在应用中越来越注意量的节制及质的弹性，以维护金融业的活力，促进金融市场的良性发展，并更好地协调国际金融关系。

第三，实体法规范和程序法规范相互促进、相辅相成。在国际金融实体法突飞猛进的同时，国际金融程序法也取得实质性进展。这些程序法大多在各类国际经济组织体制下运行，表现为相关实体法的配套实施规则，如 WTO 服务贸易理事会和金融服务贸易委员会的审查程序、贸易政策审议机制、争端解决机制，《IMF 协定》修订案中规定的货币纪律执行程序、紧急贷款启动程序等，以及区域金融法中的某些程序性规则。

（三）价值取向多元和谐

价值取向是金融法制的灵魂。与各国金融法制经历的从"严格管制"到"放松管制"再到"管制重构"几个发展阶段相适应，国际金融法的价值取向大致显示出"安全—效率—安全与效率并重"的发展轨迹。当代国际金融法的价值取向经过不断矫正和调整，逐渐形成金融安全与金融效率并重的多元价值和谐，或者以金融效率为主、兼顾金融安全的多元价值和谐。

20世纪30年代，维护金融体系的安全曾是各国金融法的主导价值追求。但在当代，各国都开始重视金融效率的实现。从总体上看，金融安全与效率价值目标在当今国际金融制度变革中正趋于协调。其中的一个重要原因是，近年来，世界大多数国家均经历了情况不等的金融危机或金融困难，对金融风险全球化的严酷现实有着深刻的共识，即金融安全是经济发展的前提，没有金融安全根本谈不上金融效率与金融发展；而金融效率和金融发展又是金融安全的保障，没有金融效率的经济是不健康的问题经济，从长远来看难以为金融安全提供有力的支持。正是在这一理念的支配下，近期国际金融法律制度在很大程度上都贯穿了安全与效率两条主线。以WTO金融服务贸易法律制度为例，它虽以推进服务贸易自由化为己任，但基于维护全球金融安全的考虑，在GATS中也允许各国实施审慎监管例外。

从国内层面看，各国在实施管制重构时已越来越重视金融业的效率和竞争力问题，有些国家不仅在监管实践中注重利用市场力量以增强金融监管的灵活性和市场亲善性，而且还明确将金融效率和竞争力要求纳入金融监管法律框架，作为金融监管应遵循的基本目标和原则。

13.2 国际借贷法律制度

13.2.1 国际借贷协议

国际借贷协议是指不同国家的借贷双方就借贷事宜达成的、明确相互间权利和义务的基本法律文件。国际借贷协议通常涉及面广，内容复杂，但基本条款和措辞往往大同小异，内容上反映了国际借贷交易的习惯做法，性质上则体现了对贷款人利益的特殊保护。在长期的国际借贷实践中，国际贷款协议条款逐渐形成比较标准化的形式，其基本内容如下：

（一）执行性条款

国际借贷协议中的执行性条款是反映国际贷款特质、确保国际贷款交易执行的基础性条款，主要有贷款货币和金额条款，利息和费用条款，贷款期限条款，贷款的提取、使用与偿还条款。偿还贷款的方式主要有三种：一是到期一次还本付息；二是将偿还期分为宽限期和还款期，宽限期内只付息不还本，宽限期后连本带息逐次偿还；三是不规定宽限期，从提款日起逐次分期偿还本息。

（二）陈述与保证条款

陈述与保证条款是借款人就其与借款有关的事实，包括其法律状况和经济状况等作出陈述，并保证所作陈述的真实性的条款。通过此条款，借款人向贷款人表明其诚意和现实情况，证明自己借款和还款所具备的能力。借款人陈述与保证的事项通常包括法律事项和经济事项。

（三）先决条件条款

国际贷款协议的先决条件是指使国际贷款协议得以生效和履行的前提条件，依其内容和效力可分为两种：一种是使整个贷款协议得以生效和履行的先决条件，即总括性先决条件，一般规定贷款协议的生效和履行须以借款人向贷款人提交约定的文件为前提。另一种是使每笔具体贷款得以生效和履行的先决条件，即在每一笔贷款发放之前借款人需要具备的条件，主要包括：直到提款之日，借款人未违背其订约时所作的陈述与保证，并未有任何违约事件或可能违约的事件发生；借款人事先向贷款人发出了提款通知。

（四）约定事项条款

约定事项条款是借贷双方就借款人在贷款期间实施某种行为或不为某种行为作出约定的条款的总称。国际贷款协议中最重要、最常见的约定事项条款主要有消极担保条款、比例平等条款、财务约定条款、税收约定条款等。

（1）消极担保条款。这一条款常见于未设定物权担保的国际贷款交易。在这一条款中，借款人向贷款人保证，在偿还全部贷款以前，不在其任何资产或收益上设立有利于其他债权人的担保物权，如抵押权、质权和其他担保物权，也不允许这些担保物权继续存在。

（2）比例平等条款。在这一条款中，借款人保证贷款人与其他所有无担保权益的债权人处于比例平等的受偿地位。比例平等条款与消极担保条款的作用相似，都是旨在维护贷款人的地位不受其他债权人的影响，因而两者在贷款协议中往往同时使用，互为补充，以增强效果。但两者又有一定的区别。消极担保条款强调贷款人的受偿权利不次于有担保权益的债权人的权利；比例平等条款则强调贷款人的受偿权利不次于无担保权益的债权人的权利。在实践中，比例平等条款的使用主要是当借款人破产时，保证贷款人与借款人的所有无担保权益债权人处于平等的受偿地位。

（3）财务约定条款。财务约定条款是指贷款人要求借款人在债务期内定期报告其财务状况，并遵守约定的财务状况量化标准的条款。如果借款人违反这些要求，贷款人可以追究其违约责任并采取补救措施。

（4）税收约定条款。税收约定条款即当事人就国际贷款交易所涉及的税款负担及其支付方式进行约定的条款，通常包括两项内容：一是借款人承诺向贷款人支付的一切款项都是没有税收负担的；二是借款人承诺，如果按照借款人所在国法律的规定，借款人在付款前必须预扣税款，那么借款人应向贷款人另行支付一笔相当于该扣除额的款项，使贷款人收到贷款协议项下的全部金额，或者由借款人以自己的资金缴纳该税款。有些国家的法律明文禁止此类约定。

（五）违约救济条款

该条款是借贷双方详细列举可能发生的各种违约事件，并规定可以采取的救济方法的条款。违约事件通常分为两类：一类是实际违约事件，即借款人已经发生了的违约事件。另一类是预期违约事件，即有迹象表明借款人将要发生的违约事件。协议中约定预期违约事件，目的是为贷款人提供预警，使贷款人在出现借款人财务状况恶化、卷入诉讼等情况时及时采取自救措施。交叉违约是一种典型的预期违约事件，是指借款人虽未违反本贷款协议，但由于其对其他债务具有违约行为，或者其他债务可能或者已经被宣告加速到期，则也视为对本贷款协议的违反。借款人交叉违约的，贷款人可依约寻求救济。

发生违约事件后，贷款人可以寻求合同救济和法律救济。合同救济又称为内部救济，是当事人在贷款协议中约定的救济手段，一般有三种：一是对已提取但尚未到期的贷款宣告加速到期，要求借款人立即返还；二是对未提取的贷款暂时中止或取消借款人的提款权；三是要求借款人对已到期但仍未偿还的贷款支付违约利息。法律救济又称为外部救济，是法律上规定的救济手段，包括解除贷款协议、要求实际履行、赔偿损失、申报债权等。

（六）法律适用与管辖权条款

国际贷款的法律适用条款是国际贷款协议中双方当事人就选择贷款争议所应适用的准据法作出约定的条款。当事人一般自行约定或由受案法院依一定规则确定解决争议的准据法。国际商业贷款争议的解决多通过司法渠道。当事人常常在贷款协议中约定司法管辖权条款，明示选定有管辖权的法院。协议中没有订立司法管辖权条款的，通常按照有关国家关于司法管辖权的原则或标准来确定管辖法院。

13.2.2　国际银团贷款

（一）国际银团贷款的概念和特点

国际银团贷款，又称国际辛迪加贷款，是指由不同国家的数家银行联合组成银行团，按照贷款协议所规定的条件，统一向借款人提供巨额中长期贷款的国际贷款模式。

国际银团贷款与一般国际商业贷款不同，其特点主要表现为：第一，贷款人由多家银行组成。贷款人是两个或两个以上国家的多家银行，由这些银行组成国际银行团，向借款人提供贷款。第二，贷款多为巨额中长期贷款。银团贷款是借款人在国际金融市场上筹措巨额中长期资金的主要途径，因此，其贷款金额一般较大，多为数亿美元；贷款期限一般较长，多在 5 ~ 10 年。第三，参加银团的各银行间的关系依契约而定。根据在贷款中的法律地位和职责的不同，银团成员可以分为牵头行、代理行、参与行等，其相互间的关系依贷款协议和其他有关协议而定。

（二）国际银团贷款的法律文件

国际银团贷款主要涉及四个法律文件：贷款协议、委托书、义务承担书和信息备忘录。其中，贷款协议的主要内容与一般国际贷款协议相同，其他三个法律文件的内容如下：

（1）委托书

委托书是借款人授权牵头行为其安排银团贷款的法律文件，是牵头行组织银团贷款的授权依据。委托书一般载明借款的金额、利率和借款人愿意承担的条件，概括地规定以后订立贷款协议时将包括的条款。根据当事人的约定，委托书可以具有一定的法律约束力，也可以仅具有意向书的信誉约束力。

（2）义务承担书

义务承担书又称为融资承诺书，是牵头行与借款人初步接触后交给借款人的、表明将按所载条件为其组织银团贷款的法律文件，具有要约性质。义务承担书记载借贷的各项基本条件，并表明牵头行将依所列条件行事。牵头行的义务取决于承担书的具体规定，一般有三种情况：一是牵头银行承诺将按照规定的贷款条件安排银团贷款；二是牵头银行承诺将尽最大努力去安排银团贷款；三是牵头银行不做任何承诺，仅表示愿意尝试组织银团贷款。

（3）信息备忘录

信息备忘录是借款人与牵头行共同拟定的由后者分发给可能参加银团贷款的银行，邀请其参加银团贷款的法律文件。信息备忘录载有借款人的法律地位、财务状况以及贷款的主要条件等内容。信息备忘录由牵头经理银行与借款人共同签署，是供贷款银行考虑决定是否参与银团贷款的重要依据。因此，借款人和牵头经理银行对于信息备忘录内容的真实性、准确性和完整性应承担法律责任。

13.2.3　国际金融机构与政府贷款

（一）国际金融机构贷款

国际金融机构贷款是指国际金融机构作为贷款人向借款人以贷款协议方式提供的优惠性国际贷款。贷款人不仅限于全球性国际金融机构，还包括区域性国际金融机构。国际金融机构贷款是一种具有非商业性质的优惠性贷款，其基本特征在于：

（1）贷款对象受限。国际金融机构贷款的借款人通常也受到特定范围的限制，贷款只提供给有偿还能力的成员国。例如世界银行贷款的借款人主要是发展中国家，仅限于成员国政府、政府机构，或由其政府机构提供担保的公私企业。

（2）贷款目的特定。一般只对成员国的特定项目发放贷款。其放贷宗旨通常包含有鼓励成员国从事开发项目，援助发展中国家特别是贫困国家经济发展的内容，不完全等同于以营利为目的的商业贷款。

（3）贷款期限长，条件较为优惠。其贷款期一般为 10~30 年（最长可达 50 年），宽限期多为 5 年左右。其利息率普遍低于商业银行贷款，附加费通常也只包括承诺费和手续费。

（4）贷款的发放程序严格。通常根据各自的组织章程及有关文件的规定进行，其程序一般比较严格。不仅贷款协议要求借款人严格遵守贷款目的和贷款用途条款，而且贷款方通常也对借款人的资金运用进行严格的监督和检查。在国际金融机构贷款中，作为贷款人的国际金融机构通常主张其贷款协议具有独立于相关国家国内法的效力，其依据多为国际惯例、意思自治原则和国际金融机构制定颁布的贷款协议示范规则。

（二）政府贷款

政府贷款是一国政府向另一国政府以特定协议方式提供的优惠性贷款。此种贷款通常依据国家间的双边协定或国家间双边关系而提供，是国家间进行国际经济合作的重要形式，也是援助国向受援国提供经济援助的重要形式。政府贷款自第二次世界大战后发展迅速，美国在 1948 年实施的"马歇尔计划"对西欧的恢复发展起到了重要作用。20 世纪 60 年代后，发达国家的政府贷款主要流入发展中国家。政府贷款具有以下基本特征：

（1）当事人身份特殊。政府贷款的借款人与贷款人均为特定的政府组织，贷款资金主要来自贷款人的国家财政预算收入。故此类贷款本质上为国家行为，较少受商业原则的支配。

（2）条件优惠。政府贷款期限长、利率低，具有援助性质。政府贷款一般为中长期贷款，贷款期通常为 10~30 年，其宽限期通常为 5~7 年，最长的可达 10 年。政府贷款的利息率低，一般为 1%~3%，有的甚至为无息或含有一定比例的赠与成分。

（3）用途限定。政府贷款大多对贷款的使用目的有明确规定。例如要求借款人以贷款向贷款国购买设备、物资、技术成果或技术服务，以此增加贷款国的出口贸易等。

（4）程序比较复杂。一般先由借款国提出有关借款的计划建议书，经过贷款国专家实地考察、评估后，才开始谈判。从协议开始谈判、签约到使用贷款，通常需要较长的时间。

13.2.4　国际项目贷款

（一）国际项目贷款的概念

国际项目贷款是指向特定的工程项目提供贷款，以项目的预期收益为偿还贷款的主要来源、以项目的资产包括各种项目合同上的权利为随附担保的一种国际中长期贷款形式。

（二）国际项目贷款的合同结构

国际项目融资的参与这较多，主要包括项目主办人、项目公司、贷款人、项目使用方、供应方、承包方、保证人、托管人、官方保险机构和东道国政府等，这些参与人之间的法律关系是通过一系列的合同连接起来的，这些合同用以确定参与者之间彼此的权利和义务。按照一定的方法或步骤将这些合同连接起来，就形成了国际项目融资的合同结构，主要有以下三种合同结构：

（1）二联式合同结构

该结构由贷款合同和担保合同连接而成。如果一个项目融资主要涉及贷款人、项目公司和项目主办人等三方当事人，则该项目融资的合同便采取二联式结构。具体步骤是：贷款人与项目公司订立贷款协议，由前者向后者提供贷款；项目主办人与贷款人订立各种担保协议，由主办人向贷款人提供各种担保。二联式合同结构比较简单，一般为独家银行贷款所采用。

（2）三联式合同结构

由贷款人、项目公司、项目主办人和产品购买人参与的国际项目融资合同采取三联式结构，该结构由贷款合同、担保合同和长期购买合同连接而成。具体步骤是：贷款人与项目公司订立贷款协议，由前者向后者贷款；项目公司和项目产品的购买方签订长期购买协议，项目公司用购买协议项下的收入偿还贷款本息；项目主办人向项目公司提供担保，保证购买方履行在购买协议中所承担的付款义务。然后，由项目公司将购买协议项下的权利连同项目主办人为该协议提供的担保一并转让给贷款人作为担保。

（3）四联式合同结构

四联式合同结构由贷款合同、先期购买合同、提货或付款合同以及担保合同连接而成。涉及的当事人除了三联式合同结构中的当事人外，还增加了贷款人全资拥有的融资公司。具体步骤是：贷款人与融资公司签订贷款协议，由前者向后者提供贷款；融资公司与项目公司签订先期购买协议，融资公司作为先期买方，将所借款项作为项目产品的预付款支付给项目公司，并以提货或付款合同将产品转售给第三人，以期用销售所得的款项偿还贷款；项目主办人就项目公司在先期购买协议中交付产品的义务向融资公司提供担保，或者就第三人根据提货或付款合同所承担的义务向项目公司提供担保，项目公司将其所取得的担保转让给融资公司。然后融资公司将转售协议下的收款权利连同项目主办人提供的各种担保全部转让给贷款人，作为偿还贷款的担保。

（三）　国际项目融资的法律文件

一宗具体的国际项目贷款往往会涉及许多法律文件。这些文件将项目贷款的各参与方联系起来，在他们之间形成复杂的法律关系。除贷款协议外，国际项目贷款所涉及的法律文件主要有完工担保协议、投资协议、购买协议、先期购买协议、产品支付协议、提货或付款协议、特许协议等。

完工担保协议是贷款人为防止因工程项目建设期推迟引起还款困难，而要求项目主办人提供相应担保的协议。项目主办人在协议中向贷款人保证，在项目建设成本超支时，由其负责提供超支部分的资金，以确保项目如期完工。投资协议是项目主办人与项目公司之间签订的协议，主要规定项目主办人同意向项目公司提供一定金额的财务支持，以保证项目公司的偿贷能力。投资协议签订后，项目公司应将协议项下的权利转让给贷款人。购买协议是项目主办人与贷款人之间签订的协议，规定当项目公司不履行贷款协议时，主办人有义务购买相当于贷款人提供给项目公司的贷款额。先期购买协议是项目公司与贷款人全资拥有的融资公司之间订立的协议，据此，融资公司同意向项目公司预付购买项目产品的价款，项目公司在付息的前提下利用此款从事项目建设，项目建成投产后，项目公司按规定向融资公司交付项目产品，融资公司取得项目产品后将其转售给第三人，以获得偿贷资金。产品支付协议与先期购买协议具有相似的经济效果，由项目公司与贷款人签订，广泛使用于自然资源开发项目中。

13.3　国际证券融资法律制度

13.3.1　国际证券市场概述

国际证券是指某国政府、金融机构、公司企业或国际经济机构等在国际金融市场上发行的，以某国货币表示的证券，主要包括国际股票和国际债券两大类：

（1）国际股票

国际股票是指大公司尤其是跨国公司在国外发行和流通的股票。可以分为普通股和优先股两种：普通股的股东按其所持股票的份额，参加公司的管理，分享公司的利润，或分担公司的亏损，但其所承担的责任仅限于所持股份的份额；而持有优先股的股东一般都按固定的股息率优先取得股息，不以公司利润有无或利润多少为转移。通常情况下，优先股股东无权参与公司的经营管理。

（2）国际债券

国际债券通常分为外国债券和欧洲债券两种。外国债券是指债券发行人在外国金融市场上发行的以发行所在国的货币为面值货币的债券；欧洲债券是指债券发行人在国外债券市场上以第三国货币为面值发行的债券。

国际证券市场是跨国股票、债券、投资基金等有价证券发行和交易的场所。证券市场是市场经济发展到一定阶段的产物，是为解决资本供求矛盾和流动而产生的市场。证券市场按照不同的标准，可以有不同的分类：

（1）按照证券进入市场的顺序可以分为初级市场和次级市场。初级市场也称为一级市场，是证券发行人以筹集资金为目的，按照一定的法律规定和发行程序，向投资者出售新证券所形成的市场。次级市场又称为二级市场，是已发行证券通过买卖交易实现流通转让的市场。

（2）按照品种不同可以分为股票市场、债券市场、基金市场等。股票市场是股票发行和买卖交易的市场。股票市场的发行人为股份有限公司。债券市场是债券发行和买卖交易的场所。债券的发行人有中央政府、地方政府、金融机构、公司和企业。基金市场则是证券投资基金份额发行和交易的市场。

（3）按照市场组织形式的不同可以分为场内交易市场和场外交易市场。场内交易市场是指证券交易所内的证券交易市场。该市场是有组织、制度化的市场，其设立和运作需要符合法律法规的规定，如我国的上海证券交易所和深圳证券交易所。场外交易市场则是指在证券交易所以外进行证券交易的市场，如柜台市场。

13.3.2 国际证券发行与流通

（一）国际证券发行的法律制度

国际证券发行，是指国际证券的发行人将自己所发行的证券出售给境外或国外投资者的行为。发行人向投资者出售证券的市场，为证券发行市场，又称为证券的一级市场。国际证券发行所涉及的主要法律制度有：

（1）国际证券发行的审核制度

证券发行地所在国对证券发行的审核是国际证券管制的一个重要内容。世界各国或地区的证券立法，都规定除豁免证券以外的证券发行须经审核或核准的制度，其目的在于确保本国或地区资本市场的平衡和稳定，监督证券发行人认真全面履行其披露义务，保护投资者的利益。归纳起来，国际上采用的证券发行审核制度大致可分三种类型，即注册制、核准制和保荐制。

1）注册制。注册制又称申报制，即发行人发行证券须依法向证券主管机关申请注册，将与证券发行有关的一切信息和资料真实、准确、完整、及时地公布于众；证券主管机关只对所公开信息的形式要件和真实性进行审查；发行申请若在法定期限内未被否定，即自行生效，发行人即可发行所申请的证券。注册制的实质在于公开原则。在这种制度下，证券的投资价值要靠投资者自行判断、自主决策。美国是典型的采用注册制的国家。

2）核准制。核准制是指发行人发行证券依法除公开有关证券发行的资料外，还须符合一定的实质条件；证券主管机关不仅要对所公开的信息资料的真实性进行审查，而且还要依据法定的标准对发行证券的申请进行实质性审查，只有经其审查核准后，证券才可发行。核准制的核心是强制性信息披露，其实质在于实质管理原则。在这种制度下，证券主管机关被赋予广泛的自由裁量权，负责证券发行条件的形式审查和实质审查，以保证发行的证券具有投资价值。欧洲大陆法系国家对证券的发行大多采用核准制。

注册制和核准制各有利弊。正因为如此，越来越多的国家开始注意将这两种制度有机结合起来以完善自己的发行审核制度。美国的证券立法已经出现赋予证券交易委员会更多实质审查权的趋向，而欧洲各国的相关立法也开始注意借鉴美国的公开原则。一些证券市场发展较晚的国家和地区也在制定或修订证券法时，将注册制与核准制结合起来，以达到保护投资者利益和促进证券融资之目的。总体上看，注册制和核准制相结合是现代各国证券发行审核制度的发展趋势。

3）保荐制。保荐制是核准制向注册制过渡过程中的发行监管制度，旨在进一步明确责任并建立责任追究机制。具体来说，保荐制是指保荐人（券商）负责发行人的上市推荐和辅导，核实公司发行文件中所载资料的真实、准确和完整，协助发行人建立严格的信息披露制度，不仅承担上市后持续督导的责任，而且还将责任落实到具体的个人（保荐代表人）。通俗地讲，就是让券商和责任人对其承销发行的股票负有一定的持续性连带担保责任。我国自 2004 年开始正式实行保荐制。

（2）国际证券发行的信息披露制度

信息披露制度是指在国际证券市场上的有关当事人在证券的发行、上市、交易等一系列相关活动中，须依照法律或相关规则，将与证券有关的信息，准确、充分而又及时地予以公布，以便证券投资者能够评估特定证券的价值和风险并作出投资决策的一种法律制度。

信息披露制度起源于英国，其目的在于：保护投资者利益，防止证券欺诈，提高证券市场效率。信息披露作为证券管理公开原则的具体化和制度体现，贯穿于证券发行与交易的整个过程，具体包括初次发行的披露、持续的披露和内部关系人士的披露三个方面的内容。就股票发行阶段来看，信息披露制度主要体现在

对招股说明书的规定上，其基本规定可概括为三个方面：第一，发行证券必须提交并公布招股说明书。第二，招股说明书必须披露法定应载明的信息资料。第三，对招股说明书有虚假陈述或重大遗漏的情形，应承担法律责任。

（二）国际证券流通的法律制度

除私募证券以外，公募发行的国际证券一般都在发行人所在国以外的国家或地区的有关证券交易所上市交易。它们都须严格依照交易所所在国或地区有关法律和各证券交易所制定的自律性规则进行交易。目前，国际上尚无专门的条约统一规范证券交易问题，国际证券流通所涉及的法律问题是通过交易所在国的相关国内法来体现的。有关证券流通的法律规定有很多，其中较有代表性的有：

（1）持续信息披露

所谓持续信息披露，是指在证券发行后，证券发行人和上市公司应定期对内部财务状况提出报告。欧洲大陆、美国、日本、新加坡等国的立法均要求上市公司持续、及时地披露公司及股权变更的有关信息。持续信息披露制度与证券发行信息披露制度相互衔接、相互配合，形成完整而系统的信息披露制度。

（2）禁止内幕交易

内幕交易又称"知情交易"，是行为人通过泄露或利用其掌握的内幕信息，以获取利益或减少经济损失的行为。内幕交易的存在，破坏了证券交易的公平、公开、公正原则，扰乱了证券市场的正常秩序，损害了广大投资者的利益。因此，世界各国，特别是美、英、日等证券业发达国家，都先后采取一系列措施，对证券内幕交易实行法律管制。

内幕交易的构成要件主要包括内幕人员、内幕信息和内幕交易行为方式。

1）内幕人员。内幕人员是内幕交易行为的主体。各国禁止内幕交易的法律只适用于那些依法被认定为"内幕人员"的人。在各国的有关法律规定和司法实践中，通常将内幕人

员归为三类：一是公司内部人员。通常是指那些在公司中有一定地位或身份而知悉内幕信息的人，如上市公司的董事、监事、经理、高级职员及部分股东等；二是市场内幕人员。通常指那些因其职业或职责而与证券发行或交易有关的人员；三是接受内情人员。这些人员是指从前述内部人员那里直接获取有关内幕信息的人员。

2）内幕信息。是指可能对证券价格产生实质性影响而未公开的重要信息。这些信息大致可分为两类，一类与重大行为有关，主要指发行人就公司的经营活动、人事变动等事项作出的重大决策和行动。另一类是重大事实，主要指发生可能对发行人的正常经营产生重大影响的客观情况，如发生重大债务等。

3）内幕交易的行为方式。各国法律明确禁止的内幕交易行为主要包括两大类：一是内幕人员直接利用内幕信息买卖证券或根据内幕信息建议他人买卖证券；二是内幕人员向他人泄露内幕信息，使他人利用该信息进行内幕交易。根据内幕交易行为的违法程度不同，大多数国家的法律都规定了相应的责任制度，包括民事责任、行政责任和刑事责任。

13.3.3 我国发行的国际证券

20 世纪 80 年代以来，证券发行和交易国际化的趋势不断加强，国际证券融资已经成为许多国家政府和企业的重要选择。在全球证券市场一体化的潮流中，我国证券市场的国际化也迅速发展起来。1982 年 1 月是我国证券市场国际化的起点，当时中国国际信托投资公司首次在日本发行了 100 亿日元武士债券，由此揭开了证券市场开放的序幕。1992 年，我国允许外国居民在中国境内使用外汇投资于中国证券市场特定的股票，即 B 股。1993 年起，我国允许部分国有大型企业到香港股票市场发行股票，即 H 股。部分企业在美国纽约证券交易所发行股票，称为 N 股。境外发行股票筹集的资金必须汇回国内，经国家外汇管理局批准开设外汇账户，筹集的外汇必须存入外汇指定银行。进入 2000 年后，部分民营高科技企业到香港创业板和美国 NASDAQ 上市筹集资金，标志着我国证券市场的国际化进入一个新的发展时期。到目前为止，我国已在香港、纽约、新加坡等地分别发行有 H 股、N 股、S 股等股票。此外，我国目前境外上市结构中还有美国存托凭证（ADR），如已在境外上市的上海石化、上海二纺机等，都采用了 ADR 境外上市结构。

此外，近年来，我国债券市场的国际化也在推进当中。中信公司、中国银行、交通银行、建设银行、财政部、上海国际信托投资公司等金融机构先后在东京、法兰克福、新加坡和伦敦等国际金融市场发行了日元、美元、马克等币种的国际债券。

随着国际证券的发行，我国证券市场制度的国际化建设也有了很大程度的发展。2006年下半年以来三大办法的推出，为我国证券市场内部架构的国际化奠定了基础。这三大办法分别是：（1）2006 年 5 月 7 日，中国证监会出台了《上市公司证券发行管理办法》。新的《管理办法》中对上市公司定向增发、上市公司可以公开发行认股权和债券分离交易的可转换公司债券（简称"分离交易的可转换公司债券"）等符合国际证券市场的交易品种和模式增加较多，对规范我国上市公司及中介机构国际化运作打下了坚实的法律基础。（2）2006年 5 月 18 日，中国证监会发布实施《首次公开发行股票并上市管理办法》，对首次公开发行股票并上市公司的发行条件、发行程序、信息披露、监管和处罚等作了详细明确的规定，体现了与国际证券市场市场化股票发行接轨的重要特征。《首次公开发行股票并上市管理办法》不仅使证券发行的源头向市场化方式转变，也充分体现了国际化的重要特征。（3）2006年8月1日新《上市公司收购管理办法》出台，为完善和活跃上市公司收购行为，与国际证券市场相关并购规则接轨打下基础，也为证券市场中最为活跃和最能体现市场化的并购行为提供了法律基础。

此外，我国证券监管部门与国际证券监管机构间的合作与交流也日益得到加强。截至目前，中国证监会已与29个国家或地区的证券期货监管机构签署了32个双边合作备忘录，并积极参与和支持国际证监会组织以及其他国际组织的多边交流和合作，大大增进了中国证监会与国际证监会组织其他成员国及其他国际组织的相互了解与信任。

13.4　国际融资担保法律制度

13.4.1　国际融资担保概述

国际融资担保是指以确保债务清偿为目的，借款人或第三人以自己的信用或资产向外国贷款人所作的还款保证。

由于国际融资活动的跨国特征，使其存在比国内融资更大的风险，除了国际市场的变化莫测，融资双方缺乏全面准确地了解等因素外，国际融资还常受融资人所在国法律、政策变更等因素的影响，因此，国际融资存在着相当的风险，贷款人必须采取风险预防措施，而国际融资担保是防范风险的有效手段之一。在现代国际资金融通活动中，无论是国际商业贷款，还是政府或国际金融机构的贷款，以及其他各种形式的融资方式，都常以担保为其前提条件。国际融资担保已经在国际金融领域得到了广泛的运用。

国际融资担保形式多样，但基本上可以分为信用担保和物权担保两大类。信用担保是指借款人或第三人以自己的资信向贷款人承担的还款保证，国际融资常用的信用担保有保证、备用信用证和安慰信等方式。物权担保是指借款人或第三人以自己的资产作为偿还贷款的保证。除一般的抵押权、质权外，国际融资还常使用浮动抵押这种较为特殊的物权担保方式。

13.4.2　国际信用担保

信用担保又称人的担保，在信用担保中保证人的信用至关重要，是贷款人决定是否贷款的关键性因素。信用担保的主要方式有保证、安慰信和备用信用证。

（一）保证

国际融资中的保证是由保证人与贷款人约定由保证人在借款人不履行债务时按约定履行债务或承担责任的一种信用担保方式。保证是国际融资活动中使用最广泛的担保方式之一。

在国际融资中，保证人的资格要求较为严格。信用担保的保证人通常是具有外汇支付能力或信用能力的银行类金融机构或实力雄厚的公司以及政府组织，此种担保可以有效地避免物权担保变现能力差和外汇管制障碍的缺点，为国际商业银行贷款人所普遍接受。

保证范围为当事人约定的范围，一般限于主债务及利息、违约金、损害赔偿金和实现债权的费用。但不应超出主债务的范围。如果是多个担保人共同担保，必须明确各个担保人的担保份额。

关于保证形式，如保证人为一人，可分为一般保证和连带保证。一般保证是保证人在债务人不履行债务时负清偿之责，具有从属性，除非保证人放弃先诉抗辩权，贷款人在就借款人的财产强制执行无效果前，不得主张保证人履行保证责任。连带保证是保证人与借款人连带负债务履行责任的保证，在借款人不履行债务时，贷款人可以直接向保证人请求给付，保证人不得拒绝。

（二）备用信用证

备用信用证是担保人（开证行）应借款方要求开立的以贷款方为受益人的付款凭证，承诺在受益人出示信用证所规定的借款方的违约证明时即向受益人付款。根据备用信用证的约定，当借款人或其他债务人未能依贷款协议偿还贷款或履行义务时，债权人即可做成借款人或债务人违约的证明书，随附代表付款金额的汇票，向开证行（保证人）要求偿还相应的保证金额。

备用信用证最早产生于 20 世纪 50 年代的美国，源于当时美国的联邦法律禁止银行为其客户出具保证或保函之类的担保，银行为满足客户要求，就创立了这种属于保函性质的支付承诺。由于银行在开具备用信用证时很谨慎，开出的信用证多半是备而不用，故称为备用信用证。

备用信用证的最大特点是它独立于基础的借贷合同，因此担保人就是主债务人，其义务的履行不受借款人的任何影响。如果开证行经审查认为证明符合信用证的规定，开证行即可付款。开证行不负责审查是否存在不履行贷款协议义务的违约事件。

有关备用信用证的国际条约是 1995 年 12 月联合国大会决议通过的《联合国独立担保与备用信用证公约》。该公约是对大陆法的银行保函制度和英美法的备用信用证制度的调和，适用于一切国际性的备用信用证和独立担保。

根据公约规定，担保的性质为独立担保，担保人对受益人的承诺是独立的，不取决于基础合同是否有效或履行。担保人和受益人的权利和义务应由担保合同条款确定，在解释担保合同条款和解决担保合同条文未涉及的问题时，应考虑适用普遍接受的关于独立担保和备用信用证的国际惯例和规则。该公约是有关融资担保的第一个国际公约，标志着国际担保统一化已由民间行为发展到政府行为，国际担保规则由任意性惯例规则转变为国际条约规则。

此外，备用信用证还有一项国际惯例，即国际商会《国际备用信用证惯例》（International Standby Practices，简称 ISP98，国际商会第 590 号出版物）1999 年 1 月 1 日起正式实施，它填补了备用信用证在国际规范方面的空白。ISP98 不仅适用于国际备用信用证，而且还可适用于国内备用信用证。备用信用证如今已发展到适用于各种用途的融资工具，包含着比见索即付保函用途更广的范围。

（三）安慰信

安慰信是借款人的政府、母公司、开户行写给贷款人表示愿意敦促借款入还款的书面文件。此种担保文件的责任表示和法律效力较为含混，通常在保证人不愿意接受法律约束时使用。

安慰信最初产生于德国，是为了规避国家关于母公司对子公司担保贷款征税的规定。虽然该税种已经在 1972 年被取消，但这一商业习惯却被沿袭下来。

目前安慰信作为获取资金的一种手段，在国际银团贷款中已经广泛应用。根据出信人的情况，安慰信可分为：①政府出具的安慰信。通过借款人政府出具安慰信可表明借款人政府对贷款项目的支持态度，或承诺对贷款项目进行监督管理，以确保贷款人的利益。②开户行出具的安慰信。借款人开户行开具的安慰信能确知借款人提供的会计账目的真实可靠性，或承诺对借款人的财物已检查并继续给予监管。③母公司出具的安慰信。因为有些公司章程限制担保或担保人不愿在公司负债表上列举对外担保的"或有债务"，取而代之的是以安慰信的形式向债权人做出道义上的或具有法律责任的承诺，以表明借款人母公司的支持。

安慰信一般不具有法律约束力，而只是有道义上的约束力。但由于安慰信关系到出信人自身的信用，所以资信良好的出信人一般不会违背自己在安慰信中的诺言。

由于各国法律对安慰信的性质及法律效力等未作出明确规定，安慰信的效力和作用取决于其内容。但为避免承担法律责任，安慰信在内容上一般比较笼统，一般不出现"保证"、"承诺"之类的措辞。所以安慰信的法律效力是不确定的。不同的法院对同一份安慰信的效力也常存在不同的理解。

13.4.3　物权担保

国际融资中的物权担保是借款人或第三人以自己的资产或物权为贷款债务的履行提供担保。物权担保在各国国内的借贷实践中使用较多，但在国际融资活动中，由于付款人较难控制跨国担保物，使用物权担保的方式相对较少。物权担保可分为动产担保、不动产担保和浮动担保等形式。

（一）动产担保

国际融资中的动产担保，是指借款人或第三人以自己的动产向贷款人所做出的履行债务的担保。主要分为：动产质押和动产抵押两种。

（1）动产质押

动产质押指债务人或第三人将其动产的占有转移给债权人作为履行债务的担保，如债务人不能清偿其债务，债权人有权依法出售该动产以得到优先清偿。质押具有从属性，它仅以确保主债务履行为目的，以主债务的存在为前提，随主债务消灭而消灭。质押多为权利质押，质押物包括汇票、本票、可转让的股票等有价证券及知识产权中的财产权等。动产质押合同一般要求书面做成且移交质物时生效，但有些权利质押还需要登记，如股票或股权质押。质押的优先顺序依质押的有效设定的先后顺序排列。质权人受偿时，质物价款超过担保债权金额的，归出质人所有，不足部分由债务人清偿。

（2）动产抵押

抵押是指债务人或第三人不转移动产和不动产的占有，而将其作为债权的担保。如债务人不履行债务，债权人有权依法以该财产折价或变卖的价款优先受偿。在国际融资实践中，动产抵押主要适用于工农业开发项目的借贷，抵押物多为工农业设施和产品，如机器设备等。

各国法律普遍要求抵押合同也必须以书面形式成立，有些需要经过法定部门的登记才能生效。抵押物清偿时，如超过担保债权的金额，超过部分退还抵押人，不足部分由债务人清偿。

（二）不动产担保

不动产担保是指在房屋、土地等不动产上设置的物权担保。不动产担保主要以不动产抵押的方式进行，不动产抵押必须以书面形式进行，同时各国一般还规定必须进行登记才有效。由于各国法律对不动产的拍卖和变卖有各种限制性的规定，所以在国际融资实践中，不动产担保用的极少。

（三）浮动担保

浮动担保，也称浮动抵押，是指债务人或第三人以现有的和将来取得的全部财产或某一类财产为债权人设定的担保。

浮动担保的法律特征表现为：

（1）担保标的物的广泛性。浮动担保的标的物可以包括动产、不动产、有形财产和无形财产。

（2）担保物的价值和形态处于不确定状态。在担保期间，担保物的价值和形态都处于不断变化和运动之中，其价值可能会时有增减，其形态也会在货币形态与实物形态、无形财产与有形财产、动产与不动产之间进行转化。

（3）浮动担保标的物不转移占有，在担保执行前债务人对该担保物享有自由处分权，使之用于生产经营活动，有利于发挥资产的使用价值。

（4）浮动担保的担保物在约定事件发生时转化为固定担保。尽管浮动担保的担保物在担保期间一直处于不确定的浮动状态，但担保权的行使应有明确、固定的标的物。因此，浮动担保一旦出现借款人违约、破产或停业清算等约定事件，则转化为固定担保。这时，贷款人可以对借款人的全部现有财产行使担保物权，借款人的全部财产均确定地成为担保标的物，借款人无权再处分任何担保物。

在国际项目融资中，以项目的全部资产及未来收益设定浮动担保，对借、贷双方都有好处。对债务人来说，设定浮动担保后，他仍然可以自由占有、处分已作为担保之用的企业财产，使债务人在融资的同时发挥担保物的增值功能。对债权人而言，浮动担保的优点在于：当债务人违约时，债权人可以直接接管企业，这在项目融资中尤为重要。而且浮动担保的覆盖面广泛，因此在国际融资，尤其是项目融资中使用较为普遍。

13.4.4 银行保函

银行保函是指银行应委托人的申请而开立的有担保性质的书面承诺文件，一旦委托人未按其与受益人签订的合同的约定偿还债务或履行约定义务时，由银行履行担保责任。它有以下两个特点：

（1）银行保函依据商务合同开出，但又不依附于商务合同，具有独立法律效力。当受益人在保函项下合理索赔时，担保行就必须承担付款责任，而不论委托人是否同意付款，也不管合同履行的实际事实。即保函是独立的承诺并且基本上是单证化的交易业务。

（2）银行信用作为保证，易于为合同双方接受。银行保函业务中涉及的主要当事人有三个：委托人、受益人和担保银行，此外，往往还有反担保人、通知行及保兑行等。这些当事人之间形成了环环相扣的合同关系，它们之间的法律关系如下：

第一，委托人与受益人之间是基于彼此签订的合同而产生的债权债务关系或其他权利义务关系。此合同是它们之间权利和义务的依据，相对于保函而言是主合同。如果此合同的内容不全面，会给银行的担保义务带来风险。因而银行在接受担保申请时，应要求委托人提供他与受益人之间签订的合同。

第二，委托人与银行之间的法律关系是基于双方签订的《保函委托书》而产生的委托担保关系。《保函委托书》中应对担保债务的内容、数额、担保种类、保证金的交存、手续费的收取、银行开立保函的条件、时间、担保期间、双方违约责任、合同的变更、解除等内容予以详细约定，以明确委托人与银行的权利义务。《保函委托书》是银行向委托人收取手续费及履行保证责任后向其追偿的凭证。

第三，担保银行和受益人之间的法律关系是基于保函而产生的保证关系。保函是一种单务合同，受益人可以以此享有要求银行偿付债务的权利。在大多数情况下，保函一经开立，银行就要直接承担保证责任。

13.4.5　国际商会《合同担保统一规则》325 号

《合同担保统一规则》（Uniform Rules for Contract Guarantees，URCG325），1978 年国际商会第 325 号出版物，是国际商会第一个有关担保的惯例性文件。

该规则共 11 条。其内容可分为三个部分。第一部分（1～2 条），对担保统一规则的范围和定义作了明确的界定，对于信用范围，规则强调适用于关于投标、履行和偿还款项担保的规则管辖的任何担保、保函、赔偿函、保证或其他类似的义务承担，无论其名称如何，如果指明受《规则》支配，则该规则对其所有当事人均有约束力。对于定义，主要就投标担保、履约保证和还款担保作了明确定义。第二部分（3～9 条），是关于对担保人向受益人承担的责任，受益人提出索款请求的期限、担保的有效期及退还、对基础合同与担保文书的修改、索款请求的提交、申请人违约证据的提供等内容的规定。第三部分（10～11 条），主要规定了信用担保纠纷解决的方式和法律适用等问题。

由于《合同担保统一规则》所规定的担保是从合同的概念，担保人承担的义务是从属于主债务人的，而对国际上银行和进口商广泛接受的独立担保充满敌意，因此，《规则》公布后，银行普遍拒绝接受，使其难以得到国际社会的广泛认可，至今还未被各国普遍采用。

本章案例

信用证抗辩案

应 B（潜在业主）之邀，P 递交了一份标价为 1 000 万德国马克的建筑工程投标书，随附一份 G 银行开立的金额为 50 万德国马克的备用信用证。后来，B 在备用信用证下提出索款要求，P 提出抗辩：因 B 已经与 T 签约，所以备用信用证已经失效。

问题：

1. P 的抗辩能否使 G 银行拒付？

2. P 可以用哪种抗辩理由使 G 银行拒付？

分析：

1. 按照 ISP98 的规定，备用信用证具有独立性和单据化的特点，开证人对受益人的付款责任是以受益人提交的与备用信用证条款表面相符的单据为依据，而不介入确定申请人是否违约的事实。因此，P 的抗辩不能使 G 银行拒付。

2. 如果 P 能证明 B 方的欺诈或其他权利滥用行为，并以此凭有关适用法律构成对 B 方索款要求的有效抗辩，则可以使 G 银行拒付。

本章小结

国际金融法是调整国际货币金融交易关系的法律规范的总称，它规定的是关于国际贸易融资、国际贷款融资、国际证券融资、国际租赁融资等金融交易的法律规则。

国际借贷融资和国际证券融资是国际融资的重要内容。其中，国际借贷是国际融资最常见、也是最传统的形式，它包括国际商业贷款、国际银团贷款、国际金融机构和政府贷款以及国际项目贷款等方式。20 世纪 80 年代以来，证券发行和交易国际化的趋势不断加强，国际证券融资已经成为许多国家政府和企业的重要选择，国际证券融资在国际融资中的比重也在不断上升。国际证券融资包括国际股票和国际债券的发行和交易等内容。本章对以上各种融资方式的内涵及其涉及的相关法律制度进行了分析。

由于国际融资活动具有跨国的特征，因而比国内融资面临更大的风险。为了防范风险，贷款人必须采取相应的预防措施，而国际融资担保是防范风险的有效手段之一。国际融资担保形式多样，但基本上可以分为信用担保和物权担保两大类，本章也对这两类担保的法律规定进行了介绍。

本章习题

1. 当代国际金融法的基本特征与发展趋势有哪些？
2. 试比较国际借贷协议中的消极担保条款与比例平等条款的异同。
3. 国际银团贷款一般有哪些法律文件？其基本内容是什么？
4. 简述政府贷款的基本特点。
5. 试述国际证券发行和交易中的信息披露制度。
6. 简述国际信用担保中保证的基本法律特征。
7. 国际物权担保有哪些形式？

第 14 章

国际商事管制法

1. 熟悉关税制度和非关税措施。
2. 了解国际反倾销法和各国反倾销法。
3. 掌握中国的反倾销立法。
4. 熟悉国际反补贴法的内容以及中国的反补贴立法。
5. 了解各国限制性商业做法的法律。
6. 掌握中国管制限制性商业做法的法律。
7. 熟悉限制性商业做法的国际立法。

导入案例 /////

中国轮胎应对反倾销调查案

2005 年 8 月 20 日，土耳其外贸署对原产于中国的轮胎反倾销案作出终裁，认定中国出口的涉案产品存在倾销，并对土耳其国内产业造成损害。终裁决定从即日起，对原产于中国的轮胎以 CIF 价按不同税号分别征收 60% 或 87% 的反倾销税。在该案件中，我国应诉企业未获得市场经济地位待遇。

2005 年 10 月 28 日，南非国际贸易管理委员会发布公告，接受南非制造业联盟代表南非国内的轮胎生产商提交的申请书。对原产于中国的轮胎进行反倾销立案调查。南非国际贸易管理委员会认为，原产于中国的。轮胎在南非国内市场上低价倾销，给南非国内相关产业造成实质性损害。

2005 年 12 月 23 日，墨西哥调查机关决定对原产于中国的旅行小客车和轻型卡车轮胎进行反倾销调查。

2005 年 12 月 30 日印度工商部反倾销总局对原产于中国的卡车和客车斜纹轮胎提起反倾销调查。

2005 年 12 月 31 日，中国轮胎行业应诉南非反倾销调查的案件成为中国轮胎企业首次在行业协会——中国橡胶工业协会轮胎分会的组织和领导下进行的大规模集体抗辩。在过去 5 年里，中国轮胎企业已经经历了多次打击。前几次遭遇反倾销，中国的轮胎企业由于没有认识到问题的严重性，再加上出口金额较小，影响不大，基本上没有进行任何抗辩，因此，中国轮胎也基本上从委内瑞拉和秘鲁市场全部退出。

随着近年来我国轮胎出口逐年迅速增长，遭遇的反倾销案件也越来越多。虽然名义上提起反倾销的是南非、印度等国的轮胎生产商协会，但背后实际操纵该协会的则是世界轮胎巨头。近几年来，这些垄断国际市场近 60% 份额的跨国公司在中国频频建厂，通过各种营销手段来挤占中国轮胎企业的国内市场，迫使中国企业只能加大开拓欧美、南美、亚洲和非洲的海外市场来弥补国内的损失。但就在中国企业刚刚大规模进入国际市场的同时，这些世界轮胎巨头又意识到中国轮胎有可能威胁到其在国际市场的份额，于是通过上述多起反倾销案件来挤压中国企业在国际市场的份额。我国轮胎生产企业，为避免重蹈屡遭反倾销和保障措施之覆辙，要从政策和技术两个层面积极筹划反倾销的应对措施。对国外出现的反倾销调查，应及早组织企业应诉，避免造成更大的经济损失。

讨论：1. 试论中国轮胎行业遭遇反倾销调查的经济实质？

2. 我国企业入户如何应对反倾销调查？

14.1　关税制度和非关税措施

14.1.1　关税的含义和作用

关税是指进出口商品经过一国关境时，由政府设置的专门机构——海关对进出口商品征收的一种税收。

各国政府征收关税主要有两个目的，一是增加国家的财政收入，该种关税称为财政关税；二是保护本国经济或产业发展，此种关税称为保护关税。相比较而言，财政关税的税率比较低，而保护关税的税率则较高，有时甚至会高达 200% ~ 300%。因为关税税率越高，进口产品的成本也就越高，从而达到削弱进口产品在进口国国内市场的竞争力，以保护生产同类产品的本国产业的目的。

14.1.2　关税的种类

（一）根据征收关税的对象，可分为

1. 进口税，即进口国家的海关对输入本国的进口商品所征收的关税。该种关税通常是在外国商品进入国境时征收，或者在外国商品由海关保税仓库提出运往国内市场时征收。

2. 出口税，即出口国海关对输往外国的本国商品所征收的关税。征收出口税会导致本国产品成本的增加，从而降低本国产品的竞争力，不利于扩大出口，因此，各国一般不征收出口税。但有时对本国市场紧缺的产品或资源会征收出口税。

3. 过境税，即一国对通过本国领域的外国货物（即过境货物）所征收的关税。所谓过境货物是指运输工具所载货物到达本国未经下载，仍由原运输工具运至他国口岸。过境货物与转口货物不同，后者是从国外运载货物至本国口岸，转换运输工具，再转运其目的口岸。

（二）根据征收关税的优惠程度，可分为

1. 普通关税。又称一般关税，指一国政府对与本国没有签署友好协定、贸易协定、经济互助协定的国家和地区按普通税率所征收的关税。

2. 优惠关税。又称特惠关税，指一国政府对从某个国家或地区进口的全部产品或部分产品，给予特别优惠的低关税待遇。优惠关税是对受惠国以低于普通关税税率的标准征收关税以示优惠。优惠关税一般是互惠的，即双方相互给予对方优惠关税待遇，但也有单方面的，即由给惠国单方给予受惠国优惠待遇，而不要求反向优惠。

优惠关税一般有特定优惠关税、普遍优惠关税和最惠国待遇关税三种。

（1）特定优惠关税，即特惠税。指一国对另一国或某些国家的某些方面予以特定优惠关税待遇，他国不得享有的一种关税制度。目前，在国际上最有影响的特定优惠关税是（洛美协定）的特惠关税，它是欧共体国家向参加协定的非洲、加勒比和太平洋地区的发展中国家单方面提供的特定优惠关税。

（2）普遍优惠关税。即普惠制，是发达国家对原产于发展中国家的产品主要是工业制成品和半制成品，给予普遍的、非互惠的和非歧视的关税优惠待遇。发展中国家要享受普惠制，一般也要满足若干先决条件，如原产地标准、直运规则等。

（3）最惠国待遇关税。指缔约国一方现在和将来给予任何第三方的关税优惠，同样给予缔约对方。最惠国待遇最初只适用于关税待遇，现已扩大到通商和航海等方面，但仍以关税为主。

3. 差别待遇。指对于同一种进口产品，由于出口国家或生产国家的不同，或进口情况不同而使用不同的税率征收的关税。差别关税实际上是贸易保护主义政策的产物，它是进口国在特殊场合下为保护本国产业而采取的特别措施。差别待遇主要包括：

（1）进口附加税。指进口国对来自某国或某项产品的进口，除了征收一般进口关税之外，另再加征税款，以加重课税。进口附加税通常是一种限制进口的临时性措施，是为了某种特定目的的需要，如应付国际收支危机，或是对某个特定国家实行贸易歧视政策。

（2）反倾销税。指进口国海关对外国产品在本国市场销售构成倾销时所征收的一种关税。

（3）反补贴税。又称抵销关税，指对接受出口补贴的外国产品进口时所征收的一种关税。

（4）报复关税。指一国政府为维护本国利益，对他国以不公正、不平等、不友好态度对待本国出口产品时，对他国出口到本国的产品加重征收的关税。

14.1.3　关税的征收方法

关税的征收方法又称征税标准。目前国际上通行的征税方法主要有：

（1）从量税。指按商品的重量、容量、长度、面积、体积、个数等数量单位征收关税。

（2）从价税。指以进口商品的价格为标准征收关税。从价税的税率表现为货物价格的百分值。经海关审定的作为计征关税依据的价格称为海关完税价格或海关价格。完税价格乘以税则中规定的税率，就可得出应纳的税额。如某产品进口关税按从价税 10% 征收，完税价格若为 1 000 美元，即征收关税 100 美元。从价税虽以产品价格为征税标准，但因时间、地点不同，产品价格往往会有很大差异。

（3）混合税。又称复合税，指对某种进口产品征税时，采用从量税和从价税同时征收的一种方法。以石油进口为例，凡石油中含蜡低于 2% 者，每吨征收 100 元，同时再征 20% 的从价税。

（4）选择税。指对于同一进口产品同时订有从价税和从量税两种税率，而从中选择一种税率计征关税。

14.1.4　海关税则

海关税则又称关税税则，是一个国家通过立法程序公布实施的、按商品类别排列的关税税率表。它是征收关税的法律依据，是各国关税政策的具体体现。海关税则的内容以税率表为主体。很多国家将税则列在关税法之后，作为关税法的组成部分。

税则包括税号、商品名称和税率三部分。

税则中的商品分类主要有两种。第一是按照产品的加工程度分类，可分为原料、半成品、制成品；第二是按照产品的性质分类，可分为农产品、畜产品、水产品、矿产品、纺织品、机器等。

海关税则可分为单一税则和复式税则。

单一税则，又称一栏税则，指每个税目里只有一个税率，适用于任何国家的产品，没有差别待遇。目前只有极少数发展中国家采用。

复式税则，又称多栏税则，指在一个税目里有两个以上的税率，对于来自不同国家或地区的产品适用不同的税率。其中，普通税率是最高税率，特惠税率是最低税率，在这些税率之间，还有最惠国税率、协定税率、普遍优惠税率等。目前，发达国家大多采用三栏税率，如美国对进口税率采用普通税率、最惠国税率和普惠制税率。

14.1.5　非关税措施

除关税外，各国还经常通过非关税措施来实现对外贸易的管制。在早期的国际贸易中，各国普遍采取关税措施来管制对外贸易。但 20 世纪 60 年代后期以来，随着关税幅度的下降，关税的保护作用越来越不明显，而非关税措施的作用却越来越受到重视，逐渐成为主要的对外贸易管制方法。

所谓非关税措施，是指除关税以外的一切限制进口的措施。

非关税措施可以分直接和间接两种。直接的非关税措施是指由进口国直接对进口产品的数量或金额加以限制或迫使出口国自动限制其出口的产品数量或金额。间接的非关税措施是对进口产品制订严格的条件，间接地限制其进口。具体而言，较为普遍的非关税措施包括以下几种：

1. 进口配额

进口配额是一国政府在一定时期内，对某些产品的进口数量或金额规定限额，直接加以限制。在规定的期限内，配额以内的产品可以进口，超过配额则不准进口或征收较高的关税。超过配额即不准进口的，称为绝对配额；超过配额征收较高关税的，称为关税配额。

2. 自动出口限制

又称自动出口配额，指出口国在进口国的要求或压力下，自动规定在某一个时期内对该进口国的出口限额，在该限额内，由出口国自己控制出口，超过配额即禁止出口。自动出口配额表面上似乎是一种出口限制，但实际上是进口国迫使出口国采取的限制，其最终目的是为了限制进口。

3. 进口许可证制

进口许可证，指政府为管制进口贸易；规定有关产品进口必须得到本国政府批准，并在颁发进口许可证之后才允许进口。进口许可证主要有两种形式，一种是有定额的进口许可证，即预先规定有关商品的进口配额，然后在配额的限度内，根据进口商的申请，对于每一笔进口货物发给进口商有关商品一定数量的进口许可证。另一种为无定额的进口许可证，即进口许可证不与进口配额相结合，有关商品的进口许可证只在个别考虑的基础上进行。由该种无定额的进口许可证没有公开的标准，因而更易给正常的贸易活动造成障碍，起到更大的限制进口的作用。

4. 外汇管制

外汇管制是指国家通过法律对外汇买卖和国际结算实行各种限制措施，以平衡国际收支和维持本国货币汇价。在该种制度下，出口商必须将其出口所得到的外汇收入按官定汇价卖给外汇管制机关。进口商也必须向外汇管制机关按官定汇价申请购买外汇。外汇管制一般由中央银行或中央银行授权的银行执行。

5. 进口和出口的国家垄断

进口和出口的国家垄断是指在对外贸易中，对某些或全部商品的进出口规定由国家直接经营，或把某些商品的进出口的垄断权授予某个垄断组织。

主要资本主义国家的进出口的国家垄断主要集中在三类商品上。第一类是烟和酒。国家的政府机构从烟和酒的进出口垄断中，可以获得巨额的财政收入。第二类是农产品。国家把农产品的对外垄断销售作为国内农业政策措施的一部分。第三类是武器。资本主义国家的武器贸易多数是由国家垄断的。

6. 歧视性的政府采购政策

歧视性的政府采购政策是指政府通过制定法令；规定政府在采购时，要优先购买本国产品，从而导致对外国同类产品的歧视和限制。许多资本主义国家都有这种制度。例如，英国政府规定其机构使用的通信设备和电子计算机必须是英国产品。日本有几个省规定，政府机构需用的办公设备、汽车、计算机、电缆、导线、机床等均不得采购外国产品。美国实行的（购买美国货法案）规定，凡是美国联邦政府所要采购的货物，应该是美国制造的，或是用美国原料制造的，只有在美国自己生产的数量不够，或者国内的价格过高，或者不买外国货就会损害美国利益的情况下，才可以购买外国货。

7. 进口押金制

进口押金制，又称进口存款制，是指进口商在进口产品时，必须按照进口金额的一定比例并在规定的时间内，预先向指定的银行无息存放一笔现金。这种押金在有的国家可高达进口货值的50%，且必须在银行无息冻结6个月，它势必会增加进口商的资金负担，从而起到了限制进口的作用。

8. 最低限价

最低限价是一国政府对某种进口商品规定的最低价格，凡进口商品的价格低于规定的最低限价的即征收进口附加税。例如，规定钢材的每吨最低限价为 320 美元，进口时每吨为 300 美元，则进口国要征收 20 美元的附加税，以抵销出口国的补贴或倾销。这一最低限价往往是根据某一商品生产国在生产水平最高的情况下生产出的价格而订出的。例如，西欧共同市场 1978 年对钢材规定最低限价，这一价格是根据日本生产钢材的最高生产水平而制定的。凡是低于该价格的，就要征收差额部分的附加税。

9. 海关估价制度

海关估价是指进口国通过专断地提高对进口产品的海关估价，来提高进口产品的关税负担，阻碍外国产品的进口。在这方面，以美国最为突出。美国海关的征税工作是按进口商品的外国价值（进口商品在出口国国内销售市场的批发价）或出口价值（进口产品在来源国市场供出口用的售价）两者之中较高的一种进行。这实际上提高了交纳关税的税额。

10. 有秩序的销售安排

所谓"有秩序的销售安排"，是近年来由发达国家提出的一种新型的非关税措施，是通过政府正式的干预，由出口国和进口国签订具体协定，按照这一协定，出口国将自己产品的出口约束在一定的水平上。如 1977 年美国与日本谈判"有秩序的销售安排"，由政府首脑出面，要求日本减少彩电、电炉、铁路设备、自行车外胎、钢等的出口，其中规定日本到 1980 年对美国出口彩电 175 万台，比 1976 年减少 40%。

11. 复杂的产品技术标准和商品检验制度

各国都广泛地颁布各种产品的技术标准、卫生检疫标准、商品包装和标签等规定。近年来，一些国家为保护本国贸易，对进口产品经常无理地规定苛刻的、超过本国国内市场真正需要的技术、卫生和商检标准。这类规定日益复杂，而且经常变化、不断提高，使外国产品难以符合其要求，从而起到限制甚至完全排斥某些外国进口产品的作用。

14.2　反倾销法

14.2.1　概述

在国际贸易中，倾销是指商品以低于其正常价值的价格进入另一国市场的行为。倾销会带来双重的后果：一方面它可以为进口国的消费者提供物美价廉的商品、并刺激进口国市场的竞争；另一方面，倾销又将给进口国带来损害，特别是对于进口国生产同类或竞争产品的国内工业而言，倾销可能会导致对进口国市场的垄断，从而给进口国的工业带来毁灭性的打击，并最终损害进口国的消费者。

一般而言，倾销具有以下几个特征：

1. 倾销属于一种低价销售。这种低价销售不是低于进口国同类产品的价格，而是低于该产品在出口国国内市场的价格；

2. 倾销的目的是对外销售过剩产品，保持出口国市场的价格，开拓国外市场；

3. 倾销是一种不公平的竞争行为。在政府奖励出口的政策下，生产者为获得政府出口补贴，往往以低廉价格销售产品，同时，生产者将产品以倾销的价格在国外市场销售，从而获得在另一国市场的竞争优势，并进而消灭竞争对手，再提高价格获取垄断高额利润；

4. 倾销的结果往往给进口国的经济或生产者的利益造成损害。特别是掠夺性倾销扰乱了进口国的市场经济，给进口国带来毁灭性的打击。

对国际贸易中的倾销行为，各国均进行立法加以规范和管制。进口国为保护本国经济和本国生产者的利益，维护正常的国际经济贸易秩序，对倾销行为进行限制和调整的法律规范就是反倾销法。

从 20 世纪初以来，各国就开始相继进行了反倾销的立法。世界上最早进行反倾销立法的是加拿大。1904 年，加拿大制定了第一部反倾销法。其后，各国纷纷效仿。在两次世界大战期间，美国和欧洲大多数国家依照加拿大模式制订了反倾销法。但是，在 1948 年以前，反倾销法一直限于国内法的范畴。直到《关税与贸易总协定》生效，反倾销法才发展成为一项影响国际贸易的重要国际法律制度。

14.2.2　国际反倾销法

国际反倾销立法始于 1947 年的《关税与贸易总协定》（简称《总协定》）。《总协定》第 6 条对倾销问题第一次作出了规定。在肯尼迪回合的谈判中，为使《总协定》第 6 条的解释与实施更为统一与合理，制定了《关于实施关贸总协定第 6 条的协定》（简称为《反倾销守则》），供签署和批准的缔约国适用。在该守则的基础上，东京回合又达成了一项《实施关贸总协定第 6 条的协定》（简称《反倾销协定》）。《反倾销协定》与《反倾销守则》相比，更为详细、具体，程序也更为完善。但由于《反倾销协定》同《反倾销守则》一样，只适用于接受和加入该协定的国家，对没有加入协定的其缔约方并不生效，适用的范围较为有限。为确保倾销和反倾销措施不对国际贸易产生限制性效果，切实加强总协定第 6 条的实施，乌拉圭回合将倾销与反倾销措施作为其重点议题之一，并最终达成了《实施 1994 年关税与贸易总协定第 6 条的协定》（简称 1994 年协定）。与《反倾销守则》和《反倾销协定》相比，1994 年协定更为详细和系统，是规范各国反倾销立法及措施的一部重要国际法律。

（一）倾销的确认

采取反倾销措施的基本前提是存在倾销行为。根据 1994 年协定的规定，如果在正常贸易中，一项产品从一国出口到另一国，该产品的出口价格低于在出口国国内消费的相同产品的可比价格，即低于正常价值进入另一国的商业领域，则该产品被视为是倾销。由此可见，确定倾销是对一项产品的出口价格与可比价格即正常价值进行比较，如前者低于后者，即被认定是倾销。因此，在确定倾销时的关键因素有两个：一是出口价格的确认；二是可比价格或称正常价值的确认。

出口价格一般是出口商将其产品出售给进口商的价格，在正常贸易情况下应当是出口商开具的发票价格。但如果不存在出口价格，或者对有关当局而言，由于出口商与进口商或第三者之间存在着联合或补偿安排而使出口价格不可靠时，则出口价格应以下列方法确定：依该进口产品首次转售给独立买主的推定价格；如该产品没有转售给独立买主，则当局可以在合理的基础上决定出口价格。

根据 1994 年反倾销协定第 2 条的规定，可比价格或称正常价值通常采用以下几种方法确定：

1. 国内正常价格。即相同产品在出口国国内市场上的正常价格；

2. 第三国的输出价格或结构价格。如果在出口国国内市场不存在相同产品的销售或在出口国国内市场的销售量太少致使不允许进行适当的比较，应采用出口到一个适当的第三国的相同产品的可比价格；或采用原产地国的生产成本，加上合理数额的管理费、销售费和一般费用及利润。

1994 年协定还进一步明确，所谓相同产品（Like product），应解释为同样产品（identicalproduct），即在所有方面都与该产品相似（alike）；如没有这样的产品，应指那些虽然在有些方面与其不尽相同，但具有与该产品非常相似特性的其他产品。

（二）损害的确认

根据总协定的有关规定，倾销产品必须对国内产业产生实质性损害、实质性损害的威胁、或实质性妨碍该产业的建立，才允许采取反倾销措施。

根据 1994 年协定的规定，所谓国内产业是指相同产品的全部国内生产商或部分相同产品的生产商，但其合计总产量应构成全部国内产品产量的大部分。此外，1994 年反倾销协定还规定了区域产业的概念，即在某一成员国的领 AY_ ，有关产品的生产可能被分为两个或更多的竞争市场。在这种情况下，每一市场内的生产商都可被视为一个单独的产业，但必须符合两个条件：（1）每一市场内的生产商在该市场上销售其全部或几乎全部产品；（2）该市场的需求主要不依赖于位于领土其他地方的生产商提供的产品。如果构成了区域产业，则即使整个国内产业的大部分未受到损害，对特定市场内产业的损害可被认定为存在，并可对在该区域倾销的产品征收反倾销税。

1994 年协定规定，在确定倾销进口产品造成的损害时，应根据确实的证据作出，并应对以下两个方面进行审查：（1）倾销的进口产品的数量和倾销进口产品对国内市场相同产品价格造成的影响；（2）这些进口产品对国内相同产品生产商造成的冲击程度。同时 1994 年协定还特别指出，对于严重损害的威胁适用反倾销措施时，应特别慎重，损害威胁的存在必须基于各种事实，不能仅依据辩解、猜测或远期的可能性进行确认。造成倾销可能产生损害的情势变化应是能够清楚预见到并是迫近的。

由于在实践中，通常是几个国家的相同进口产品同时受到反倾销调查，针对此种情况，1994 年协定规定，当来自一个以上国家的进口产品同时受到反倾销调查时，调查当局可以累积估计进口产品的影响，但必须符合下列条件：（1）来自每个国家的进口的倾销幅度超过了 2% 的最低标准，且来自每个国家的进口数量是不可忽略的；（2）依照进口产品之间竞争的情势和进口产品与相同国内产品之间竞争的情势，对进口影响的累积估计是适当的。

（三）因果关系的确定

1994 年协定第 5 款特别强调，有关当局在调查过程中，应证明倾销的进口产品是否与有关产业的损害之间有因果关系。

（四）反倾销程序

1. 反倾销调查的开始

根据 1994 年协定的规定，反倾销调查可以因国内利益关系方的起诉而开始，也可由进口国调查当局主动发起。如由利益关系方起诉，必须由受倾销影响的国内产业或其代表向有关当局提出书面申请，提供有关的证据和资料，供有关当局进行审查。如果倾销和损害的证据不足或倾销幅度不到 2% 或从某一特定国家的倾销进口数量占所有成员国相同产品的总进口量不足 3%，则有关当局应拒绝调查。若有关当局认为有足够证据进行调查时，应将反倾销调查通知受调查的产品的出口成员国和其他利益关系方，并应将调查公布于众。

2. 取证与举证

在反倾销调查中，有关当局可向出口商或外国生产者发出有关问题的调查表并要求后者作出答复，但至少应给予 30 天的期限。在不泄露秘密的前提下，一利益关系方提交的书面证据应及时使参与调查的其他各方获得。

在调查期间，各利益关系方应有为其利益辩护的机会。同时，各方负有举证责任，如果任何利益方在合理的期限内不提供必要的证据或严重妨碍调查，有关当局可根据已有的事实，作出初步或最终的裁决。

3. 临时措施

进口成员国在调查开始后、正式征收反倾销税之前，为防止倾销的继续发生或防止倾销产品对国内生产相同产品的产业造成继续的损害或损害威胁，可以采取短期的补救措施，即临时措施。临时措施可采取临时关税的方式，也可采取与反倾销税等量的保证金或保税金的方式。临时措施的适用期间最长不得超过 4 个月。

4. 价格承诺

所谓价格承诺是指有关出口商在反倾销调查期间自愿承诺提高倾销产品的价格或停止以倾销价格出口的措施。如果有关当局收到出口商的价格承诺并认为满意，反倾销程序可在不采取临时措施或不征收反倾销税的情况下予以终止。

5. 反倾销税的征收

有关当局经过调查最终确认进口产品构成倾销并对国内产业造成了损害，即可征收反倾销税。反倾销税不得超过倾销幅度，但可小于倾销幅度。反倾销税的期限应以抵消产生损害的倾销所必要的程度为准。但一般应在征税之日起 5 年内予以终止。

14.2.3　美国反倾销法

美国作为世界上的经济和贸易大国，其反倾销立法对世界各国的贸易甚至对国际反倾销立法都产生了重大的影响。总协定关于反倾销的规定就是在美国 1921 年的反倾销法的基础上制定的。

（一）倾销行为的确定

根据美国的反倾销法，外国产品在美国市场的销售价格低于"公平"价格且对美国的有关工业产生了"实质性损害"，二者之间存在因果关系，则构成倾销。

在确定某种进口产品是否存在倾销行为时，关键取决于以下几个因素：

1. 公平价格的确定

在美国，所谓公平价格是指生产该产品的构成价格，即该产品的出厂价格。美国商务部在确定公平价格时，与总协定相似，也可采用国内正常价格、第三国的输出价格及结构价格三种方法。但总协定在第三国的输出价格和结构价格之间并没有规定先后顺序，但美国的反倾销法却有如存在第三国的输出价格即优先考虑第三国输出价格的倾向。此外，商务部在对倾销进行调查时，还可采用其他方法确定公平价格，如美国的进口平均价，美国的市场价等。在确定了某一产品的公平价格后，将该产品在美国市场的销售价格与公平价格进行比较，如果该产品的销售价格低于公平价格，则认定该产品存在低于公平价格的销售。低于公平价格差额称为倾销幅度。

在选定替代国之后，商务部具体有四种方法确定公平价格：

（1）国内市场价格

以替代国国内市场上同类或相似产品价格作为被调查产品的公平价格。

（2）出口价

以替代国出口同类或相似产品的出口价格作为调查产品的公平价格。

（3）构成价

以被调查国家的工业投入生产的实际投入量和生产条件作为计算基础，运用替代国国内同种工业对这些要素和条件的定价标准来确定上述实际投入量的价格或成本，以该计算所得的价格作为被调查产品的公平价格。

（4）其他方法

如果不能按上述方法求得公平价格，美国商务部可以使用美国价格、美国构成价和进口平均价等其他方法确定公平价格。

2. 损害的确认

按照美国的反倾销法，国际贸易委员会必须就美国工业是否受到实质性损害的威胁作出决定。

国际贸易委员会在考虑损害问题时通常要研究反倾销调查期间内美国工业产品实际或潜在的下降，生产能力的利用程度、销售量、库存量、市场占有率以及失业率等因素。1984年美国修订反倾销法时增加了内容，规定国际贸易委员会在确定对国内工业有否重大损害时，应合并考虑从两个以上的国家进口同类产品的数量与效果，这一规定被称为强制合并规则。合并考虑的条件是：

（1）对两个以上的出口国同时进行反倾销调查；

（2）不同出口国的产品在美国市场上互相竞争，并和美国国内工业的同类产品竞争。

但为公平起见，1988年贸易法第1330条又承认：对于数量极少的进口商不适用强制合并规则。

3. 因果关系

除要确认出口国低于公平价格销售以及美国工业受到实质损害或存在实质性损害的威胁外，国际贸易委员会还应决定二者之间是否存在因果关系。在研究因果关系时，国际贸易委员会要研究反倾销调查期间内，被调查产品向美国出口的数量和增长趋势、占有美国市场的份额、对美国相同产品价格的影响等。

（二）反倾销程序

美国主管反倾销事务的是商务部和国际贸易委员会，商务部负责确定"公平价格"，国际贸易委员会负责确定"实质性损害"及二者之间的因果关系。这两个部门经国会授权负责执行反倾销法。

反倾销的一般程序要经过四个阶段：

1. 起诉

起诉一般由同类产品的生产者代表同类产品的工会组织或代表生产或批发同类产品的贸易或商业组织的成员起诉，起诉必须同时向商务部和国际贸易委员会提起，起诉时要提供详细资料说明低于公平价格销售的价格差异和国内工业受损害的程度。在提出反倾销书面起诉起 20 天内商务部作出是否受理起诉的决定。

2. 初裁

如果商务部决定接受起诉并正式开始反倾销调查，国际贸易委员会则必须在提出起诉的 45 天内就起诉书的资料做一般调查，就国内工业是否由于进口被调查产品而造成实质性的损害或威胁作出初步裁决。如果裁决是肯定的，案件就继续进行，反之，调查就终止。在初裁阶段，商务部分别向美国的生产厂家、出口商和美国的进口商发出表格进行调查，要求提供起诉前 5 个月和提出起诉后一个月有关产品生产和销售的资料。通过对这些资料的分析，商务部确定一个生产该产品的公平价格，然后与该产品在美国市场的销售价格进行比较，从而确定是否存在低于公平价格销售的倾销行为，以及倾销幅度的大小。这项初裁必须在提起起诉 160 天内作出。

3. 核实

在初裁结束后、终裁作出之前，商务部要派人到被调查的出口国对被调查对象所提供的资料进行核实。主要是对生产单位和出口单位的实际账本、原始单据、记录等逐项核实、从而为终裁作好准备。

4. 终裁

在商务部在进行初裁及核实后，原告和被告均有权提交各种文件资料，就法律和事实问题展开辩论。如果任何一方当事人提出要求，商务部还应组织听证会。在此基础上，商务部应在反倾销程序开始后 250 天内就是否存在倾销及倾销的幅度问题作出终裁。

如果商务部的终裁是肯定的，即存在倾销行为，则国际贸易委员会应在商务部作出终裁后的 45 天内就"实质性损害"的问题作出终裁。国际贸易委员会的终裁可能有三种结果：

（1）确定不存在"实质性损害"，则终止反倾销调查，不征收反倾销税，初裁后预收的反倾销税退回。

（2）确定有"实质性损害"的存在，即构成真正的倾销，根据终裁所确定的倾销幅度从初裁之日起征收反倾销税。对初裁之日起已预征的反倾销税采取多退少补的办法处理。

（3）如确定对美国工业构成实质性损害的威胁，则从终裁之日起征收反倾销税，退还从初裁之日起征收的反倾销税。

在国际贸易委员会作出肯定的终裁后，商务部将在七日内向海关总署发出征收反倾销税的命令。命令的发出标志着反倾销程序的完结。

除前述反倾销的一般程序外，有时还会存在一些附加程序：

1. 复查

在反倾销程序终结后一年内，生产厂家、出口商、进口商或其他任何"利益方"均可要求对反倾销案件进行复查。复查的程序与原反倾销调查的程序完全一样，也要经进初裁、终裁等一系列程序，对一种产品的反倾销复查可能会持续几年的时间。

2. 司法审查

根据美国的司法审查权，美国法院可以对行政部门的决定进行审查。如果当事人对商务部或国际贸易委员会的有关反倾销裁决不满，可以在专门的联邦国际贸易法院起诉，要求对有关的反倾销裁决进行审查。如果对国际贸易法院判决不满，还可以继续上诉。

14.2.4 欧共体反倾销法

欧共体在成立初期并无统一的反倾销法，1968 年，欧共体通过了第一个统一适用于各成员国的反倾销条例，即 459/68 条例。该条例经过了多次修改，现行有效的反倾销条例是 2423/88 条例。该条例适用于一切从第三国即非欧共体成员国进口的产品，但不适用于欧共体成员国之间的贸易摩擦。

（一）反倾销的主管机关

在欧共体，负责反倾销事务的机构主要有四个：欧共体委员会、欧共体部长理事会、欧共体咨询委员会、欧共体法院。其中，欧共体委员会是负责执行 2423/88 的主要机构。委员会负责审查起诉书，决定并进行调查。它有权作出征收临时反倾销税的决定。在一定的条件下有权接受价格承诺或终止反倾销程序，可向部长理事会提出征收反倾销税的建议。部长理事会是欧共体的立法机构。它有权颁布或修改反倾销法。根据欧共体委员会的建议，部长理事会可作出是否征收终局性的反倾销税和临时税的决定。咨询委员会是各成员国参与反倾销案件审理的机构，它由欧共体各成员国代表组成。欧共体委员会在采取任何反倾销的重大步骤之前必须征询咨询委员会的意见。欧共体法院有权对委员会和部长理事会的决定进行司法审查。

（二）倾销行为的确定

根据 2423/88 条例的规定，如果某产品向欧共体的出口价格低于正常价值即构成倾销；如果倾销对欧共体的工业造成实质性损害或构成实质性损害的威胁，则可根据欧共体的利益征收反倾销税。因此，在确定倾销行为是否存在时，主要取决于以下几个方面的因素：

1. 正常价值

正常价值的确定是决定倾销行为是否存在的关键。与美国相似，欧共体在确定产品的正常价值时，也是对市场经济国家和非市场经济国家采用不同的方法。

对市场经济国家，采用下列方法确定产品的正常价值：

（1）出口国的相同产品在原产地的国内市场的销售价格；

（2）相同产品向第三国的出口价格；

（3）产品的构成价，即生产成本加上管理费和合理利润构成的价格；

（4）出口国其他同类产品的销售者和生产者的国内市场销售价、出口价和构成价。

在实际操作中最终选择哪种方法来确定正常价值，首先要考虑出口商在其国内市场销售同类产品的价格，如果出口商在国内没有销售或国内的销售量低于向欧共体出口量的 5%，则以对第三国的出口价或构成价来确定。如出口商的市场仅限于欧共体，也可以用第四种方法来确定正常价值。

对非市场经济国家，欧共体从 1979 年开始采用替代国的方法确定产品的正常价值，即以某市场经济国家（替代国）的可类比相同产品的价格或生产成本为基础来确定产品的正常价值。具体而言，确定正常价值的方法有三种：

（1）替代国同类产品的国内销售价或出口价；

（2）替代国同类产品的构成价；

（3）如果上述两种方法不能作为确定正常价值的基础，则选择欧共体对同类产品的实际支付价格或应付价格。

欧共体的反倾销法相对于美国的反倾销法而言，具有更大的不可预测性。原因在于：第一，欧共体的反倾销法并没有非市场经济国家的定义，也没有客观具体的确定标准。欧共体有两个关于从东欧和中国进口商品的规定，即 1965/62 和 1766/88 条例，列出了使用替代国方法的国家名称。欧共体 2423/88 条例参照以上两条例，将列名的国家定为非市场经济国家而不考虑具体国家市场经济的发展程度。欧共体在审理所有对中国的倾销案件中，均把中国视为非市场经济国家。第二，欧共体的反倾销法并不像美国的反倾销法，明确规定替代国要选择一个经济发展程度和产品出口国可类比的市场经济国家，欧共体的法律并不考虑出口国的经济发展水平，没有明确的选择替代国的原则和标准，这使欧共体委员会在选择替代国方面有更大的自主权。因此，欧共体的反倾销法有关替代国的选择存着不可预见性、随意性和不公正性。

2. 出口价格

出口价格一般采用产品出口到欧共体的实际出口价减去所有纳税、折扣、回扣以及运费、保险费和销售费之后的净值。经过减除上述费用后，基本上将出口价大体上恢复到出口产品的出厂价。因此，更便于与正常价值进行比较。如果出口商和进口商是有关联的公司，则以该产品在欧共体市场卖给第一个独立购买者的价格作为计算出口价的基础。

（三）损害及损害威胁的确定

在确定存在倾销行为后，欧共体委员会还要确定该倾销行为对欧共体某工业造成损害或产生实质性损害的威胁或大大推迟该项工业的建立。

所谓工业，是指在欧共体所有制造与倾销产品相同或类似产品的制造商或其大部分厂商。欧共体在决定某项工业是否受到损害时，主要考虑倾销产品的数量的绝对增加以及倾销的幅度，倾销对欧共体工业的冲击，表现在生产状况、市场占有率、价格与利润的影响各个方面。在决定有无造成损害的问题上，欧共体委员会有很大的自由裁决权。一般而言，一旦确定倾销成立，总是认定造成损害。

除此之外，还要明确倾销与损害之间必须有因果关系。

但应注意的是，在确定倾销对欧共体的工业造成损害后，并不一定征收反倾销税。只有符合欧共体利益时才征收反倾销税。关于欧共体利益所考虑的因素比损害问题更为广泛，包括消费者和进口商的利益以及欧共体内部竞争的情况。

（四）反倾销程序

1. 申诉与调查

申诉一般由代表欧共体工业的联合会提起。申诉书应包括倾销和造成损害的初步证据。如果欧共体委员会决定开始反倾销调查，则在欧共体公报上正式通告并通知所有出口商和进口商，同时发出问题调查表，要求被调查单位五周内作出答复。

在作出反倾销的最终决定之前，欧共体委员会要对有关资料进行核实。欧共体委员会将派出官员访问有关各方，审查原始记录、凭证。对非市场经济国家，欧共体委员会一般不派人调查核实制造厂家的资料，而是去替代国第三方公司核实他们的价格和成本，以确定正常价值。

申诉人、进口商和出口商均可查阅欧共体委员会持有的非保密资料。在反倾销通告限定的期限内，当事人任何一方均可要求召开听证会以便陈述各自的意见并与其他方辩论。

反倾销条例规定的反倾销调查的时间一般不超过一年，但是也可能会因为各个案例的具体情况的不同而超过一年。

值得注意的是，在反倾销调查过程中，出口商和进口商并无必须与欧共体委员会合作的义务。但是，如果拒绝合作，欧共体委员会将根据其可得到的证据作出决定。而其所依据的证据往往是由申诉人提供的，这些证据经常是与事实相距甚远。在此基础上作出的决定也必然是征收高额的反倾销税。因此，为有效地维护自身的合法利益，进口商和出口商通常都会与委员会合作。

2. 临时措施

为了防止倾销在调查期间对欧共体工业造成进一步的损害，在初步认定倾销成立并造成损害的情况下，欧共体委员会可以根据欧共体的利益先征收临时反倾销税。临时税并不实际征收。但是，进口商必须提供相当于临时税金额的保证，一般为银行保函。最终是否征收临时税由欧共体委员会部长理事会决定。

3. 价格承诺

在反倾销调查过程中，出口商可以提出倾销产品价格的承诺，以消除对欧共体工业的损害。如果欧共体委员会认为价格承诺可以接受，则在不征收临时税或反倾销税的情况下，终止反倾销调查。价格承诺有效期为五年。出口商在通知欧共体委员会之后可以撤回价格承诺。但是；价格承诺一旦撤回，欧共体委员会可以根据原来调查收集的资料征收临时税。

4. 征收反倾销税

在反倾销程序完成时，欧共体委员会提出建议，部长理事会就是否最终征收反倾销税作出决定。如果决定征收倾销税，则由欧共体成员国的海关在产品进入欧共体时征收。

反倾销税的征收有以下几种方式：

(1) 从价税，即按进口价格的百分比征税；

(2) 从量税，即按进口的每一单位征收一定金额的税款；

(3) 按照进口价与欧共体制定的最低固定价格之差征收。

反倾销税必须由进口商负担。如果发现出口商代替进口商承担反倾销税则加收附加税。在做出征收反倾销税的决定或接受了价格承诺之后，如果情况发生了变化，则可以在反倾销调查结束后一个月内提出复审。复审的程序与反倾销调查的程序相同。

14.2.5　中国的反倾销立法

市场经济要求市场主体在公平、公正和合法环境中进行有序的竞争。但近年来随着我国对外开放政策的实施，我国市场上出现了大量的国外产品低价倾销的现象，严重影响了我国民族工业的发展，扰乱了我国经济的发展。为了发展正常的对外贸易，同时维护对外贸易秩序，保证国内市场的公平竞争，我国于 1994 年 5 月 12 日出台了《中华人民共和国对外贸易法》，1997 年 3 月 25 日颁布了《中华人民共和国反倾销和反补贴条例》（以下简称《条例》）。这两部法律的实施对保护国内产业免受不公正竞争的损害、维护正常的对外贸易秩序具有深远的意义。根据《条例》的规定，我国的反倾销法的主要内容包括：

（一）倾销的认定

《条例》规定进口产品的出口价格低于其正常价值为倾销。出口价格按以下方法确定：

（1）进口产品有实际支付价款或应当支付的价格，该价格为出口价格；

（2）进口产品没有实际支付价款或应当支付价款的价格，或该价格不能确定的，以该进口产品首次转售给独立购买人的价格或以对外贸易经济合作部商同海关总署后根据合理情况所推定的价格为出口价格。

正常价值按下列方法确定：

（1）进口产品的相同或者类似产品在出口国市场上有可比价格的，以该可比价格为正常价值；

（2）进口产品的相同或类似产品在出口国市场上没有可比价格的，以该相同或类似产品出口到第三国的可比价格或该相同或类似产品的生产成本加合理费用、利润为正常价值。

（二）损害的确认

损害包括倾销对我国国内已经建立的相关产业造成实质性损害或产生实质的威胁，或对国内建立相关产业造成实质阻碍。在确定倾销对国内产业造成的损害时，应当审查下列事项：倾销产品的数量，包括倾销产品的总量或相对于国内相同或类似产品的增长量以及其大量增长的可能性；倾销产品的价格，包括倾销产品的价格削减或对国内相同或类似产品价格的影响；倾销产品对国内产业的影响；倾销产品出口国的生产能力、出口能力和库存等。

（三）反倾销调查程序

1. 申请

与进口产品相同或类似的产品的国内生产者或有关组织者，可以依照《条例》的规定向对外经济贸易合作部提出反倾销调查的书面申请，提交申请时要提供规定的相应材料。

2. 立案

对外经济贸易合作部收到有关申请和材料后进行审查，并决定立案调查或不立案调查。如果对外经济贸易合作部有充分证据认为外国产品存在倾销和损害以及二者之间有因果关系的，可以自行立案调查。

3. 调查与公告

调查结果是采取反倾销措施的主要依据，反倾销调查的期限为自立案调查决定公告之日起至最终裁定公告之日止 12 个月，特殊情况下可以延长至 18 个月。在调查过程中，根据《条例》规定公告有关内容。

4. 临时措施

反倾销的调查机关经过调查后初步认定进口产品存在倾销和造成损害的事实后，可以采取临时措施，包括：征收临时反倾销税、提供现金保证或采取其他形式的担保等。临时反倾销税的期限，自临时反倾销措施决定公告之日起 4 个月，特殊情况下可以延长至 9 个月。

5. 价格承诺

《条例》规定，如果倾销产品的出口经营者或出口国政府作出拟采取有效措施的承诺，以消除对我国国内产业造成的损害，对外经济贸易合作部商同国家经济贸易委员会后，可以决定中止反倾销调查，并予以公告。

6. 复审

在反倾销有效期内，出口商或其政府可以提出反倾销行政复审的要求，我国的调查机关也可以自行决定进行行政复审，并自复审开始之日起 12 个月内向国务院关税税则委员会提出对征收反倾销税的决定作出修改、取消或保留的建议，由国务院关税税则委员会作出复审决定，并由对外经济贸易合作部予以公告。公告之日起海关将执行新的决定。

7. 终审裁定

对外经济贸易合作部会同海关总署对被申诉的进口产品是否存在倾销作出最终调查结论，国家经济贸易委员会会同产业主管部门对该产品是否对我国国内产业造成损害作出最终的调查结论。对外经济贸易合作部在汇总倾销和损害的终审裁定后，向国务院关税税则委员会提出征收反倾销税的建议。税则委员会根据对外经济贸易合作部的建议，决定征收反倾销税。反倾销税的税额不得超过最终裁定的倾销幅度。

14.3 反补贴法

14.3.1 补贴的概念和分类

自第二次世界大战以来，补贴与反补贴问题一直是国际贸易关系中颇有争议的重要问题。但关于补贴的概念却一直没有统一的法律定义。从广义上讲，凡是一国政府对某一国内产品的生产与销售给予特殊的扶持并带来益处，无论该产品用于出口或内销，均属补贴行为。由此可见，补贴的性质是一种政府行为，而不是企业或个人行为；接受补贴的对象是国内生产与销售企业。

对于补贴，可从不同的角度作出不同的分类。

从补贴的范围来看，补贴可分为一般补贴或出口补贴两大类。一般补贴又称生产补贴或国内补贴，指一国政府只就某一产品的生产给予国内生产企业的补贴，而不论该产品是否用于出口，生产补贴的目的是为了使接受补贴的产品能够在本国市场上以低于同类进口产品的价格销售，从而起到限制进口的作用。出口补贴又称输出补贴，指一国政府专门就出口产品给予生产企业的一种补贴。出口补贴的目的是为了使出口产品可以以低于其在国内市场的价格出口，使该产品在国际市场上具有比别国产品更为优越的竞争地位。

14.3.2 国际反补贴法的形成与发展

在总协定缔结前，世界各国都是通过国内立法的方式对补贴与反补贴问题加以规范。1N7 年的关贸总协定第一次将补贴与反补贴问题纳入国际立法的轨道。

总协定第 6 条、第 16 条和第 23 条对补贴与反补贴作出了原则性的规定。在东京回合的谈判中，鉴于上述的规定缺少统一性和确切性，各缔约方又谈判达成了（解释和适用关贸总协定第 6 条、第 16 条、第 23 条的协议），一般称为《反补贴守则》，在补贴和反补贴措施，包括补贴的对抗措施等方面增加了一些新的规定，使得补贴和反补贴规定增加了统一性和准确性。尽管如此，由于该守则只有 20 多个缔约国接受，绝大多数缔约国不受其约束，因此实际效用不大。为切实加强总协定的反补贴机制，确保一国的补贴和反补贴措施不至于不合理地妨碍国际贸易和他国的利益，乌拉圭回合在东京回合的基础上，达成了《补贴与反补贴措施协定》（简称为《反补贴协定》）。这是总协定历史上最为全面的一个反补贴法典。下面将根据这一协定并结合总协定的有关规定，具体阐述国际反补贴法的内容。

14.3.3　国际反补贴法的内容

（一）补贴的类别

反补贴协定首先确立了专向性补贴的概念，然后在这一前提下，分别规定三种类型的补贴，并针对该三种类型的补贴分别规定了不同的救济方法。

所谓专向性补贴是指成员国政府对其管辖下的特定企业或产业所特别提供的优惠，而该种优惠是其他企业或产业所不能获得的或是高于其他企业或产业所享受的待遇。

在专向性补贴的前提下，补贴又分为以下三类：

1. 禁止使用的补贴

禁止使用的补贴又称为红灯补贴。反补贴协议明确规定，把国内企业产品出口的实绩或者把使用国产产品代替使用进口产品的实绩作为条件而提供的专向性补贴是属于禁止使用的补贴。反补贴协定还在附录部分列举了 12 类属于禁止使用的补贴措施。

如果一国有理由认为另一国正在实施或维持被禁止的补贴措施时，该国可以请求与实施补贴的国家进行协商，补贴实施国也应进行协商。如 30 日内双方不能达成解决方法，则任何一方均可将该事项提交给世界贸易组织的争端解决机构。如果争端解决机构所设立的专家组认定存在禁止使用的补贴时，专家组应建议实施补贴的国家立即撤销该补贴。如该国不服，可以提起上诉。上诉机构作出的决定，各方均应履行。如实施补贴的成员国不履行决定，则争端解决机构可授权提出指控的国家采取适当的报复措施，包括征收反补贴税或撤销总协定的减让和义务。

2. 可诉讼的补贴

可诉讼的补贴又称为黄灯补贴，即成员国政府所实施的专向性补贴如果给其他成员国的利益造成了不利影响时，即为可诉讼的补贴。所谓的不利影响包括：对另一成员国的国内产业损害；对其他成员国根据总协直接或间接取得的利益造成丧失或损害；对另一成员国的利益造成严重妨碍。

对于可诉讼的补贴的补救措施与前述禁止的补贴基本一致，即先由受到不利影响的成员国请求与补贴实施国进行协商。如果协商在一定期限内未果，可将其提交给争端解决机构。如补贴实施国拒不采取适当步骤消除不利影响或撤销补贴，则受影响的成员国可采取反补贴措施。

3. 不可诉讼的补贴

不可诉讼的补贴又称绿灯补贴。根据反补贴协定第 7 条的规定，凡是非专向性的补贴均被认为是不可诉讼的补贴；即使属于前述专向性补贴或可诉讼补贴的范畴，下列情况的补贴也应是不可诉讼的：为公司所从事的科研活动或为高等教育或科研单位与公司在合同基础上所从事的科研活动所给予的资助；对成员国领土内落后地区的资助；为促进现有设施适应法律和规章所规定的新的环境要求而给予有关企业的资助。

（二）反补贴措施

反补贴协定所指的反补贴措施是指进口成员国针对另一成员国的补贴采取的征收"反

补贴税"措施或报复措施。根据反补贴协定的规定，如果禁止使用的补贴和可诉讼的补贴对进口成员国国内工业造成损害，该进口成员国可采取反补贴措施。对于不可诉讼的补贴，不可援引本协定的反补贴规定。在采取反补贴措施时还必须遵守反补贴协定所规定的程序：

1. 调查程序

根据反补贴协定的规定，反补贴调查应根据国内工业或其代表的书面申请进行或在有关当局掌握了足够的证据后主动发起调查。申请书应包括关于补贴的有关证据及申诉者和进口产品的有关情况，供有关当局进行审查。如果有关当局认为补贴和损害的证据不足或补贴额度很小，则有关申请应予以拒绝，调查应立即终止。

除非情况特殊，反补贴调查一般应在一年内结束；在任何情况下，反补贴调查不应超过18 个月。

2. 临时措施

在有关当局开始进行调查后，如果已就补贴的存在和国内工业的损害作出了初步的肯定裁决，为在调查期间防止损害的继续扩大，有关当局可以在必要的限度内采取临时措施。临时措施可以采取临时补贴税的形式。临时措施最长不得超过4 个月。

3. 自愿承诺

在反补贴调查期间，出口国政府可在补贴方面作出承诺，同意取消或限制有关的补贴或采取其他有关减少补贴的措施；出口商也可提出承诺同意修改其出口价格。如果有关当局收到自愿承诺并对此感到满意，则反补贴程序可以在不采取临时措施或不征收反补贴税的情况下予以终止。

4. 征收反补贴税

如果有关当局最终认定补贴的存在和数量及其造成的损害，该成员国可以征收反补贴税，除非补贴被撤销。反补贴税不得超过补贴额度但可以低于补贴额度。

（三）监督机制

为确保补贴和反补贴措施不致成为国际贸易的障碍，反补贴协定规定了专门的监督机制。

1. 通知义务

根据反补贴协定第25 条的规定，各成员国应最迟在每年的6 月30 日将其给予或维持的专向性补贴通知世界贸易组织的主管机构。另一方面，征收反补贴税的成员国应毫无迟缓地将所有关于反补贴税的初步行动或最后行动报告给补贴与反补贴委员会。成员国还应以半年为单位，就前6 个月中采取的任何反补贴税行动作出报告。

2. 过渡安排

上述通知义务是针对反补贴协定生效后实施的有关补贴和反补贴措施。对于协定生效前的补贴，反补贴协定专门作出了过渡安排。根据其规定，任何成员国在签署世界贸易组织协定之日前在其领土上已建立的补贴计划，如与规定不符，应在世界贸易组织协定对该成员国生效之日后不迟于90 天内通知补贴与反补贴委员会；并应在世界贸易组织协定对该成员国生效之日起的3 年内使其符合本协定的规定。

3. 监督机构

协定第24 条规定设立一个补贴与反补贴措施委员会，由每一成员国的代表组成。委员会的主要职责是为各成员国就协定的实施及其各项目标的完善提供协商的机会。

14.3.4　中国的反补贴立法

我国为了维护对外贸易秩序，鼓励公平竞争，制止不正当竞争行为，保护国内相关产业，促进我国经济发展，于 1994 年通过了《中华人民共和国对外贸易法》。该法第 31 条规定，进口产品直接或间接地接受出口国给予的任何形式的补贴并由此对国内已建立的相关产业造成实质损害或产生实质损害的威胁，或对国内建立相关产业造成实质阻碍时，国家可以采取必要措施，消除或减轻这种损害或损害的威胁或阻碍。该规定是我国第一次以立法的形式对进口产品补贴在一定情况下采取必要措施的规定。为了进一步有效地实施反补贴措施，制止市场经济中的不公平竞争，我国于 1997 年 3 月 25 日颁布了《中华人民共和国反倾销和反补贴条例》。该条例规定，凡外国政府或公共机构直接或间接地向产品、企业提供的财政资助或利益为补贴。对于进口产品补贴给我国产业企业造成损害或损害的威胁、反补贴调查、反补贴措施实施等有关内容，与《反补贴条例》的规定基本一致。

14.4　关于限制性商业做法的法律

14.4.1　限制性商业做法的含义

各国目前对于限制性商业做法并没有一个统一的定义。一般地说，限制性商业做法主要包括垄断和不正当竞争两种行为，是指通过滥用或谋取滥用市场力量的支配地位，限制进入市场，或以其他方式限制竞争，对贸易或商业的发展造成不利的影响；或者通过企业间的协议或安排，造成同样后果的行为。

比较典型的限制性商业做法主要有以下几种：

（一）滥用市场支配地位的做法

1. 对竞争者的掠夺性行为，如使用低于成本的价格排除竞争者；

2. 在商品和劳务的供应和购买中的歧视性定价和条件；

3. 以合并、接收、合营和其他方法取得市场控制；

4. 以在进口国可以转售出口货物的价格固定其价格等。

（二）卡特尔协议

1. 固定进出口货物价格的协议；

2. 串通投标；

3. 分配市场和客户的安排；

4. 定额分配销售和生产量；

5. 联合抵制交易；

6. 联合拒绝向可能的进口人供应货物；

7. 集体组织他人参加对竞争关系重大的安排或协议。

（三）技术转让中的限制性商业做法

在技术转让中的限制性商业做法有很多种，其中最为常见的包括：出口限制、搭卖条款、片面的回授条款、对生产数量的限制、对使用竞争性技术的限制、对使用当地人员的限制等。

14.4.2 管制限制性商业做法的法律

自 19 世纪末以来，许多国家都先后制定了管制限制性商业行为的法律，但其名称却各有不同，在美国称为反托拉斯法，在英国称为限制性商业做法的法律，在德国和法国等大陆法系国家以及欧共体通称为竞争法，在联合国国际贸易法委员会的文件中则称为管制限制性商业惯例的法律。由于对限制性商业做法的理解和立法的起因及侧重点不同，立法的模式也各不相同，大致可分为三种：一种是分立式，即区别垄断和不正当竞争行为，并分别制定反垄断法和反不正当竞争法，如德国、日本等国。二是统一式，将反垄断与反不正当竞争行为统一对待，制定统一的反不正当竞争法，涵盖反垄断和反不正当竞争两个方面的内容，如匈牙利、澳大利亚等国。三是混合式，对垄断和不正当竞争行为不作明确的区分，也不制定专项的反垄断法或反不正当竞争法，而是以若干专项法规以及判例调整各种垄断和不正当竞争引起的竞争关系，如美国。不过，虽然立法模式、体系有差别，但这些法律都具有同样的性质和特征。这些法律主要是行政法规，兼有刑事和民事法规的性质，既具有公法的性质也具有私法的性质。

管制限制性商业做法的法律具有以下特点：

1. 适用范围广。它适用于一切交易领域，既适用于货物交易领域，也适用于技术转让和权利转让；既适用于纵向管理者和被管理者之间的关系，也适用于横向的独立主体之间的关系。

2. 具有强制性。属于强制性法律范畴，当事人不能通过协议排除适用这种法律，也不能排除有关主管机关和法院的管辖权。

3. 制裁的严厉性。对于违反这类法律，除民事制裁外，有时甚至要给予刑事制裁。

4. 法律的域外效力。有些国家对违反这类法律的案件，法院得主张"域外法律管辖权"。尽管当事人不是该国公民，但只要他在该国设有母公司、子公司、分支机构或代理机构，或如他的贸易做法在该国国内产生违反有关管制限制性商业做法法律的效果，该国法院就可以主张对他有管辖权。

14.4.3 美国的反托拉斯法

(一) 美国的反托拉斯法的主要内容

美国的反托拉斯法是美国国会多年来通过的有关保护竞争、限制垄断和不公平贸易做法的实体法和程序法的总称。其中主要有三个法案，即 1890 年的谢尔曼法、1914 年的克莱顿法和联邦贸易委员会法。此外也有一些涉及反托拉斯的法律，如威尔逊关税法第 73 条——77 条，1930 年关税法第 337 条等。

1890 年的谢尔曼法是美国第一个反托拉斯法，也是美国反托拉斯法的基本法。该法共 7 条，其关键的第 1 条和第 2 条确定了两项重要的原则。第 1 条规定："任何以托拉斯或共谋等方式作出的合同、联合如被用以限制州际或国际的贸易和商业时，均属非法。"第 2 条规定："任何独占垄断者或企图独占垄断者，或与任何其他人联合或共谋，借以独占垄断州际或国际贸易和商业时，将被视为刑事犯罪。

克莱顿法案对四种不正当竞争行为作出了具体规定，包括：价格歧视，指对买主不一视同仁，造成了不公平竞争的局面；独家交易和搭卖安排，前者指只准经销一家的产品而不得经销其他同类竞争产品，后者指用畅销货搭卖滞销货；兼并，主要指吞并同行业的竞争公司；交叉董事，指各竞争公司之间董事互相兼任，串通一气，消除彼此之间的竞争。该法弥补了谢尔曼法的一些缺点和不足，使美国的竞争制度保持了一定的弹性，适用范围也更广了。

联邦贸易委员会法的主要目的，是建立联邦贸易委员会这个机构，作为反托拉斯法的执行机构和工作机构。该法规定了这个机构的职权范围，但同时也有一些重要的实体法规则，如第 55 条规定："商业上的不公平竞争或欺骗性的行为或做法，均属非法。"第 13、14 条规定，对上述非法行为不但可以禁止，处以罚金，而且可以依法处以 1 年以下的有期徒刑。

为了判断某项行为是否违反反托拉斯法，美国法院在实践中确立了两项重要原则。一是"合理原则"，指某种贸易做法虽然含有一些限制条件，但如果没有超出商业上认为合理的限度，不会导致削弱或消灭美国市场的竞争，则不认为是违法反托拉斯法的行为；二是"本身违法原则"，即某些协议或行为本身具有明显的反竞争性质，一旦出现，即可认定其非法而无须证明其对美国竞争的影响。下列行为一般被认为是"本身违法"的行为：固定价格，集体抵制，瓜分市场，维持转售价格，搭售，限制产量或控制供应协议等。

（二）美国反托拉斯法的执行

美国执行反托拉斯法的机构是联邦司法部和联邦贸易委员会。联邦司法部内设有反托拉斯处，负责对谢尔曼法、克莱顿法以及威尔逊关税法的有关部分的执行，可以进行调查并提起刑事诉讼，也可以提起民事诉讼。联邦贸易委员会是唯一执行联邦贸易委员会法的机构，是一种准司法性质的行政法庭。

在美国处理反托拉斯案件主要有三种途径：一是由司法部反托拉斯处对违反反托拉斯法的被告向法庭提起刑事诉讼，其制裁方法是罚金和监禁，对轻微案件则向法庭提起民事诉讼。二是由联邦贸易委员会处理，委员会可以就违反各有关法律条款者提起诉讼；委员会有权就被怀疑为违法的行为举行听证会，并在发现确有违法行为时有权作出"停止命令"对违法行为加以制止。被告若对此禁令不服，可向法院提起上诉。第三是私人或企业如因被告违反反托拉斯法而遭受损害时，可向联邦法院提起损害赔偿诉讼。胜诉的原告可请求获得所受实际损害的三倍的赔偿。根据克莱顿法，私人也可以提起请法院发布禁令的诉讼，制止被告的非法行为。

14.4.4　中国管制限制性商业做法的法律

（一）实体规定

1993 年 9 月 2 日，我国人大常委会通过了《中华人民共和国反不正当竞争法》，这是我国第一部关于维护公平竞争、反对不正当竞争、并对某些限制性商业做法进行管制的法律。该法共五章 33 条，第二章对不正当竞争行为进行了举例，共有 10 个条款，规定了 12 大类的不正当竞争行为，包括竞争者采取不正当竞争手段进行市场交易、占独占地位的经营者限定他人购买其指定的经营者的商品、政府及其所属部门滥用行政权力限定他人购买其指定的经营者的商品、以低于成本价格出售商品以排挤竞争对手、搭售及附加其他不合理的条件、串通投标等限制性商业做法。这些规定与国际上有关限制性商业做法的规定基本相同。另外，1985 年 5 月国务院发布的《中华人民共和国技术引进合同管理条例》对技术引进合同的限制性商业做法也作出了明文规定，列举了 7 项限制性条款。在技术引进合同中如含有上述条款，合同的审批机关一般将不予批准。《中外合资经营企业法实施条例》也对国际技术转让中的限制性行为作出了规定。

（二）反不正当竞争法的实施

根据《反不正当竞争法》的有关规定，在我国执行反不正当竞争法的监督检查机关主要是县级以上的工商行政管理部门以及国家版权局、国家专利局、标准化行政部门、质量监督部门等。

监督检查部门的职权主要包括：

1. 按照规定程序询问被检查的经营者、利害关系人、证明人，并要求提供证明材料或者与不正当竞争行为有关的其他资料；

2. 查询、复制与不正当竞争行为有关的协议、账册、单据、文件、记录、业务函电和其他资料；

3. 检查与反不正当竞争法第 5 条规定的不正当竞争行为有关的财物，必要时可以责令被检查的经营者说明该商品的来源和数量，暂停销售，听候检查，不得转移、隐匿、销毁该财物。

监督检查部门可以对违反反不正当竞争法的行为行使责令停止违法行为、罚款、没收违法所得等处罚。对这些处罚不服的，可以向上一级行政机关申请复议，如对复议决定仍不服的，可以向人民法院提起诉讼。

14.4.5 关于限制性商业做法的国际立法

国际上一直试图制定一套对各国普遍适用的关于限制性商业做法的国际性法规，以克服各国有关法律在这方面的分歧，但一直都没能取得任何积极的成果。

目前在国际上影响比较大的是联合国 1980 年通过的《关于控制限制性商业做法的多边协议的公平原则和规则》（简称《规则》）。该规则禁止的事项较为广泛，包括国际卡特尔或以其他方式表现出来的限制性商业做法，以及谋取和滥用市场支配地位等。具体包括：

1. 固定进口货物价格的协议；
2. 串通投标；
3. 支配市场或客户的安排；
4. 定额分配销售量和生产量；
5. 联合抵制交易；
6. 联合拒绝向可能的进口商供应货物；
7. 集体阻止他人参加对竞争关系重大的安排或协议；
8. 不合理地固定可能在进口国转售的出口货物的价格；
9. 对竞争者的掠夺性行为，用低于成本的价格销售商品来消除竞争者；
10. 订立歧视性的价格或其他交易条件；

11. 以合并、接收、合资等方法夺取企业的控制权，不适当地限制竞争；

12. 在不是为了保证达到合法商业目的时，采取以下做法：部分或全部拒绝按该企业惯用的贸易条件进行交易；对接受竞争性产品或其他产品加以限制；以买方接受其他产品作为卖方供应某种特定产品的条件。

《规则》还规定，各国应在国家一级实施有关法规、管制限制性商业做法。《规则》允许采取适当措施给予发展中国家优惠或差别待遇，以促进其经济的发展。《规则》规定成立一个政府间专家小组，负责进行多边协商，沟通情况，交流经验以及向各国提出建议等事务。《规则》虽然不具备法律约束力，但作为联大通过的决议，它为建立管制限制性商业做法的国际法律制度迈出了重要的一步。

本章案例

美对我铜版纸反补贴案件

一、案情

1. 美国商务部对原产于中国等国的铜版纸启动反倾销和反补贴立案调查。2006 年 11 月 27 日，美国商务部对原产于中国、韩国和印度尼西亚的铜版纸进行反补贴立案调查。这是自 1991 年以来，美国首次对中国产品启动反补贴调查程序。2006 年 12 月 1 日，美国商务部选择两家中国国内最大的铜版纸生产/出口企业金东纸业（江苏）有限公司和山东晨鸣纸业集团股份有限公司作为本次调查的强制应诉方，并向中国政府和上述两家中国企业发放了调查问卷。2006 年 12 月～2007 年 2 月，中国政府、金东纸业（江苏）有限公司和山东晨鸣纸业集团股份有限公司分别向美国商务部提交了调查问卷的答卷。

2. 美国国际贸易委员会对原产于中国等国的铜版纸反倾销和反补贴案作出损害初裁。2006 年 12 月 15 日，美国国际贸易委员会裁定，有合理的证据表明原产于中国、印度尼西亚和韩国的铜版纸的补贴和倾销行为给美国国内产业造成了实质性损害和损害威胁。美国国际贸易委员会对本次损害初裁一致投了肯定票。美国商务部将继续对原产于中国、印度尼西亚和韩国的铜版纸进行反倾销和反补贴调查，并于 2007 年 1 月 24 日对反补贴调查作出初裁，2007 年 4 月 9 日对反倾销调查作出初裁。

3. 美国商务部宣布对中国适用反补贴法。2007 年 3 月 30 日，美国商务部对原产于中国的铜版纸作出反补贴初裁，对此美国商务部发表如下声明：2007 年 3 月 30 日，美国商务部宣布对中国进口铜版纸适用反补贴法。这是美国首次对非市场经济国家的进口产品适用反补贴法。该决定改变了 23 年来美国不对"非市场经济国家"适用反补贴法的政策，这也反映了中国经济的发展。美国政府正严格执行反倾销法，打击中国产品的不公平竞争。"中国的经济发展已经达到我们可以适用另一种贸易救济手段（即反补贴法）的程度了。现在的中国已今非昔比。随着中国经济的发展，我们确保美国企业得到平等待遇的手段也要增加。反补贴初裁表明美国商务部将继续履行为美国制造商、工人和农民创造公平竞争的环境。"

4. 国际反应

2006 年 11 月 21 日，中国商务部新闻发言人指出，中方对美方作出对中国铜版纸反补贴调查的立案决定表示遗憾。美方的这一决定，既不符合世贸组织的相关规则，也违反了美国的有关法律规定。美方不顾中国 20 多年来市场经济改革取得的巨大成就，坚持视中国为非市场经济国家。一方面，在对中国出口产品的反倾销调查中采取歧视性的"替代国"做法，另一方面，又对中国产品启动反补贴调查，已经构成了对中国产品的双重歧视。商务部新闻发言人王新培表示，2007 年 3 月 30 日，美国商务部公布对我国出口的铜版纸产品反补贴调查初裁结果，决定对我国适用反补贴法，并开始对我国出口的铜版纸产品征收临时反补贴税。中国政府对此表示强烈不满。

2007 年 3 月 30 日，美国商务部公布了对原产于中国的铜版纸反补贴调查的初裁结果，决定对中国适用反补贴法，对中国出口美国的铜版纸征收临时反补贴税。美国媒体认为，该项决定将严重影响中国铜版纸生产商的利益，加剧美中在贸易问题上的紧张情绪。由于美中贸易逆差日益增大，美国国会对此表示不满，征收反补贴税正是民主党为求平衡国会压力所作出的回应。针对中国铜版纸征收反补贴税，无疑为钢铁、纺织等其他同样承受中国竞争压力的生产商打开了保护伞。美国一些贸易和产业官员也表示，如果这些行业的制造商向国家寻求保护，并且美国方面确实掌握了中国对这些商品补贴的证据，基于美国商务部的新政策，下一阶段中国钢铁、塑料、机械和纺织等行业都很有可能会被卷入反补贴的漩涡之中。

二、背景

1. 对中国铜版纸：向"林纸一体化"可持续发展模式的影响

20 世纪 90 年代前，中国铜版纸市场基本被韩国、日本、芬兰等发达国家所垄断，约占市场份额的 65%。2000 年以后，国内铜版纸产量继续以约 18% 的速度增长，并逐步在国内市场占主导地位。2001 年的国内产量已达 85 万吨，而进口总量为 34 万吨。为了继续维持在中高档市场的垄断地位，韩国、日本、美国和荷兰的铜版纸生产商大幅降价，以倾销价格对中国出口铜版纸，试图拖垮刚刚起步的国内铜版纸企业。

2002 年 2 月 6 日，应金东纸业（江苏）有限公司、山东万豪纸业集团股份有限公司、山东泉林纸业有限公司、江南造纸厂的申请，商务部对原产于芬兰、韩国、美国和日本的铜版纸发起反倾销立案调查；2003 年 8 月 6 日，商务部作出终裁，对韩国企业征收 4% ~51% 的反倾销税，对日本征收 9% ~71% 的反倾销税。这是中国入世后发起的第一起反倾销案件，也是运用《反倾销条例》保护国内产业免受倾销产品损害的首例，对实践《反倾销条例》具有重要意义。反倾销措施实施后，进口量迅速减少，国内产业在保护期内迅速发展：1. 产量不断增加。2. 进口量迅速减少，所占市场份额直线下降。3. 国产铜版纸的市场份额不断提高。4. 出口增多，且在国内产能中的占比不断提高。5. 向"林纸一体化"发展模式转变。国内造纸企业在实现扭亏增盈后进一步壮大，从单纯产能扩张向"林纸一体化"可持续发展的模式转变。2005 年，晨鸣纸业、G 华泰、博汇纸业等一批企业纷纷加快自制杨木化机浆、速生林项目建设。其中，晨鸣纸业已拥有年产 35 万吨木浆的生产能力，将逐步试用以替代进口木浆。此外，公司 100 万亩速生白杨林基地也在加紧建设中。晨鸣纸业一方面投资林场，开发木浆，向上游林浆产业拓展，另一方面通过收购兼并其他造纸企业，实现自身产品结构多元化，提升产品的竞争力，扩大市场占有率，完善产业链的步伐明显加快。这意味着国内造纸业正加快从单纯产能扩张向"林纸一体化"可持续发展的模式转变。在中国铜版纸产业迅速发展的同时，美国等发达国家的铜版纸产业却在不断萎缩。面对质高价廉的中国铜版纸，美国铜版纸产业开始寻求政府保护，企图打击中国铜版纸行业。

三、后果

2006 年 10 月 31 日，美国 New Page 纸业公司向美国商务部提起申诉，要求对原产于中国的铜版纸进行反倾销和反补贴立案调查；2006 年 11 月 21 日，美国商务部发布立案公告，对原产于中国的铜版纸发起反倾销和反贴补调查。被列入调查的中国企业为 14 家。这是自1991 年以来，美国首次对我国出口的产品提起反贴补调查，也是美国首次对"非市场经济国家"发起反贴补调查。尽管对华发起反补贴调查不符合美国有关法律规定，但这也对我国铜版纸行业的发展提出了警告。

讨论：1. 本案反映了国际铜版纸市场何种竞争态势？我国应如何把握产业的发展？

2. 你认为政府和企业如何积极应对反补贴调查？

本章小结

通过本章的学习，应对国际商事交易管制法所包含的主要内容有系统的认识，还应了解有关的国际立法和主要国家的国内立法。应重点掌握如下的内容：关税的种类和征收方法；非关税制度所包含的具体内容；国际反倾销法的内容及我国的反倾销立法；国际反补贴的内容及我国的反补贴立法；限制性商业做法的含义及我国的相关立法。国际商事交易管制是各国为维护本国的利益而在进出口过程中通过关税、非关税措施、反补贴措施、反倾销措施及限制性商业做法等方法对进出口进行干涉、管制的制度。在所有的国际商事交易管制法中，关税制度既有增加财政收入的作用，也有保护本国产业的作用。

非关税制度则是近年来随着各国关税税率的不断降低而出现的，在当今的国际贸易中，非关税措施的种类繁多，包括诸如进口许可证、进口配额、自动出口限制、有秩序的销售安排、歧视性的政府采购政策等方式。非关税制度更具有隐蔽性和不公平性，因此，非关税制度仍缺少国际立法。反倾销和反补贴是分别针对国际贸易中的倾销和补贴行为而采取的相应措施。在采取反倾销措施时，关键是要确定倾销行为的存在及倾销行为对国内产业的损害以及二者之间的因果关系，而国际反倾销立法和各国国内的反倾销立法则对此规定了各自的标准和条件。与此相类似的，采取反补贴措施时，也必须确定补贴行为的存在、补贴对国内产业的损害及二者之间的因果关系。而关于限制商业做法一般认为它主要包括滥用市场支配地位的做法、卡特尔协议以及技术转让中的限制性商业做法。目前，关于管制限制性商业做法的法律仍主要限于各国的国内立法，未形成普遍的国际立法。

本章习题

1. 试论关税的种类与作用。

2. 简述目前非关税制度的主要内容。

3. 简述 WTO 关于倾销和反倾销问题的主要内容。

4. 简述美国的反倾销法的内涵。

5. 试比较中外反倾销立法的主要特点。

6. 什么是补贴？补贴可以分为哪几类？

7. 简述国际反补贴法的内容。

8. 试列举几个典型的限制性商业做法。

国际民事诉讼与国际商事仲裁

学习目标

通过本章的学习，应全面掌握国际民事诉讼和国际商事仲裁的概念、特点、基本制度及程序规则。明确国际民事诉讼和国际民事诉讼程序的基本概念，了解有关外国人民事诉讼地位的基本内容，了解确定国际民事诉讼管辖权的主要标准，熟悉司法协助的基本内容和有关规定，掌握承认和执行外国法院判决的概念和条件，国际商事仲裁的概念、特点和类型，了解世界上主要仲裁机构的基本情况，以及国际商事仲裁的基本程序。

导入案例

宏大公司诉飞鹰公司进口合同纠纷案

宏大公司是中国济南一家经营农产品进出口业务的公司，飞鹰公司是中国香港一家公司，两公司在 2001 年签订了一项关于宏大公司从飞鹰公司进口鱼骨粉 1 万吨的合同，合同规定采用信用证付款，并规定争议在香港仲裁院仲裁，并且适用香港法律解决争议。在货物到达青岛港时，宏大公司发现鱼骨粉的质量不符合合同的规定，宏大公司向济南市中级人民法院起诉，要求飞鹰公司赔偿损失，而飞鹰公司也到法庭应诉，济南市中级人民法院适用中国香港法律，判决飞鹰公司向宏大公司赔偿损失 30 万元。此后，飞鹰公司在判次执行阶段拒绝执行该判决，认为宏大公司和它签订的合同中规定争议以香港仲裁院仲裁，济南市中级人民法院对该案件没有管辖权。那么，济南价中级人民法院对该案件的处理是否适当？

分析：济南市中级法院的处理是适当的。因为宏大公司在起诉时未声明有仲裁条款，而飞鹰公司在案件受理中并没有对法院的管辖权提出异议，并且应诉答辩了，则视为它承认了济南市中级人民法院的管辖权，放弃了仲裁协议。

15.1　国际民事诉讼

15.1.1　国际民事诉讼与国际民事诉讼程序

国际民事诉讼是指法院在诉讼当事人和参与人的参加下，对涉外民事案件进行审理、裁判和执行的全部活动。这里所指的"民事"是广义的，包括传统民法意义上的民事，也包括商事、海事、劳动等领域。

国际民事诉讼与国内民事诉讼有很多不同，这就需要建立一套特殊的国际民事诉讼程序。但除了这套特别程序之外，国际民事诉讼程序还包括一国的一般程序以及一国缔结或参加的条约程序。一国的特别程序是国际民事诉讼程序的主要构成部分，只能在涉外民事案件中适用，具有专用的性质；一国的一般程序是国际民事诉讼程序的辅助构成部分，当一国特别程序无相应规定时，适用一般程序；一国缔结或参加的条约中规定的程序是国际民事诉讼程序的优先适用部分，无论各国的特别程序，还是一般程序，均不能与条约中的程序相抵触。因此，一国国际民事诉讼程序是特别程序，一般程序和条约中的程序的有机结合。

在我国的诉讼法律体系中，国际民事诉讼程序也包括了上述三者。根据《民事诉讼法》第237条和第238条的规定：在中华人民共和国领域内进行涉外民事诉讼，适用特别程序的规定，特别程序未作规定的，适用一般程序的规定，中华人民共和国缔结或参加的国际条约中有规定的，适用该国际条约的规定，但中华人民共和国声明保留的条款除外。

15.1.2　外国人的民事诉讼地位

（一）外国人民事诉讼地位的含义

外国人的民事诉讼地位是指根据国内法律和国际条约的规定，外国人在内国进行民事诉讼享有的诉讼权利以及承担的诉讼义务。

现代国际社会在确定外国人民事诉讼地位时普遍采用的一项基本原则是国民待遇原则，即一国对外国人给予等同于内国人的民事诉讼地位。如我国《民事诉讼法》第5条第1款规定："外国人、无国籍人、外国企业和组织在人民法院起诉、应诉，同中华人民共和国公民、法人和其他组织有同等的诉讼权利义务。"国民待遇原则的实施一般建立在互惠的基础上。在各国法律体系中，外国人的民事诉讼地位主要通过外国人的诉讼权利能力和行为能力、诉讼代理制度、诉讼费用担保制度等方面加以规定。

（二）外国人的民事诉讼权利能力和行为能力

1. 外国人的民事诉讼权利能力。外国人的民事诉讼权利能力指着外国人在内国依法行使诉讼权利和承担诉讼义务的身份和资格。外国人的民事诉讼权利能力与其民事权利能力基本一致，原则上应由其属人法决定，但确定外国人民事诉讼地位的国民待遇原则也在其中发挥作用。

2. 外国人的民事诉讼行为能力。外国人的民事诉讼行为能力是指外国人在内国以自己的行为行使诉讼权利和承担诉讼义务的能力。各国法律一般首先适应其属人法（住所地法或本国法），如果属人法认为其无行为能力，而内国法（法院地法）认为其有行为能力，视为有行为能力。

（三）国际民事诉讼代理制度

大多国家的法律一般均会允许外国人委托诉讼代理人代为进行诉讼活动，但外国人可以委托什么样的人作为诉讼代理人，各国的规定则各不相同。

1. 律师代理。几乎所有的国家均允许外国人委托律师代为诉讼，同样的，几乎所有的国家均禁止委托外国律师代为诉讼。至于外国人是否必须委托律师，以及在委托律师后本人应自否亲自出庭，各国的做法不同。

2. 领事代理。领事代理是指一国驻外领事根据法律或国际条约的规定，在驻在国法院依职权以代理人身份参与国际民事诉讼。《维也纳领事关系公约》规定：领事"以不抵触接受国国内施行之办法与程序为限，遇派遣国国民因不在当地或由于其他原因不能于适当期间自行辩护其权利与利益时，在接受国法院及其他机关前担任其代表或为其安排适当之代表，依照接受国法律规章取得保全此等国民之权利与利益之临时措施。"我国亦采用《民事诉讼法》的规定，应按我国缔结或参加的国际条约加以确定。

15.1.3　国际民事诉讼管辖权

（一）国际民事诉讼管辖权的概念及意义

国际民事诉讼管辖权是指一国法院依据国际条约或国内法的规定，对涉外民事案件进行审理的权限。国际民事诉讼管辖权要解决的核心问题是，某一特定的涉外民事案件应由哪一国法院来管辖。至于在这种国家层次的分配完毕后，再由有管辖权的国家在国内进行地域和级别的分配，则完全是属于有关国家国内民事诉讼法所涉及的内容，而不是国际民事诉讼管辖权所要探讨的范畴。为了区分这两种不同层次的问题，有的学者将国际民事诉讼中涉及的管辖权称为"国际管辖权"（International Jurisdiction），而将内国民事诉讼法领域的管辖权称为"国内管辖权"（Local Jurisdiction）。

国际民事诉讼管辖权在实践中具有十分重要的意义：第一，国际民事诉讼管辖权是一国法院审理涉外民事案件的基础；第二，国际民事诉讼管辖权的确定直接影响案件的审理结果；第三，国际民事诉讼管辖权的确定直接影响当事人的切身利益。

（二）确立国际民事诉讼管辖权的主要原则

世界各国的立法在确定国际民事诉讼管辖权时，都是以案件与有关国家及其国民存在着某种联系为依据。由于各国的情况不同，因而对这些联系的侧重也不同，这就形成了各具特色的制度。纵观目前世界各国的立法和司法实践，确立国际民事诉讼管辖权的主要原则有以下几种：

1. 属地管辖原则：以涉外民事案件中的当事人、法律事件或法律行为与某国的地域存在一定联系作为确定管辖权的依据。

根据属地管辖原则，一国法院对于涉及其所属国境内的一切人、物、事均具有管辖权。英、美、德及北欧各国，均以属地管辖原则作为确定管辖权的主要原则。

2. 属人管辖原则：以涉外民事案件中的当事人与有关国家的法律联系作为确定管辖权的依据。属人管辖原则以当事人的国籍为基本依据。根据这一原则，一国法院对其本国国民具有管辖权，法国等大陆法系国家采用这种原则。

3，专属管辖原则：以涉外民事案件与有关国家或人民利益的联系作为确定管辖权的依据。根据专属管辖原则，当某类涉外民事案件与本国的国家或人民利益有密切联系时，该国法院对案件具有排他的专属管辖权，目前世界各国主要对不动产、继承、婚姻家庭等案件采用专员管辖原则。

4. 协议管辖原则：以涉外民事案件当事人的合意选择作为确定管辖权的依据。根据协议管辖原则，对某些与国家或人民利益联系不大的领域，允许当事人通过协议选择某国的法院行使管辖权。协议管辖原则得到国际社会的普遍承认，但不同的国家根据本国的国情，对协议管辖原则都作了一定的限制，如只能选择与案件有联系的国家的法院等。

（三）国际民事诉讼管辖权的冲突

由于世界各国对确定涉外民事案件管辖权的立法有所不同，这就可能会出现两个以上的国家对同一案件均具有管辖权，或者各国对某一案件均拒绝管辖的状态，这就是国际民事诉讼管辖权的冲突。

国际民事诉讼管辖权的冲突分为积极冲突和消极冲突。积极冲突是指各国均将某类涉外民事案件列入国内法院的管辖之下。积极冲突又可分为两种情况，一种是具有管辖权的两个或两个以上的国家在肯定内国法院管辖权的同时，不承认其他国家法院的管辖权；另一种是具有管辖权的国家同时承认其他国家法院的管辖权。后一种情况也称为"平行管辖"。消极冲突是指各国对某一涉外民事案件均不具有管辖权或拒绝管辖。从实践中看，管辖权的积极冲突较为常见。

总的来说，国际民事诉讼管辖权冲突的解决途径有两种：一种是通过国内立法，另一种是通过国际条约。在国内立法方面，有些国家，如英国和美国，规定在某些情况下，如一方当事人已在国外起诉，外国法院也已受理了该案件，则内国法院应抑制自己的管辖权，也即在当事人（通常是另一方）就同一案件向内国法院起诉时，内国法院应拒绝管辖，将案件让与外国法院审理。同时，在其他的情况下，如内国法院已先受理有关案件，则法院应向当事人发出禁令，禁止当事人就同一案件向外国法院起诉。

在国际条约方面，随着合作的加强，各国已缔结了一些涉及国际民事诉讼管辖权的国际条约，如1952年《关于统一船舶碰撞中民事管辖权若干规则的公约》、1969年《国际油污损害民事责任公约》、1978年《联合国海上货物运输公约》等。这些国际条约对属本条约范围内的案件，规定了确定管辖权的具体规则，这实际上相当于统一了各国的不同立法，从根本上消除了国际民事诉讼管辖权的冲突。

（四）我国关于国际民事诉讼管辖权的立法

根据《民事诉讼法》及最高人民法院关于适用《中华人民共和国民事诉讼法》若干问题的意见，我国有关国际民事诉讼管辖权的规定主要包括：

1. 一般地域管辖。我国采用"原告就被告"的原则。被告为自然人时，只要在我国境内设有住所或经常居所，不论其国籍如何，我国法院中其住所地或经常居住地的人民法院具有管辖权。被告为法人时，该法人的住所地在我国境内，则我国法院中该法人的住所地人民法院具有管辖权。作为上述普通管辖的例外，我国对不在中国领域内居住的人提起的有关身份关系的诉讼，按照"被告就原告"原则，由原告住所地人民法院管辖。

2. 特殊地域管辖。1. 我国《民事诉讼法》根据地域管辖原则对一些特殊的民事案件确定了特殊管辖标准，根据这些规定，只要各条款中所涉及的地域在我国境内，我国有关的人民法院就具有管辖权。

3. 专属管辖。我国《民事诉讼法》对三类诉讼规定了专属管辖：因不动产纠纷提起诉讼，由不动产所在地人民法院管辖；

因港口作业中发生纠纷提起的诉讼，由港口所在地人民法院管辖；因继承遗产纠纷提起的诉讼，由被继承人死亡时住所地或者主要遗产所在地人民法院管辖。此外，我国《民事诉讼法》还针对在中国境内履行的中外合资经营企业合同、中外合作经营企业合同、中外合作勘探开发自然资源合同专门规定，如该三类合同在履行过程中发生纠纷，"由中华人民共和国人民法院管辖"。此处虽未明示"专属管辖"，但我国理论和实践均将其作为专属管辖规定看待，即不承认任何外国法院对该三类合同纠纷行使管辖权。

4. 协定管辖。我国《民事诉讼法》第 244 条规定："涉外合同或者涉外财产权益纠纷的当事人，可以书面协议选择与争议有实际联系的地点的法院管辖。选择中华人民共和国人民法院管辖的，不得违反本法关于级别管辖和专属管辖的规定"。参照各国的习惯做法，我国允许当事人协议选择管辖的法院，但作了如下限制：其一，协议管辖须有书面证明；其二，争议属合同或财产权益性质；其三，选择的法院与争议有实际联系；其四，不与我国专属管辖的规定相抵触；其五，选择中国法院管辖时不违反我国级别管辖的规定。此外，（民事诉讼法）第 245 条规定："涉外民事诉讼的被告对人民法院管辖不提出异议，并应诉答辩的，视为承认该人民法院为有管辖权的法院。"有些学者认为，这一规定，属于默示协议管辖。

15.1.4　国际司法协助

（一）国际司法协助及其依据

国际司法协助是指一国法院应另一国法院的请求，代为履行某些诉讼行为，以及承认和执行外国法院的判决和仲裁机构的裁决。国际民事诉讼审理的案件具有涉外因素，势必使某些诉讼行为需要在国外实施，如需要将诉讼文书送达在国外的当事人，需要提取在国外的证据，或需要对位于国外的财产进行诉讼保全等等。但在国际社会中，一国法院的司法行为被视为是国家的主权行为，未经有关国家的同意，任何其他国家都不得在该国领域内实施任何司法行为。因此，一国法院因审理涉外民事案件需要在国外实施某些司法行为时，就必须取得有关外国的同意，而这一般是由两国签订相互提供司法协助的条约来达成的。

司法协助有广义和狭义之分。狭义的司法协助只包括代为送达诉讼文书、代为调查取证和代为诉讼保全等；而广义的司法协助还包括承认和执行外国法院的判决及仲裁机构的裁决。这里所述的司法协助取狭义的内容。

司法协助的依据包括国内立法和国际条约。国内立法是司法协助的主要依据之一，各国均在内国诉讼法、国际私法中规定有司法协助的条款，有些国家还就司法协助制定了专门立法。国际条约也是司法协助的主要依据之一，迄今为止，有关司法协助的全球性、地区性多边条约已不下数十个，较重要的有 1954 年《民事诉讼程序公约》、1965 年《关于向国外送达民事或商事司法文书和司法外文书公约》、1970 年《民商事案件国外调取证据公约》等，至于两个国家之间签订的双边司法协助协定，更是不计其数。一国缔结或参加的国际条约中的规定与该国国内立法中的规定有不同的，以国际条约中的规定为准。

（二）司法文书和司法外文书的域外送达

司法文书（Judicid Document）是指司法机关及诉讼当事人为进行诉讼，依据法律规范而制作和使用的文书，如诉状、答辩状、传票、裁定书、判决书等等。司法外文书（Extra Judicial Document）是指国家司法行政机构或其他机构依法制作的，与诉讼有一定联系的文书，如公证机关的公证文书、领事机构的认证书等等。

司法文书和司法外文书的域外送达，是指一国司法机关依据国内立法或国际条约的规定，将司法文书和司法外文书送交给居住在国外的诉讼当事人或其他诉讼参与人的行为。域外送达是一国司法机关代表国家行使国家主权的表现，因此具有严格的属地

性。一方面，一国的司法机关在未征得外国同意的情况下不能在该外国境内向任何人实施送达行为；另一方面，内国也不承认外国司法机关在没有法律规定和条约依据的情况下在内国实施送达。

目前在域外取证领域中，较有影响的国际公约是1970年的《关于民商事案件中的国外取证公约》（简称《海牙取证公约》），已有美、英、德、法、意等20多个国家加入。我国未加入《海牙取证公约》，故其内容从略。

根据我国《民事诉讼法》的规定，凡是我国参加或缔结的国际条约有规定的，我国与条约成员国之间的司法协助适用这些条约的规定。目前，除了上述《海牙送达公约》外，我国还与许多国家签订了双边司法协助协定，已生效的包括与法国、波兰、俄罗斯、意大利、埃及、保加利亚等12国签订的双边协定。我国与"海牙送达公约"的成员国以及与上述的12个国家之间的司法协助分别适用各自的规定。

至于对与我国不存在条约关系的国家之间的司法协助，《民事诉讼法》规定：

1. 我国人民法院对在我国领域内没有住所的当事人送达司法文书和司法外文书，可以采取下列方式：（1）通过外交途径送达；（2）对具有我国国籍的受送达人，可委托我国驻受送达人所在国的使领馆代为送达；（3）向受送达人委托的有权代其接受送达的诉讼代理人送达；（4）向受送达人在我国领域内设立的代表机构或有权接受送达的分支机构、业务代办人送达；（5）受送达人所在国允许邮寄送达的，可以邮寄送达；（6）不能采取上述送达方式的，公告送达。

2. 外国法院在互惠的基础上，可向位于我国境内的当事人送达司法和司法外文书，但不得采用下列方式：（1）通过外交人员或领事向非派遣国国民送达；（2）邮寄送达；（3）外国法院直接通过我国司法人员送达；（4）司法程序中的利害关系人直接通过我国司法人员送达。

3. 我国法院和外国法院之间可以在互惠基础上相互请求代为取证。外国法院请求我国法院代为取证的，应用我国文字提出书面请求，请求的事项不得超过我国法院的职责范围，内容不得违背我国的公共秩序。我国法院在按我国规定的程序进行取证后，将取证的结果通知被请求国并移交有关证据材料。此外，我国允许外国驻我国的外交人员和领事在我国境内直接取证，但取证的对象只能是派遣国国民，且不得采取强制措施。

15.1.5 承认与执行外国法院判决

（一）承认与执行外国法院判决的含义

承认与执行外国法院判决指一国法院依据一定的程序，对外国法院所作的民事判决，承

认其在内国具有法律效力，并予以强制执行。按理，法院判决具有严格的属地性，外国法院的判决只能在判决作成国发生法律效力。但是，随着国际交往的发展，各国均在一定的条件下相互承认和执行外国法院的判决，以维护涉外民事关系当事人的合法权益。

承认外国法院判决和执行外国法院判决是既有区别又有联系的两个问题。承认外国法院判决指内国承认外国法院判决在确认当事人的权利义务方面具有与内国法院判决同等的法律效力，其后果是，就该外国法院判决所涉案件，权利义务已既定，内国法院不再受理同一案件的诉讼；执行外国法院判决指当一方当事人不自愿履行外国法院判决所确定的义务时，内国法院以执行内国法院判决同样的强制措施予以强制执行。由此可见，有些外国法院判决只要承认即可，无须强制执行，如关于人的身份的判决；有些外国法院判决不仅要承认，而且要执行，如关于给付的判决。承认外国法院判决是执行外国法院判决的前提，只有承认了外国法院的判决，才可能强制执行外国法院判决。

（二）承认与执行外国法院判决的依据

1. 国内立法。国内立法是承认与执行外国法院判决的主要依据之一。各国均在其诉讼法、国际私法中规定有承认与执行外国法院判决的原则、条件和程序等。许多国家还有专门立法，如英国 1933 年《外国判决（相互执行）法》和 1968 年《民事管辖权和判决法》；美国 1962 年《外国金钱判决统一承认法》；日本 1979 年《民事执行法》等。

2. 国际条约。国际条约是承认与执行外国法院判决的另一个主要依据。自从 1862 年法国和瑞士缔结第一个相互承认与执行对方国家法院判决的双边条约以来，国际社会为谋求在此领域的合作，做出了不懈的努力。目前有关承认与执行外国法院判决的公约主要有：1958 年《关于扶养儿童义务判决的承认和执行公约》、1969 年《国际油污损害民事责任公约》、1970 年《国际铁路货物运输合同公约》、1970 年《承认离婚和别居的海牙公约》、1971 年《民商事案件中外国判决的承认和执行公约》、1978 年《关于扶养义务判决的承认和执行公约》等。至于国与国之间签订的双边互助协定，更是不计其数。

（三）承认与执行外国法院判决的条件

综观各国立法及国际条约的规定，承认和执行外国法院判决的条件主要包括：

1. 原判决国法院具有合格的管辖权；

2. 外国法院的判决所依据的诉讼程序具有公正性；

3. 外国法院的判决必须已发生法律效力；

4. 外国法院的判决是合法取得的判决；

5. 外国法院的判决不得与其他有关法院的判决相抵触；

6. 原判决国与承认和执行地国应有条约或互惠关系；

7. 外国法院的判决不违反承认和执行地国的公共秩序。

（四）承认与执行外国法院判决的程序

目前国际上承认与执行外国判决的程序主要有三种：

1. 执行令程序。执行令程序指执行国法院收到承认与执行判决的申请后，仅对该外国法院的判决进行形式审查，符合承认与执行条件时，颁发执行令予以执行。采用执行令程序时一般不对外国法院判决的实质内容进行审查，手续较为简便。大陆法系国家多采用此种程序。

2. 登记程序。登记程序指执行国法院收到承认和执行判决的申请后，根据条约进行登记，并在登记的基础上承认和执行。登记程序仅为英国采用，但须有条约作为基础。并非所有判决可采用登记程序，登记程序主要针对金钱给付、离婚、分居等判决。

3. 重新起诉程序。重新起诉程序指当事人将外国法院判决交执行国法院并重新起诉，执行国法院经审理后作出新的判决，并按执行内国法院判决的程序执行。在此程序中，外国法院判是作为诉因，执行国法院将其作为证据看待，被执行人可以在理中对外国法院判决进行抗辩。美国将此程序适用于承认和执行外国法院作出的金钱给付判决；英国对不适用登记程序的外国法院判决，适用重新起诉程序。

（五）我国有关承认与执行外国法院判决的立法

外国法院判决在我国的承认与执行。根据《民事诉讼法》的规定，外国法院判决在我国承认与执行可以通过两条途径提申请，即可以由要求承认与执行的当事人向我国有关执行法院接提出申请，也可以由判决作成国法院依照条约或互惠向我国关执行法院提出申请。我国承认与执行外国法院判决的法院为被执行人住所地或被执行财产所在地的中级人民法院。而根据我，《民事诉讼法》第 268 条的规定及我国长期以来的司法实践，外国法院判决在我国承认与执行须符合下述条件：（1）判决作成国与我国存在条约或互惠；（2）判决的承认与执行不损害我国的主权、安全、社会公共利益；（3）根据我国《民事诉讼法》及我国缔结和参加的条约，判决作成国法院对案件有管辖权；（4）判决已经发生法律效力；（5）作成国法院已给予被执行人充分的出庭应诉机会；（6）对同一诉争标的，我国法院未作出过判决，也未执行过第三国法院的判决。外国法院的判决如符合承认与执行的条件，裁定承认其效力，需要执行的，发出执行令，依照我国《民事诉讼法》规定的程序执行。

2. 我国法院的判决在国外的承认和执行。根据《民事诉讼法》第 266 条规定，我国人民法院作出的发生法律效力的判决、裁定，如果被执行人或被执行财产不在我国领域内，当事人要求执行的，可由当事人直接向有管辖权的外国法院申请承认和执行，也可以由我国人民法院依照我国缔结或参加的国际条约的规定，或者按照互惠原则，请求外国法院承认和执行。我国法院判决在国外的承认和执行，其采用的程序、条件等，均适用该外国法律的规定。

15.2 国际商事仲裁

仲裁是指当事人通过仲裁协议的方式，由双方当事人将他们之间发生的争议交付第三者居中评断是非并做出裁决，由第三方依据法律或公平原则作出裁决，该裁决对双方当事人均有约束力。

15.2.1 国际商事仲裁的概念

国际商事仲裁最早出现在 13、14 世纪商品交换比较频繁的意大利各城邦，到 19 世纪末 20 世纪初便作为国际社会普遍承认的解决国际商事争议的一种常用方法。随着国际经济贸易的飞速发展，世界各国逐渐把把仲裁作为解决国际商事争议的一种有效方式。

国际商事仲裁是指解决跨国性商事争议的一种仲裁方法。具体是指在国际经济贸易活动中，当事人通过协议自愿将他们之间的有关争议提交某一临时仲裁庭或某一常设仲裁机构进行审理，并作出具有约束力的仲裁裁决制度。

国际商事件仲裁具有以下特征：

（1）管辖权的非强制性

与诉讼所采取的强制管辖不同，仲裁的管辖是一种非强制性的管辖，受理国际商事争议的仲裁机构一般都属于民间性的机构，其对案件的管辖权不是来自法律的直接规定，而是争议双方当事人通过签订仲裁协议自愿授予的，只有当事人在争议发生前或发生后达成了仲裁协议，有关的仲裁机构才有权对该争议进行审理和裁决，否则，任何一方当事人都无权强迫另一方当事人接受仲裁，任何仲裁机构无权受理该争议。

（2）当事人享有充分的自主权

双方当事人可以在有关国家法律所允许的范围内，自主地决定将他们之间的有关争议提交仲裁解决；双方当事人可以通过仲裁协议自行选择仲裁地点和仲裁机构；双方当事人可以自主地选择仲裁员；双方当事人可以自主地选择仲裁适用的程序法和实体法。

（2）灵活性与快速性

仲裁审理争议的入式比较灵活，不像司法诉讼程序那样严格。

仲裁庭可以基于双方当事人的协议，按双方当事人所期望的形式由他们自主选定的仲裁员组成；仲裁庭可以按双方当事人所约定的程序进行审理，并依据双方省事人合意选择的法律，甚至基于当事人双方的授权依公平和善意原则作出裁决。加之可以选择某一领域具有专业知识的专家作为仲裁员，可以加速审理案件的速度。

区别国际仲裁和国内仲裁在理论上是很重要的，尤其对于在目前阶段的中国来说，这主要是因为：首先，只有属于国际商事仲裁，当事人才能够选择境外的仲裁机构以及适用国际仲裁机构的仲裁规则。其次，如果仲裁属于国际商事仲裁，且当事人申请证据保全，那么相关仲裁机构就应该将证据提交给当事人申请提交证据所在地的中级人民法院；而如果为国内仲裁，当事人申请证据保全，那么相关仲裁机构就应该将该申请提交证据所在地的基层人民法院。最后，有关仲裁裁决的承认和执行问题的规定，国际仲裁都与国内仲裁裁决的相关规定不同，如中国最高人民法院规定，如果中级人民法院对国际仲裁裁决不予承认和执行，必须报告相关的高级人民法院及最高人民法院。

15.2.2　世界常设仲裁机构

当今世界有 100 多个国家和地区有常设的国际商事仲裁机构，依常设仲裁机构本身影响力的范围，我们将常设仲裁机构分为以下三种：国际性、地区性、国别性等仲裁机构。

（一）国际性常设仲裁机构

1. 国际商会仲裁院

国际商会仲裁院（The International Chamber of Commerce，简称 ICC）成立于 1923 年，隶属于国际商会。国际商会是国际民间组织，总部设在巴黎。其仲裁院具有很强的独立性，可以受理国际性的商事争议的案件，也可以受理非国际性的商事争议的案件。其主要职责是：确保《国际商会仲裁规则》的正确适用；指定仲裁员或确认当事人所指定的仲裁员；决定对仲裁员的异议是否正确；批准仲裁裁决的形式。仲裁院由来自 40 个国家的成员组成，该院设主席 1 人，副主席若干人，秘书长 1 人，技术顾问若干人。仲裁院的决议由多数通过，在赞同与反对效果相同时，主席拥有决定性投票权。国际商会仲裁院现行的规则是 1998 年 1 月 1 日生效的《国际商会仲裁规则》。国际商会仲裁院是当今世界上提供国际经济贸易仲裁服务较多的和具有广泛影响的国际仲裁机构，是国际商事仲裁的一大中心。

2. 解决投资争议国际中心

解决投资争议国际中心（The International Centre for the Settlement of Investment Disputes，简称为 ICSID）。该中心是根据 1955 年《解决国家与他国回民投资争端公约》而成立的，该中心是世界银行下设的独立性机构，总部设在美国华盛顿。目前该中心已有近百个成员国。解决投资争议国际中心设在美国华盛顿，专门处理国际投资争议。该中心由行政理事会和秘书处组成。行政理事会委员由各成员国派代表担任，主席由世界银行行长担任，秘书长和秘书处负责中心的事务工作。行政理事会的成员由各缔约国及行政理事会主席指派。该中心有自己的仲裁规则，并备有仲裁员名册。当事人可以指定仲裁员名册中的人作仲裁员，也可指定仲裁员名册以外的人作仲裁员。

（二）地区性常设仲裁机构

（1）美洲国家商事仲裁委员会

美洲国家商事仲裁委员会是拉丁美洲国家成立的一个区域性国际仲裁组织。美洲国家商事仲裁委员会于 1934 年成立，作为美洲国家解决国际经济争端的重要机构。它是非政府机构，由美洲国家会议的决议授权，并接受美洲国家组织和美洲国家国家发展银行的财政补助。委员会的现址在美洲国家组织大厦。根据 1975 年美洲国家国际商事仲裁公约规定，它已成为美洲国家间进行商事仲裁的重要机构。1978 年 1 月 1 日修订了《美洲国家商事仲裁委员会仲裁规则》，修订时采纳了联合国国际贸易法委员会仲裁规则的一些规定。1975 年拉美 12 个国家签订了《美洲国家国际商事仲裁公约》。

（2）亚洲及远东经济委员会商事仲裁中心

它是由联合国亚洲及远东经济委员会组织设立并制定仲裁规则。亚洲及远东经济委员会商事仲裁中心设在曼谷，由联合国亚洲及远东经济委员会设置，其商事仲裁规则也是由该委员会制定的，专门用以处理该地区的国际贸易争议案件。亚洲及远东经济委员会商事仲裁中心有一个特别委员会，其成员为七人，由亚洲及远东经济委员会的执行秘书从该委员会的代表中推选。仲裁中心备有仲裁员名单和"指定仲裁员机构"的名单，供当事人选用。

（三）国别性常设仲裁机构

1. 伦敦国际仲裁院

伦敦国际仲裁院（London Court of International Arbitration，简称为 LCIA）。它成立于 1892 年，原名为伦敦仲裁会，1903 年改为伦敦仲裁院，1981 年改为伦敦国际仲裁院。它是国际上成立场早的常设仲裁机构。该院的日常工作由女王特许仲裁员协会负责。该院制定有仲裁规则，但当事人也可以约定适用《联合国国际贸易法委员会仲裁规则》。仲裁院备有仲裁员名册，名册由来自 30 多个国家的仲裁员组成。该院制定、使用了新的《伦敦国际仲裁规则》，自 1985 年 1 月 1 日起开始适用。它可以受理提交给它的任何性质的国际争议，在国际社会享有很高的威望，特别是海事案件。

2. 瑞士苏黎世商会仲裁院

它成立于 1910 年，设在瑞士的苏黎世，是苏黎世商会下设的常设仲裁机构。有《瑞士联邦苏黎世商会调解与仲裁规则》。该仲裁院既受理国内商业和工业企业之间的争议案件，也受理涉外经济贸易争议案件。由于瑞士是中立国，所以，苏黎世商会仲裁院的裁决比较容易为其他有关国家相当事人接受，因此，许多国家的经济贸易纠纷的当事人愿意选择苏黎世商会仲裁院解决纠纷。目前，苏黎世商会仲裁院适用的是 1977 年 1 月 1 日起实行的新的调解与仲裁规则。

3. 美国仲裁协会

美国仲裁协会（American Arbitration Association，简称 AAA）成立于 1926 年，总部设在纽约市，由 1922 年成立的美国仲裁会和 1925 年成立的美国仲裁基金会合并成立的，是独立的非营利的民间组织，在全美 24 个主要城市设有分支机构，是全国最大的综合性常设仲裁机构。美国仲裁协会是民间常设仲裁机构，有《商事仲裁规则》。受理美国各地以及外国当拿人提交的除法律和公共政策禁止仲裁的事项以外的任何法律争议，受理范围非常广泛，是世界上最大的民间仲裁机构之一。该协会的宗旨是：进行有关仲裁的研究，完善仲裁技术和程序，进一步发展仲裁科学，为当事人提供仲裁便利。

4. 日本商事仲裁协会

日本商事仲裁协会（Japan Commercial Arbitration Association）成立于 1950 年，由日本工商联合会和其他一些全国性的工商组织共同组建的仲裁机构。总营业所设在东京，在神户、名古屋、大阪和横滨也设有营业所。日本商事仲裁协会现行的仲裁规则是 1989 年 5 月 24 日生效的《商事仲裁规则》。日本商事仲裁协会受理提交给它的在经济贸易中发生的各种纠纷。该协会的宗旨是：通过仲裁解决国际商事争议，促进国际贸易和日本国内工商业的发展。

5. 中国国际经济贸易仲裁委员会

中国国际经济贸易仲裁委员会（China International Economic and Trade Arbitration Commission，简称 CIETAC）1956 年 4 月 2 日正式成立，设在北京，先后在深圳特区和上海市设立了深圳分会和上海分会。仲裁委员会及其分会适用同一个仲裁规则，备有统一构仲裁员名册，仲裁员由仲裁委员会从在法律、经济贸易、科学技术等方面具有专门知识和实际经验的中外人士中聘任。仲裁委员会设主任 1 名，副主任若干名，秘书长 1 人，副秘书长若干人。仲裁委员会设秘书局，负责其日常事务。中国国际经济贸易仲裁委员会是民间性仲裁机构，隶属于中国国际商会。中国国际经济贸易仲裁委员会已经发展成为世界上最重要的常设仲裁机构之一。从 1998 年至今，它受理的国际商事争议案件一直都是世界上最多的。

15.2.3　国际商事仲裁协议

一、仲裁协议的概念和分类

仲裁协议是指合同当事人通过在合同中订立仲裁条款、签订独立仲裁协议或采用其他方式达成的就有关争议提交仲裁的书面协议，表明当事人承认仲裁裁决的拘束力，将自觉履行其义务。它是国际商事关系中的当事人愿意把他们之间的商事争议交付仲裁的意思表示。根据仲裁协议形成的具体方式，仲裁协议可以分为三种类型：一种是仲裁条款。当事人在争议发生之前订立的，表示愿意将他们之间今后可能发生的争议提交仲裁解决的协议。仲裁条款是仲裁协议的一种最常见和最重要的形式，国际商事合同一般都订有仲裁条款。另一种是仲裁协议书。指双方当事人于争议发生之前或之后评订立的，表示愿意把已经发生的争议交付仲裁的一项专门协议。这种仲裁协议书与商事合同是互相独立的，这种传统的仲裁协议已不多见，因为大多数国际商事合同都有仲裁条款或其他救济手段。第三种是其他文件中包含的仲裁协议。当事人在从事国际商事活动时，除了订立合同外，还可能在相互之间商信函、电报、电传、传真或其他书面资料。如果这些文件包含有双方当事人同意将他们之间已经发生或将来可能发生的争议提交仲裁的内容，那么，有关文件即构成仲裁协议。

仲裁协议是国际商事仲裁的基石，它既是任何一方当事人将争议提交仲裁的依据，也是仲裁机构和仲裁员受理案件的依据。一项有效仲裁协议的存在，是仲裁得以有效进行以及仲裁裁决能够得到承认和执行的最重要的基础。多数国家法律都规定，仲裁协议应采取书面形式。

我国仲裁法认为："仲裁协议包括合同中订立的仲裁条款和以其他书面形式在纠纷发生前或者纠纷发生后达成的请求仲裁的协议。"我国国际经济贸易仲裁委员会仲裁规则规定："各方当事人在合同中订立的仲裁条款，或者以其他方式达成的提交仲裁的书面协议，两者具有同等法律效力。"如果各方当事人在合同中订有仲裁条款，一旦出现争议，任何一方都可以根据合同中的仲裁条款提出仲裁，不再签订其他仲裁协议。只有在合同中没有订立仲裁条款的情况下，才要求各方当事人在提出仲裁之前达成一项提交仲裁的协议。

二、涉外仲裁协议的内容

当事人所签订的仲裁协议只有符合法律规定的有效要件，才能具有法律上的效力立法及有关的国际公约一般都认为仲裁协议的有效要件包括：主体必须合法；意思必须真实；形式必须合法。其中，仲裁协议的内容必须合法且有两点最基本的两个法律前提要求：一是协议中规定的提交仲裁的事项是国家允许提交仲裁解决的事项；二是协议中的有关规定不与有关国家的强行法规相冲突。

仲裁协议一般包括以下内容：请求仲裁的意思表示、请求仲裁的事项、仲裁地点、仲裁机构、仲裁规则以及适用法律等主要内容。缺乏任何一项主要内容或约定模糊不清，都可能会导致仲裁协议无法发生法律效力，从而使争议的解决变得更加复杂。所以，当事人应当全面明确地规定仲裁协议的内容。

（1）仲裁意愿

仲裁意愿即当事人一致同意将争议提交仲裁的意思表示，表明当事人愿意接受特定仲裁机构的审理，接受仲裁机构作出的合法有效的仲裁裁决的约束，并承诺自觉履行裁决的义务。

（2）仲裁事项

仲裁事项即是指提交仲裁的争议范围。仲裁协议应详细写明把何种争议提交仲裁，并约定该争议必须同当事人之间特定的法律关系相关联，这是直接关系到仲裁机构管辖范围的重要内容。只有在有关的争议事项范围内，当事人才赋予仲裁机构管辖权。仲裁机构只能审理仲裁事项内的争议，否则属于越权审理，仲裁裁决不能发生法律效力。一方当事人实际提请仲裁的争议及仲裁机构受理的争议，都不得超越仲裁协议中所规定的提交仲裁事项范围。如果超越了仲裁协议中规定的事项，依各国仲裁法的规定，仲裁庭所做仲裁裁决将为无效裁决。

（3）仲裁地点

仲裁条款中，仲裁地点是一个非常重要和关键的内容。它密切地关系到涉外仲裁审理所适用的程序法律和实体法律。无论从程序法上讲还是从实体法上讲，当事人在仲裁协议中规定了仲裁机构以及仲裁规则时，仲裁的进行应遵循该仲裁规则。但是，当双方没有约定或者约定模糊时，程序法认为应该引用仲裁地点所在国的仲裁法律或其他程序法律加以补充，这体现了国际私法中"程序法适用法院地法"的一般原则。而实体法认为由仲裁机构按照一定的原则（通常即为冲突规则）决定适用的实体法律。由此看来，无论是从程序法的适用而言还是从实体法的适用而言，涉外仲裁的仲裁地点都有重要意义。在商定仲裁条款时，各方当事人一般都力争在本国仲裁。这是由于当事人对自己国家的法律和仲裁比较了解和信任，对国外的仲裁制度往往不大了解，易于产生疑虑。在实际业务中，如何争取到对自己比较有利方便的仲裁地点，取决于各方当事人的优势和谈判地位，法律无强制性规定。在争取不到在本国的仲裁地点时，可规定在第三国或被诉人所在国仲裁。

（4）仲裁机构

申请国际商事仲裁有两种做法，一种是提交常设仲裁机构主持仲裁、另一种是直接由各方当事人指定的仲裁员自行组成仲裁庭进行仲裁，又称临时性仲裁。如果约定在常设仲裁机构仲裁，则应写明仲裁机构的名称；如果约定组成临时仲裁庭仲裁，则应写明组成仲裁庭的人数、如何指定以及采用的审理程序等。我国有关仲裁的法律没有规定临时仲裁庭，在涉外经济合同中，一般规定在仲裁地点的常设仲裁机构仲裁，即小国国际经济贸易仲裁委员会和海事仲裁委员会。

仲裁机构即经当事人仲裁协议授权受理涉外争议案件并作出仲裁裁决的仲裁管辖机构。国际的或各国的仲裁机构的仲裁规则通常规定，除非当事人在仲裁协议中明确表示将争议交付该仲裁机构解决，否则，该仲裁机构不予受理。国际仲裁有两种仲裁形式：常设仲裁机构和临时仲裁庭。常设仲裁机构通常为固定性的民间组织，制定有自己的组织章程和仲裁规则，并设有秘书处等行政部门以提供各种服务和管理工作。目前，在常设仲裁机构进行仲裁是当事人普遍采用的方式。常设的仲裁机构往往有固定的组织机构，如秘书处（局），有确定的仲裁规则作为仲裁的程序依据，拥有专业的仲裁员，仲裁员的指定、仲裁庭的组成及仲裁审理形成稳定的运作体系，方便当事人进行仲裁。临时仲裁庭是根据当事人订立的临时仲裁条款或协议，在争议发生后由当事人临时指定仲裁人员组成一次性的仲裁庭，按照当事人约定的方式和规则进行审理并作出裁决。这种仲裁方式的运用，需要当事人在临时仲裁的协议中对仲裁的方方面面进行约定，即需要订明如何指定仲裁员，组庭人数，适用何种仲裁规则或自行规定仲裁规则，以及仲裁费用的分担等。目前，只有少数案件在当事人认为无适当的常设仲裁机构的情况下，才采取临时仲裁庭方式予以解决。在临时仲裁庭进行的仲裁也叫特别仲裁。

我国的涉外仲裁都是机构仲裁，没有临时仲裁。实践中，仲裁地点和仲裁机构所在地往往是一致的。一般地认为，选择在某一仲裁地点进行仲裁，即推定当事人默示地选择了该仲裁地的涉外常设仲裁机构。但有时该地点不一定只有一个仲裁机构，或有其他情况，此时应对在仲裁协议中予以明确。

（5）仲裁规则

仲裁程序规则是指双方当事人和仲裁庭在仲裁的整个过程中所应遵循的程序和规则。仲裁程序主要是规定如何进行仲裁的程序和方法，包括如何提出申请、指定仲裁员组成仲裁庭、如何审理作出裁决，以及如何分担仲裁费用等等。之所以要形成仲裁程序，主要是为当事人和仲裁员提供一套进行仲裁的行为规则，以便仲裁时有所依据。

一般说来，仲裁协议指定了某常设仲裁机构进行仲裁，就认为是接受了该仲裁机构仲裁规则的约束。如当事人同意在中国国际经济贸易仲裁委员会仲裁，就会规定按照该会的仲裁规则进行仲裁，但是，有些国家的仲裁机构也允许当事人选择使用他们认为合适的仲裁规则，如其他国家或国际商事机构所制订的仲裁规则。例如，瑞典仲裁法律即允许当事人不采用瑞典的仲裁程序规则，而选择其他国家的仲裁规则。因此，订立仲裁协议，应当明确适用的仲裁规则。各国的常设仲裁机构都制定有自己的仲裁规则，国际上还有一些国际性和区域性的仲裁示范规则。

（6）仲裁裁决的效力

仲裁裁决的效力也是仲裁条款的重要内容，主要是指裁决是否具有终局性，对双方当事人有无拘束力，能否向法院提起上诉等问题。国际上大多数国家的法律对当事人在仲裁条款中裁决终局性的约定是尊重的。中国国际经济贸易仲裁委员会仲裁规则第60条指出："仲裁裁决是终局的，对双方当事人均有约束力。任何一方当事人均不得向法院起诉，也不得向其他任何机构提出变更仲裁裁决的请求。"

仲裁协议的法律效力表现在以下三个方面：

第一，对当事人的法律效力。仲裁协议一旦成立，则对当事人直接产生了法律效力，当事人不得向法院提起诉讼。如果仲裁协议的一方当事人违背了这一义务而就协议规定范围内的争议事项向法院提起诉讼，另一方当事人则有权依据仲裁协议要求法院中止司法诉讼程序，把争议发还仲裁庭审理。

第二，对仲裁员和仲裁机构的法律效力。仲裁机构只能受理有仲裁协议权的案件，而不能受理没有仲裁协议权的案件（无协议不受理原则）。而且，仲裁机构只能受理当事人在仲裁协议中约定提出的争议事项。仲裁协议规定之外的争议事项，仲裁机构无权受理。

第三，对法院的法律效力。如果当事人已就特定争议事项订有仲裁协议，法院则不应受理此项争议。但是，当事人在起诉时未声明的，对于当事人在首次开庭前未提出异议的，而应诉答辩的，视为放弃仲裁，承认法院管辖。法院获得管辖权。

三、涉外仲裁协议的有效性

（一）仲裁协议的法律效力

仲裁协议要发生法律效力，必须符合法律的规定。仲裁协议签订后，其法律效力体现在以下四个方面：

（1）对各方当事人的行为进行约束。一旦发展国际经济贸易争议，相关各方当事人都只能向协议中约定的仲裁机构提请仲裁，并严格按照约定的仲裁程序规则、仲裁地点等要求进行仲裁。

（2）确立管辖权。仲裁协议一旦签订，便意味着确立了仲裁机构对国际商事争议的管辖权，同时也就排除了法院对该争议的司法管辖权。

（3）确定了法律执行的依据。仲裁协议为仲裁裁决发生法律上的强制力提供了根据，没有仲裁协议的仲裁裁决一般不可能得到司法强制力的支持。

（4）规定当事人执行仲裁裁决的义务。使当事人履行按仲裁协议规定内仲裁机构作出的仲裁裁决的义务。

（二）无效的仲裁协议

根据法律，下列情况属于无效的仲裁协议：

（1）协议的当事人无行为能力或者限制行为能力，签订的仲裁协议无效。

这是民事法律行为生效的一般条件，同意适用于仲裁协议。

（2）若有充分的证件表明当事人的其中一方采取胁迫手段迫使对方订立仲裁协议的情况也应认定为无效。

（3）非书面形式的仲裁协议。仲裁协议必须是书面的，这是仲裁协议的法定形式要件。

（4）仲裁协议的要件没有约定或者约定不明确的。仲裁协议对仲裁事项没有约定或者约定不明确，当事人又不能就此达成补充协议予以明确的；仲裁协议对仲裁机构约定不明确或者模棱两可的。这些仲裁协议均为无效协议。

（5）仲裁协议中规定的事项属于依法不能通过仲裁解决的。

我国仲裁法以明确列举的方式规定了仲裁协议的无效情况，明确规定了不允许进行仲裁的事项范围。对于不属上述情况的仲裁协议，则具有法律效力。这是排除式的规定，有权决定仲裁协议效力的是仲裁机构，除非当事人向法院请求裁定。除了没有禁止任意仲裁的规定外，大多数国家的仲裁法与我国的仲裁法的上述规定基本上是趋于一致的。

15.2.4　国际商事仲裁程序

仲裁程序是保证仲裁公正合理进行的前提，它通过仲裁规则来体现。根据各国法律的规定，国际商事仲裁程序主要包括仲裁申请和受理、答辩和反诉、仲裁员的选任、审理、保全、裁决等几个环节。

一、仲裁的申请与受理

（一）仲裁的申请

仲裁的申请是指发生争议的一方或双方当事人根据其所签订的仲裁协议，将争议提交给有关的仲裁机构进行仲裁的行为。

各国的法律都规定，当事人如果需要申请仲裁，应当先提交仲裁协议及仲裁申请书。仲裁申请书般包括：双方当事人的基本情况；仲裁所依据的仲裁协议；仲裁请求和所依据的证据；仲裁机构的名称等。除此之外，申请人还应写明提交申请的日期，并签名、盖章。2005年修订的《中国国际经济贸易仲裁委员会仲裁规则》（简称《仲裁规则》）规定当事人依据本规则申请仲裁时应：

第一，提交由申请人及/或申请人授权的代理人签名及/或盖章的仲裁申请书。

仲裁申请书应写明：

（1）申请人和被申请人的名称和住所，包括邮政编码、电话、电传、传真、电报号码、电子邮件或其他电子通信方式；

（2）申请仲裁所依据的仲裁协议；

（3）案情和争议要点；

（4）申请人的仲裁请求；

（5）仲裁请求所依据的事实和理由。

第二，在提交仲裁申请书时，附具申请人请求所依据的事实的证明文件。

第三，按照仲裁委员会制定的仲裁费用表的规定预缴仲裁费。

（二）仲裁的受理

（1）仲裁的受理

受理，它是指仲裁机构接到申请人的仲裁申请书后，就其形式要件进行审查，然后决定对其立案审理的程序。

各国法律一般规定，仲裁机构受理仲裁申请后，应将仲裁规则和仲裁员名册送达给申请人，将仲裁申请书副本、仲裁规则和仲裁员名册送达给被申请人，以便双方选择仲裁员，组成仲裁庭。

《仲裁规则》第十一条规定：

第一仲裁委员会收到申请人的仲裁申请书及其附件后，经过审查，认为申请仲裁的手续不完备的，可以要求申请人予以完备；认为申请仲裁的手续已完备的，应将仲裁通知连同仲裁委员会的仲裁规则、仲裁员名册和仲裁费用表各一份一并发送给双方当事人；申请人的仲裁申请书及其附件也应同时发送给被申请人。

第二仲裁委员会或其分会受理案件后，应指定一名秘书局或秘书处的人员协助仲裁庭负责仲裁案件的程序管理工作。

（2）答辩和反请求

仲裁答辩是指仲裁案件的被申请人针对申请人在仲裁申请书中提出的仲裁请求和所依据的事实和理由进行答复和辩解的行为。答复和辩解的书面文件称为答辩书。

《仲裁规则》第十二条规定：

第一被申请人应在收到仲裁通知之日起45天内向仲裁委员会秘书局或其分会秘书处提交答辩书。仲裁庭认为有正当理由的，可以适当延长此期限。答辩书由被申请人及/或被申请人授权的代理人签名及/或盖章，并应包括下列内容：

被申请人的名称和住所，包括邮政编码、电话、电传、传真、电报号码、电子邮件或其他电子通讯方式；

对申请人的仲裁申请的答辩及所依据的事实和理由；

答辩所依据的证明文件。

第二仲裁庭有权决定是否接受逾期提交的答辩书。

第三被申请人未提交答辩书，不影响仲裁程序的进行。

反请求是仲裁程序中被申请人针对申请人的仲裁申请提出的独立的仲裁请求。被申请人对已经受理的案件，可以提出反请求，但最迟必须在收到仲裁通知书之日起60天内以书面形式提交仲裁委员会秘书局。被申请人提出反请求时，写明具体的反请求，同样应按照仲裁委员会制定的仲裁费用表的规定预缴仲裁费。

反请求与原来的仲裁请求既有关联性又有相对的独立性。其关联性主要体现在：反请求是针对原来的仲裁请求提出的，被申请人提出反请求的主要目的在于抵消或吞并申请人的原仲裁请求或者使其失去意义。其独立性主要表现为：如果在仲裁裁决做出之前，被申请人提出了反请求，而申请人又撤回了仲裁申请，此时，仲裁程序并不因此而停止或结束，仲裁庭应对反请求做出裁决。

《仲裁规则》第十三条规定：

第一被申请人如有反请求，应当自收到仲裁通知之日起 45 天内以书面形式提交仲裁委员会。仲裁庭认为有正当理由的，可以适当延长此期限。

第二被申请人提出反请求时，应在其反请求书中写明具体的反请求及其所依据的事实和理由，并附具有关的证明文件。

第三被申请人提出反请求，应当按照仲裁委员会制定的仲裁费用表在规定的时间内预缴仲裁费。

第四仲裁委员会认为被申请人提出反请求的手续已完备的，应将反请求书及其附件发送申请人。申请人应在接到反请求书及其附件后 30 天内对被申请人的反请求提交答辩。

第五仲裁庭有权决定是否接受逾期提交的反请求答辩书。

第六申请人对被申请人的反请求未提出书面答辩的，不影响仲裁程序的进行。

二、仲裁庭的组成

仲裁机构受理仲裁申请后，并不直接仲裁案件，而是组成仲裁庭来仲裁案件。仲裁庭是指具体负责对某项已交付仲裁的争议事项进行审理和裁决的组织。

一般来讲，仲裁庭主要有以下三种形式：

（1）合议制仲裁庭

合议制仲裁庭是指由 3 名仲裁员组成仲裁庭，对当事人提请仲裁的争议案件进行集体审理和评议裁决的组织形式。仲裁员的选任需经过以下阶段：首先，由当事人各自选定或者各自委托仲裁委员会主任指定 1 各仲裁员，这样就产生了 2 各仲裁员；其次，由双方当事人共同选定或者共同委托仲裁委员会主任指定第三名仲裁员，即首席仲裁员；再次，如果双方当事人在仲裁规则规定的期限内未选定仲裁员或者未委托仲裁委员会主任指定仲裁员，则仲裁委员会主任可以行使职权指定仲裁员。

（2）独任仲裁庭

独任仲裁庭是指仲裁委员会受理争议后，根据仲裁规则由一名仲裁员对当事人之间的争议居中裁断的组织。它有三种产生方式：第一种是当事人之间共同约定选定的一名仲裁员；第二种是当事人约定共同委托仲裁委员会主任指定的一名仲裁员；第三种是当事人没有在仲裁规则规定期限内约定仲裁庭组成方式或选定仲裁员的，由仲裁委员会主任根据仲裁规则规定指定一名仲裁员。

（3）双方当事人没有在仲裁规则规定的期限内指定仲裁员的，由仲裁委员会主席指定。

《仲裁规则》第二十二条和二十三条对仲裁庭的组成做了规定：

1）申请人和被申请人应当各自在收到仲裁通知之日起 15 天内选定一名仲裁员或者委托仲裁委员会主任指定。当事人未在上述期限内选定或委托仲裁委员会主任指定的，由仲裁委员会主任指定。

2）首席仲裁员由双方当事人在被申请人收到仲裁通知之日起 15 天内共同选定或者共同委托仲裁委员会主任指定。

3）双方当事人可以各自推荐一至三名仲裁员作为首席仲裁员人选，并将推荐名单在第

2）款规定的期限内提交至仲裁委员会。双方当事人的推荐名单中有一名人选相同的，为双方当事人共同选定的首席仲裁员；有一名以上人选相同的，由仲裁委员会主任根据案件的具体情况在相同人选中确定一名首席仲裁员，该名首席仲裁员仍为双方共同选定的首席仲裁员；推荐名单中没有相同人选时，由仲裁委员会主任在推荐名单之外指定首席仲裁员。

4）双方当事人未能按照上述规定共同选定首席仲裁员的，由仲裁委员会主任指定。

独任仲裁庭的组成：仲裁庭由一名仲裁员组成的，按照本规则第二十二条第（二）、（三）、（四）款规定的程序，选定或指定该独任仲裁员。

三、仲裁的审理

仲裁审理是指仲裁庭对争议事项进行全面审查的仲裁活动。仲裁审理主要有开庭审理和书面审理两种。开庭审理也就是口头审理，这种方式通过当事人在庭上出示证据、质证和进行口头辩论，有利于仲裁庭准确判断案情，但可能会因此拖延裁决做出的时间，并增加当事人的费用支出。书面审理也称为不开庭审理，这种审理方式有利于及时做出仲裁裁决，但由于当事人没有面对面地口头陈述意见的机会，不利于仲裁庭充分了解案情。目前，国际商事仲裁大多以书面审理为主。

涉外仲裁审理包括开庭、调查事实、收集证据、和解及调解、仲裁裁决等主要步骤。

（1）审理方式

《仲裁规则》第二十九条规定：第一是除非当事人另有约定，仲裁庭可以按照其认为适当的方式审理案件。在任何情形下，仲裁庭均应公平和公正地行事，给予各方当事人陈述与辩论的合理机会。第二是仲裁庭应当开庭审理案件，但经双方当事人申请或者征得双方当事人同意，仲裁庭也认为不必开庭审理的，仲裁庭可以只依据书面文件进行审理。第三是除非当事人另有约定，仲裁庭可以根据案件的具体情况采用询问式或辩论式审理案件。第四是仲裁庭可以在其认为适当的地点或以其认为适当的方式进行合议。第五是除非当事人另有约定，仲裁庭认为必要时可以发布程序指令、发出问题单、举行庭前会议、召开预备庭、制作审理范围书等。

（2）调查事实和收集证据

当事人应当就其申请、答辩或反请求所依据的事实提出证据加以证明。仲裁庭认为必要时，可以自行调查事实、收集证据，包括向当事人调查，通知证人到场作证，向专家咨询，指定鉴定人进行鉴定等。

《仲裁规则》第三十六和三十七条规定：当事人应当对其申请、答辩和反请求所依据的事实提供证据加以证明；仲裁庭可以规定当事人提交证据的期限；仲裁庭认为必要时，可以自行调查事实，收集证据。

（3）仲裁与和解相结合

和解是当事人在仲裁庭之外自行协商解决争议，或者是仲裁庭通过说服教育和劝导协商，使当事人双方在互相谅解的基础上解决争议。

《仲裁规定》第四十条规定：

当事人在仲裁委员会之外通过协商或调解达成和解协议的，可以凭当事人达成的由仲裁委员会仲裁的仲裁协议和他们的和解协议，请求仲裁委员会组成仲裁庭，按照和解协议的内容作出仲裁裁决；如果双方当事人有调解愿望，或一方当事人有调解愿望并经仲裁庭征得另一方当事人同意的，仲裁庭可以在仲裁程序进行过程中对其审理的案件进行调解；仲裁庭可以按照其认为适当的方式进行调解；仲裁庭在进行调解的过程中，任何一方当事人提出终止调解或仲裁庭认为已无调解成功的可能时，应停止调解；在仲裁庭进行调解的过程中，双方当事人在仲裁庭之外达成和解的，应视为是在仲裁庭调解下达成的和解；经仲裁庭调解达成和解的，双方当事人应签订书面和解协议；除非当事人另有约定，仲裁庭应当根据当事人书面和解协议的内容作出裁决书结案；如果调解不成功，仲裁庭应当继续进行仲裁程序，并作出裁决；如果调解不成功，任何一方当事人均不得在其后的仲裁程序、司法程序和其他任何程序中援引对方当事人或仲裁庭在调解过程中曾发表的意见、提出的观点、作出的陈述、表示认同或否定的建议或主张作为其请求、答辩或反请求的依据。

（4）仲裁裁决

仲裁裁决是指仲裁庭对当事人提交的争议事项进行审理后所做出的处理结果。对裁决的期限、裁决的做出、裁决的内容等都进行了规定。

《仲裁规定》第四十二条对裁决的期限做出了规定，一般来讲，仲裁庭应当在组庭之日起 6 个月内作出裁决书；但如果在仲裁庭的要求下，仲裁委员会主任认为确有正当理由和必要的，可以延长该期限。

第四十三条对裁决的作出进行了规定：第一是仲裁庭应当根据事实，依照法律和合同规定，参考国际惯例，并遵循公平合理原则，独立公正地作出裁决。第二是仲裁庭在其作出的裁决中，应当写明仲裁请求、争议事实、裁决理由、裁决结果、仲裁费用的承担、裁决的日期和地点。当事人协议不写明争议事实和裁决理由的，以及按照双方当事人和解协议的内容作出裁决的，可以不写明争议事实和裁决理由。仲裁庭有权在裁决中确定当事人履行裁决的具体期限及逾期履行所应承担的责任。第三是裁决书应加盖仲裁委员会印章。第四是由三名仲裁员组成的仲裁庭审理的案件，裁决依全体仲裁员或多数仲裁员的意见作出。少数仲裁员的书面意见应当附卷，并可以附在裁决书后，但该书面意见不构成裁决书的组成部分。第五是仲裁庭不能形成多数意见时，裁决依首席仲裁员的意见作出。其他仲裁员的书面意见应当附卷，并可以附在裁决书后，但该书面意见不构成裁决书的组成部分。第六是除非裁决依首席仲裁员意见或独任仲裁员意见作出，裁决应由多数仲裁员署名。持有不同意见的仲裁员可以在裁决书上署名，也可以不署名。第七是作出裁决书的日期，即为裁决发生法律效力的日期。第八是裁决是终局的，对双方当事人均有约束力。任何一方当事人均不得向法院起诉，也不得向其他任何机构提出变更仲裁裁决的请求。

仲裁裁决就其内容和效力而言，可以分为中间裁决、部分裁决和最终裁决三种。《仲裁规则》第四十四条对中间裁决和部分裁决做了规定：如果仲裁庭认为必要或者当事人提出请求经仲裁庭同意时，仲裁庭可以在作出最终仲裁裁决之前的任何时候，就案件的任何问题作出中间裁决或部分裁决。任何一方当事人不履行中间裁决，不影响仲裁程序的继续进行，也不影响仲裁庭作出最终裁决。

四、涉外仲裁中的财产保全

根据仲裁案件一方当事人的要求和申请，出于保护该当事人的利益，对另一当事人的财产采取临时性的强制措施，即为财产保全，以保证将来做出的裁决可以顺利执行。

一般来讲，采取强制措施要求三个条件：

（1）仲裁案件的当事人应提出申请

与诉讼不同，仲裁机构只有在当事人提出申请的情况下才能进行财产保全，而在诉讼程序中，法院可以根据审理案件的需要，在没有当事人申请的情况下，主动采取保全措施。这一区别来自于仲裁机构与法院是两种不同性质和法律地位的裁判机构，管辖权的性质和权力内容各不相同。

（2）申请人应有正当理由

由于财产保全的实施会对该当事人的民事行为能力造成极大的限制，影响非常大。因此，要求申请人一定要有正当充分的理由才能实施财产保全。

（3）申请人要提供担保

由于强制措施是根据当事人的申请、根据事态的可能性作出的，目的在于保全申请人的合法权益。因此，如果事后证明根本没有保全的必要，或者仲裁庭裁决申请人并无需要保全，甚至申请人在案件审结后败诉，则申请人均应承担保全不当的责任。为了保证申请人能够有效地承担可能发生的责任，避免保全措施的滥用，作出采取保全措施决定的法院通常要求申请人提供担保，不提供担保的，驳回申请。

15.2.5　国际商事仲裁的法律适用

在仲裁协议中，当事人还应该约定解决他们之间纠纷应当适用的法律，即实体法。世界上大多数国家的法律规定，对于案件程序上的事项，适用仲裁地法。而对于处理当事人之间的具体争议适用"当事人意思自治"原则，也就是说，一般都允许当事人自愿选择所适用的法律。如果当事人没有指定适用何种法律，则由仲裁庭根据某种规则来确定准据法。具体有三种做法：第一，适用仲裁庭依照自己认为合适的冲突规范所指引的法律；第二，依照仲裁庭所在地冲突规则确定实体法；第三，适用仲裁地法律。

（1）仲裁庭适用的法律

其实，在仲裁庭看来，争议是否具有可仲裁性，不仅涉及仲裁地法，也要考虑可能的裁决执行地法与一个或数个交易地的法律，仲裁庭在适用法律上固然有充分的自由裁量权，但应综合考虑这三个法律体系及国际惯常实践，既要尽可能与相关国家的强行法保持一致，也要使当事人通过仲裁解决争议的愿望得以实现；如果说相关各国关于可仲裁性的法律规定冲突较大，仲裁庭应主要适用仲裁地法并参考国际惯常的做法。

（2）强制执行仲裁协议的法院适用的法律

当事人就争议事项订有仲裁协议且其中一方认为有必要请求法院强制执行仲裁协议时，管辖法院如认定争议不具可仲裁性，仲裁协议将被认定为不可实施；而在争议事项具有可仲裁性构成仲裁协议有效要件的国家里，如争议事项缺乏可仲裁性，仲裁协议是无效的。《纽约公约》虽没有规定在强制执行仲裁协议的情况下可仲裁性问题应适用的法律，但规定了在执行裁决时法院就可仲裁性问题适用法院地法，其内在一致性要求在前一种情形亦适用法院地法；另外，仲裁协议的主要效果是排除法院的管辖权而支持仲裁，法院自应根据本国的法律来判断其管辖权是否被合法地排除。

（3）仲裁地国法院适用的法律

仲裁庭作出裁决后，一方当事人有权以争议事项可仲裁为由请求法院撤销这一裁决，这一异议方式是《纽约公约》、《示范法》等国际文件及大部分国家的仲裁法所认可的。《纽约公约》第 5 条第 1 款承认裁决作出地国法院有权撤销仲裁裁决，而《示范法》第 34 条则明确申请撤销是对仲裁裁决的唯一追诉，若一个或数个法院对此享有管辖权。设置撤销程序目家的国内法通常只针对本国的仲裁，对外国或非内同的仲裁裁决则不存在撤销程序。在这一程序中，仲裁地国法院通常适用本国法来认定争议的可仲裁性，

（4）裁决执行地国法院适用的法律

仲裁庭作出裁决后，如败诉方没有自动履行裁决，另一方当事人可以申请有管辖权的法院予以强制执行，仅法院如认为争议事项没有可仲裁性，可拒绝承认与执行该裁决。《纽约公约》第 5 条第 2 款、《示范法》第 36 条第 1 款规定的这种做决，是国际通行实践，而且，法院只适用本国法判断争议事项是否有可仲裁性，因为执行裁决涉及执行地目的重大利益，可仲裁性问题又与国家的公共政策有关。

从上述可见，当事人在签订仲裁协议决定把某一争议事项提交仲裁解决时，必须慎重考虑该事项是否可提交仲裁。由于各国法院都依据本国的法律审查可仲裁性问题，为了保证自己的仲裁意愿得以实现，当事人得考虑仲裁地国的法律，违背了该国法律，仲裁协议可能无法得到执行，或者裁决会被法院撤销；同时，仅仅拿到一纸裁决不是目的，为了执行这一裁决，当事人还需考虑执行地法院的法律，违背了该国法律，裁决会被拒绝执行，因此在签订仲裁协议时，当事人应尽量注意到将来的裁决可能到哪些国家申请执行等问题。

15.2.6　国际商事仲裁裁决的承认和执行

国际商事仲裁裁决的承认和执行，是解决商事争议的最终结果。仲裁是解决争议的方式之一，但是仲裁解决争议的关键在于作出的裁决是否能够在有关国家得到承认和执行。从程序上来说，仲裁裁决的承认和执行只是仲裁程序的最后一道环节，但它不是一个孤立的程序，它涉及仲裁过程的各个环节。从仲裁程序一开始到作出裁决，仲裁庭和仲裁员都应考虑到裁决的可承认与执行的效力，否则，仲裁便显得毫无意义．当事人也就不会选择仲裁方式解决争议。因此，仲裁裁决能否得到最终执行，是整个仲裁的关键点。

1. 仲裁裁决的承认和执行

仲裁裁决的承认（recognition）和执行（enforcement）往往是作为一个概念出现的，它主要是在某些公约中，如 1958 年《纽约公约》，该公约的名称就是《承认与执行外国仲裁裁决公约》，1985 年由联合国国际贸易法委员会通过的《国际商事仲裁示范法》（以下简称《示范法》）第八章的标题就是"裁决的承认和执行"。

事实上，裁决的承认和执行只解决一个问题，即裁决的法律拘束力，该拘束力表现在两个方面，一是当事人应主动地予以承认并加以执行；另一方面，有关国家的法院应该予以承认和执行。其中，承认裁决是执行裁决的前提，执行是承认的结果，二者相辅相成，互为条件。因此，仲裁裁决的关键是执行：或者由当事人主动执行；或者由有管辖权的法院强制执行。

联合国 1958 年《纽约公约》是在 1958 年 5 月 10 日在联合国总部纽约召开的国际商事仲裁大会上讨论通过，于 1959 年 6 月 7 日起生效。截至 1998 年 8 月，已有 145 个国家和地区加入该公约，它是国际商事仲裁领域内迄今为止最为成功的一个公约，基于仲裁裁决的承

认和执行的重要性，可以这么说，没有《纽约公约》，就没有国际商事仲裁。我国全国人大常务委员会在 1986 年 12 月 2 日通过了我国加入《纽约公约》的决定。

《纽约公约》第 1 条第 1 款所规定的前后顺序表明，在外国裁决的承认和执行程序中，法院在决定是否承认和执行一项裁决时，首先应当以地域标准确定该裁决是否为外国裁决，而只有在该裁决不是外国裁决，且执行地国与裁决做出地国为同一国家而执行地国又认为该裁决不是其本国裁决的情况下，才适用非内国裁决标准。

2. 国际仲裁裁决在裁决作出国的强制执行

裁决由本国仲裁机构作出，位于境内的一方当事人不自动执行裁决，另一方当事人向本国有关法院申请强制执行时，法院应依照国内法律的规定，像执行国内法院判决一样，给予强制执行。如果某一国际仲裁裁决是在该裁决作出国（地区）申请执行，则该国际商事仲裁裁决的执行程序原则上与该国国内仲裁裁决的强制执行程序是一致的。但在某些国家，如法国和我国，都给予外国裁决以及在该国作出的涉外裁决的强制执行以特殊的地位。

涉外仲裁裁决在我国国内的强制执行规定：当裁决生效后，一方当事人不履行的，另一方当事人可以根据中国法律的规定，向败诉方住所地或财产所在地的中级人民法院申请强制执行。由于仲裁机构是民间性组织，本身没有强制执行的权力，当事人应当向法院申请强制执行。提出申请的前提是被申请人住所地或财产所在地在中国境内，方可由相关的中级人民法院执行。但是，当被申请人提出证据证明涉外仲裁裁决有下列情形之一的，人民法院组成合议庭审查核实后裁定不予执行：被申请人没有得到指定仲裁员或者进行仲裁程序的通知，或者由于其他不属于被申请人负责的原因未能陈述意见的；仲裁庭的组成或仲裁程序与仲裁规则不符的；裁决的事项不属于仲裁协议范围或者仲裁机构无权仲裁的。另外，人民法院认定执行该裁决违背社会公共利益的，也得裁定不予执行。

3. 国际商事仲裁裁决在外国的强制执行

《纽约公约》规定：各缔约国应该承认仲裁裁决具有约束力。并且依照裁决需被承认的地方的程序规则予以执行。对承认或执行本公约所适用的仲裁裁决，不应该比对承认和执行本国的仲裁裁决规定有更苛刻的条件或更高的费用。目前，根据各国的立法，承认和执行外国仲裁裁决的程序规则主要有以下三种：

第一种是将外国仲裁裁决作为合同之债。适用这一规则的主要是英美法系国家。这些国家把外国仲裁裁决看做是在"普通仲裁"中做出的裁决，执行外国仲裁裁决要由当事人基于外国裁决提起一个普通民事诉讼。这一做法的理论根据是 19 世纪中期在英美等国盛行的债务学说。

第二种是将外国裁决作为司法判决。采取这一原则的国家对待外国仲裁裁决的态度和方式与对待外国判决的态度与方式一样。在承认和执行外国仲裁裁决前，这些国家一般要求该裁决在其做出地国是可执行的，并要求裁决地国对该裁决予以确认。经确认的裁决由执行地国法院审查后发给执行令，再予以执行。如欧洲的意大利等国家以及埃及、伊朗、菲律宾、泰国和印度等国家。

第三种是将外国裁决视同本国裁决。这一规则将适用于内国仲裁裁决的执行规则扩大到对外国仲裁裁决的执行上。采用这一规则的国家有法国、德国、比利时和日本等国家。

在我国境内承认和执行外国仲裁裁决，我国有如下规定：

（1）1958 年《纽约公约》的缔约国所作出的仲裁裁决在我国的承认和执行：申请人可依照该公约规定直接向我国下列地点的中级人民法院提出：被执行人为自然人的，为其户籍所在地或居住地；被执行人为法人的，为其主要办事机构所在地；被执行人在我国无住所、居所或主要办事机构，但有财产在我国境内的，为其财产所在地。但应当注意的是，我国在加入 1958 年《纽约公约》时作了两项保留比互惠保留，即我国只对在另一缔约国领土内作出的裁决适用该公约，我国《民事诉讼法》与该公约有不同规定的，按照公约的规定办理。

（2）在其他国家作出的仲裁裁决在我国的承认和执行：对于在上述两类国家以外的其他国家作出的仲裁裁决需要在我国承认与执行的，应当由当事人向我国法院提出申请，我国法院按照互惠原则办理。如果作出仲裁裁决的国家与我国有相互承认与执行仲裁裁决的互惠关系，并且裁决在形式上符合我国法律的规定，裁决的执行不违反我国法律的基本原则及国家主权、安全和社会公共利益的，法院裁定承认其效力，依照我国《民事诉讼法》规定执行。

我国《民事诉讼法》第 260 条第 1 款的具体规定是：对中华人民共和国涉外仲裁机构作出的裁决，被申请人提出证据证明仲裁有下列情形之一的，经人民法院组成合议庭审查核实，裁决不予执行：

（1）当事人在合同中没有订立仲裁条款或者事后没有达成书面仲裁协议的；

（2）被申请人没有得到指定仲裁员或者进行仲裁程序的通知，或者由于其他不属于被申请人负责的原因未能陈述意见的；

（3）仲裁庭的组成或者仲裁的程序与仲裁规则不符的；

（4）裁决的事项不属于仲裁协议的范围或者仲裁机构无权仲裁的。

在具体执行上，最高人民法院还要求凡要裁定不予执行的涉外裁决，必须向高级法院及最高法院事前报告。

4. 中国涉外仲裁裁决在国外的强制执行

我国涉外仲裁机构作出的仲裁裁决在外国的承认和执行情况分三类：

（1）我国涉外仲裁机构作出的仲裁裁决在与我国有双边条约协定的国家的承认和执行，依照双边条约的规定办理；

（2）我国涉外仲裁机构作出的仲裁裁决，在《纽约公约》缔约国内的承认和执行，按该公约的规定执行；

（3）我国涉外仲裁机构作出的仲裁裁决在与非《纽约公约》缔约国，并且与我国也没有订立双边条约和协定的国家内的承认和执行，根据我国《仲裁法》和《民事诉讼法》的规定，我国涉外仲裁机构作出的发生法律效力的仲裁裁决，当事人请求执行的，如果被执行人或其财产不在中国境内，应当由当事人直接向有管辖权的外国法院申请承认和执行。

本章案例

中天诉渊海公司技术转让合同纠纷仲裁案

中天研究所与渊海公司签订一份技术转让合同。合同中规定：因本合同发生争议，应提交中国国际商事仲裁院仲裁，或向合同双方所在地及中国国际商事仲裁院所在地的区法院提起诉讼。合同履行过程中，渊海公司认为该项技术存在缺陷，双方发生争议。渊海公司据此向中国国际商事仲裁院申请仲裁，双方当事人均未选定仲裁员，共同委托仲裁院的主席房某指定仲裁员，丁是，主席房某指定了甲、乙、丙3名仲裁员。渊海公司认为甲与中天研究所有利害关系，申请其回避。首席仲裁员丙审查后确认申请理由不符，决定甲不予回避。渊海公司要求公开审理，中天研究所不同意，仲裁庭根据案情，决定公开审理。中天研究所对此不服，仲裁庭经过研究，又决定不公计审理。中天研究所在开庭期间未经仲裁庭许可中途退庭，仲裁庭因此决定中止仲裁程序。一周后，中天研究所表示愿意出庭，仲裁庭决定再次开庭。开庭前，仲裁院指定某机构对该项技术进行鉴定，但始终未告知当事人鉴定报告的内容，只由仲裁庭内部掌握和参考。裁决做出后，渊海公司以仲裁员甲在仲裁该案件时应予回避未回避为由，向北京市中级人民法院申请撤销仲裁裁决。

问：案例中有何错误做法？

分析：

（1）本案中的仲裁协议既有提交仲裁的约定又有提起诉讼的约定，违反了仲裁或审或裁的原则，即有合法的仲裁协议，只能申请仲裁，不能提起诉讼，除非仲裁协议无效。

（2）在仲裁庭的组成上若当事人约定由3名仲裁员组成仲裁庭的，应当各自选定或应各自委托仲裁院主席指定一名仲裁员，第三名仲裁员由当事人共同选定或共同委托仲裁院主席指定。第三名仲裁员为首席仲庭员。若当事人没有在规定的时间内约定仲裁庭的组成方式或约定仲裁员的，由仲裁院主席指定。本案中双方当事人共同委托仲裁院主席指定仲裁员，主席指定3名仲裁员组成仲裁庭，是错误的。

（3）仲裁员是否回避，应由仲裁院主席决定，不是由首席仲裁员决定。

（4）仲裁应当不公开进行，当事人协议公开的，可以公开进行，但涉及国家秘密的除外。本案中当事人未达成公开审理的合意，仲裁庭单方面决定公开审理不对。

（5）仲裁规则规定，在被申请人经书面告知，无正当理由不到庭的或未经仲裁庭许可中途退庭的情况下，仲裁庭可以缺席判决。本案中仲裁庭决定中止仲裁程序不对。

（6）仲裁规则规定，证据应当开庭出示，当事人可以质证。仲裁庭不出示鉴定报告的做法不对。

本章小结

　　国际民事诉讼和国际商事仲裁是国际经济纠纷最主要的两种解决方式。国际民事诉讼以各国的诉讼制度为基础，它的程序和做法为人所熟悉，因而在解决国际经济纠纷方面占据着重要地位。但国际民事诉讼最大的不足是：各国法院的判决在全球范围内执行面临着很大的限制，这使得越来越多的当事人愿意选择在国际执行方面更加容易的仲裁方式。这也是近年来国际商事仲裁蓬勃发展的主要原因之一。在国际贸易活动中，当事人之间产生纠纷是难以避免的。如何及时有效解决这些纠纷，就目前国际商事实际情况来看，进行商事仲裁是各方当事人选择的一种主要方式。本章主要介绍了国际商事仲裁的概念、特征，世界常设仲裁机构，国际商事仲裁协议的概念和分类、涉外仲裁协议的内容和有效性，国际商事仲裁的程序：包括仲裁的申请与受理、仲裁庭的组成、仲裁的审理、涉外仲裁中的财产保全，国际商事仲裁的法律适用问题以及国际商事仲裁的承认与执行等内容。我国的国际经济贸易仲裁委员会，从 80 年代初重新组成，至今短短三十年，已经发展成为一个在世界上具有良好信誉的仲裁机构。但与世界上各主要国家相比较，我国的临时仲裁尚未发展起来，或许这正是今后需要我们共同努力的主要方向。

本章习题

1. 什么是国际民事诉讼程序？
2. 国际民事诉讼管辖权有什么特点？确定管辖权的原则有哪些？
3. 什么是司法协助？
4. 国际商事仲裁有哪些特点？
5. 仲裁协议的主要内容包括哪些？
6. 简述仲裁的一般法律程序？
7. 承认和执行外国仲裁裁决的程序规则有哪些？

参 考 文 献

［1］左海聪. 国际经济法基本问题论纲［A］. 全球化时代的国际经济法：中国的视角国际研讨会论文集（下）［C］. 2008.

［2］张万春. 审视"国际商法"的"国际性"［J］. 人民论坛（中），2010（4）.

［3］唐英. 公司合并的法律界定［J］. 特区经济，2010（4）.

［4］申兆馨，张旭东. 论国际商法是独立的法律部门［J］. 金卡工程（经济与法），2010（4）.

［5］祁杰，张旭东. 对国际商法本质的深层思考［J］. 金卡工程（经济与法），2010（4）.

［6］曾琳. 独立院校实施《国际商法》双语教学的构想与配套措施［J］. 中国商界（上半月），2010（1）.

［7］宋云博. 国际民商法律秩序中的"人本原则"研究，甘肃政法学院学报，2010（2）.

［8］宁金成，魏可欣. 关于有限合伙制度的几点思考［J］. 河南社会科学，2007（5）：75－79.

［9］崔海霞. 从合伙企业法修订看我国有限合伙制的发展［J］. 焦作大学学报，2008（1）：95－96.

［10］欧阳林. 公司普通合伙人资格问题研究. 厦门大学硕士学位论文，2007（4）.

［11］雷琼芳. 我国的公司这里制度研究［D］. 武汉理工大学硕士学位论文，2006.

［12］孙烁犇. 合伙理论初探兼评我国新《合伙企业法》［J］. 法制与经济，2007（6）：51－52.61.

［13］时晓明. 合伙企业法律问题研究. 黑龙江大学硕士学位论文，2004（1）.

［14］邹燕红. 合伙企业及合伙人破产法律制度研究. 对外经济贸易大学法律硕士学位论文，2005（3）.

［15］张桂红. 国际经济法［M］. 大连：东北财经大学出版社，2007.

［16］陈若鸿，杨桂莲. 国际经济贸易法律制度［M］. 北京：机械工业出版社，2006.

［17］曾宪义. 国际经济法［M］. 北京：中国人民大学出版社，2006.

［18］姚学侠. 解读新《合伙企业法》有限合伙制度［J］. 合作经济与科技，2008（3）：115－116.

［19］皮晓雨. 论法人的普通合伙人资格［J］. 安徽理工大学学报（社会科学版），2008（6）：32－35.

［20］王国庆．论合伙的法律地位．中国政法大学硕士学位论文，2006（3）．

［21］王睿冰．论合伙企业中的合伙人要素［J］．经济与社会发展，2008（4）：112－115.

［22］叶楠．论我国法律中的合伙人责任［D］．外交学院硕士研究生学位论文，2007.

［23］刘睿．美国有限合伙法中合伙人之信义义务［J］．法制与经济，2006（7）：78－80.

［24］马陇平．试论合伙企业与第三人之关系［J］．甘肃联合大学学报（社会科学版），2006（7）：60－62.

［25］段磊．英美法有限责任合伙对我国的启示［J］．内蒙古电大学刊，2008（10）：16－17，50.

［26］沈四宝，郭丹．美国合伙制企业法比较评析及对中国法的借鉴［J］．甘肃政法学院学报，2006（3）：18－26.

［27］郭丹．美国商事主体法中企业组织形式比较评析［J］．审计与经济研究，2004（7）：61－64.

［28］董学立编著．商事组织法［M］．北京：北京大学出版社，2004.

［29］李平主编．商法学原理［M］．北京：科学出版社，2007.

［30］范晓波．国际金融法［M］．北京：中国政法大学出版社，2005.

［31］徐东根．国际经济法论［M］．武汉：武汉大学出版社，2004.

［32］陈玲．现代国际投资［M］．厦门：厦门大学出版社，2004.

［33］黄敬阳．国际货物运输保险［M］．北京：对外经贸大学出版社，2005.

［34］田晓云．国际商法［M］．北京：人民法院出版社，2005.

［35］王玲．国际商法［M］．清华大学出版社，北京交通大学出版社，2004.

［36］《中国国际经济贸易仲裁委员会仲裁规则》（2005年版）．

［37］何长松．国际商法学［M］．北京：国防科技大学出版社，2005.

［38］尚书清．国际商法［M］．上海：上海交通大学出版社，2005.

［39］孙南申．国际投资法［M］．北京：中国人民大学出版社，2008.

［40］《保护文学艺术作品伯尔尼公约》1971年日内瓦文本．

［41］《与贸易有关的知识产权协定》（TRIPs）．

［42］《保护工业产权巴黎公约》1969年斯德哥尔摩文本．

［43］李仁真，当代国际金融法发展的基本特征与走势，武汉大学学报（哲学社会科学版），2007（1）．

［44］刘惠荣．国际商法学［M］．北京：北京大学出版社，2004.

［45］刘大纶．国际商法［M］．南京：东南大学出版社，2004.

［46］马齐林．新编国际商法．暨南大学出版社，2004.

［47］屈广清．国际商法［M］．大连：东北财经大学出版社，2004.

［48］陈玉兰．论国际商法的基本原则［J］．中国新技术新产品，2011（6）．

［49］杨继．我国《票据法》对票据行为无因性规定之得失——兼与欧洲立法比较［J］．比较法研究，2005（6）．

[50] 肖海军．商事代理立法模式的比较与选择［J］．比较法研究，2006（1）．

[51] 李琳．浅论一人有限责任公司［J］．兵团党校学报，2006（1）．

[52] 刘丹，邓海峰．特别清算论——对我国公司法修改中的一点建议［J］．商业研究，2005（8）．

[53] 郝琳琳．完善我国物流运输法律制度的几点思考［J］．商业研究，2005（12）．

[54] 杨峰．商行为意思表示的瑕疵和表示方法问题探讨［J］．长白学刊，2005（1）．

[55] 王向前．美国信用证欺诈例外制度法律问题研究［D］．中国政法大学，2009．

[56] 庞萌苗．论我国法律信仰的含义与基础［D］．河南大学，2010．

[57] 邹建华．国际商法［M］．北京：中国金融出版社，2006．

[58] 韩立余主编．国际经济法原理与案例教程［M］．北京：中国人民大学出版社，2006．

[59] 白晓红．"特殊的普通合伙"解读［J］．中国注册会计师，2007（2）：31－36．

[60] 雷琼芳．我国的公司这里制度研究［D］．武汉理工大学硕士学位论文，2006．

[61] 张红兵．个人独资企业若干基本问题之法理研究［D］．华中师范大学硕士学位论文，2006．

[62] 秦成德．电子商务法律与实务［M］．北京．人民邮电出版社，2008．

[63] 秦成德．移动电子商务［M］．北京．人民邮电出版社，2009．

[64] 秦成德．电子商务法［M］．北京：科学出版社，2007．

[65] 秦成德．网络虚拟财产的法律问题研究［J］．电子商务研究，2006（3）．

[66] 秦成德．网络安全的法律保护．西部通信，2006（3）．

[67] 齐爱民．个人信息保护法研究．河北法学，2008（4）．

[68] 周薇．试论网络链接的法律问题［J］．财经界，2008（2）．

[69] 朱庆锋．网络链接与版权侵权［J］．重庆邮电大学学报（社会科学版），2008（11）．

[70] 刘师群．计算机软件外挂刑事立案起点与罪名确定［J］．法制与社会，2008（2）．

[71] 詹毅．网络游戏外挂行为的法理分析［J］．法治论丛，2007（1）．

[72] 陈晓燕．网络游戏虚拟财产的法律保护［J］．知识经济，2008（2）．

[73] 秦成德．电子商务物流配送法律关系的分析［J］．现代物流．

[74] 张树青，秦成德．P2P 技术对互联网安全的影响．西部通信，2006（5）．

[75] 郭养雄，秦成德．网络入侵的对策研究．西部通信，2006（6）．

[76] 徐小亚，吴雪毅．我国电子商务发展的问题及对策研究［J］．广西轻工业，2007（1）．

[77] 秦成德．电子商务活动中的网络名誉权保护．电子商务理论、应用和教学论文集．宋玲、李琪主编．重庆大学出版社，2007．

[78] 秦成德．网络广告的法律问题研究［J］．电子商务研究．创刊号，2006．

[79] 秦成德．电子商务活动中的网络名誉权保护．电子商务理论、应用和教学论文集．宋玲，李琪主编．重庆大学出版社，2007．

［80］秦成德．电子商务法教程［M］．西安：西安交通大学出版社，2008．

［81］秦成德．电子商务活动中的名誉权法律保护　电子商务研究，2007年上半期，重庆大学出版社，2007．

［82］Chen jing, Qin Chengde etc：Study on Application Environment of Mobile Business in Chinese Enterprises. 第七届武汉电子商务国际会议，2008．

［83］秦成德．移动商务中的法律问题，信息经济学与电子商务：2008年第十三届中国信息经济学会年会论文集，陕西科学技术出版社，2008．

［84］秦成德，陈静．电子商务的法律新问题研究，第七届全国高校电子商务教育与学术研讨大会论文集，东北财经大学出版社，2008．

［85］秦成德．网络游戏中的法律问题，西安邮电学院学报，2009．

［86］秦成德．跨国电子支付的研究，国际贸易实务研究：实践与决策，对外经贸大学出版社，2009．

［87］秦成德．电子货币的法律问题，电子商务教育、理论与应用新进展，合肥工业大学出版社，2009．

［88］秦成德．移动金融的法律问题，第三届中国电子金融年会会刊，2009．

［89］吕西萍主编，秦成德，等．世界贸易组织［M］．北京：科学出版社，2009．

［90］Qin Chengde：Study on Privacy Protection in Mobile Business，第九届武汉电子商务国际会议（WHICEB2010），2010．

［91］秦成德．移动金融的法律问题，第九届全国高校电子商务学术研讨会，2010，杭州，2010．

［92］秦成德．现场移动支付的技术选择，第十届全国经济管理院校工业技术学研究会第十届学术年会论文集，2010.12，中国商务出版社，2011．

［93］秦成德．激励性电子商务立法的研究，第十届全国高校电子商务教育与研究学术研讨会，2011．

［94］王敏．试论国际商法之独立性［J］．法制与社会，2010（9）．

［95］左海聪．国际商事条约和国际商事惯例的特点及相互关系［J］．法学，2007（4）．